治安管理学

（第二版）

主　　编：施秀艳

副 主 编：吕学军　李自云　刘　刚

参编人员：（以撰写章节先后为序）

施秀艳　孙继文　吕学军

刘　刚　李志明　谢　瑜

李梅琴　李自云

法律出版社

LAW PRESS · CHINA

——北京——

图书在版编目(CIP)数据

治安管理学 / 施秀艳主编. -- 2 版. -- 北京 : 法律出版社, 2020(2025.2 重印)
ISBN 978 -7 -5197 -4391 -8

Ⅰ. ①治… Ⅱ. ①施… Ⅲ. ①治安管理-中国-高等学校-教材 Ⅳ. ①D631.4

中国版本图书馆 CIP 数据核字(2020)第 060142 号

治安管理学(第二版)
ZHIAN GUANLIXUE(DI -ER BAN)

施秀艳 主编

责任编辑 李 群 陈 熙
装帧设计 贾丹丹

出版发行 法律出版社
编辑统筹 法规出版分社
责任校对 张红蕊
责任印制 耿润瑜
经 销 新华书店

开本 710 毫米×1000 毫米 1/16
印张 23.75 **字数** 452 千
版本 2020 年 7 月第 2 版
印次 2025 年 2 月第 4 次印刷
印刷 保定市中画美凯印刷有限公司

地址:北京市丰台区莲花池西里 7 号(100073)
网址:www.lawpress.com.cn
投稿邮箱:info@lawpress.com.cn
举报盗版邮箱:jbwq@lawpress.com.cn

销售电话:010 -83938349
客服电话:010 -83938350
咨询电话:010 -63939796

书号:ISBN 978 -7 -5197 -4391 -8 **定价**:49.00 元

凡购买本社图书,如有印装错误,我社负责退换。电话:010 -83938349

前　言

本教材以治安管理的理论和业务为基本框架，全面系统地介绍了治安管理的职能、任务、原则等基本理论知识和公共治安秩序管理、特种行业管理、危险物品管理等治安业务知识，将治安管理的理论知识与实践工作有机结合起来，做到理论联系实际。本教材以最新的治安管理法律法规规定为基础，力求体现最新的治安管理理论研究动态和成果，内容体系紧紧围绕治安管理实践工作而设计，同时在编写体例上有所创新，突出了创新性和实用性。本教材能够使学生较全面地了解和掌握治安管理的基本理论和业务知识，着重培养学生的职业素养和执勤执法等实际工作能力，为今后从事治安管理工作打下坚实的基础。

《治安管理学》由施秀艳任主编，吕学军、李自云、刘刚任副主编。全书经施秀艳审查、修改定稿。各章撰稿人如下（以撰写章节先后为序）：

施秀艳　（黑龙江司法警官职业学院）：第一章、第五章
孙继文　（河南司法警官职业学院）：第二章、第八章
吕学军　（宁夏司法警官职业学院）：第三章、第四章
刘　刚　（甘肃警察职业学院）：第六章
李志明　（河北司法警官职业学院）：第七章
谢　瑜　（四川警察学院）：第九章
李梅琴　（甘肃警察职业学院）：第十章
李自云　（河北司法警官职业学院）：第十一章

目　录

第一章

绪　　论

第一节　治安管理概述

一、治安管理的含义和范围

（一）治安的含义

“治安”一词，古已有之。我国古代最早将“治”与“安”分别使用，“治”相对于“乱”而言，是治理或管理的意思；“安”相对于“危”而言，是安全、安稳或安宁的意思。公元前230年，先秦时期的韩非在《显学》中写道“此四者所以治安也，而民不知悦也”，始把“治”和“安”连在一起作为一个词使用。公元前173年，汉文帝时期贾谊的《治安策》专门对治安进行了论述，在《治安策》中贾谊提出了“欲天下之治安，莫若众建诸侯而少其力”的观点。比贾谊稍后时期的司马迁，在其所著的《史记》中也使用了“治安”这个词，他写道“古者殷周有国，治安皆千余多”。也就是说，古代的治安，是指治理国家、管理社会、统治民众，使国家政治清明、社会稳定的意思，其含义是很广泛的。

在现代，“治安”一词的含义比古代要窄。现代意义上的治安，即通常所说的社会治安，是指国家统治阶级维护和巩固统治所需要的，并由其有关法律所规范的一种社会秩序。这里讲的有关法律，在我国来说主要是治安管理法律法规。社会秩序，是按照统治阶级利益的需要所形成的一种规范化的社会状态。社会秩序的本质是社会关系，有着极为广泛的内容，如政治秩序、生产秩序、工作秩序、教学科研秩序、生活秩序等。在这诸多的秩序中，有的是由纪律、道德、风俗、习惯等规范的，有的则是由民法、劳动法、教育法、治安管理法律法规等所规范的。我国的治安管理法律法规所规范的内容主要是涉及国家安全、公共安全、国家和集体的财产安全、公民的人身与财产安全等方面的社会秩序。而这种社会秩序，通常又称为社会治安秩序或治安秩序。

治安是一个法律问题，因为治安的基本内容是由有关法律、法规所规定的，受法律法规所调整；治安是一个政治问题，因为没有稳定的社会秩序，统治阶级就无法正常行使国家权力，就难以维护和巩固其统治，治安是任何一个国家的统治阶级维护和巩固其统治的最基本的条件；治安具有时空变异性，会因时间和空间的变换而不同，因为不同的社会、不同的国家、不同的历史时期，治安的内容会有所不同，即使在同一个国家的同一个历史时期，由于政权性质和统治阶级的不同，治安的内容也会完全不同。

（二）治安管理的含义

对治安管理可从以下几个方面来理解：

1. 治安管理是由国家警察机关治安管理部门实施的行为

治安管理部门，是指国家警察机关中具有治安管理职能的部门，主要包括治安、交通、出入境等业务部门，这些部门所从事的工作都属于治安管理工作。在我国，具有治安管理职能的警察机关是公安机关，国家为了维护社会治安秩序，赋予公安机关治安管理的专门职权，其他任何部门、单位和个人都无权干涉或代替。

2. 治安管理是一种行政管理行为

行政管理是国家的一种职能，是国家设置的有关机关即国家行政机关，运用国家的权力，依法对国家或社会事务进行的管理活动。公安机关是国家行政机关，它所依法维护的社会治安秩序，既是国家事务也是社会事务，符合统治阶级的意志和利益的要求。治安管理就是作为国家行政机关的公安机关，运用国家赋予的职权依法对社会治安秩序所进行的管理活动，是国家的一种行政管理行为。

3. 治安管理是依法公开实施的管理行为

治安管理作为一种国家的组织活动，必须依法公开进行。国家根据治安管理的需要，制定相应的法律、法规，规范了治安管理的内容、范围、手段、方法、步骤和程序。治安管理部门实施管理，必须依据法律、法规的规定，在法律、法规许可的范围内从事相应的管理活动。治安管理部门依法公开实施管理，要求必须将治安管理的依据（法律法规规定）、程序、结果等公开，这样才能实现和发挥社会监督的作用，确保治安管理的公平、公正。治安管理以依法公开的形式为主，但也不排除在必要时采取某些秘密手段和方法，这是由治安管理的特殊性所决定的，在必要时不采取某些秘密手段和方法，补充和辅助公开的形式，就难以达到应有的效果。当然，无论是采取公开的还是秘密的方式，都必须在遵守法律规定的前提下进行。

4. 治安管理是维护社会治安秩序的行政管理行为

国家的发展离不开稳定，稳定意味着要有一个和谐安定的社会环境，要有良好的社会治安秩序。治安管理的目的就是维护社会治安秩序，保障社会生活的有序进行，从而为社会的稳定、国家的发展和建设服务。

综上所述，可以将治安管理的含义归纳为：治安管理，即治安行政管理，是指我国公安机关为了维护社会治安秩序，保障社会生活正常进行而依法实施的行政管理活动。

（三）治安管理的范围

治安管理的范围主要是根据客观需要，由国家性质和社会经济状况及治安管理的规律来确定的。从新中国成立以来的治安管理实践来看，治安管理的范围非常广泛，涉及社会生活的方方面面，本书所涉及的治安管理范围主要包括：公共治安秩序管理、特种行业管理、危险物品管理、公共安全危机管理、公共信息网络安全监察、治安案件查处、出入境管理、户政管理和公安人口管理等。

二、治安管理的性质、职能和任务

（一）治安管理的性质

所谓性质，是指事物本身所具有的与其他事物不同的根本属性。治安管理的性质，主要是指治安管理本身所具有的与其他事物不同的根本属性。综观治安管理全部管理活动，可以看出治安管理的根本属性表现为以下几点：

1. 阶级性

所谓阶级性，是指在阶级社会里人的思想意识所必然具有的阶级特性。这种特性是由人的阶级地位决定的，从根本上来讲是由每个阶级的社会经济地位和物质生活条件所决定的，反映着本阶级的特殊利益和要求，集中体现了本阶级的意志。

治安管理的阶级性，是指治安管理所体现的阶级特性，也就是说治安管理代表了某一阶级的利益，体现了某一阶级的意志，维护的是有利于某个统治阶级的社会治安秩序。作为阶级社会的产物，治安管理从其产生以来，一直为统治阶级利益服务，维护统治阶级巩固统治所需要的社会治安秩序。

《宪法》明确规定，我国是工人阶级领导的、以工农联盟为基础的人民民主专政的社会主义国家。我国的治安管理充分体现了工人阶级和广大人民群众的根本利益和意志，这是我国治安管理的阶级性所在。治安管理的根本目的是维护有利于巩固人民民主专政和社会安定的治安秩序，为人民群众安居乐业创造良好的社会治安环境。在我国，治安管理有助于推动物质文明、政治文明和精神文明协调发展，是把我国建设成为富强、民主、文明、和谐、美丽的社会主义国家的保障。

2. 社会性

社会性，是指生物作为集体活动的个体，或作为社会的一员而活动时所表现出的有利于集体和社会发展的特性。社会性是社会正常运行与继续发展的需要，无论是奴隶社会、封建社会、资本主义社会还是社会主义社会都一样，只不过不同的社会中具体的社会性标准不同。而且，无论是哪种社会都会采取一系列措施来培养和保证社会成员的社会性。

所谓治安管理的社会性主要有三个方面的含义：一是治安管理工作的客体主要是社会化的人，而对人的管理又分为个体管理和特定对象的整体管理，管理的目的是使人们遵守社会规范；二是治安管理的任务、内容具有广泛的社会性，主要体现在它要管理一些社会公共事务，如对危险物品的管理，对公共场所治安秩序的管理，对交通秩序的管理，对一些大型文化、体育活动秩序的管理等；三是治安管理的效益有着强烈的社会性，是指治安管理中对社会公共事务的管理，满足了一切社会成员的共同利益，而不是为了满足哪个阶级或哪个社会集团的特殊利益和需要所进行的管理。我国治安管理的社会性同样体现在上述三个方面。

我国治安管理的阶级性与社会性是辩证统一、互相依存的。这是因为治安管理的阶级性在大多数情况下，是通过管理公共事务的社会性来体现的，治安管理的阶级性渗透在社会性之中，而社会公共事务的治安管理工作得到保证，就有利于政权的巩固和社会的安定，从而满足治安管理阶级性的要求。反之，政权的巩固和社会的安定，又有利于社会公共事务的管理。

3. 行政性

行政是国家行政机关依据国家法律和运用国家法定的权力，为实现国家的社会目标和统治阶级的利益，对国家和社会事务所进行的一系列组织和管理活动。所谓的行政性，表现为某一行政主体对国家事务和社会事务，通过决策、组织、管理和调控等特定手段发生作用的活动过程。

治安管理的行政性主要体现在治安管理是一种行政管理行为，是一种国家行政管理。需要进一步指出的是，治安管理不但是国家行政管理的内容之一，而且是其重要的组成部分。国家行政管理内容很多，如果没有治安行政管理来维护符合统治阶级意志和利益的社会治安秩序，国家其他行政管理就难以甚至无法进行。因此，从一定意义上讲，治安行政管理是国家其他行政管理得以正常实施的有力保障。这说明治安管理在国家行政管理中占有重要地位，是国家行政管理的重要组成部分。

我国治安管理的主体是各级公安机关，各级公安机关属于行政机构序列，隶属于各级政府部门，是各级人民政府的组成部分，承担着社会治安行政管理任务，进行治安管理活动。因此，我国的治安管理同样具有行政性。

4. 执法性

执法是执法主体将有权机关制定的法律法规付诸实施的过程。我国治安管理具有执法性，主要体现在公安机关实施治安管理的过程中，这一过程实质上就是把治安管理法律、法规、规章具体付诸实施的过程。国家为了维护社会治安秩序，对治安管理的内容、范围、手段、措施、方法、程序等都以法律法规的形式加以规定，治安管理所施行的各种行政管理，采取的各种手段和措施，都必须以这些法律法规为依据，严格依法行政。所以，治安管理的各种活动，实际上就是各项执法活动，对被管理者来说，只能依法服从，不能违背；对管理者来说，必须用法律、法规约束自己的行为，严格、公正、文明地执法，并且接受党、政府和人民群众的监督。

5. 群众性

治安管理的群众性，主要体现在治安管理离不开人民群众的积极参与和支持。从整体来说，群众是治安管理的客体又是治安管理的主体，人民群众的积极参与和支持是搞好治安管理的前提。这是我国治安管理所特有的属性。在我国，治安管理不仅与各行各业、各部门、各单位有着密切的关系，而且与千家万户乃至每个社会成员的切身利益息息相关，其所涉及的范围极为广泛，是其他任何行政管理都无法相比的。任何治安秩序问题都离不开群众生活，人民群众对社会治安秩序最关心、最敏感，也是对社会治安秩序能够施加影响的最普遍、最直接、最及时的力量。因此，治安管理工作只有充分地发动和依靠群众，组织群众积极参与和支持，才能取得良好的成效。况且，我国是社会主义国家，人民群众是国家的主人，群众蕴藏着参加治安管理的愿望和要求，群众有着极大的维护社会治安秩序的积极性，群众性治安组织是治安管理主体构成的一部分，治安管理的效能很大程度上取决于群众的支持和帮助。历史和现实都证明，坚定不移地依靠群众，是搞好治安管理的根本保证。

（二）治安管理的职能

治安管理职能，是指公安机关在职权范围内所从事的治安管理活动，对于国家和人民应有的作用。治安管理职能是由治安管理的性质所决定的，是治安管理性质外化的表现。

治安管理的基本职能主要有以下几方面：

1. 专政职能

专政职能，是指对破坏和推翻社会主义制度、严重危害国家与人民利益的敌对分子和敌对势力，进行镇压和打击的职能。公安机关是人民民主专政的重要工具之一。治安管理部门作为公安机关的一个重要职能部门，必然承担着部分专政职能，即通过治安行政管理行使专政职能。治安管理部门必须十分明确自己肩负的专政职能，强化各项专业管理，有效地限制和打击各种犯罪分子的破坏活动，进一步巩固和加强人民民主专政，保障改革开放和社会主义现代化建设顺利进行。

2. 保护职能

保护职能，是指保护公民合法权益的职能。公民的合法权益是指符合宪法和法律规定的权利和利益，受宪法和法律保护，任何单位和个人都不得侵犯。我国宪法规定了中华人民共和国公民享有广泛的民主和权利。国家为了把宪法确定的公民基本权利具体化，还制定了许多相应的法律、法规。这些法律、法规不仅就公民应享有的合法权益作了具体规定，而且还规定了侵犯公民合法权益应负的法律责任。治安管理部门必须牢固树立保护公民合法权益的意识，并在实际工作中切实加以贯彻执行。

3. 管理职能

管理职能，即管理社会治安秩序的职能。管理社会治安秩序，主要通过法律管理和科学管理，对涉及社会治安秩序的治安管理的客体进行控制，以防范刑事案件、治安案件、治安事件、治安灾害事故和其他治安问题的发生，为生产、工作、教学、科研以及人民群众生活创造良好的社会治安环境。治安管理客体是治安管理活动所指向的对象，包括人、物、时、空、事等要素。

4. 服务职能

服务职能，即服务于人民群众，服务于经济建设，服务于社会发展的职能。治安管理工作要坚持全心全意为人民服务的宗旨，“想群众之所想，急群众之所急”，想方设法为群众排忧解难；治安管理工作要坚持为经济建设服务，为社会发展服务，全面实现服务职能。

治安管理的四项基本职能，既相对独立、各有侧重，又相互融合、互为补充、互相渗透。专政与管理，最终是为了保护与服务，只有充分行使专政职能、切实行使管理职能，才能强有力地行使保护职能，也才真正体现了服务职能；只有真正实现了保护和服务职能，才能得到人民群众的认可、理解和支持，才能更有效地履行专政职能和管理职能。

（三）治安管理的任务

不同的历史时期，根据国家政治、经济的发展和治安形势的变化，治安管理的任务有着不同的要求和侧重。新中国成立初期，治安管理的任务主要是："取缔各种反革命破坏活动，同盗匪、流氓等各种破坏分子作斗争，同危害人民生命财产安全的火灾、爆炸、车祸等作斗争，管制一般反动分子。"20 世纪 80 年代初，治安管理的任务被概括为"同刑事犯罪分子作斗争，同治安灾害事故作斗争，同扰乱公共秩序和违反治安法规的行为作斗争"。当前我国治安管理的任务，主要是防范和控制违法犯罪活动，努力为社会主义建设提供良好的社会治安环境。

根据治安管理的职能，治安管理的任务主要包括以下内容：

1. 保护公民的合法权益

保护公民的合法权益，是治安管理的首要任务。公民的合法权益，是公民享有的，依照宪法和法律的规定，受国家保护的在人身、经济、文化、政治等方面的权利和利益。治安管理保护公民合法权益任务的实现途径主要有：认真履行职责，为公民行使权益提供条件和保障；严格执法，维护公民的合法权益；在业务管理活动中，尊重公民的合法权益，不得侵犯。

2. 预防、发现、制止违法犯罪活动

预防、发现、制止违法犯罪，是治安管理的基本任务。为此，主要应做好以下几个方面的工作：一是严密各项业务管理，及时掌握违法犯罪活动的线索和动态，加强防范控制，把犯罪活动消灭在预谋阶段、控制在发案之初，降低对社会的危害；二是做好治安防控体系建设，加强社区警务和治安基层、基础工作，强化公民的安全意识，完善各种安全措施，减少违法犯罪的诱因和条件，降低被侵害的可能性；三是做好对重点人员的管理、控制和教育。

3. 查处治安案件、治安灾害事故，预防和处置群体性治安事件

查处治安案件、治安灾害事故、预防和处置群体性治安事件是治安管理的经常性任务。做好查处治安案件、治安事故和群体性治安事件的工作，可从以下几个方面着手：一是从思想上重视，明确其对治安秩序造成的危害和查处工作的意义；二是要不断提高民警的业务素质，提高办案能力和处置能力；三是依靠有关部门和单位，严格制定和落实治安管理规章、制度，及时掌握信息，发现和消除隐患，堵塞漏洞；四是与各部门协调配合，共同处置。

4. 协助国家其他行政机关的管理

协助国家其他行政机关的管理是治安管理的辅助性任务。实现该项任务的途径包括：一是依法协助其他行政机关排除管理阻碍，及时查处有关违反治安管理行为；二是在职责范围内，依法做好协助、配合工作；三是在专项治理活动中，配合各部门进行市场、市容秩序的整顿。在协助国家其他行政机关进行管理时，要熟悉相关行政法律法规，明确各自的职责与权限；与其他部门保持积极有效沟通，密切相互之间的联系，争取得到其他部门的支持；注意加强宣传解释，争取

媒体、舆论的支持和群众的理解、配合。

5. 救助群众危难，提供社会服务

救助群众危难，提供社会服务，是治安管理的派生任务。这一任务的实现途径主要有：一是要深入群众，了解群众的疾苦，做到有的放矢；二是要及时掌握和提供信息，加强与相关部门的沟通和协调，共同配合，有效解决群众的困难，为群众提供服务；三是要积极参与各种公益活动，借助各种形式加强宣传、教育，为群众提供安全防范的专业知识。

三、治安管理的方针和原则

（一）治安管理的方针

治安管理方针是进行治安管理活动所必须遵循的，指导治安管理工作发展的纲领，指明了治安管理的方向和目标。我国治安管理方针的确立经历了一个形成和发展的过程。

1950 年 9 月，公安部就在《关于第一次全国治安行政工作会议向中共中央的报告》中提出，治安行政工作要依靠人民警察，依靠行政力量，依靠政府政策、法令，依靠人民群众的监督来强化对反革命阶级的统治。这里讲的“四个依靠”和“一个强化”，实质上就是新中国成立初期治安管理的方针。这个方针明确规定了治安管理工作的目的、要求和方法，对维护全国解放初期的社会治安起了重要的作用。

1953 年 9 月，根据新中国成立几年来治安管理工作的实践经验和国家经济建设的任务，第二次全国治安工作会议确定的治安管理方针是，“把各项民警治安主要业务建设和组织建设继续提高，运用民警治安的行政力量，在党的统一方针、政策指导下，依靠人民群众的支持，密切结合各方面的斗争和各方面的力量，打击反革命和刑事犯罪的现行破坏活动，保卫国家的大规模经济建设”。这是对新中国成立初期的“四个依靠”“一个强化”方针的提高和发展，它概括了治安管理的主要要求，是现在实行的“二十四字”方针的雏形。

1961 年公安部党组向党中央提交的“关于十项治安措施”的报告和 1963 年 6 月公安部三局在《关于加强城市社会治安管理工作的报告》中，提出了城市治安管理必须认真贯彻治安管理从严的方针，强调“不论哪类性质的问题，都必须认真对待，严肃处理”“绝不能放任不管，否则就不能保证安全”，这些为“二十四字”方针的提出奠定了基础。

1978 年，公安部为了加强治安管理工作，同各种违法犯罪行为作斗争，总结了 28 年来正反两方面的经验教训，召开了第三次全国治安工作会议，提出和制定了“党委领导，依靠群众，预防为主，管理从严，及时打击，保障安全”

的“二十四字”方针。它反映了治安管理的客观要求，正确理解和认真贯彻“二十四字”方针是做好治安管理的保证。

1. 党委领导

党委领导就是党和政府对治安管理工作实行全面领导，这是我国政治体制所确定的。历来治安管理工作都置于各级党委的直接领导下，涉及治安管理中的重大问题和全局性的重大行动都必须及时向党委请示汇报，经过党委的批准，这是治安管理工作取得胜利的根本保证。当前，我国正处于改革开放发展的新时期，社会生活处于巨大的变化当中，这些变化深刻地影响社会治安问题，使社会治安问题趋于多元化、复杂化和尖锐化。为了应对新情况、解决新问题，我们必须更加自觉地将治安管理工作置于党委的领导之下，做好治安管理工作。新的历史时期下，必须要坚持党对治安管理工作的领导，要从政治上建设和掌握公安机关，引导全警增强“四个意识”、坚定“四个自信”、做到“两个维护”，自觉维护党中央权威和集中统一领导，自觉在思想上政治上行动上同党中央保持高度一致。

2. 依靠群众

治安管理工作要依靠群众就是要认真贯彻落实党的群众路线，这是我国治安管理工作性质所决定的，也是公安机关坚持群众路线这一优良传统的生动体现。治安管理工作本身同人民群众的生产、生活、工作和学习有着十分密切的关系，就是一项群众工作。新中国成立以来，治安管理工作紧密地依靠群众，组织起群防群治的组织网络，在预防犯罪、查处案件、维护社会公共安全和公共秩序的实践中取得了很大成效。实践证明，贯彻落实依靠群众的方针对搞好治安管理工作具有深刻的意义。

3. 预防为主

预防为主就是指在预防和打击犯罪，预防和查处治安案件、治安事件和治安灾害事故方面的关系上，应该把预防放在主要的位置。预防为主，不是单纯的消极防范，而是要求我们在党和政府的领导下，深入群众，调查研究，摸清社会治安动态，对未来的治安趋势作出科学的预测，采取相应的措施，争取主动，早做工作，防止问题的发生。因为任何违法犯罪活动、治安事件或治安灾害事故一旦发生，都会给国家、集体和人民的生命财产带来损失，造成危害。所以，治安管理一定要抓苗头，做到及时察觉、及时发现、及时解决。

4. 管理从严

管理从严要求我们必须严格遵守宪法、法律、治安行政法规和有关的规章制度，严密各种管理的措施和方法。在管理工作中必须按规定办事，严格执法，工作中不能有随意性。管理从严要符合科学，要注意治安管理的科学性，增加治安管理工作的科技含量，只有在科学的指导下，才能使管理从严真正达到预期效果。要严格规范公正文明执法，把打击犯罪同保障人权、追求效率同实现公正、执法目的同执法形式有机统一起来，努力实现最佳的法律效果、政治效果、社会效果。从严治警一刻都不能放松。要坚持政治建警、全面从严治警，着力锻造一支有铁一般的理想信念、铁一般的责任担当、铁一般的过硬本领、铁一般的纪律作风的公安铁军。①

5. 及时打击

及时打击既是治安管理工作内容的一部分，又是治安管理的一种手段、方法，最能体现人民警察的威慑力。公安机关必须及时查处和调解治安案件，避免违法行为的升级、矛盾的恶化，通过打击和教育违法行为人，树立良好的社会风气。只有及时打击，才能真正维护社会公共秩序、刹住种种不良风气，彰显社会正义，显示出我国治安管理工作的严肃性。同时，及时准确地打击，可以教育和警戒可能违法犯罪的人，起到特殊预防的作用。

6. 保障安全

保障安全既是治安管理工作的根本目的，也是治安管理工作的出发点和归宿。保障安全，主要是指保护社会公共安全，保证社会公共秩序的正常运行，保护公民的生命安全，保护国家、集体和个人的财产安全。维护社会公共秩序的正常运行是治安管理工作的重要目标和根本方向。保护公民的生命安全，保护国家、集体和个人的财产安全，既是我国国家性质的重要体现，也是治安管理工作追求的目标。治安管理工作要坚持总体国家安全观，必须坚持国家利益至上，以人民安全为宗旨，以政治安全为根本，为全面维护国家安全做出贡献。

总之，治安管理方针是一个完整的、统一的整体，正确理解和执行这“二十四字”方针，对于维护社会治安秩序，保障公共安全，为改革、开放和建设创造良好、稳定的政治环境、社会环境具有重大意义。

2017 年 5 月 19 日，在全国公安系统英雄模范立功集体表彰大会上，习近平总书记发表了重要讲话，习近平总书记在准确把握公安工作和公安队伍建设规律特点的基础上，从政治的全局的战略的高度，明确提出了对党忠诚、服务人民、执法公正、纪律严明的“四句话、十六字”总要求，这“四句话、十六字”总要求，与习近平总书记系列重要讲话精神一脉相承，是习近平总书记治国理政新理念新思想新战略的重要组成部分，是新形势下加强公安工作和公安队伍建设、推进国家治理体系和治理能力现代化的科学理论指南。这“四句话、十六字”总要求，是我们党在新形势下加强公安工作和公安队伍建设的总纲领，是公安机

① 习近平：《坚持政治建警 改革强警 科技兴警 从严治警 履行好党和人民赋予的新时代职责使命》，载《人民日报》2019 年 5 月 9 日，第 1 版。

关建警治警的总方略、人民警察立警从警的座右铭，为我们推动公安事业发展进步提供了科学引领、指明了前进方向。治安管理工作要坚决贯彻“四句话、十六字”总要求，从严从实从细抓好维护国家安全和社会稳定各项措施的落实，认真贯彻落实总体国家安全观，确保实现国家的长治久安。①

（二）治安管理的原则

治安管理原则，是指在治安管理工作中应遵循的基本准则，贯穿于治安管理活动的始终。我国的治安管理主要应遵循以下原则：

1. 服从与服务原则

服从与服务原则，是指要服从党和国家的路线、方针和政策，服务于社会主义经济建设；服从社会全面发展的要求，服务于人民群众，满足人民的安全需求；服从社会治安形势的全局，服务于公安中心工作。服从与服务原则要求广大人民警察要深入调查研究，不断掌握新情况，发现新问题，及时总结经验，提出新办法，使治安管理工作纳入科学化、法治化、现代化轨道，服从于党和国家的路线、方针和政策，服从于社会全面发展的要求，服从于社会治安形势的全局，更好地为经济建设、为人民群众、为中心工作服务。

2. 依法管理原则

依法管理原则，是指要严格地按照治安管理法律、法规实施管理活动，在治安管理工作中做到有法可依、有法必依、执法必严、违法必究。坚持依法管理原则要求：首先，要加强治安管理的立法工作，使治安管理的各项工作有法可依，有法可循；其次，要加强对治安管理人员的法律素质的培养，增强法制观念，提高执法水平，公正、文明执法，做到有法必依、执法必严；最后，要完善治安执法监督机制，确保治安管理法律、法规在各项治安管理活动中得到切实、有效的执行，做到违法必究。

3. 专群结合原则

专群结合原则，即专门机关管理与依靠群众相结合的原则，是我国公安工作基本方针在治安管理中的具体体现，它反映了我国公安工作的优良传统和特点。坚持这一原则就是要将治安管理部门的职能作用与广大群众的积极性、创造性有机地结合起来，齐心协力做好社会治安管理工作，创造和维护一个良好的社会环境。贯彻这一原则，一是要对公安机关治安管理部门的职能准确定位，将一切不必由治安管理部门承担的任务和职责剥离出去，交与有关政府职能机构或社会组织；二是把确实需要由人民警察担负的治安管理职能认真履行好，不得擅自委

① 参见郭声琨：《切实做到对党忠诚服务人民执法公正纪律严明》，载《人民日报》2017 年 6 月 2 日，第 6 版。

托、转移或不作为；三是通过完善治安立法，构建多元化社会治安主体，真正发挥社会和公民参与治安自治、自卫的主动性、创造性，共同维护稳定、良好的社会治安秩序。在新时期的社会治安工作中，必须实现“专”“群”工作的有机辩证统一。保持社会的长期和谐稳定，实现人民群众安居乐业是目的，坚持专群结合是手段，“专”“群”工作必须紧密结合并长期坚持下去。

4. 预防为主、保障安全原则

预防为主、保障安全的原则，反映了治安管理工作的内在规律。预防为主，是指治安管理的基本措施、方法应具有预见性、先发性，在治安管理工作中应把预防放在主要的、主导的地位；保障安全，是指各项治安管理业务工作都要从安全出发，通过各种手段达到安全的目的，保障安全是治安管理的出发点和归宿。预防为主和保障安全是相互依存、相互促进的，没有严密的预防措施，安全就没有保障；离开了安全这一目的，预防也就失去了意义，二者是密不可分的。坚持预防为主、保障安全原则的要求是：首先，治安民警牢固树立预防为主、保障安全的意识，在具体工作中把主要时间和精力放在预防上；其次，在工作中要有预见性，要注意发现苗头，把工作做到前头，防患于未然；最后，要制定、采取有针对性的措施，从实际出发，切实有效地解决问题，搞好预防。

5. 严格管理与文明管理相结合的原则

严格管理与文明管理相结合的原则，是指在治安管理活动中，既要严格按照治安管理法律规范进行管理，又要做到文明执法。只有严格管理，才能保障群众的合法权益，不实行严格管理，安全就没有保障，社会秩序就无法维持；只有文明管理，才能在治安管理工作中得到广大人民群众的支持，有利于密切警民关系，树立人民警察的良好形象，有利于治安管理任务的顺利完成。贯彻这一原则，一是要求严格依法办事，严密落实治安管理的措施、方法和制度，严肃认真地处理各种治安管理问题；二是要求治安管理人员要树立全心全意为人民服务的意识和高尚的职业道德，做到讲文明、讲礼貌，在执法活动中充分体现社会主义的精神文明。

6. 教育与处罚相结合原则

教育与处罚相结合原则，是指在治安管理中要坚持“教育为主、处罚为辅，教育多数、处罚少数，区别对待、罚当其行”的管理原则。要明确教育是目的，处罚是手段，通过处罚达到教育的目的。坚持这一原则的要求是：首先，要正确地理解和认识教育与处罚的关系，既不能只罚不教，也不能只教不罚；其次，要加强对广大群众的法制教育，增强群众的法治意识，使其自觉地遵守治安管理法律、法规；最后，要及时、准确地进行治安管理处罚工作，并将教育贯穿于处罚过程之中，通过处罚达到教育的目的。

第二节 我国治安管理的历史

一、中国奴隶社会的治安管理

国家是社会发展到一定阶段的产物，治安管理作为一种国家管理职能，也不是从来就有的，而是社会发展到一定历史阶段的产物。我国治安管理的萌芽出现在原始社会向奴隶社会过渡时期，原始社会末期的部落联盟议事会，设立了九种官职，其中的司徒和士具有了相应的治安管理职能。舜为部落联盟首领时，司徒由契担任，士由皋陶担任。据《尚书·舜典》记载，舜对契说："百姓不亲，五品不逊，汝作司徒，敬敷五教，在宽。"意思是说，百姓不和睦，不遵守尊卑等级秩序，你作为司徒之官，要负责教化，排解纠纷，建立稳定的秩序。舜对皋陶说："蛮夷猾夏，寇贼奸宄，汝作士，五刑有服……惟明克公。"意思是说，对于夷族入侵、内部暴乱等行为，你作为士，应视不同行为、情节，予以不同的处罚，以使百姓信服。从上述司徒和士的职能，可以清楚地看出治安管理的萌芽。

随着我国第一个奴隶制国家——夏朝的建立，治安管理也即产生了。夏朝设置了管理国家事务的六种职官，即后稷、司徒、秩宗、司马、士、共工"六卿"，其中，司徒的职能是处理民事和维护社会秩序，士的职能是掌管军事和刑狱。虽然夏朝沿用了原始社会末期部落联盟议事会的司徒和士的官职名称，但却有本质上的不同，夏朝的司徒和士不再是管理公共事务的职官，而是作为国家专政机器的组成部分，执行治安管理职能。据《左传·襄公四年》记载，为了维持国家统治和对外征讨的需要，夏朝已有了户口登记和统计，说明治安管理的一些职能已发展到了一定程度。

商朝的职官制度基本沿袭了夏朝，只是名称有所不同而已。

西周时期的国家职能有了进一步发展，国家管理职能的分工相应细化，从《周礼》记载的情况来看，当时已经出现了一些类似今天治安管理的职能分工，并设置了相应的官吏职掌。如在司徒之下设司虣，负责禁止打架斗殴、寻衅滋事；设司稽，负责巡市、查获犯禁、拘捕盗贼；设司市，负责维护市场治安。在司寇之下设禁暴氏，负责禁止聚众滋事、暴乱；设司民，负责户口登记和统计；设野庐氏，负责道路交通管理。在司马之下设司爟，负责对火灾的查处和消防监督等。

战国时期，秦国通过商鞅变法，建立了户籍制度，并把户口管理同"什伍"

制度结合起来，既为其耕战政策服务，也为了加强对人民的控制。“什伍”制度是把居民按户籍编为“什伍”，每十家为一“什”，五家为一“伍”，一家有罪九家举发，若不纠举，则十家连坐。为保证“什伍”制度的执行，《秦律》规定：居民迁居必须办理“更籍”手续，擅自脱离户籍而逃亡，叫作“亡命”，是犯罪行为，要受制裁。

综上所述，古代原始氏族社会没有治安管理，治安管理的职能是随着国家的出现而产生的。我国的治安管理职能萌芽于夏、商、周，初步发展于春秋战国时期。治安管理职能的产生和发展不仅是阶级统治的结果，还取决于早期社会发展所产生的对社会管理职能的需要。治安管理产生初期，具体内容是综合性或交叉性的，与军事、司法、刑事及其他行政职能交织在一起或寓于其中。

二、中国封建社会的治安管理

公元前221年秦始皇统一中国后，建立了中国历史上第一个统一的专制的中央集权国家，中国进入了封建社会。此时，国家机器进一步强化，治安管理职能和机构相应地有了较大的发展。其中具有代表性的是秦、唐、明、清等朝代。

（一）秦朝时期的治安管理

在秦朝，以皇帝为核心的封建地主阶级为了加强对国家和人民的控制，吸收了奴隶制国家后期的有关社会治安管理的变革措施和一些有效办法，建立了以皇帝警卫和京师治安为重点的遍布全国且日趋完善的治安管理机构。

在中央，“三公”中设御史大夫，“九卿”中设廷尉，主管全国司法和治安工作。在地方，京师设中尉，掌管京师治安、巡查镇压盗贼；设内吏掌管京师军政、司法，兼管京师治安。郡、县设郡尉，县尉协助郡守，县令管理郡、县的军事和治安。县以下，乡设游徼、里设里正，掌管乡、里治安，还设有亭和都亭管理治安。在重要关津、驿道、城镇、街道、市场设亭，亭设亭长，下有亭卒若干人，主要负责巡逻防盗、查禁盗贼、盘查过往行人、调解纠纷、管理集市、维持秩序。县设都亭，管辖各基层亭，属县令领导，归郡尉指挥。秦朝的亭和都亭是我国历史上设置最早的专门治安管理机构，类似现代的公安派出所。

秦朝统治阶级不仅从上到下设置机构、官员管理治安，而且颁行了一系列有关治安管理的法律规定。对以后朝代影响较大、比较重要的有以下几方面：

一是户籍制度，即对全国人口和成丁实行的造册登记制度。《商君书·境内篇》记载：“四境之内，丈夫女子皆有名于上，生者著，死者削。”秦律禁止隐匿户口和假报残废，否则予以严惩；秦律还规定，居民迁移，必须“谒吏更籍”，“不得擅徙”，否则要治罪。

二是联防、连坐制度。联防，即一家被盗，邻里相救；一人遇难，众人相帮。秦律规定，如遇盗或遭到被伤害的危险，邻伍之间，甚至素不相识的路人都应救助，否则要受到惩罚。连坐，就是一家违法，邻里负有连带责任。《史记·商君列传》记载："令民为什伍，而相牧司连坐。不告奸者腰斩，告奸者与斩敌首同赏，匿奸者与降敌同罚。"这实际上是此后的整个封建社会直到国民党统治时代所实施的保甲制度的雏形。

三是通行凭证和对入境外邦人实行验证制度。秦朝普遍实行通行凭证制度，进入宫殿、经过关津，以及外出旅行都要持有关证件。居民外出，须向所在的乡申请凭证，由乡行文到县，经县批发。通行凭证上，一般要注明发证日期，持证者的姓名、年龄、籍贯，到达地点，以及所要经过的地方，有的还要注明面貌特征。外出无通行证者，旅馆、客栈不得留宿，否则要治罪。秦律规定，对入境进行贸易的外商严格检验通行凭证，不履行验证手续，不得进行贸易。

另外，秦律还规定了严格防火和追究肇事者责任的制度。

（二）唐朝时期的治安管理

唐朝是我国封建社会的鼎盛时期，有较为严密的治安管理机构和有关治安管理的法律规定。

在中央，唐设立吏、户、礼、兵、刑、工六部。其中户部掌管户籍、赋税、财政等，刑部掌管司法行政，均兼有治安管理的职能。在京师，设左、右金吾卫掌管皇帝、宫廷警卫和京师的昼夜巡行警戒，隶属中央，金吾卫中的左、右翊府中郎将和下属的左、右街使直接执行维护京师治安的任务。另外，三省中的门下省所属的城门郎掌管京师、皇城、宫殿诸门的开关。京师的行政长官——京兆尹，以及所属长安、万年的两县令也兼管京师的治安工作。

在地方，唐在各级行政长官之下设专职官员，辅佐行使治安管理职能。府设户曹参军、法曹参军，州设司户参军、司法参军，县设司户、司法等专职官员分别辅佐府尹、州刺史、县令等行政长官，管理户籍、缉捕盗贼、维护地方治安秩序，行使治安管理职能。县以下的乡、里（百户为里，五里为乡），设里正，行使"掌按比户口""检查非违"的治安管理职责。在农村，除里正外，每村另设村正一人，满一百户的大村可设两个村正，协助里正管理治安工作。城市中相当于乡的组织为坊，除里正外，另设坊正一人，督察奸非。

唐朝在设置了较完备的治安管理机构的同时，还制定了较严密的有关治安管理的法律，形成了相当完善的户口管理制度。唐朝有较为详尽的户口登记内容，有严格禁止隐漏户口的法律规定，并把户口管理制度与均田制和租庸调赋税制密切结合，把户口增减作为考核地方官员政绩的重要标志。《唐律疏议》中有关治安管理的法律，不仅规定了对危害治安秩序的行为予以严惩，而且规定对于发案多而又追捕不力、不能及时破案的官吏，也要追究法律责任。

（三）明朝时期的治安管理

明朝时期封建专制制度极度强化，统治者为了维护自己的统治，建立了庞杂的京师和地方治安管理机构。

明京师的治安管理机构主要有四个：一是五城兵马指挥司，即执掌中、东、西、南、北五城巡捕盗贼、维持秩序、整顿户籍、疏理街道沟渠、防火救火等事务的兵马指挥司。每司设指挥、副指挥、吏目等员，负责缉捕盗贼、查禁街市斗殴、赌博、奸淫，以及夜间巡逻、查缉户口和消防，维护治安秩序。二是亲军卫和留守卫，负责京师警戒、守门和夜间巡逻。三是锦衣卫，是明朝皇帝的心腹特务机构，负责侍卫皇帝、侦缉和镇压所谓的奸党、谋反行为及百姓中不满明朝统治的行为，以及缉捕京师的内外盗贼。四是巡捕军队。明初京师只设五城兵马指挥司负责捕盗、维护治安，后有锦衣卫参与。但由于京师治安越来越差，所以皇帝又随时派军队参与京师捕盗和维护治安，并将巡捕军队统称为“巡捕营”，负责夜间治安，如遇贼情重大，则与五城兵马指挥司合力捕剿。

在地方，省级行政机关设“三司”，即都指挥使、布政使和按察使，分别主管军事、行政和司法。遇有贼情或杀官劫库等事，“三司”分工负责，分巡分守。府设捕盗判、州设捕盗同知、县设判官或巡捕主簿，辅佐府、州、县行政长官掌管治安和司法。各府、州、县关津等要害处，设巡检司负责查验过往人员证件，查获奸细、逃军、逃犯及可疑之人。县以下城郊和农村实行里甲制度，建立保甲组织，主要职责是防止管区内发生贼盗。里设里长，甲设甲首。里长、甲首最初负责征收赋役，后来负责管理流民，维持治安。在农村，十家共保，选保长一人。每家轮流负责，每日逐户晓谕提高警觉，发现行为不良的人及时报告。

（四）清朝初期、中期的治安管理

清朝是我国封建社会的最后一个朝代，它集历代封建王朝的统治经验，形成了自己的国家机构。清朝时社会矛盾和民族矛盾日益尖锐，为了维护封建王朝的统治，建立了庞大的治安管理机构。

在中央，清朝沿袭了六部的设置，但其规模已大有增加，其中户部和刑部兼使治安管理职能。为了维护宫廷和皇帝的安全，建立了一支由满、蒙贵族子弟为主的庞大的警卫机构，由侍卫处总管。侍卫处有领侍卫大臣六人，内大臣六人，下设亲军营和护卫营，都是由经过严格挑选的精锐者组成。在京师，设置步军统领衙门（全称为提督九门巡捕五营步军统领衙门），统率满人八旗步军营和汉人绿营步军巡捕五营。前者负责内城治安秩序，后者主要负责外城与京郊地区的治安秩序。步军统领衙门的具体职责是：防卫、稽查、门禁、缉捕、断狱和编查保甲等。另设五城兵马司，受步军统领衙门节制，分别负责各城区的治安。五城又划作十坊，每城两坊，由各城的兵马司副指挥、吏目各管一坊，称作“司坊官”，专门负责本坊的治安。

在地方，治安工作由地方行政长官负责，同时设道员、巡检，辅佐省和州、县行政长官，缉捕盗贼，盘诘奸宄，维持地方治安。此外，为了加强对人民的控制和镇压，清朝初、中期还加强了户口管理，强化了保甲制度，在州、县城乡，“凡十户立一牌，设一牌头；十牌立一甲，设一甲长；十甲立一保，设一保正”。牌头、甲长、保正（又称保长）负责编查户口，巡逻瞭望，缉捕盗贼，劝善惩恶，维持治安。同时，组织乡兵团练，以一乡为一团，数团为一练，其首领有的称“团总”，有的称“团长”“约长”。乡兵团练的主要任务是：把守本村的沟壕、高墙，巡更值勤，缉查、防范百姓的反抗活动，维持地方治安。

清朝制定和颁行了一些具体的户口管理法律，规定3年编审一次户籍，10年“大造”一次，即大规模地进行一次丁口调查和造册登记。强调所有军、民、匠、灶、卜、工、乐诸色人户以原来所报情况定籍，若有隐漏不报或成丁妄作老幼、疾病等将治罪。对“素行不法者”，或一体编入保甲，在名字上加以注明，或单编“另册”，或另立“舍旧图新簿”，将曾犯讹诈、窃贼、赌博等人列入令牌头、甲长等“随时防范”。如过一段时间确能改过自新，由牌头、甲长等联名俱保，才可以在“另册”上除名，相当于今天户口管理中的重点人口管理。

纵观我国封建社会的治安管理，可以看出：

第一，封建社会与奴隶社会相比，治安管理机构和职能有了一定的发展，中央和地方均设置专门机构，并形成系统。封建社会的治安管理职能，强化了对以皇帝为首的宫廷的警卫和京城治安秩序的维护，加强了对人民的控制和统治。但是由于封建社会政治经济发展缓慢，治安管理在整个封建社会不可能有长足的进展，更不可能形成专门的体系。

第二，封建社会的治安管理，虽然在某种程度上与军事、司法和一般行政有所分工，但基本上没有独立出来。治安机构与人员带有军事性质，有些治安管理机构和人员就是军事组织与军职，京师、府县维持治安的人员就是军队的士兵或地方武装力量。治安管理职能常常与刑事职能混在一起。

第三，封建社会历代统治者都十分重视户籍管理和基层治安，并把它作为治安管理和封建统治的基础。尽管历朝历代中央和地方的统治机构不断变化，但户口管理始终没有削弱，并连同其管理机构和治安管理的职能一起都是处于加强的趋势。以户口管理为基础的保甲制度产生后，不断得到强化和完善，成为封建统治的支柱。同时，加强基层治安管理机构和人员，重视地方的治安管理。

三、中国近代的治安管理

1840年鸦片战争以后，中国沦为半封建半殖民地社会，自清末至新中国成立之前这一历史阶段的治安管理，为中国近代的治安管理，主要包括以下几方面。

（一）清朝末期的治安管理

鸦片战争以后，帝国主义列强侵入中国，民族矛盾和阶级矛盾异常尖锐，资产阶级改良主义者提出仿效外国建立警察制度，清政府为了维持摇摇欲坠的封建王朝统治，也亟欲仿效外国，建立专门的警察机构。1898 年 7 月 27 日，湖南按察史黄遵宪在维新派谭嗣同、梁启超等人协助和湖南巡抚陈宝箴的支持下，仿效英、法、日等国，在长沙创办了湖南保卫局。保卫局的职责为“去民害，卫民生，检非违，索罪犯”。保卫局并不是一个正式的官方机构，也不是一个全国性的组织，但它已基本具备了近代警察机构的全部性质和内容，实际上它是中国近代警察制度和近代治安管理的萌芽。湖南保卫局随着百日维新的失败而告终，仅仅存在了三个多月。

1901 年 5 月，清政府设立善后协巡总局，既负责京师治安，又负责土木工程和审理刑事、民事案件，是一个市政、司法和警察的混合体。1901 年 9 月 12 日，清廷下令各地创办巡警。1905 年 9 月 10 日，清政府为整顿、统一全国警政，在中央设立巡警部，从而产生了我国历史上最早的专职的中央警察机关。巡警部设警政、警法、警保、警学、警务五个司，掌管全国警察事务。第二年清政府实行官制改革，将巡警部改为民政部，把户部、工部也划归民政部。民政部下设两厅、五司。其中，警政司负责治安管理，民法司负责编审户口。京师工巡总局改为京师内、外城巡警总厅，成为京师专职的警察机关。民政部下设消防公所，并成立了专业消防队，负责消防工作。

1907 年，清政府为统一各地警察机构，决定省设巡警道，受本省督抚领导，并受民政部监督，负责全省警务；州、县设巡警署，管理当地治安工作。至此，全国上下一个专职的警察体系和治安管理体系已初步形成。

建立正规警察机构的同时，清政府还在各地设立警务学堂或巡警教练所，训练巡警、培养警察官吏。清政府还制定颁行了一系列警察法规，有关治安管理方面的如《大清违警律》《违警律施行办法》《外勤巡警学程》《户口管理规划》《调查户口章程》《大清国籍条例》《大清报律》《结社集会律》《管理危险物品规则》等。

（二）北洋军阀统治时期的治安管理

1911 年，孙中山领导的辛亥革命推翻了长达两千多年的封建统治，并于 1912 年建立了中华民国。但是，辛亥革命的成果很快就被以袁世凯为总代表的北洋军阀集团所篡取，中国进入了北洋军阀的黑暗统治时期。这个时期的治安管理，随同北洋军阀为维护其军事独裁统治而建立的庞大、严密的警察系统而得到进一步发展。

在中央，设内务部，作为全国最高警察机关。内务部内设警政司管理全国的警察事务。在京师，原内、外城巡警总厅改为京师警察厅，直属内务部，管理京师及四郊的警察事务。京师各区设警察署，署下设警察分驻所和派出所。此外，还设有保安、交通、消防、侦缉、巡逻等专业警察队，以及为保护外国侵略者的安全，于1914年创建的京师保安警察和保安警察马队。

在地方，将清末的省巡警道改为省警务处，在省长的直接领导下管理全省警察事务。省会和重要商埠设警察厅，次要商埠设警察局，县设警察所，分别管理所辖地区的治安工作。为了维护和加强水上治安，1913年北洋政府在两广、两湖等10余省的临海沿江地方，设立了水上警察厅、局。

为了加强警察教育，北洋政府集中设置警察学校和警官高等学校，培养和训练为其反动统治服务的警察。袁世凯为了强化警察统治，还非常重视警察法规的制定，在他当政的5年时间里，开展了频繁的立法活动，仅治安管理方面制定实施的法规就达上百项。主要的有：《治安警察法》《违警罚法》《警察厅户口调查规则》《限制药物鸦片吗啡等毒品营业章程》等。其中，《违警罚法》是1915年袁世凯在清末《违警律》的基础上制定的，是我国第一部独立的治安行政法规。

（三）国民党政府的治安管理

1927年，蒋介石篡夺了北伐革命的胜利果实后，建立了国民党反动政府。为了镇压人民的反抗，维护其法西斯独裁统治，国民党反动政府建立起庞大而又严密的警察系统，把警察机构扩张到空前的程度，治安管理得到了进一步发展、完善和强化。

国民党统治时期的中央警察机关是内政部，内设警政司管理全国警察事务。警政司设若干科，管理户口调查、危险物品、消防和违警处罚等治安管理事务。1942年增设了户政司，主管全国户政。1946年，警政司改为警察总署，科改为处，治安管理分别由第一处、第三处、第四处负责。在首都南京，设首都警察厅，直属内政部。厅设保安科，负责户口调查、交通、消防管理、危险物品查禁、集会结社管理和外事管理等；司法科负责违警处罚；督察处负责督察内外勤务、稽查弹压和警卫戒备等。厅下分区设警察局，局下设分驻所、派出所，管理辖区治安。此外，还组织了保安、消防、交通、侦查、水上警察队和巡逻队等专业警察队，分工维护首都治安。

在地方，从省、市、县到区、乡、镇普遍设置警察机构。省一级的公安机关，一般称警务处，归属省民政厅，管理全省警察事务。省会城市和其他市设警察局，局内设科，一般还设有保安、侦缉、交通、消防、水上等警察队，局下设若干警察分局，分局下设派出所。县一般都设警察局，区、乡、镇一般都设警察所。国民党反动政府，还以所谓“人民自卫”的名义，在地方各县编设“保安团”，用以弥补警力不及，辅助警察维持“治安”。同时，强化保甲制度，以户为单位，设户长；10户为甲，设甲长；10甲为保，设保长；相邻各保设联保主任。保甲协助警察“清查户口、稽查奸宄、逮捕罪犯、维持秩序”，并实行“联保连坐”。

国民党政府还非常重视治安法规的建设，在其统治的20多年时间里，先后公布施行的治安管理法规就达100多项。日常治安管理活动都有相应的法律规范，以作为其反动统治的法律依据。如《违警罚法》《国籍法》《户籍法》《戒严法》等。

（四）人民民主政权的治安管理

中国共产党最早建立的保卫组织是中央特科。1927年4月12日蒋介石发动了反革命政变，迫使党中央转入秘密状态。为了保卫白色恐怖下的党的组织，1927年11月中共中央在上海正式建立党的保卫机构——中央特别委员会，下设中央特科，负责党的保卫工作。中央特科是中国历史上第一个无产阶级政党的专职保卫机构。中央特科在保卫工作、情报工作方面出色地完成了任务，积累了宝贵的工作经验。

第二次国内革命战争期间，我党领导的各路武装起义，都进行了建立公安保卫组织的尝试。如“八一”南昌起义当中，革命委员会下设了政治保卫处，在南昌设立了市公安局，担负着保卫革命果实和镇压反革命的任务。

1931年11月，在江西瑞金成立了中华苏维埃共和国，在临时中央人民政府委员会内务部，设立了民警管理局，领导苏维埃政权统治区域的治安工作。省设民警厅（后改为民警分局），城市设民警所，同时受上级机关和所在地的内务部门领导，负责维护治安秩序，查禁赌博、吸毒和贩毒，配合政府保卫部门打击国民党特务、奸细和暗藏的反革命分子。在各级内务机关，还另设交通科和民事行政科，分别管理交通和户口登记统计工作。市、区、乡苏维埃还组织赤色委员会，协助维护社会治安秩序，发动群众巡查放哨、查路条、盘问可疑人、监视剥削分子等。

抗日战争期间，各根据地的公安机构不尽相同。在陕甘宁边区，边区政府下设民政厅和保安处执行警察职能。民政厅负责警察行政、户口调查统计、禁烟禁毒等，维护治安秩序。保安处主要负责侦查、锄奸工作。边区首府延安市设公安局，局内设有治安科。1938年5月成立延安市警察队，隶属于市公安局，身穿专门警察服装，专门执行治安保卫任务，这是我国警察史上最早的一支比较正规的人民警察队伍。其主要任务是：在市区街道设警察岗哨，维持秩序，调解纠纷，管理交通；配合治安科查户口和旅店，锄奸反特；负责中央机关、边区政府举行各种会议时的警戒工作等。在边区下属各分区的督察专员公署内，设民政科、保安科（后改为保安分处），县设民政科（股）、保安科（股），负责治安管理和侦查锄奸工作。区设民政、保安助理员，乡由自卫军连长具体负责维持当地治安秩序。其他根据地，一般设边区公安局、县公安局，区（乡）设治安员、公安特派员，负责地方治安管理工作和锄奸工作。基层政权还组织群众性的锄奸委员会、锄奸小组，协助公安机关站岗、放哨，维持地方治安秩序。1942 年 2 月 23 日公布实施的《陕甘宁边区违警处罚暂行条例》，对维护根据地的社会治安起到了积极作用。

解放战争时期，随着人民解放军的胜利进军，人民革命政权的建立和发展，人民公安机关也相继产生。在新解放的城市，治安管理在军事管制委员会所属的公安机关领导下，建立新的户口管理制度，开展交通、枪支、特种行业管理，配合军事部门肃清残余反动分子，迅速稳定社会秩序。这一时期，各地政府、军事管制委员会和公安机关还颁行了一系列涉及户口、交通、公共复杂场所、特种行业、枪支管理等方面的治安管理法规，对确立和维护革命秩序发挥了重大作用。

从中国近代治安管理的发展历史可以看出：

第一，中国独立的治安管理机构产生于清朝末年，是随着近代警察制度的产生和发展而形成和发展的。从中央到地方的治安管理机构，不再是与军事、司法、行政、刑事相混合的组织，而是直接行使治安管理职能的专门机关。同时，在建立正规警察机构及其专门治安管理机构的同时，为了加强治安管理的职能作用，普遍重视和加强对警察人员的培养教育和训练。清末在各地设立警务学堂、巡警训练所，北洋政府则集中设置警官学校和警察学校，国民党更是广泛开办警官学校、警士教练所和训练班。

第二，治安管理服从于警察职能，为维护统治阶级的统治和政权服务。治安管理的性质决定了，无论是清朝末期、北洋政府时期还是国民党统治时期的治安管理，都是为镇压人民的反抗、维护其反动统治服务的。至于中国共产党领导下的人民民主专政的治安管理，也是为维护统治阶级的统治、为巩固人民革命政权服务的，只不过这个统治阶级与历史上其他统治阶级有着本质的不同，它不再是少数剥削阶级，而是共产党领导下的人民大众。

第三，随着独立的治安管理机构的产生和发展，治安管理法规也即产生和发展，并逐步完善。清朝末期、北洋政府时期以及国民党统治时期，都制定和颁行了相应的治安管理法规，使治安管理有了专门的法律依据。

第四，治安管理的内容和范围扩大。无论是清末、北洋政府还是国民党时期的治安管理，除了主要维护反动统治、巩固反动政权之外，随着社会政治、经济、文化的发展，其社会管理职能也有了一定的发展，如消防和交通管理。

第五，清末、北洋政府和国民党统治的治安管理都是半殖民地半封建的产物。这一历史阶段的治安管理既有封建性，如与保甲制度的结合。特别是国民党反动政府，在以往历朝历代的基础上，进一步强化保甲制度，并与警察相配合，成为维护国民党反动统治的有力工具。同时，这一历史阶段的治安管理又受外国影响，带有殖民地的烙印，如机构的设置和治安管理法规的制定，多效仿外国。

第六，人民民主政权的治安管理，由于多种原因而导致机构不健全、业务内容简单，但确为人民革命的胜利做出了贡献，为中华人民共和国成立后治安管理工作的开展奠定了基础。

四、中华人民共和国的治安管理

1949 年 10 月 1 日，中华人民共和国宣告成立。从此，我国进入了社会主义革命和建设的历史时期。随着人民公安机关在全国范围内的建立和发展，作为公安工作一部分的治安管理也开始了全国性的建设，并逐步形成了具有中国特色的社会主义治安管理体系。

（一）中华人民共和国成立初期的治安管理（1949 年 10 月至 1956 年 12 月）

1949 年 11 月 5 日召开公安部成立大会，接着在全国范围内建立公安系统。省、自治区、直辖市设公安厅（局），地区设公安处，市、县设公安局，各级公安机关内均设置治安部门（局、处、科、股），分别负责所辖地区的治安管理工作。城市街道、农村乡镇设公安派出所，农村的区和不设区的乡设公安特派员，负责基层治安管理工作。从上到下形成了一个严密的多层次的治安管理体系，有效地进行着治安管理工作。

中华人民共和国成立初期，治安管理部门的主要任务，在城市是搜捕特务，镇压反革命破坏；在农村和新解放区是“清匪反霸、取缔各种反动会道门”。同时，积极建立城市的治安管理工作，调查户口，建立消防、交通等管理工作，加强公安派出所建设，初步建立了正常的社会秩序。

1950 年 7 ~ 8 月公安部召开了第一次全国治安行政会议。在总结中华人民共和国成立以来治安管理工作成绩的基础上，进一步确定了治安管理工作的任务，即运用人民警察的行政力量，依据党的政策和政府法令，依靠人民群众，主要采取公开的工作方式，取缔各种反革命破坏活动，同盗匪、流氓等各种破坏分子作斗争，同危害人民生命财产安全的火灾、爆炸、车祸等行为作斗争，管制一般反动分子。会议特别强调，加强以户口管理为中心的派出所工作，同时开展防特、防盗、防火工作。会议特别提出要培养、训练新警察和警察干部，要求中央和各大行政区开办警察学校，争取在两三年内建立 10 万左右具有政治觉悟、熟悉业务的人民警察队伍。

第一次全国治安行政会议召开后，各级治安管理部门依据会议精神，配合全国范围内的镇压反革命运动，进一步打击了惯匪、惯盗，取缔了反动会道门，禁毒禁赌，取缔娼妓，收容了危害社会治安的国民党散兵游勇和无业游民。通过努力，很快地改变了旧社会遗留的治安混乱的状况，出现了城乡治安秩序井然，人民安居乐业的大好局面，从而巩固了新生的人民政权，保障了国民经济的恢复和发展。同时，治安管理的各项业务工作也开始建立起来。全国所有市和一半以上的县建立了户口管理制度，整顿和改造了国民党遗留的消防、交通组织，改进了交通指挥，建立了车辆管理和易燃易爆物品管理制度，并在很多城市建立了群众性义务消防队伍等。

1953 年，我国进入了对生产资料私有制实行社会主义改造和有计划地进行社会主义建设时期。1953 年 9 月，公安部召开了第二次全国民警治安工作会议。会议在认真总结中华人民共和国成立后治安管理工作取得的成绩和经验的基础上，对今后治安管理工作提出了要求，即继续加强和提高户口、交通、消防等各项业务建设和组织建设，打击反革命和刑事犯罪的现行破坏活动，减少治安灾害事故，进一步巩固社会治安，保卫国家的经济建设，保卫人民的利益。会议明确了公安派出所的基本任务，尤其强调要巩固和加强群众性的治安保卫委员会。

第二次全国民警治安工作会议之后，治安管理部门积极开展了各项工作，一方面利用公开的行政手段，密切掌握敌情，积极配合隐蔽斗争；另一方面加强管理，努力减少和消除社会主义改造中所出现的一些不安定因素，保障社会主义改造的顺利进行。同时，进一步加强各项业务建设，经过几年努力，初步形成了以户口管理为中心，以派出所工作为基础，包括交通、消防在内的治安管理工作体系。

（二）开始全面建设社会主义时期的治安管理（1957 年 1 月至 1966 年 5 月）

1956 年社会主义改造基本完成以后，我国开始进入全面建设社会主义的时期。治安管理工作也进入全面建设和发展时期。

1957 年 1 月，第八次全国公安会议根据党的第八次全国代表大会确定的全面建设社会主义的方针，提出公安机关的工作重点从主要是对敌斗争开始转为在继续加强对敌斗争的同时，加强治安工作，保卫社会主义经济建设。虽然由于“左”的影响，治安管理工作的重点没有完全转移过来，但还是围绕着保卫社会主义建设做了大量的工作，取得了显著的成绩。

在 20 世纪 60 年代三年自然灾害时期，曾一度出现城乡治安秩序不好的局面，刑事案件数量上升，群众性的治安问题突出，封建迷信等旧社会丑恶现象沉渣泛起。针对这种情况，公安部于 1963 年 9 月召开了城市治安管理工作会议，提出了以城市为重点，进一步加强和提高城乡治安管理工作的要求，强化了户口、交通、特种行业、公共秩序管理和对违法犯罪少年儿童教育的各种措施。各级治安管理部门根据这次会议精神，严厉打击了趁经济困难之机进行犯罪活动的不法分子，取缔各种社会丑恶现象。同时，坚持正确区分和处理两类不同性质的矛盾，对小偷小摸、哄抢哄拿等一般治安问题，主要是教育疏导，做好思想转化工作；对确有生活困难的群众，协助有关部门组织就业、生产，妥善安置。由于政策对头，方法得当，城乡治安秩序在较短时间内恢复了正常状态。

这一时期的治安行政法规建设得到了加强。1957 年 10 月颁布了《治安管理处罚条例》，这是新中国成立后第一个实体与程序合一的、综合性的治安管理基本法律，也是加强治安行政法规建设的一个重要标志。此外，还制定和实施了《治安保卫委员会暂行组织条例》《公安派出所组织条例》《城市交通规则》《消防监督条例》《爆炸物品管理规则》《户口登记条例》等几十种治安行政法规，使治安管理逐步建立在社会主义法制的基础上，促进了治安管理工作的发展，保证了治安管理工作有法可依，促使治安管理不断规范。为了加强治安管理的正规化建设，公安部和各省、自治区、直辖市还分别建立了不同类型和规模的公安、警察学校，培养了一大批治安管理干部和民警。

总之，这一时期的治安管理得到了全面建设和发展，保障了社会主义经济建设的顺利进行和人民群众生命财产的安全，违法犯罪活动大大减少，刑事案件和治安灾害事故数量大幅度下降，形成了中华人民共和国成立以来最好的治安局面。

（三）“文化大革命”时期的治安管理（1966 年 5 月至 1976 年 10 月）

1966～1976 年的“文化大革命”，使治安管理遭到了严重破坏，治安管理的各级机构随着整个公安机关被“砸烂”，广大治安民警有的被下放到农村、劳改农场劳动，有的被关进监狱或被迫害致死。公安机构或撤或并，一些行之有效的治安管理的规章制度遭到践踏，治安管理工作受到严重冲击。

（四）社会主义建设新时期的治安管理（1976 年 10 月至今）

“文化大革命”以后，特别是党的十一届三中全会以后，我国进入了社会主义建设新的历史时期，是我国公安工作重建、恢复和发展的新的历史阶段，治安管理工作也逐步得到全面恢复和新的发展。

1977 年召开的第十七次全国公安会议，提出了要恢复和健全治安管理的各项规章制度。1978 年 8 月召开的第三次全国治安工作会议，总结了新中国成立以来治安管理工作正反两个方面的经验教训，在充分肯定“文化大革命”以前治安管理工作基本经验的基础上，提出了治安管理工作要实行“党委领导，依靠群众，预防为主，管理从严，及时打击，保障安全”的方针。会议要求对新中国成立以来建立的治安管理专业工作全面恢复和加强起来。

这两次会议以后，治安管理工作开始全面恢复和建设。“文化大革命”中被“砸烂”、撤销的治安管理机构重新恢复、建立起来；被迫停顿的各项治安管理业务重新开展起来；加强了原有公安、警察学校的建设，新建了一批正规的人民警察中等专业学校和若干公安大专院校，设置了治安管理的有关专业，编辑出版了一批治安管理业务教材，培养训练了一大批新、老治安民警，提高了治安管理人员的素质；治安管理的法规、制度逐步得到恢复、执行；治安管理的技术装备也得到了充实和改善，现代科学技术在治安管理工作中得到应用，提高了工作效率和快速反应能力。

党的十一届三中全会以后，社会治安虽几经整顿有所好转，但情况还相当严重。1983 年 7 月，中共中央作出了严厉打击严重刑事犯罪的决策；同年 9 月，全国人民代表大会常务委员会作出了《关于严惩严重危害社会治安的犯罪分子的决定》。从 1983 年 8 月开始到 1987 年 1 月结束的全国性“严打”整治斗争，不仅在当时起到了严厉打击犯罪、维护社会治安、保障社会主义经济建设进行的作用，而且对公安工作产生了非常重要的影响，此后很长一段时间内，“严打”成为公安工作的重要组成部分。1991 年 2 月，中共中央、国务院又作出了《关于加强社会治安综合治理的决定》，要求必须进一步在全国范围内大力加强社会治安综合治理工作。各级公安机关包括治安管理部门，积极参加党委和政府统一组织的社会治安综合治理活动和持续进行的“严打”斗争，经过全党和全国人民的共同努力，社会治安基本趋于稳定。

改革开放以来，我国各项事业取得举世瞩目的历史性成就。同时，随着经济成分、就业方式、组织形式发生重大变化，社会开放性、动态性大大增强，治安管理工作面临的形势也发生了复杂而深刻的变化。在这一历史进程中，全国公安机关治安系统在公安部党委和地方各级党委、政府的领导下，认真贯彻落实党的路线、方针、政策，坚持“打防结合、预防为主，专群结合、依靠群众”，围绕中心、服务大局，求真务实、与时俱进，不断改革和加强治安管理工作，为改革开放的顺利进行做出了重要贡献。

自党的十一届三中全会确立关于发展社会主义民主和加强社会主义法制建设的基本方针以来，治安管理法制建设步入新中国成立以来最好的发展时期。各级公安机关不断改进和加强法制建设，为建设社会主义法治国家、构建社会主义和谐社会做出了重大贡献，在公安工作和队伍建设的规范化、制度化、法治化等方面取得了历史性进步。在国家立法机关的主导下，公安机关全力支持、主动配合，推动治安管理立法不断取得重大进展。这一时期，制定、通过和实行的治安管理法律、法规、规章主要有《枪支管理法》《治安管理处罚法》《居民身份证法》《护照法》《突发事件应对法》《禁毒法》《民用爆炸物品安全管理条例》

《旅馆业治安管理办法》《公安机关办理行政案件程序规定》等，保证了治安管理工作有法可依。改革开放以来，公安机关治安系统积极会同有关部门，推动出台的规章和规范性文件共400多件，初步形成了具有中国特色的治安管理法律体系。

进入新世纪新阶段，我国基本实现由计划经济体制向市场经济体制的转变，经济社会长足发展，人民群众的生活已由温饱迈进了小康，中国特色社会主义进入了新时代。中国共产党第十九次全国代表大会报告指出："中国特色社会主义进入新时代，我国社会主要矛盾已经转化为人民日益增长的美好生活需要和不平衡不充分的发展之间的矛盾。"治安管理必须适应新时代发展要求，坚持总体国家安全观，履行维护和管理社会治安秩序，预防、控制、减少违法犯罪，预防、控制、减少治安事件和治安灾害事故的发生，维护公民合法权益，保障经济和社会发展进步的职能。面对社会治安状况出现的剧烈变化，治安管理工作必须针对变化了的新情况、新问题，开展与此相适应的改革和创新，大力推动立体化、信息化社会治安防控体系建设，努力为促进经济社会高质量发展、维护国家政治安全、确保社会大局稳定、促进社会公平正义、保障人民安居乐业做出积极贡献。

典型案例剖析

2014年2月3日晚8点多，安徽省当涂县公安局护河派出所辖区内居民侯某和其表弟杨某等人在自家客房内打牌。这时，庚某及其堂哥两人酒后到侯某家。庚某责问侯某去年为什么事殴打其叔叔？侯某见对方来意不善，便承认自己错了。随后，侯某父母劝走庚某等人，定于明天中午请庚某等人吃饭、赔礼道歉。随后，庚某等人离开了侯某家。侯某父母怕事情闹大，便打电话给庚某的小舅，说当时的事情都已调解了，不要再让庚某来闹事。当晚，庚某小舅打电话训斥了庚某，叫其不要闹事。庚某接到小舅电话后愤愤不平，认为自己是去问问情况，并没有闹事。当晚9时许，庚某一人再次闯到侯某家，并在侯某家院子门边捡了一块红砖。进入客房后，庚某问侯某其父亲在哪儿，侯某站起来还未回话，庚某一脚蹬在了侯某的腹部。随即，庚某被赶来的夏某拖到院内。在院子内，侯某父母及其亲戚、村上的村民都赶过来，将庚某围在院子当中，不让其走，有村民叫嚷将庚某捆起来，之后侯某家人报了警。几分钟后，庚某家来人赶到现场往院子内闯，要把庚某带走。当时侯某家将院子门锁上了未让对方进去，庚某家人在院子外用脚踹门。后来，警察赶至现场，将双方劝住并将庚某带上了警车。案发当场，部分村民对庚某的行径很是愤慨，扬言如果不严惩，将向上级公安机关反映。民警一边稳控村民情绪，另一边安排人将被侵害人侯某送到当涂县人民医院检查治疗。

为消除信访隐患，护河派出所组织民警加班，按照纠纷类警情处置“快（处）、调（解）、查（证）、规（范）、（回）访”五步法，即快速出警、控制现场，了解经过、公正调解，注重证据、查清真相，规范言行、方法得当，事后回访、了解回应，连夜开展调查取证工作。经过一昼夜的突击调查，基本固定了庚某殴打他人违法事实的证据。在事实面前，庚某及其家人认识到了自己的错误，并主动要求向对方承认错误，赔偿损失。在护河派出所及村委会工作人员的积极努力下，侯某及其家人同意庚某一方赔偿医药费、赔礼道歉来化解案件矛盾。2月4日中午，该案成功调结。侯某一方表示满意，承诺不再因此事到上级公安机关上访，护河派出所成功化解了一起信访隐患。

上述案例中，安徽省当涂县公安局护河派出所认真履行治安管理职能，根据纠纷类警情特点，积极探索治安管理的具体方法，及时排除了治安隐患，取得了良好的社会效果。

（来源：中国警察网，2014年4月16日，作者：刘硕）

第二章

治安管理的主体和手段

第一节　治安管理的主体

一、治安管理主体的概念和分类

治安管理是国家行政行为的重要组成部分，作为治安行政管理活动的发起者、组织者，治安管理主体对治安管理的效能起着决定性的作用，同时治安管理主体与治安管理客体共同构成了治安管理法律关系的重要内容，因此对主体的研究意义重大。

（一）治安管理主体的概念

治安管理主体，是指依法享有治安管理权，能以自己的名义进行治安管理活动，积极承担或履行治安管理职能的公安机关以及法律法规授权的组织和个人。我们可以从以下几个方面来理解治安管理主体的特点：

1. 治安管理主体包括依法享有治安管理职权的公安机关、人民警察和其他社会组织、力量

公安机关是我国人民民主专政政权中具有武装性质的治安行政力量和刑事司法力量，作为国家行政机关的一种，公安机关是掌管社会治安、行使国家治安管理权的专门机关。公安机关及其人民警察是治安管理主体最为重要的部分。公安工作要走群众路线，治安管理活动也要依靠其他社会组织和力量，除治安管理专门组织力量之外的其他社会组织和力量也是维护社会治安秩序的辅助力量，当然这种社会组织和力量进行治安管理活动时，必须要有法律上的依据或行政主体的委托授权。

2. 治安管理主体享有治安行政管理权

国家为了维护治安秩序，对治安管理的内容、范围、手段、措施、方法、程序等都以法律、法规的形式加以规定；同时，又把治安管理权相应地赋予治安管理主体，由其组织治安管理活动。和其他行政权力一样，治安管理权具有法定性、强制性、单向性等特点，主要包括治安行政处置权、治安行政处罚权、治安行政强制权、治安检查监督权等。

3. 治安管理主体的目的是维护国家安全和社会治安秩序

治安管理主体的管理活动有很强的目的性，维护国家安全和社会稳定是全国各族人民的根本利益所在，治安管理主体紧紧围绕这一中心任务，通过行使治安管理权，进行治安行政管理活动，运用各种治安管理手段，来维护公共安全、保护社会安宁，预防、减少违法犯罪行为的发生。

（二）治安管理主体的分类

按照不同的分类标准，对治安管理主体可作出不同分类。这里我们依据治安管理主体的构成、层次、组织性质做如下分类：

1. 根据治安管理主体的构成分类

根据治安管理主体的构成不同，可以把治安管理的主体分为治安管理机关和治安管理人员。治安管理机关，是指依照法律规定设立的行使治安管理职权，对治安事务进行管理的组织实体。治安管理机关纵向延伸和横向伸展的特点，要求在治安管理机关的设置中，要贯彻依法设置、精简效能、权责一致的原则，正确处理好管理层次和管理幅度之间的关系。治安管理人员，是指依照国家有关法律、法规的规定，被选任和录用到治安管理机关，代表国家管理社会治安事务，行使治安管理职权的人民警察。按照治安管理人员担负的具体任务及从事的具体业务，大致可以分为：治安民警、户籍民警、巡逻民警、交通民警、外事民警等。

2. 根据治安管理主体的层次分类

根据治安管理主体的层次不同，可以分为中央治安管理机关和地方各级治安管理机关。中央治安管理机关是国家公安部，它是全国治安管理的最高领导机关；地方各级治安管理机关包括省级公安机关、市县级公安机关以及基层公安机关，它们是同级人民政府的职能部门，分别管理本行政区域内的治安管理事务。

3. 根据治安管理主体的组织性质分类

根据治安管理主体的组织性质不同，可以分为国家治安管理机关和群众性治安保卫组织。国家治安管理机关，是指中央和地方各级公安机关治安管理部门，它们是国务院和地方各级人民政府的职能部门，是依法设置的国家行政机关，也是履行治安管理职能的法定主体，包括治安、户政、交通等机构和部门，以及市县公安机关的派出机构——公安派出所等基层组织，是依法行使所在公安机关治安管理职权的主体；群众性治安保卫组织是指依照有关法律、法规享有部分治安管理职能的组织，是在公安机关的指导下，协助公安机关维护社会治安的组织，它们只有在法律授权或法定委托的情况下，才可成为治安管理主体。目前这类治安管理主体，主要是指企业、事业单位内部保卫组织、群众性治安防范组织以及社会保安服务组织。

二、治安管理的机构

治安管理机构是依据国务院组织法和有关行政法律、法规而设置的，是国家行政机关的重要组成部分，是公安机关的主要业务部门。根据治安管理主体层次的不同，治安管理机构与职责主要有以下几方面。

（一）中央治安管理机构的设置及其职责

中央治安管理机构，是指国家公安部，它是国务院组成部门，是全国公安工作的最高领导机关和指挥机关。公安部设有办公厅、情报指挥、研究室、督察审计、人事训练、新闻宣传、经济犯罪侦查、治安管理、刑事侦查、反恐怖、食品药品犯罪侦查、特勤、铁路公安、网络安全保卫、监所管理、警务保障、交通管理、法制、国际合作、装备财务、禁毒、科技信息化等局级机构，分别承担有关业务工作。海关总署缉私局、中国民用航空局公安局列入公安部序列，分别接受公安部和海关总署、公安部和中国民用航空局双重领导，以公安部领导为主。其在治安管理工作中的主要职责是：

1. 研究和制定全国性的治安管理的各项方针、政策和原则，并组织贯彻执行。

2. 草拟全国性的治安管理法律、法规，分别提请全国人民代表大会常务委员会通过或国务院审核批准后公布实施。

3. 掌管并指导全国的治安管理工作，制定全国性的治安管理规划、工作要点、计划以及各个时期的工作任务，发布通知、通报，召开专业会议，检查、督促、总结指导工作。

4. 掌管全国的治安案件、治安事件以及治安灾害性事故和社会治安情况的统计和分析工作，全面及时地掌握各种违法犯罪活动和社会治安动向，并提出相应的对策和措施，同时负责及时向党中央、国务院报告工作，反映情况。

5. 掌握全国的治安管理业务建设和治安队伍的组织建设、思想建设，管理警用器械装备配备等。

（二）省级治安管理机构的设置及其职责

各省、自治区、直辖市的公安厅、局，是各省、自治区、直辖市人民政府的职能部门之一，是省级治安管理工作的领导机关。具体的治安管理机构有省、自治区、直辖市公安厅、局下设的治安总队（处）、交通总队（局）等。其主要职责是：

1. 贯彻执行中央制定的治安管理方针、政策和原则，根据本地区的实际情况，确定本地区的治安管理工作任务，明确工作重点，提出贯彻实施的思路和方法，指导本地区的治安管理工作。

2. 组织治安法律、法规的贯彻实施，并根据本地区情况，提出贯彻实施的具体办法和方案。因地制宜制定适合本地区的补充性法规，报经省、自治区、直辖市人大常委会或同级人民政府审议通过后，公布实施。

3. 制订本地区的治安管理规划、计划，发布指导性文件，检查、督促、交流、总结工作，发挥指导作用。

4. 掌握全省（自治区、直辖市）治安案件、治安事件、治安灾害事故和治安情况的发生、发展及变化情况，定期做好统计和综合分析工作，及时向上级公安机关和地方党委、政府汇报；掌握本地区各种违法犯罪活动情况和社会治安动向，制定相应的对策和措施，指导下级治安管理机构实施治安管理，将重大情况及时向上级反映和报告。

5. 组织领导下级治安管理机构查处本地区有重大影响的治安案件、治安事件和治安灾害事故，对一些比较复杂的治安案（事）件，也可以直接进行查处。

6. 指导下级治安管理机构的业务建设和队伍建设，重点加强组织建设和思想建设，不断提高整个治安队伍的综合素质和管理能力。

7. 负责本地区警用器械和装备的规划、配备和管理工作。

（三）市县级治安管理机构的设置及其职责

市县级公安局（分局）是同级人民政府的职能部门，是治安管理的具体执行机关。市县级治安管理机构设有治安大队（科、股）、巡逻大队、交通大队（科、股）、出入境管理科等。其主要职责是：

1. 贯彻执行治安管理法律、法规，治安管理工作的方针、政策和原则以及上级批示、决定等，提出具体的落实措施。

2. 制订本地区的治安管理工作计划和方案，具体组织实施各种治安管理业务，指导基层治安部门的工作。

3. 及时查处治安案件和治安灾害事故，执行治安管理处罚，了解、掌握并处理各种治安问题，定期向上级反映情况和报告工作。

4. 对群众进行经常性的遵纪守法、遵守社会公德、社会主义法制及防火、防盗、防破坏、防治安灾害事故的“四防”的宣传教育，搞好社会治安综合治理。

5. 指导社会治安防范组织，深入开展社区警务建设，积极实施社区警务战略，动员和组织全社会力量，抓好安全防范工作。

6. 按照上级指示和要求，加强治安队伍的建设，坚持政治建警、改革强警、科技兴警、从严治警，要把理想信念教育作为育警铸魂、固本培元的战略工程常抓不懈。

（四）基层治安管理机构及其职责

1. 公安派出所

（1）公安派出所的性质、种类与设置原则

①公安派出所的性质。公安派出所，是县级公安机关的派出机构，是治安管理的基层组织，是维护社会治安的多功能综合性的实战单位。在1980年召开的全国城市公安派出所基础工作座谈会和1984年召开的全国公安基层基础工作会议上，公安部明确要求把派出所建设作为基层基础工作的关键一环。1997年，公安部召开全国公安派出所工作会议，明确提出把治安管理和防范工作作为派出所的主要任务。2002年，公安部召开“杭州会议”，作出《关于改革和加强公安派出所工作的决定》，进一步明确了派出所是“集管理、防范、打击、服务等多种职能于一体的基层综合性战斗实体”。中国共产党第十六次全国代表大会以来，公安部部署全国公安机关要把派出所建设置于基础性、先导性位置，特别是在加强以“抓基层、打基础、苦练基本功”为主要内容的“三基”工程建设中，将派出所作为“三所三队”的重中之重，派出所建设出现许多可喜变化——全国派出所警力大大充实，装备条件大为改善，队伍形象和警民关系明显改善，执法水平显著提高。2012年，公安部“江苏会议”召开后，全国公安机关大力加强动态化、信息化条件下的派出所工作，派出所的履职能力和水平得到新的提升。2019年，公安部部署在全国公安机关全面开展创建“枫桥式公安派出所”活动，为打造共建共治共享社会治安治理格局、推进更高水平的平安中国建设做出新贡献。

公安派出所的性质表现在：首先，公安派出所是市、县级公安机关的派出机构，而不是相对独立的一级公安机关，它的权力是基于上级公安机关的授权；其次，公安派出所由市、县级公安机关直接派出、领导和管理，而不是乡、镇人民政府或街道办事处的一个组成部分；最后，公安派出所承担治安管理、安全防范、打击犯罪、为民服务等多种职能，不是上级公安机关某一业务部门的派出机构。

②公安派出所的种类。公安派出所大致可以分为两类：一类是地方公安机关的公安派出所，其中又分市区公安派出所、建制镇公安派出所、乡公安派出所、

水上公安派出所、边境公安派出所，以及设置于文体娱乐场所、大型商贸场所、风景名胜区或者车站码头机场附近的公安派出所；另一类是专业公安机关的公安派出所，即铁路、交通、民航、林业等部门的公安机关，在其管理范围内设置的公安派出所。

③公安派出所的设置原则。设置公安派出所时必须遵循“工作需要、方便群众、有利工作、布局合理”的原则：一是适应需要，及时满足本地维护社会稳定、促进社会发展的实际需要；二是方便群众，要尽量靠近居民，方便生产生活，位置适中，交通便捷，标志醒目，好找好记；三是有利工作，要便于公安机关各项治安管理工作特别是户口工作的开展；四是合理布局，通盘考虑本辖区面积、人口分布、地形特点、治安态势，努力做到大小得当、疏密适宜。

（2）公安派出所的职责

公安派出所的职责主要是：登记、管理辖区内的实有人口，包括常住人口、暂住人口和在本辖区居住的境外人员；管理辖区内的特种行业、公共娱乐场所和枪支、弹药、爆炸物品、剧毒物品等危险物品；配合有关部门预防火灾、爆炸、中毒等治安灾害事故；接受、处置群众报警、求助，为群众解难救急；监督指导辖区内的机关、团体、企业、事业单位的治安保卫工作，组织、指导单位和群众开展安全防范；通过日常治安防范和管理工作，发现违法犯罪线索，保护犯罪现场，查破和协助查破刑事案件；查处治安案件，调解治安纠纷；收集、掌握和报告影响社会政治稳定和治安稳定的情报信息；协助上级公安机关做好群体性事件的处置工作。目前，全国已有部分地方公安机关试行“交所合一”，通过基层派出所和交警中队合二为一，整合二者的警力资源，以勤务改革弥补警力不足，实行一警多用、一警多能、统一执法、联合执勤，这势必会带来公安派出所工作职责的变化。

（3）公安派出所的职权

依据相关法律规定，公安派出所的职权主要包括：治安管理权；查破治安案件权；一般简易刑事案件侦破权；治安管理处罚权；部分刑罚执行权；对违法和轻微的犯罪行为的帮教权；安全检查监督权；治安调解权；建立、使用治安秘密力量权等。

（4）公安派出所的内部分工

公安派出所，一般设置有所长、指导员（教导员、政委）、副所长、内勤民警、外勤民警等岗位，各岗位既各司其职又配合协作，共同完成各项任务。

所长是公安派出所的负责人，全面主持公安派出所的各项工作；政治指导员（教导员、政委）负责政治学习、思想教育、党团组织等项工作，协助所长优化内外环境，保障各项工作顺利进行；副所长负责分管业务，并协助所长搞好全所各项工作。

内勤民警负责户口登记、统计和居民身份证件的颁发管理，以及派出所的文书档案、来访接待、安全保卫和其他内部勤务；外勤民警主要负责指导安全防范、调解治安纠纷、收集治安信息，以及接警处警、为民服务等项工作，并协助内勤民警搞好户口与居民身份证工作，进行对特定场所、行业、物品的治安管理，负责查处治安案件、治安灾害事故，查破或者协助查破刑事案件。一些公安派出所还设置一定数量的刑警、巡警，专职从事有关工作。

（5）公安派出所的工作制度

①勤务制度。公安派出所一直有值班、备勤两项勤务制度，近十多年来增加了巡逻、守望、出警处警等勤务制度，公安部还专门制定了《公安派出所执法执勤工作规范》。

②岗位责任制度。公安派出所的领导和全体民警，都必须履行岗位责任制度。上级公安机关应当预先明确规定所属公安派出所每一岗位的具体职责、基本任务、工作标准、奖惩办法；依据组织人事制度，公开、公平、公正地竞争上岗，然后逐人与上级签订岗位责任状；平时及时记载、严格核实、定期汇总工作，季度、年度结合群众考评，科学考评绩效；运用多种方式，加大力度，奖勤罚懒，形成争先恐后、好学上进的良好风气。

③会议制度。公安派出所至少应当建立两种经常性会议制度：一是所务会，由所长主持，全所民警或者所领导、业务骨干参加，主要研究派出所各项工作和队伍建设、管理中的重要问题；二是民主生活会，由指导员主持，全所民警参加，主要是开展批评与自我批评，以增加团结、促进工作。会议议程要服从工作，灵活安排；既要发扬民主、畅所欲言，防止简单的上传下达，也要讲求效率、简明扼要，防止议而不决。

④请示报告制度。公安派出所应当严格民警对派出所、派出所对上级的请示、报告制度。请示制度具体内容包括：凡职责范围内不应、不能独立处理的，都应当事先请示；重大问题应当书面请示，以示郑重和存档备查；情况紧急时，应当边妥善处置边请示；除特殊紧急情况外，应当逐级请示。报告制度具体内容包括：日常工作应当定期报告，专项工作应当专门报告，紧急情况立即报告，重大问题必须书面报告；报告已经结束的工作，应当有经验教训总结，报告即将开展的工作，应当有本单位的设想与安排。

⑤群众工作制度。总结长期工作的经验，公安派出所基本形成了一套搞好群众工作的基本制度，主要有警民联系制度、警务公开制度、向辖区居民报告工作制度等。随着社区警务战略的全面推行，公安派出所的群众工作必将得到大力加强。

2. 拘留所

（1）拘留所的设置和组织领导

拘留所是依法执行行政拘留、司法拘留以及强制措施性质拘留的场所，是治安管理的基层组织之一。2012年2月23日国务院令第614号公布了《拘留所条例》，这是规范拘留所设置和管理的重要法律依据。

根据《拘留所条例》的规定，国务院公安部门主管全国拘留所的管理工作。县级以上地方人民政府公安机关主管本行政区域拘留所的管理工作。县级以上地方人民政府根据需要设置拘留所。拘留所的设置和撤销，由县级以上地方人民政府公安机关提出意见，按照规定的权限和程序审批。国家安全机关设置的拘留所，由国家安全机关依照《拘留所条例》的规定进行管理。

拘留所由县、市公安局、城市公安分局领导，在业务上接受公安机关监所部门的指导。拘留所实行所长负责制，设正、副所长，副所长分管各项业务并协助所长抓好全所工作；拘留所根据需要配备一定数量的民警，并视具体情况和工作需要配备适量的女民警；拘留所要依法对被拘留人进行法律、道德教育，并组织他们参加社会公益劳动，使其尽快认识并改正错误。

（2）拘留所的任务

①做好教育、挽救工作。对违反治安管理的行为人给予行政拘留不仅仅是为了惩罚，而是在于通过限制其人身自由这一处罚手段，达到教育和警戒的目的，使其不再违法犯罪。因此，拘留所的首要任务是根据教育与处罚相结合的原则，对被拘留人进行法制、道德教育，帮助他们提高对自己行为社会危害性的认识，使其痛改前非。

②严格管理、确保安全。拘留所是限制被拘留人的人身自由的场所，具有强制性。少数人对拘留带有不满情绪或对立情绪，有的伺机逃跑，有的可能行凶、闹事，甚至自杀。因此，严格管理制度，加强对被拘留人的管理是拘留所的一项重要任务。

③加强管理、预防疾病。管理好被拘留人的生活和卫生，是保证被拘留人接受处罚和教育的重要条件，也是一项重要的政策。在生活管理方面，被拘留人的伙食要严格执行国家规定的标准，让其吃得饱、吃得卫生。拘留室要尽量通风、防潮、保暖，要做好房舍的卫生，预防疾病，发现被拘留人生病，应及时给予治疗。

（3）拘留所的工作制度

①收押制度。拘留所接收被拘留人，必须凭裁决机关开具的《治安管理处罚执行拘留通知书》。被拘留人入所时，要查验其居民身份证或其他有效身份证件，防止他人冒名顶替。查明身份后，应填写《入所登记表》。对被拘留人随身

携带的物品要检查登记，除允许随身携带的生活、学习必需物品外，其余财物交拘留所统一保管，并填写暂存物品收据，出所时归还。入所检查中如发现有危险物品或违禁品，应予没收。

②值班制度。拘留所实行24小时值班制度。值班人员必须恪尽职守，认真履行职责，及时发现问题，并妥善处置，重大情况及时上报。要特别注意防止被拘留人逃跑、行凶、闹事和其他危害公共安全行为的发生。对于那些确有可能发生上述危害行为的人，要及时采取有效措施防患于未然，情节严重的经县级公安机关批准可以使用械具。

③安全检查制度。拘留所要对所舍和环境进行经常性的安全检查，及时发现问题，堵塞漏洞，消除隐患。

此外，拘留所还应建立完善的出所制度、提讯制度、档案管理制度以及与被拘留人家属或单位的联系制度等。

3. 巡警队

巡警队是一支专司巡逻勤务，用以维护城镇街面治安秩序、处置各种治安事件的专门的警察队伍。它是改革开放以来，为了适应城市快速发展的需要，更好地应对社会治安日益复杂的形势和面临的新问题、新情况，进一步提高公安机关对社会的控制能力而建立起来的一支装备精良、训练有素、任务明确的具有较强战斗力的治安管理力量。

（1）巡警队的职责

根据公安部发布的《城市人民警察巡逻规定》第4条的规定，人民警察在巡逻中应当履行以下职责：维护警区内的治安秩序；预防和制止违反治安管理的行为；预防和制止犯罪行为；警戒突发性治安事件现场，疏导群众，维持秩序；参加处理非法集会、游行、示威活动；参加处置灾害事故，维持秩序，抢救人员和财物；维护交通秩序；制止妨碍国家工作人员依法执行职务的行为；接受公民报警；劝解、制止在公共场所发生的民间纠纷；制止精神病人、醉酒人的肇事行为；为行人指路，救助突然受伤、患病、遇险等处于无援状态的人，帮助遇到困难的残疾人、老人和儿童；受理拾遗物品，设法送还失主或送交拾物招领部门；巡察警区安全防范情况，提示沿街有关单位、居民消除隐患；纠察人民警察警容风纪；执行法律、法规规定由人民警察执行的其他任务。

（2）治安巡警队的权限

盘查有违法犯罪嫌疑的人员，检查涉嫌车辆、物品；查验居民身份证；对现行犯罪人员、重大犯罪嫌疑人员或者在逃人员，可以依法先行拘留或者采取其他强制措施；纠正违反道路交通管理的行为；对违反治安管理的人，可以依照《治安管理处罚法》的规定，执行处罚；在追捕、救护、抢险等紧急情况下，经出示证件，可以优先使用机关、团体和企业事业单位以及公民个人的交通、通信工具，用后应当及时归还，并支付适当费用，造成损坏的应当赔偿；行使法律、法规规定的其他职权。

4. 其他治安管理基层组织

社会治安管理是一项复杂艰巨的系统工程，必须广泛动员和组织社会各个层次、各个方面的力量共同参与，方能奏效。除上述之外，治安管理基层组织还有治安民警队、交通民警队、防暴队（特警队）、强制戒毒所、治安检查站等，它们在各自的职责范围内发挥着自己的效能，共同维护社会治安的稳定。

强制戒毒所是县以上公安机关提出方案、经同级人民政府批准设立的，依法专门对吸食、注射毒品成瘾人员进行强制戒毒的场所。通过药物、心理治疗和法制、道德教育，使其戒除毒瘾，矫正不良行为和不良心理。

治安检查站是大中城市公安机关在城郊（乡）结合部的交通要道设置的，以检查交通工具和人员、物品来往，加强城市社会治安控制的治安管理基层组织。它的主要任务是盘查过往车辆、船只及可疑人员和物品，查禁违禁物品和非法运输的危险物品，根据上级的通缉、通报，及时堵截犯罪嫌疑人及其赃物。

三、群众性治安保卫组织

社会治安稳定是社会成员的共同需求，因而需要社会成员的积极参与。尤其是通过治安保卫委员会（以下简称治保会）、治安联防队、保安服务公司、单位内部安全保卫组织等实现的公众参与，更广泛持久、切实有效。因此，抓好治安防范组织建设，奠定坚实基础，营造良好环境，对维护社会治安具有重要的战略意义。

（一）治安保卫委员会

治安保卫委员会是中国社会治安群防群治组织的一种，是依据村（居）民自治法律建立的社区居民自治管理组织的重要组成部分，是依法协助公安机关维护本社区治安的群众自治性安全防范组织。

中国共产党在领导人民进行革命战争的时期，就注意在社会治安工作中贯彻群众路线、组织群众参与。中华人民共和国成立以后，人民群众为保卫胜利果实而创造了治保会这种组织形式。1951 年 3 月，毛泽东主席号召全国“普遍地组织群众的治安保卫委员会”，随后，中央政府颁布了《治安保卫委员会暂行组织条例》《城市居民委员会组织条例》等法律，治保会制度迅速确立。

1. 治保会的性质

（1）群众性。治保会成员本身是社区居民而非国家机关工作人员，完全由群众自愿担任而不依靠行政强制力或者商业合同之类约束，其工作也主要是宣传、教育、帮助本社区群众搞好自身安全防范，而不是行政事务。

（2）自治性。治保委员通过居民自治方式直接推选而不由其他组织任命、聘用，治保会本身是居民委员会、村民委员会社区管理委员会等居民自治组织的一个组成部分，其工作主要通过订立和执行村规民约、安全防范公约，组织居民互助、邻里守望等自治方式进行，没有行政强制性。

（3）自卫性。自卫既是治保会成立的主要目的，又是治保会行为的界限。治保会只能在本社区组建、在本社区活动，不能跨越社区、涉足与居民自卫活动无关的领域，更不能限制他人自由、妨害他人权益。

（4）辅助性。治保会只是一种治安辅助力量，只能配合公安机关维护社会治安，不能自成体系、独立行动；治保会可以承担协助社区矫正之类的辅助性工作，但不能代表甚至代替公安机关、人民警察执法执勤。

2. 治保会对维护社会治安的作用

（1）治保会是公安机关联系群众的桥梁和纽带。治保会产生于群众、扎根于群众之中，最能接近广大群众，最了解民情，与广大群众的关系最为密切。这种在社会群体中天然形成的密切的社会关系，是治保会开展工作的条件和基础。因此，公安机关可以治保会为桥梁和纽带，把广大群众广泛地发动和组织起来，了解社区的敌情、社情动态，进行法律教育和公安工作政策宣传，预防、发现和控制各种违法犯罪活动，形成严密的社会治安防范网络。

（2）治保会是带领广大群众积极参与群防群治工作的骨干力量。治保会是由广大群众推选出来的群防群治工作的积极分子组成的，因而它必然会成为团结和带动广大群众同一切违法犯罪活动和治安灾害事故作斗争的骨干力量。首先，治保会要善于把自己周围的各阶层群众团结起来，形成一支强大的群众力量，保护人民群众的利益，威慑打击违法犯罪活动。其次，治保会成员在群防群治工作中要积极主动，发挥带头作用，勇于同一切违法犯罪活动作斗争，真正发挥治保会在维护社会治安秩序中的骨干作用。

（3）治保会是协助公安机关维护社会治安的得力助手。主要表现在：一是能够为公安机关提供丰富的敌情、社情和治安信息；二是能够在工作、生活中及时发现违法犯罪的情况，有力协助公安机关侦破案件；三是能够针对不同地区的复杂情况，为基层公安机关做好工作；四是能够发动和组织广大群众协助公安机关完成维护社会治安的任务，积极做好群防群治工作。

3. 治保会的组成

（1）治保会的设置原则。设置治保会，一要符合行政区划，一般不跨社区、跨单位，一律不跨行业、跨层级；二要服从群众自治，接受村（居）民委员会、社区管理委员会的领导，服务本区域，便于居民监督；三要促进安全防范，要从社区、单位的具体情况出发，系统考虑、科学配置，便于安全防范；四要不加重群众负担，人员要精干，分工要合理，补贴要适当。

（2）治保会的类型。一是城镇治保会，在城镇居民委员会内设置，按居民小组或居民楼院分设小组；二是农村治保会，一般按村民委员会辖区设置，按作业组或者自然村落划分小组，治保主任可以由村民委员会主任、村党支部书记兼任，也可以另行推选；三是单位治保会，按下属单位或者居民楼院划分治保小组，接受单位保卫部门领导，主任可以由内保干部或家属委员会主任兼任；四是其他形式的治保会，例如，设置于大型集贸市场的市场治保会，设置于行业联合组织的行业治保会，以及暂住人口治保会，等等。

4. 当前治保会的主要工作任务

（1）宣传、教育群众增强法制观念和安全防范意识，动员组织群众开展邻里守望、治安巡逻、安全检查等工作，落实防盗、防毒品、防火灾和防爆炸等治安灾害事故措施。

（2）协助、配合有关部门疏导和调解民事纠纷，化解矛盾。

（3）对有违法犯罪行为的人员进行帮助、教育、监督、考察。

（4）协助公安机关进行人口管理特别是暂住人口的管理。

（5）协助公安机关保护发案现场，提供破案线索，抓获犯罪嫌疑人。

（6）动员群众揭发、检举危害国家安全的犯罪分子和其他刑事犯罪分子。

（7）向政府及公安机关反映群众对社会治安管理工作的意见和要求。

（二）保安服务公司

保安服务公司，是以有偿服务的方式，依法为客户提供专业化安全防范服务，具有重要公益效应的特殊企业，是治安管理组织中的职业化安全防范组织的一种。

保安服务行业的任务是满足社会安全防范需要，完善社会安全防范机制，协助公安机关维护社会治安，预防、制止违法犯罪，为社会主义经济文化建设服务。

保安服务公司的性质和任务，决定了它的特点。

（1）法定性。保安服务公司是依法组建、独立运营的企业法人，但因其服务领域的特殊性，因而目前规定只能由市、县公安机关统筹组建。

（2）有偿性。保安服务是有偿服务，服务内容通过合同依法约定，合同双方必须全面履行合同，否则将承担违约的经济责任和法律责任。

（3）综合性。保安服务广泛涉及人力防范、技术防范、保安咨询等诸多方面，是运营环境复杂、风险系数高、社会影响重大的服务行业。

（4）灵活性。保安服务方式灵活多样，广泛适用于不同行业、单位和场所，是维护社会治安的司法、行政等手段所不可缺少的重要补充。

保安人员的职责是：执行守护、押运等安全防范任务；按照国家和行业标准提供设计、安装及保养、维护安全设施和保安装置等保安技术服务；对发生在值勤区内的刑事案件、治安案件和治安灾害事故及时报告，并采取妥善措施保护现场、维护现场秩序；落实防火、防盗、防爆炸、防破坏等治安防范措施，及时发现治安隐患，立即报告并积极协助处置。执行任务时，保安人员须着保安服装、佩戴保安标志，按规定配用非杀伤性器械，武装押运时可以按规定配备武器装备；不得辱骂、殴打他人，不得搜身或扣押证件、财物，不得限制人身自由，不得妨碍公务。

市、县公安局治安管理部门是保安服务公司的主管机关，代表公安机关对保安服务公司实施管理和监督，负责规范其经营，指导其队伍建设。公安机关要强化对保安服务公司法定代表人的审查和教育，强化对公司管理人员和保安人员的培训与考核；要加强日常检查、监督，发现问题立即督导其及时整改；应当会同相关部门定期进行年审，考核领导、管理人员和保安人员，审计其财务状况；必要时，公安机关可派出没有现任领导职务的民警到保安服务公司加强管理，派出人员可以保留警籍但不着警服。

（三）单位内部保卫组织

机关、团体、企事业单位内部保卫组织，以及物业公司内的物业保安，是治安管理组织中的职业化、商业化的安全防范组织。

1. 单位内部保卫组织的性质

单位内部保卫组织，是机关、团体、企业、事业单位以自身编制人员组成的，在单位法定代表人领导下强化安全防范、维护单位内部正常秩序的一个职能部门，是治安管理组织中的一种职业化安全防范组织。

20 世纪 90 年代以后，企业、事业单位的保卫组织，与政府机关、人民团体的保卫组织一样，不再是公安机关的基层组织，不再接受公安机关领导、行使治安行政职权，而回归为本单位法定代表人领导下的一个职能部门。1998 年国务院机构改革后，公安机关将经济文化保卫工作移交治安管理部门；2004 年以来，以贯彻实施《企业事业单位内部治安保卫条例》为主线，积极建立内部治安保卫（以下简称内保）工作“单位负责、政府监管，突出重点、保障安全”的新机制，把工作重点转移到依法对单位内部治安保卫工作进行指导、监督上，有力地推进了单位内部治安防控体系建设。

但是单位内部保卫工作绝不仅仅是单位自己的事，它可能危及社会的公共安全、经济安全、国家机密安全甚至国防安全，因而，单位内部保卫组织必须对国家、社会负责，必须接受公安机关的指导、监督和检查。

2. 单位内部保卫组织的设置

单位内部保卫组织的设置，应与单位的规模大小、区位与面积、重要程度和体制特点相适应，具体可以分三种情况：广泛涉及公共安全、经济安全、国家机密安全甚至国防安全而需要重点保卫的国家重点工程、军工企业和重点要害单位，必须独立设置保卫处、科，并接受公安机关治安保卫部门的业务指导；一般单位原则上应当设立内部保卫组织，主动有组织、有计划地开展安全保卫工作；保卫任务较轻的小单位，可以不设置内部保卫组织，但必须有专职或兼职安全保卫干部，全面负责单位内部保卫工作。

3. 单位内部保卫组织的任务

单位内部保卫组织的任务主要是：建立健全治安保卫工作制度，落实安全防范措施，预防和减少违法犯罪，消除治安隐患，保护国有资产和职工群众的人身安全，维护单位内部正常的生产、生活秩序。

第二节　治安管理的手段

一、治安管理手段的概念和特征

治安管理手段，是指国家的治安管理主体为了实现治安管理目标，达到维护社会治安的目的，依法对社会治安秩序实行控制管理的各种方法的总称。

治安管理手段既是由国家有关法律规定的，也是由国家治安管理对象的性质和治安管理活动的客观规律所决定的。治安管理主体要履行治安管理职能，就必然要充分利用和发挥各项治安管理手段的功能和作用。相反，治安管理主体如果离开或者放弃这些措施和手段，或者对这些措施和手段运用不当，就难以完成治安管理的任务，也就难以达到预防违法犯罪和维护社会治安秩序的目的。

治安管理手段是治安管理主体依法使用的，是行政管理手段的重要组成部分，它除了具有一般行政管理手段的共同特征外，还具有自身的特征。

（一）权威性

治安管理手段的内容以及适用程序等均是由宪法、法律、法规和规章规定的，同时治安管理手段也是国家和法律赋予治安管理主体的特殊权力，是国家公权力的重要组成部分，在公安机关使用相应手段维护社会治安秩序时，任何行政相对人都必须服从。

（二）强制性

行政行为具有强制性，治安管理手段具有特殊的强制性。首先，治安管理手段是以国家警察权力为依托的。人民警察是武装性质的国家治安行政力量，警察权是国家依法赋予人民警察履行职责、进行执法活动的权力。警察权最显著的特点之一就是以国家强制力为后盾。治安管理手段不能离开警察权这一依托而独立存在。其次，治安管理手段的强制性主要表现为公安机关可以对行政相对人的财产、人身、资格等进行限制。特别是对人身自由进行限制的行政拘留处罚是其他任何行政机关都无权作出的。

（三）目的性

任何一种手段总是为一定的目的服务的。治安管理手段是为维护国家安全和社会治安秩序，保护公民合法权益，保障社会主义现代化建设事业的顺利进行这一根本目的服务的。各种治安管理手段通过把人们的行为，引导和约束在治安管理法律规范所确定的法律秩序内，从而保证社会治安秩序的协调、稳定。

（四）多样性

治安管理范围的广泛性和管理对象的复杂性，决定了治安管理手段的多样性。治安管理手段，既有行政的法律的手段，又有教育改造的公安专业手段；既有公开的手段，也有秘密的手段；既有经济的手段，又有技术的手段；既有单一的手段，又有综合的手段；等等。治安管理主体要实现对社会治安的宏观管理和微观控制，就应该充分合理地交替、变换运用多种多样的治安管理手段。

（五）互补性

各种治安管理手段，由于其作用范围和效用的不同，都存在一定的局限性，有赖于其他手段加以补充，来共同实现治安管理的目的。治安管理手段的互补性，反映了不同的治安管理手段既相对独立，又相互依赖，不可分离的特点。

二、治安管理手段的种类

我们一般按照治安管理主体是否主动实施治安管理手段，把治安管理手段主要分为被动性治安管理手段、主动性治安管理手段和其他治安管理手段。其中被动性治安管理手段，是指治安管理主体只有在治安管理相对人提出申请的条件下，才能依法实施的对社会治安秩序进行控制管理的各种方法的总称。主动性治安管理手段，是指治安管理主体依据法定的治安管理权，无须治安管理相对人申请即可采取的治安管理措施。其中治安行政许可、治安行政确认、治安行政裁决属于被动性治安管理手段，治安行政命令、治安行政教育、治安行政监督、治安行政强制、治安行政处罚属于主动性治安管理手段。

（一）治安行政许可

治安行政许可，是指治安管理主体应当事人的申请，在符合法定条件时，依照有关法律、法规和规章解除对一般人禁止的行政行为。

治安行政许可，是由当事人申请，公安机关对特定人依法定条件解除禁止，给予其许可的行为。例如，对于生产、销售、使用枪支、管制刀具、危险物品，以及经营旅馆、典当、刻字等行业，经当事人申请，公安机关审查合格后，给予许可。治安行政许可在许可的同时，应当规定当事人需承担与权利内容相适应的义务，如接受监督、检查，因此，治安行政许可是一种附义务的许可。治安行政许可散见于各项治安管理法律、法规之中，根据现行适用的法律、法规进行归类，治安行政许可的范围主要包括以下几个方面：

1. 危险物品管理许可

（1）枪支弹药。根据《枪支管理法》《射击竞技体育运动枪支管理办法》等法律、法规的规定，主要有持枪证、枪支购买证、枪支弹药运输证、枪支弹药携带证等。

（2）民用爆炸物品与烟花爆竹。为了严格管理民用爆炸物品，预防爆炸事故的发生，防止犯罪分子利用民用爆炸物品进行破坏活动，保障社会主义事业和人民群众生命、财产的安全，国家制定、颁布了《民用爆炸物品安全管理条例》《烟花爆竹安全管理条例》等法规，对民用爆炸物品进行严格控制，并实行了相应的许可证制度，主要有民用爆炸物品购买许可证、民用爆炸物品运输许可证、爆破作业单位许可证、爆破作业人员许可证、烟花爆竹道路运输许可证、焰火燃放许可证等。

（3）化学危险物品。根据《危险化学品安全管理条例》等法规，化学危险物品许可证包括剧毒化学品购买证、剧毒化学品公路运输通行证等。

2. 特种行业许可

对于典当业、旅馆业、公章刻制业等特种行业，实行特种行业许可制度，需要公安机关颁发特种行业许可证方可开业经营。

3. 交通管理许可

为了保障道路畅通，保障人民生命财产的安全和国家建设事业的顺利发展，国家在交通管理工作中实行相应的许可证制度，并颁布实施了《道路交通安全法》。国家颁发的许可证主要有：机动车号牌和行驶证；驾驶证；机动车辆安全技术检测委托书；特种车辆警报器和标志使用证；水路运输许可证和水路运输服务许可证等。

4. 集会、游行、示威管理许可

根据《集会游行示威法》的规定，在中华人民共和国境内，除特定的庆祝、纪念等活动以及国家机关、政党、社会团体、企业、事业组织依照法律和组织章程举行的集会不需要申请之外，其他一切集会、游行和示威都必须依法向主管公安机关提出申请并获得许可，由主管公安机关发给集会游行示威许可决定书才能举行。

5. 出入境、边防和外事管理许可

为了维护国家的主权、安全和社会秩序，保障公民出入我国国（边）境的正当权利和利益，促进国际交往的开展，我国曾经制定了《出境入境管理法》等一系列法律、法规。这些法律、法规规定了我国公民或外国人出入我国国（边）境，我国公民进入边境管理区和外国常驻新闻机构在我国境内的活动等需要办理的各种许可证件，为我国出入境、边防和外事管理工作提供了比较完备的法律依据。这些许可制度包括中国公民出入境管理中的许可证、外国人入出境管理中的许可证、边防管理中的许可证、外事管理中的有关许可证等。

治安行政许可必须按照法定程序进行，治安行政许可程序是国家为了保证治安行政许可权的行使而规定的，进行治安行政许可活动所应当遵守的步骤、措施和方法等规则的总称。它包括有关治安行政许可证书的申请、审查、核发、拒绝、修改、更换、中止、废止、撤销、转让、收费等一系列步骤和过程。

（二）治安行政确认

治安行政确认，是指治安管理主体依法对治安管理相对人的法律地位、法律关系或有关法律事实进行甄别，给予确定、认可、证明或否定，并予以宣告的具体行政行为。治安行政确认在治安业务中运用非常广泛，对于稳定法律关系，减少各种纠纷，保障社会安定秩序，保护公民、法人或其他组织合法权益起着重要的作用。

1. 治安行政确认的特征

（1）治安行政确认的主体是公安机关治安部门。公安机关的治安部门，是指公安机关中行使国家行政权力，从事治安管理工作的各个业务部门。在实践中通常设有的机构是治安、派出所、交通、户政、出入境等部门。从公安工作业务角度上看，治安行政确认必须由公安机关的治安部门实施，其他国家行政机关不能进行治安行政确认。

（2）治安行政确认是要式的行政行为。由于治安行政确认的直接表现形式，是对特定的法律事实或法律关系是否存在的甄别和宣告，所以治安管理主体在作出行为时，必须以书面的形式，并按照一定的技术规范要求作出。其中，参加确认的有关人员还应该签署自己的姓名并由进行确认的治安管理主体加盖印鉴。

（3）治安行政确认是对治安管理相对人的法律地位、权利义务的认定。治安行政确认的直接对象，是与这些权利义务、法律地位紧密相关的特定的法律事实或法律关系。治安管理主体通过确定特定的法律事实或法律关系是否存在，来达到确定或否定相对方的法律地位或权利义务的目的。

（4）治安行政确认是羁束性行政行为。公安机关在作出治安行政确认时，法律、法规、规章等对实施这一具体行政行为的条件、程序、内容、形式和范围等作了具体、明确的规定，公安机关只能严格按照这些规定依法实施，不能以自己的意志进行。这要求公安机关在确认时要尊重客观存在的事实，做到以事实为依据，以法律为准绳，不能进行自由裁量。

治安行政确认的外在表现形式，往往以技术鉴定书等形式出现，在较大程度上受到技术规范的制约，并据此决定治安管理相对方的法律地位和权利义务。治安管理主体通常以治安行政确认作为作出治安处理决定的前提，规定治安管理相对人的法律地位和权利义务。由此可见，有时确认和作出处理是治安管理主体所谓的一个管理行为的两个不同的阶段或两个组成部分，这就导致了治安行政确认还具有鉴定、检验等甄别性质的特点。

2. 治安行政确认的主要形式

（1）确定。即对个人、组织的法律地位与权利义务的确定，如对公民之间夫妻关系、父子关系的确定等。

（2）认证。治安管理主体对个人、组织已有法律地位和权利义务以及确认事项是否符合法律要求的承认和肯定。

（3）证明。即治安管理主体向其他人明确肯定被证明对象的法律地位、权利义务或某种情况，如公民出生年月日、居民身份证明等。

（4）登记。即治安管理主体应申请人申请，在政府有关登记簿册中记载相对方的某种情况或事实，并依法予以正式确认的行为，如户口出生登记、死亡登记等。

（5）行政鉴定。即治安管理主体对特定的法律事实或客体的性质、状态、质量等进行的客观评价，如伤害案件中对当事人伤情的等级鉴定等。

（6）签证。即治安管理主体对某种法律关系的合法性予以审查后，确认或证明其效力的行为，如出入境管理中对外国人入出中国国境的确认。

3. 治安行政确认的范围

（1）对身份的确认，如确认公民身份的居民身份证、对公民有无违法犯罪记录的确认等。

（2）对能力的确认，如治安管理部门对从事爆破作业人员的资格确认。

（3）对法律事实的确认，如交通管理部门对交通事故现场的结论等。

（4）对法律关系状态的确认，如公安派出所对辖区居民亲属关系的确认。

4. 治安行政确认的程序

根据现行法律、法规，治安行政确认的程序大体包括确认申请、确认审查、作出确认决定并制作、送达确认文书等过程。

（1）确认申请。凡需申请的确认，须由相对人向治安管理主体提出作出确认的申请，申请应为书面形式。

（2）确认审查。确认审查是治安管理主体对确认事项所作的审查核定，包括：对相对人申请的事项是否属于应确认范围、是否属于本机关管辖的审查；对当事人的要求是否合法、合理的审查；对材料、证据的审查等。

（3）作出确认决定和制作法律文书。经审查，在充分调查研究、掌握证据的基础上，治安管理主体应实事求是地作出确认决定，并制作相应形式的确认法律文书，及时送达相对人。

（三）治安行政裁决

治安行政裁决，是指治安管理主体作为纠纷双方之外的第三者，依职权对有关民事纠纷进行审查并作出裁定的行政行为。治安行政裁决是治安管理主体行使行政职权的活动，不同于国家司法机关或社会团体解决纠纷所作出的司法裁判、民间仲裁等。但治安行政裁决是由行政机关作为中间人，裁断平等主体之间的民事纠纷的行为，具有一定的限制性，只有当民事纠纷与治安管理事项密切相关时，治安管理主体才能依法裁决处理。

1. 治安行政裁决的特征

（1）治安行政裁决的主体是法律授权的公安机关治安管理部门。治安行政裁决与其他部门行政裁决共同构成我国的行政裁决制度，其形成是社会经济发展到一定阶段的产物。由于公安机关直接从事治安行政管理，拥有相关的专业知识和技术，对于在治安管理中出现的纠纷比法院更能及时查出原因、分清责任，且行政程序又没有司法程序那么复杂，因而有些争议由治安管理机关处理更快捷、更适宜。在治安行政执法中有不少有关行政裁决的规定，把与治安行政管理密切相关的部分民事争议的裁决权明确赋予治安行政主体，便于治安行政主体享有一定的对民事纠纷的行政裁决权。

（2）治安行政裁决的对象是特定的民事争议。目前，平等主体间的民事争议的解决途径有四种方式：一是民事诉讼；二是民间组织调解或仲裁机关仲裁；三是当事人自决，即双方当事人平等协商自行解决矛盾；四是行政裁决。其中，对于需要国家行政机关依职权进行行政裁决的民事争议通常都由法律加以规定，这些民事争议一般都由法律列举规定，由法律列举的这些特殊争议就属于行政机关裁决的范围。这表明公安机关所享有的裁决权非常有限。之所以说其是特殊的争议，还在于这些争议与治安行政管理的关系密切，这些争议大多数由治安行政相对人的违法行为所引起，违法行为多为竞合行为，如殴打他人、造成轻微伤害的行为，不仅违反了《治安管理处罚法》，而且同时违反了《民法典》，属于行政违法行为与民事违法行为竞合。

（3）治安行政裁决是一种具体行政行为。治安行政裁决虽然在性质上是一种行政司法行为，但从根本上讲仍然是一种治安行政行为，治安行政裁决权的行使，具有行使一般治安行政权的特征，即它不管民事争议双方当事人是否承认或同意，都不会影响治安行政裁决的成立和实施，也不影响其应有的法律效力，对于治安行政裁决不服，双方当事人可以通过行政复议或行政诉讼来寻求救济。这时争议已由原来的民事争议转化为行政争议，因为当事人之间的民事争议一经公安机关裁决，公安机关和被裁决者之间就产生了一种新的法律关系，即治安行政法律关系，被裁决者对公安机关作出的裁决不服，从而与公安机关产生纠纷，这种纠纷已不是当事人之间的民事纠纷，而是行政纠纷。

（4）治安行政裁决具有法律强制性。治安行政裁决是国家行政权的一个重要组成部分，具有行政权行使的特征。不同于治安行政调解，治安行政调解不能强制执行，而治安行政裁决在没有被依法撤销以前，不管事实上是否正确，由于它具有效力先定性，公安机关可以依法强制执行。

2. 治安行政裁决的种类

行政裁决解决的民事纠纷由法律明确规定，归纳起来主要有以下几种：

（1）权属纠纷裁决。这是指双方当事人因其财产所有权与使用权的归属产生的争议。这类纠纷主要包括土地、矿产、草原等资源的权属争议和国有资产产权争议等。

（2）损害赔偿纠纷裁决。双方当事人之间有关补偿问题的争议可以请求治安管理机关进行裁决，作出强制性决定。

（3）其他侵权纠纷裁决。由于一方当事人认为其治安管理中合法权益受到侵犯而产生的其他纠纷依法律规定也可以通过裁决处理。

（四）治安行政命令

治安行政命令，是指治安管理主体根据治安管理的需要，依法要求治安管理相对人进行一定作为或不作为的意思表示行为。其包含以下三点意思：一是法定性，治安行政命令必须依照法律、法规的明确规定才能作出，并且必须是治安管理主体职权范围之内可以行使的行政行为，超越法定职权范围的治安行政命令无效；二是治安管理主体的意思表示，这种意思表示要求相对人作为或不作为；三是要以一定的形式公布，可以书面或口头形式通知，也可登报、广播、张贴等，以使治安管理相对人知晓并遵守。

1. 治安行政命令的特征

（1）以特定的治安行政命令的意思表示为基本成立要件。意思表示指行为人将自己的内在意思表达于外部的行为。在治安管理中，治安管理主体必须以一定的意思表示来将特定的治安行政命令公之于治安管理相对人，使其知晓并遵照执行；否则，将产生无效的法律后果。这不仅是治安管理公开化的要求，更是促进治安管理民主化，保护公民合法权益的要求。意思表示应以法定形式表现，在无法定形式时应以合理可行的形式表现出来。

（2）治安行政命令是一种设定义务性的治安管理手段。治安行政命令的实质是为治安管理相对人设定作为或不作为的义务。作为的义务是指要求治安管理相对人以积极的行动去实现治安行政命令的义务，如命令申报、注销户口，要求申领身份证，要求暂住人口进行登记申报等。不作为的义务是指要求治安管理相对人不得从事特定行为的义务，如不准生产、销售、使用管制刀具、警用匕首，禁止制造、贩卖、吸食、运输毒品，禁止非法入境，命令解散非法集会等。

（3）治安行政命令以治安行政处罚或治安行政强制执行等措施为保障。治安行政命令作为一种设定义务性的行为，无论是作为义务，还是不作为义务，都要求治安管理相对人予以遵照执行，不得违反；否则，将产生否定性的法律后果，即以治安行政处罚或治安行政强制执行等措施来惩戒与强制实现治安行政命令的内容。

（4）治安行政命令是依职权的治安管理手段。职权即职务范围以内的权力。治安管理主体实施治安行政命令，必须在自己的职权范围内进行，这是治安管理法治的基本要求。治安行政命令职权包括两种情况：一是有明文法律根据的治安行政命令；二是虽然没有具体的法律根据，但是基于法律赋予的职权而产生的治安行政命令。如《人民警察法》第 9 条赋予人民警察以盘查权，虽未明文规定如何具体盘查，但基于法定的盘查权，便可产生具体盘查行为的治安行政命令，如“请出示你的身份证件”“请把包打开检查一下”等。

2. 治安行政命令的种类

（1）限制。限制就是通过发布治安行政命令，将某种行为限定在一定的人员或者时空范围内，使其合法有效而采取的手段。超出限制范围的行为即为禁止的行为，一般是违法的，如对道路交通的限制、对管制刀具的限制等。

（2）禁止。禁止就是通过发布治安行政命令，明确规定不能从事某种行为或将原批准许可的行为取消许可所采取的手段。禁止是与许可相对的手段，也是一种绝对限制，如禁止携带危险品的旅客上车等。

（3）取缔。取缔是法律限制或禁止的行为发生后，采取相应的措施予以制止或取消，从而使管理相对人丧失一定的能力或权利的一种治安管理手段。如取缔娱乐场所的吸毒、色情活动等。

(五) 治安行政教育

治安行政教育，是指治安管理主体依据治安行政权，对治安管理相对人采用说服、批评、制止等方式，要求其遵守治安管理法律、法规，履行治安法定义务，纠正违法行为而采取的各种治安管理措施。治安行政教育主要有以下几种：

1. 劝阻、制止

劝阻、制止，是指治安管理主体依法对正在实施违反治安管理行为或者犯罪行为的人，以批评指正、下达命令或作出手势的方式加以规劝和干预，使其停止违法犯罪活动所采取的措施。劝阻与制止的对象包括正在实施违反治安管理行为的人和正在实施犯罪行为的人。对于不听从劝阻、制止的违反治安管理行为的人，可以依法采取强制手段或予以治安管理处罚。

2. 责令管教

责令管教，是指治安管理主体对不满 14 周岁的违反治安管理的人，责令其家长或监护人履行严加管理教育责任而采取的措施。这是针对不满 14 周岁的未成年人的家长或监护人疏于履行对子女的教育义务而采取的一种惩戒措施。它以口头的形式作出，是非要式的治安行政教育措施。例如，《治安管理处罚法》第 12 条规定：“……不满十四周岁的人违反治安管理的，不予处罚，但是应当责令其监护人严加管教。”

3. 责令看管和治疗

责令看管和治疗，是指治安管理主体为督促有违法行为的精神病人的监护人履行看管、治疗的义务，依法采取的批评、教育措施。对精神病人的看管和治疗是精神病人的监护人应履行的义务。精神病人在不能辨认或者不能控制自己行为的时候，作出违反法律、危害社会与他人的行为，依法是不予以处罚的。但是，作为精神病人的监护人有对精神病人进行看管和治疗，使其不危害社会的义务与责任。因此，责令看管和治疗虽然是由于精神病人实施了违法行为所引起的，但却是针对其监护人作出的，以促使监护人履行应尽的义务与责任。《治安管理处罚法》第 13 条作了相应规定。

4. 责令改正

责令改正，是指治安管理主体对实施违反治安管理行为、存在安全隐患的治安管理相对人，以口头或书面形式限令其改正而采取的措施。责令改正包括责令当场改正和责令限期改正。责令当场改正是治安管理主体依法要求行为人立即停止违法行为、消除危害、恢复合法状态所采取的措施。责令限期改正是治安管理主体要求行为人在规定的期限内予以改正所采取的措施。我国《消防法》和《娱乐场所管理条例》等都有相关规定。

5. 责令停止

责令停止，是指治安管理主体依法责令违反治安管理法律规范的行为人停止违法行为而采取的措施。主要包括责令停止使用、责令停止举办、责令停止施工等形式。

6. 责令具结悔过

责令具结悔过，是指治安管理主体依法责令违法行为人以书面形式承认错误、表示悔改，并保证不再违犯的措施。《集会游行示威法实施条例》第 28 条中作了相应规定。

（六）治安行政监督

治安行政监督，是指治安管理主体为了实现管理目的，依法对治安管理相对人遵守治安管理法律、法规，履行治安管理义务的情况进行监督的行为。它是督促治安管理相对人贯彻执行治安管理法律、法规及治安行政命令、决定等，实现治安管理目的的重要手段。治安行政监督主要包括以下几种：

1. 治安检查

治安检查，是指治安管理主体为了解、掌握治安情况，及时发现、预防和消除违法犯罪活动以及安全隐患，依法对相关的场所、人员、物品、证件等进行的观察、监督、审查、核实的执法活动。从广义上理解，治安检查是社会各行各业就安全问题所普遍运用的一种监督措施和手段，并非公安机关独家运用。但从维护社会治安秩序的大局上看，公安机关的职能占据主导地位，公安机关适用治安检查较为普遍，是治安管理的一项经常性和预防性的工作。这里所说的“治安检查”，仅指公安机关在法定职权范围内所开展的检查工作。从法律上看，《消防法》《娱乐场所管理条例》《治安管理处罚法》等法律、法规都对“检查”作了相应的规定。

2. 治安调查

治安调查，是指治安管理主体为了掌握社会治安情况、获取专门信息，进行专门考察、调查所采取的措施。治安调查是客观了解和科学分析某一领域治安秩序管理的现状、问题，为治安管理的科学决策和有效实施提供依据的一种认识活动。通过治安调查，可以对一定时期、一定范围内治安方面存在的问题，发生的原因及其发展趋势，作出科学的判断和预测，从而采取有效的对策和相应的措施，克服盲目性，把握治安管理的主动权。

常见的治安调查有：社会治安状况调查、治安案件调查、治安事件调查、公安人口调查、行业场所调查、交通调查、消防调查、治安灾害事故调查等。

3. 治安清查

治安清查，是指公安机关根据特定的工作任务和目标，集中一定规模的警力和社会力量，有针对性的就一些区域、行业场所、房屋、物品以及特定人员等，依法采取的彻底清理和检查的活动。治安清查侧重于公安机关的具体业务范围，是一项经常性的警察勤务活动，具有时间短、效率高、针对性强等特点，能够迅速改变治安混乱状况，打击违法犯罪活动，推动社会治安秩序良性循环。

4. 检验

检验，是指治安管理主体或委托其他技术性机构对治安管理相对人或物品进行检查、鉴别或化验而采取的措施。

5. 查验

查验，是指治安管理主体对治安管理相对人及其某种证件、物品进行检查、核对，以确定相关证件、物品的真伪，以便从中发现相关问题而采取的措施。

6. 备案

备案，是指治安管理主体依法要求治安管理相对人就特定事项向其申报、说明，由治安管理主体记录在册，以检查治安管理相对人守法情况而采取的措施。

7. 鉴定

鉴定，是指治安管理主体或其委托其他技术性机构对治安管理相对人的某种物品或材料、证件进行鉴别、评定，以确定其真伪、质量或性质而采取的措施。

8. 技术监控

技术监控，是指治安管理主体为了防范违法犯罪和治安事故，设置仪器设备对社会治安客体进行的技术性监督、控制措施，如安全检测设备、防范报警设备等。

（七）治安行政强制

治安行政强制，是指治安管理主体为预防、制止、发现和控制违法行为及突发事件的发生，依法对治安管理相对人的人身、财物和行为自由所采取的暂时性限制措施。根据有关治安行政法律规范，治安行政强制具体形式主要有以下几种：

1. 强制戒毒

2008 年 6 月 1 日起我国施行《禁毒法》，对强制戒毒的宣传教育、毒品管制、戒毒措施、禁毒国际合作作出了全面的规定，其中，强制隔离戒毒期限一般为两年。

2. 强制隔离、强制治疗

根据《传染病防治法》的规定，对于某些患有传染性疾病者应予隔离治疗，如果拒绝隔离治疗或者隔离期未满擅自脱离隔离治疗的，可以由公安机关协助治疗单位采取强制隔离治疗的措施。

3. 强行驱散、强行带离现场

根据《集会游行示威法》的规定，对违反集会游行示威规定，不服从解散命令的行为人，公安机关现场负责人有权决定采取必要手段强行驱散。根据《人民警察法》第8条的规定，对严重危害社会治安秩序的突发事件的行为人，公安机关可以采取必要手段强行驱散，并可以将拒不服从的人员强行带离现场。

4. 强制约束

根据《治安管理处罚法》第15条第2款的规定，醉酒的人在醉酒状态中，对本人有危险或者对他人的人身、财产或者公共安全有威胁的，应当对其采取保护性措施约束至酒醒。

【参考案例2－1】

某日傍晚，某市“110”接群众报警，称在该市的一家商店门口有一男青年在闹事，三分钟后巡逻警察赶到事发地点，见该男青年头上流着血，并对路边的防护栏拳打脚踢，对旁人的劝说也不予理睬，还开口骂人。警察当即进行制止，但无效。接触中发现该男青年满口酒气，处于醉酒状态，行为和举止已失控。巡逻警察便将其强行带回公安机关，对其人身自由予以了限制。第二天，该男青年酒醒后，公安人员对其进行了教育。

5. 查封、冻结、扣押财物

查封，是指公安机关对违法行为人的财产或与案件有关的财产实行就地封存，以防止有关人员对财产任意使用、处分的行政行为。冻结，是指公安机关为防止违法行为人转移资金，将其在金融机构的款项予以冻结，不允许动用的行政行为。扣押，是指公安机关为防止案件当事人处分、转移财产，将涉案财产置于自己的控制之下的行政行为。

6. 强行收缴

根据《枪支管理法》及有关管制刀具、爆炸物品管理的法律、法规的规定，公安机关对于私自保存、藏匿枪支弹药、爆炸物品、管制刀具等不依法上缴的，可以采取强制收缴的措施。

综上所述，治安行政强制大致可分为对人身的强制和对财产的强制两大类。但无论是对人身的强制措施，还是对财产的强制措施，其主体、条件、程序、对象都是由法律、法规明确规定的，公安机关应依法进行。

（八）治安管理处罚

治安管理处罚，是指公安机关对违反治安管理，尚不够刑事处罚的行为人依法剥夺其人身自由、财产或其他权利的行政处罚。根据《治安管理处罚法》的规定，治安管理处罚的种类共有五种，具体内容将在第八章介绍。

除以上手段外，治安管理主体在维护社会治安秩序时还可能适用到经济手段、技术手段等。

典型案例剖析

某日，王某在爱家超市购物时被超市保安叫到保卫处办公室，保安声称怀疑王某在购物时盗窃超市的电须刀（标价400元）一部，王某矢口否认，超市保安在未经王某允许的情况下强制对王某的人身进行了搜查，并当场搜出电须刀。超市保安立刻拨打“110”报警电话，派出所民警张某和李某（李某为警校实习生）赶到超市后，把王某带回派出所进一步调查。由于被“当场抓赃”，事实较为清楚，张某便安排李某对王某进行询问查证，调查结束后，李某填写了行政处罚决定书，对王某进行了治安管理处罚。

本案中，超市保安不能对王某进行强制搜查。因为强制搜查的权力属于公安机关，只有公安民警在法定情况下才能对行为人进行搜查，超市保安作为超市保卫机构的一名员工，法律上并没有赋予其搜查权力。另外，本案中，李某是警校实习生，他也没有权力进行询问等治安案件调查措施，因此，其调查措施以及作出处罚的行为均是违法的。超市保卫机构和派出所都属于治安管理主体，但是其职责、权限有着明显的区别，因此，超市保卫机构行使职权必须在法律规定的范围内。

第三章

公共治安秩序管理

第一节　公共治安秩序管理概述

一、秩序与公共秩序的含义

（一）秩序的含义

秩序是人类社会生存与发展的最基本的条件，通常是指人或事物所在的位置，含有整齐、有条理、不混乱之意。其延伸意是泛指一种有条理、不混乱的社会状况。

（二）公共秩序的含义

公共秩序，即社会秩序，是指人们在社会活动中因共同遵守行为规范而形成的有序的社会状态，通常表现为社会组织制度、结构体系和社会关系的稳定性、有规则性和连续性。公共秩序应由法律、行政法规，国家机关、企业事业单位和社会团体的规章制度等所确定，主要包括社会管理秩序、生产秩序、工作秩序、交通秩序和公共场所秩序等。遵守公共秩序是公民的基本义务之一。“公共秩序”中的“公共”一词，表明这种秩序涉及大家利益（人身安全、财产安全及其他切身利益），大家都要共同遵守，而且大家均从中受益。我们讲民主自由，不是放纵自由，而是有条件的自由；否则在无限自由的同时，就会破坏秩序，损害他人的利益。

根据不同的标准，可以对公共秩序进行不同的分类：

1. 按公共秩序涉及的领域划分

（1）生活秩序，泛指人们在共同生活中应遵循的规则。一片生活小区、一幢楼都有其共同生活规则（如业主守则），居住在此的人们都应遵循。如曾有一居民状告小区内居民委员会管辖的活动室打麻将声音过大，影响其学习和休息。

（2）工作秩序，是指机关、团体、企事业单位内部的规章制度和规定。如应准时上下班，做好交接班等。

（3）公共场所秩序，是指在一切公共场所（如影剧院、集贸市场、公园等）内人们应当遵守的秩序。如不得在公共场所乱扔瓜果皮壳，不得携带危险物品进入公共场所，不得在影院内大声喧哗。

2. 按维护秩序的要素划分

（1）一般公共秩序。这种秩序是为各种规章制度以及人们长期以来约定俗成的道德规范所维护的，不涉及法律法规。如能否在公共场所接吻？能否穿拖鞋进入公共场所？能否不想上班就不去？在我们这个国度，绝大多数人是持反对意见的，如果有人这样做了，就会受到规章制度的约束和公众舆论的谴责。

（2）特殊公共秩序。特殊公共秩序是一种由国家法律法规确定并受到国家法律法规保护的公共秩序。如严禁携带危险物品进入公共场所，在公共场所禁止进行各种社会丑恶活动（卖淫嫖娼、赌博、吸毒、封建迷信活动等），这是有法可依、违法必究的。

将公共秩序分成一般公共秩序和特殊公共秩序，有利于唤醒公众对维护公共秩序责任划分的重新认识。维护公共秩序需要全社会的综合治理，公安机关工作重点是维护特殊公共秩序，不能大包大揽所有的公共秩序。维护公共秩序还需要各单位、群众基层组织（居民委员会、村民委员会）的大力参与，应重视群众性组织在维护社会秩序方面的作用，并加以有益的引导和扶持。

（三）公共治安秩序的含义

公共治安秩序，简称治安秩序，属于公共秩序，其有三个构成条件：第一，治安秩序是由国家法律法规确定并受到国家法律法规保护的一种公共秩序；第二，治安秩序是公安机关治安部门依法管理的一种公共秩序；第三，治安秩序是专指公共场所和特种行业的秩序，它区别于单位内部秩序、户政秩序、消防秩序、交通秩序和出入境秩序等。

笔者认为，公共治安秩序是狭义的公共秩序，即根据国家法律、法规规定由公安机关治安部门管理的公共秩序，是公共秩序的重要组成部分和核心。据此，本书把公共治安秩序定义为：公共治安秩序是国家公安机关依法管理和维护的公共场所和特种行业的秩序。

二、公共治安秩序管理的含义和特点

（一）公共治安秩序管理的含义

公共治安秩序管理，是指国家公安机关为维护公共场所和特种行业的秩序，依法实施的一种组织管理活动。公共治安秩序管理是国家行政管理的重要组成部分，是维护国家安全和社会治安秩序的重要手段，是公安工作的一项重要和常规任务。

具体而言，就是通过对公共治安秩序的有效管理，把人们在共同生活中的活动，纳入正常有序的轨道，约束在法律、法规许可的范围内，要求人人各守其分，使社会不发生混乱而保持安宁、有序的状态，预防一切人为的和自然的危害发生，维护社会秩序和公共安全，保护公民权益，保障社会的稳定和发展。

（二）公共治安秩序管理的性质

公共治安秩序管理属于上层建筑领域，由一定的经济基础决定，并反作用于经济基础。因此，公共治安秩序管理是为一定的政治经济服务的。

1. 公共治安秩序管理是国家行政管理的重要组成部分

国家行政机关作为统治阶级的国家机器，从事着行政管理活动，包括工商行政管理、公安行政管理、军事行政管理、外交行政管理等。通过国家各个方面的管理活动共同完成国家的行政管理，实现统治阶级的统治。

在国家各项行政管理活动中，公安行政管理是最重要的，属于公安行政管理组成部分的治安行政管理及其组成部分的公共治安秩序管理也最为重要，因为公共治安秩序管理是治安行政管理的重要方面，关系到国家政权的巩固，社会的稳定，人民生产、工作、生活的安定，同时，也关系到经济的发展和社会主义现代化建设能否顺利进行以及改革开放、社会主义市场经济能否深化发展的大局，这是国家其他行政管理难以做到的。任何一个国家发展生产和经济，安定的社会环境是基础，没有稳定、良好的社会秩序，什么事情都办不成。

2. 公共治安秩序管理是公安工作的重要方面

公安机关担负着两方面的任务：一是打击敌人，惩罚犯罪，保卫国家政权的巩固；二是依法行政，管理社会治安，维护社会治安秩序。公共治安秩序管理属于社会治安管理的方面，是公安机关的基础专业工作，具体是通过对社会的公共场所和特定行业实施监督、预防、控制、取缔、禁止、教育、处罚等手段进行治安管理，实行对社会面的控制，预防和发现各种违法犯罪，以便及时打击处理，维护正常的治安秩序。

3. 公共治安秩序管理以公开的行政管理为主

国家公开宣布自己的意志，宣布应当遵守的规范，让公民自觉遵守。公共治安秩序管理的手段主要也是公开的手段，如办案程序公开、违法事实公开、处罚公开、听证公开等。

（三）公共治安秩序管理的特点

1. 执法授权的特定性

公安机关的治安管理部门和治安警察直接负责公共治安秩序管理，通过执行有关的治安管理法律、法规，行使监督、审查、约束、禁止、取缔、询问、盘查、检查、处罚等行政管理权，甚至可以剥夺公民的人身自由权。这些权力都是以国家的强制力作后盾，以法律的形式具体规定，由国家权力机关授予的。因为，我国的公共治安秩序管理法律、法规是由全国人民代表大会常务委员会和国务院制定的，国务院的权力也来自全国人民代表大会授权。从世界各国的情况看，公共治安秩序管理的权力都是统治阶级的最高权力机关授予的，尽管各国权力机关的名称不同。

2. 管理行为的强制性

管理行为的强制性表现为以下几点：

（1）公安机关是国家的专政机关，具有武装性质。由此，公安机关所进行的公共秩序管理必然带有强制性。

（2）治安秩序很重要，软弱无力产生不了效应，需要国家强制力的保障。因此，公安机关在进行公共治安秩序管理时需要采取必要的强制性手段。

（3）强制性并不等于不需要教育，而是为了更好地教育。

3. 管理范围的广泛性

公共治安秩序管理的范围包括：（1）公共场所管理；（2）特种行业管理；（3）大型活动管理；（4）妨害治安秩序行为的查禁。

4. 管理对象的复杂性

公共治安秩序管理的对象，涉及人、物、事、地等，都各不相同，较为复杂。

三、公共治安秩序管理的范围、任务和意义

（一）公共治安秩序管理的范围

1. 公共场所管理

公共场所是人们可以自由往来，共同使用、交往、活动的社会场所。公共场所的特点是人员复杂、情况多变，人员临时聚集。公共场所的类型包括交通场所、游览场所、娱乐场所、体育竞技场所、商贸场所、服务场所、大型活动场所等。

2. 特种行业管理

特种行业，是指工商服务业中，经营的业务容易被违法犯罪分子利用进行违法犯罪活动，经国家法律、法规规定，由公安机关对其实施特殊治安管理的行业。特种行业管理包括旅馆业治安管理、印刷业治安管理、印章业治安管理、典当业治安管理、机动车修理业治安管理等。

3. 大型活动管理

大型活动管理包括对大型群众性文化体育活动、大型商贸活动、集会游行示威活动的管理。

4. 妨害治安秩序行为的查禁

妨害治安秩序行为的查禁包括对制作、贩卖、传播淫秽物品的查禁，对卖淫、嫖娼活动的查禁，对赌博的查禁，对封建迷信活动和会道门活动的查禁，对吸食、注射、贩卖毒品活动的查禁。

（二）公共治安秩序管理的任务

1. 查处治安案件。

2. 侦破治安部门管辖的刑事案件。

3. 进行治安巡逻、守望、堵截。

4. 指导、监督场所行业制定、落实安全管理制度。

5. 配合处理各种社会治安问题。

6. 协助民政、卫生等部门管理流浪乞讨人员和精神病人。

7. 为群众排忧解难，搞好社会服务工程。

（三）公共治安秩序管理的意义与原则

1. 公共治安秩序管理的意义

公共治安秩序管理有着极其重要的意义。控制社会治安问题对统治秩序的侵害，是任何意识形态的国家政权都十分重视的大事。无论何种性质的社会，如果没有一个秩序稳定的社会环境，社会生产就无法进行，人民的正常生活也就无法维持，社会也就得不到正常发展。奴隶社会、封建社会、资本主义社会，乃至社会主义社会都是如此。维护社会治安秩序是人民警察的重要任务。社会治安的好坏，违法犯罪活动的增减，归根结底取决于诱发、滋生违法犯罪活动的各种消极因素同抑止、减少违法犯罪活动的各种积极因素两方面力量的进退消长。加强公共治安秩序管理，能够遏制诱发、滋生违法犯罪活动的各种消极因素，调动积极因素抑制、减少违法犯罪活动，为维护社会稳定、促进经济社会发展而服务。

2. 公共治安秩序管理的基本原则

（1）坚持以人为本，方便群众原则。以人为本是科学发展观的核心，具体到公安机关，所谓的“人”，对内是警察，对外是人民群众。警察是执法主体，人民群众是服务对象。一切工作的出发点都应该是依靠警察这个执法主体来服务好人民群众这个服务对象。以人为本，同时要抓好“民本”和“警本”两个层面，做到爱民与优警的有机统一。首先是爱民。以人为本，对外来讲是人民群众。在公共治安秩序管理中，公安机关作为国家政权机关，就是要为人民用好权、服好务，做好公共治安秩序的管理，切实尊重和保障人权，保证让人民群众安居乐业，保障和维护社会的公平正义。其次是优警。做好公共治安秩序管理，要依靠警察这支执法主体队伍。以人为本，就是对民警要严管厚爱，要把握工作规律，掌握工作节奏，科学合理配置和使用警力，科学合理安排工作和休息时间，支持民警履行法律赋予的职责，维护好他们的合法权益。在公共治安秩序的管理中，要切实把群众的利益放在第一位，为群众提供服务，为群众提供便利，在法律允许的范围内，履行职责、方便群众。

（2）坚持服从与服务于经济建设的原则。我国正处于并将长期处于社会主义初级阶段。随着中国特色社会主义进入新时代，我国社会主要矛盾已经转化为人民日益增长的美好生活需要和不平衡不充分的发展之间的矛盾。在这个阶段，党领导人民建设社会主义的根本任务，就是解放和发展生产力，增强综合国力，满足人民群众日益增长的物质文化需要。我们党执政兴国的第一要务是发展，发展首先是以经济建设为中心的发展。只有不断发展社会生产力，才能为社会全面进步和人的全面发展提供物质基础。公安机关进行公共治安秩序管理，也必须坚持以经济建设为中心，管理活动要服从于经济建设的需要，为经济建设保驾护航、提供服务。

（3）坚持严格管理与文明管理相结合的原则。严格管理与文明管理相结合的原则，是治安管理工作总的指导原则。公共治安秩序管理同样要坚持该项原则，将严格管理和文明管理有机地结合在一起，有效完成管理的职责。

（4）坚持“谁主管，谁负责”和“群防群治”的原则。公共治安秩序管理要坚持“谁主管，谁负责”的原则，即充分发挥各部门、各单位的职能作用，密切配合，整体联动。各部门、各单位要更好地坚持属地管理，既“看好自己的门、管好自己的人、办好自己的事”，又加强协作配合，形成齐抓共管的工作合力。形成工作合力的着力点是加大资源整合力度，切实提高公共治安秩序管理的水平。实现“群防群治”就要采取有效措施，多渠道、全方位、多层次进行宣传发动。增强群众防范意识，提高广大人民群众支持和参与的积极性，才能实现“发案少、秩序好、社会稳定、群众满意”的目标。

第二节　公共场所管理

一、公共场所管理概述

（一）公共场所的含义

公共场所，是指向社会开放的、供社会成员进行社会活动的场所，有广义和狭义之分。广义的公共场所，是指一切社会共有、公众共用的场所，包括公路、街道、广场、车站、码头、民用航空站、商场、公园、影剧院、展览会、运动场所、公共交通工具，以及其他供社会成员活动的公共地方，是社会成员可以自由往来、停留，进行各种社会活动的场所。狭义的公共场所，不包括公路、街道、胡同（里巷）以及其他可供车辆、行人通行的公共道路。公安机关还常把那些人员特别集中、流动频繁、情况复杂，容易发生违法犯罪活动和治安灾害事故，可能影响治安秩序和社会安全的公共场所，称为公共复杂场所。其类别包括娱乐场所、交通、游览、商品交易场所。公安机关的专门部门依照有关治安管理法规对公共复杂场所进行组织、协调、监督、检查，使之保持安定有序。

（二）公共场所的分类

1. 按照场所的社会功能划分

（1）公共交通场所，主要包括公共汽车、旅客列车、客轮、渡船、地铁列车等交通工具以及车站、码头、渡口等供旅客通行、停留的场所；

（2）公共娱乐场所，主要包括影剧院、俱乐部、文化宫、歌厅、舞厅、音乐厅等；

（3）游览场所，主要包括公园、动物园、名胜古迹、风景游览区等；

（4）商品交易场所，主要包括商场、集贸市场、展览展销会等；

（5）体育场所，主要包括体育场（馆）、游泳池、溜冰场、高尔夫球场等。

2. 按照场所的结构形态划分

（1）全封闭式场所，如影剧院、文化宫等；

（2）半封闭式场所，如带看台的体育场等；

（3）开放式的场所，如公园、露天广场、风景游览区等。

（三）公共场所的特点

（1）分布面广，种类和数量多；

（2）人员构成复杂，缺乏约束力；

（3）人、财、物聚集，流动性强；

（4）信息传播快、社会影响大；

（5）容易发生各种案件和治安灾害事故；

（6）原场所不易保留、治安管理难。

此外，公共场所还有一旦发生违法犯罪案件，抓获作案人及取证、勘查现场难；对从业人员的了解、控制难；新情况、新问题不断出现，熟悉难；难以进行调研，摸索规律并确定管理措施等特点。

（四）公共场所的发展趋势

1. 种类、数量、形式不断增加

（1）公共场所发展迅猛，种类不断增加；

（2）公共场所数量急剧增长；

（3）公共场所的形式多样化，功能作用也向多层次和综合性发展。

2. 所有制性质及归属部门多元化

3. 不规范行为和非法活动增加

（五）新时期公共场所存在的主要问题及管理对策

1. 当前公共场所存在的主要问题

（1）色情、卖淫、嫖娼活动严重；

（2）赌博活动猖獗；

（3）抢劫和直接危害公民生命、财产安全的暴力恐怖犯罪活动时有发生；

（4）治安灾害事故增多。

2. 当前公共场所存在突出的治安问题的原因

（1）思想认识不一致；

（2）政令不通，有禁不止；

（3）行政管理部门审批把关不严，管理滞后；

（4）缺少宏观调控，公共娱乐、服务场所盲目发展；

（5）法制不健全；

（6）片面追求经济效益，忽视安全。

3. 新时期公共场所治安管理的对策

（1）加强宏观调控，保持公共场所发展总量的综合平衡；

（2）开展治安防范的宣传教育；

（3）健全法制，依法管理；

（4）加强安全检查，及时消除隐患；

（5）集中力量，抓住突出问题进行整治；

（6）加强群众性治安防范队伍建设，贯彻群防群治；

（7）加强治安巡逻，强化对公共场所的动态控制。

（六）公共场所管理的基本任务和具体任务

1. 公共场所管理的基本任务是：督促指导公共场所搞好治安防范；依法查处场所内各种违法犯罪案件和治安灾害事故。

2. 公共场所管理的具体任务为：（1）对场所进行备案登记。（2）指导场所及其负责人制定安全管理制度和安全责任制并督促落实。（3）协助、督促场所维护自身秩序，预防影响秩序的行为和事件的发生。（4）监督、检查危险物品的保管、使用和运输的安全，查禁场所内的违禁物品。（5）依法审查场所内的违法犯罪嫌疑人。（6）依法处置场所内发生的突发性事件和治安灾害事故。（7）协助有关部门查缉罪犯、堵截逃犯。（8）查破案件，查处治安灾害事故。

（七）公共场所的管理措施

（1）协助场所制定各项安全规章制度；

（2）进行监督、检查和指导；

（3）查处违法犯罪行为和治安灾害事故；

（4）建议场所使用技术手段，增强防范能力；

（5）督促场所针对可能发生的治安事件制定应急预案；

（6）对从业人员进行治安安全培训。

二、公共娱乐场所治安管理

（一）公共娱乐场所的含义

根据《娱乐场所管理条例》第 2 条的规定，公共娱乐场所是指以营利为目的，并向公众开放、消费者自娱自乐的歌舞、游艺等场所。

（二）公共娱乐场所的管理范围

公共娱乐场所包括两类：一是指以人际交谊为主的歌厅、舞厅、卡拉 OK 场所等；二是指依靠游艺器械经营的场所，如电子游戏厅、游艺厅等。酒吧、茶吧、咖啡厅、饭店、网吧、桑拿、按摩、洗浴等场所不属于《娱乐场所管理条例》管理的范畴。这些场所虽然也可能有专业演员的文艺演出活动，但这些演出是整个营业项目的组成部分，或者说是主营项目的配套服务，应当按照《营业性演出管理条例》的规定去管理；网吧则按照《互联网上网服务营业场所管理条例》进行管理。

（三）公共娱乐场所的特点

1. 人员集中，流动性大

公共娱乐场所是满足人们文化生活需求和娱乐消遣的场所，人员集聚且流动性大，违法犯罪分子也容易混迹其间从事不法活动。

2. 场所繁多，形式多样

我国社会主义市场经济的建立和发展，一定程度上促进了文化娱乐活动的发展，经营和投资娱乐场所的单位和个人越来越多，公共文化娱乐场所日益向多样化发展。

3. 涉及面宽，情况复杂

公共娱乐场所管理涉及文化、广播电视、新闻出版、工商、公安等多个方面。公共娱乐场所情况复杂，“黄、赌、毒”活动较多，寻衅滋事、聚众斗殴等不法行为突出，容易引发激情犯罪和治安灾害事故。

(四) 关于公共娱乐场所的相关规定

1. 场所及从业人员的要求

娱乐场所要有单位名称、住所、组织机构和章程，有确定的经营范围和娱乐项目，有与其提供的娱乐项目相适应的场地和器材设备，娱乐场所的安全、消防设施和卫生条件符合国家规定的标准。

娱乐场所的从业人员，包括娱乐场所的管理人员、服务人员、保安人员和在娱乐场所工作的其他人员。娱乐场所从业人员要求：

(1) 必须是成年人；

(2) 应当持有相应有效证件，包括居民身份证、外国人就业许可证书和护照（通行证等）；

(3) 没有限制从业的情形；

(4) 应当配备专业保安人员；

(5) 从业人员在营业时间内，应统一着装并佩戴工作标志；

(6) 应当遵守职业道德和卫生规范。

2. 对开办娱乐场所从业人员的限制

根据《娱乐场所管理条例》第 5 条的规定，有下列情形之一的人员，不得开办娱乐场所或者在娱乐场所内从业：

(1) 曾犯有组织、强迫、引诱、容留、介绍卖淫罪，制作、贩卖、传播淫秽物品罪，走私、贩卖、运输、制造毒品罪，强奸罪，强制猥亵、侮辱妇女罪，赌博罪，洗钱罪，组织、领导、参加黑社会性质组织罪的；

(2) 因犯罪曾被剥夺政治权利的；

(3) 因吸食、注射毒品曾被强制戒毒的；

(4) 因卖淫、嫖娼曾被处以行政拘留的。

其中，公民政治权利包括选举权和被选举权，言论、出版、集会、结社、游行、示威自由，担任国家机关职务的权利，担任国有公司、企事业单位和人民团体领导职务的权利。

此外，《娱乐场所管理条例》第 6 条规定，外国投资者可以依法在中国境内设立娱乐场所。

3. 外部环境

娱乐场所不得设在下列地点：居民楼、博物馆、图书馆和被核定为文物保护单位的建筑物内；居民住宅区和学校、医院、机关周围；车站、机场等人群密集的场所；建筑物地下一层以下；与危险化学品仓库毗连的区域。

4. 内部条件

依据《娱乐场所管理条例》的规定，歌舞娱乐场所的包厢、包间内不得设置隔断，并应当安装展现室内整体环境的透明门窗。包厢、包间的门不得有内锁装置。

对疏散门、安全出口、指示标志等的要求：疏散门应向外开启；不得采用卷帘门、转门、吊门和侧拉门；门口不得设置门帘、屏风等遮挡物；安全出口处不得设置门槛、台阶；营业时保持安全出口畅通，严禁将其上锁、阻塞；安全出口、疏散通道和楼梯口应当设置符合标准的灯光疏散指示标志。指示标志应当设在门的顶部、疏散通道和转角处距地面一米以下的墙面上。设在走道上的指示标志的间距不得大于二十米；场所内应当设置火灾事故应急照明灯，照明供电时间不得少于二十分钟。

在地下建筑内设置公共娱乐场所，除符合一般要求外，还应当符合下列规定：只允许设在地下一层；通往地面的安全出口不应少于两个，安全出口、楼梯和走道的宽度应当符合有关建筑设计防火规范的规定；应当设置机械防烟排烟设施；应当设置火灾自动报警系统和自动喷水灭火系统；严禁使用液化石油气。

5. 声响要求

娱乐场所不得在可能干扰学校、医院、机关正常学习、工作秩序的地点设立。娱乐场所的边界噪声应当符合国家规定的环境噪声标准。营业性歌舞娱乐场所的灯光、音响技术要求必须符合国家及文化和旅游部行业标准。

6. 娱乐场所申请从事娱乐场所经营活动的审批规定

娱乐场所申请从事娱乐场所经营活动，应当向所在地县级人民政府文化主管部门提出申请；外商投资的娱乐场所申请从事娱乐场所经营活动，应当向所在地省、自治区、直辖市人民政府文化主管部门提出申请。

娱乐场所申请从事娱乐场所经营活动，应当提交投资人员、拟任的法定代表人和其他负责人没有《娱乐场所管理条例》第 5 条规定情形的书面声明。申请人应当对书面声明内容的真实性负责。

受理申请的文化主管部门应当就书面声明向公安部门或者其他有关单位核查，公安部门或者其他有关单位应当予以配合；经核查属实的，文化主管部门应当依据《娱乐场所管理条例》第7条、第8条的规定进行实地检查，作出决定。予以批准的，颁发娱乐经营许可证，并根据国务院文化主管部门的规定核定娱乐场所容纳的消费者数量；不予批准的，应当书面通知申请人并说明理由。

有关法律、行政法规规定需要办理消防、卫生、环境保护等审批手续的，从其规定。

文化主管部门审批娱乐场所应当举行听证。有关听证的程序，依照《行政许可法》的规定执行。

申请人取得娱乐经营许可证和有关消防、卫生、环境保护的批准文件后，方可到工商行政管理部门①依法办理登记手续，领取营业执照。

娱乐场所依法取得营业执照和相关批准文件、许可证后，应当在15日内向所在地县级公安部门备案。文化主管部门应当建立娱乐场所的经营活动信用监管制度，建立健全信用约束机制，并及时公布行政处罚信息。

7. 娱乐场所的经营活动义务

（1）禁止娱乐活动含有下列内容：违反宪法确定的基本原则的；危害国家统一、主权或领土完整的；危害国家安全，或者损害国家荣誉、利益的；煽动民族仇恨、民族歧视，伤害民族感情或者侵害民族风俗、习惯，破坏民族团结的；违反国家宗教政策，宣扬邪教、迷信的；宣扬淫秽、赌博、暴力以及与毒品有关的违法犯罪活动，或者教唆犯罪的；违背社会公德或者民族优秀文化传统的；侮辱、诽谤他人，侵害他人合法权益的；法律、行政法规禁止的其他内容。

（2）娱乐场所及其从业人员不得实施下列行为，不得为进入娱乐场所的人员实施下列行为提供条件：贩卖、提供毒品，或者组织、强迫、教唆、引诱、欺骗、容留他人吸食、注射毒品；组织、强迫、引诱、容留、介绍他人卖淫、嫖娼；制作、贩卖、传播淫秽物品；提供或者从事以营利为目的的陪侍；赌博；从事邪教、迷信活动；吸食、注射毒品；卖淫、嫖娼。

（3）歌舞娱乐场所应当按照国务院公安部门的规定在营业场所的出入口、主要通道安装闭路电视监控设备，并应当保证闭路电视监控设备在营业期间正常运行，不得中断。歌舞娱乐场所应当将闭路电视监控录像资料留存30日备查，不得删改或者挪作他用。迪斯科舞厅应当配备安全检查设备，对进入营业场所的人员进行安全检查。

① 2018年国务院机构改革，工商行政管理职能由市场监督管理机关承担，鉴于本书所涉及相关现行有效法律法规规定的实际情况，本书继续援引相关法律法规表述，特此说明。

（4）游艺娱乐场所不得设置具有赌博功能的电子游戏机机型、机种、电路板等游戏设施设备，不得以现金或有价证券作为奖品，不得回购奖品。

（5）歌舞娱乐场所不得接纳未成年人；游艺娱乐场所中设置的电子游戏机，除国家法定节假日外，不得向未成年人提供。

（6）每日凌晨2时至上午8时，娱乐场所不得营业。

（7）娱乐场所应当在营业场所的大厅、包厢、包间内的显著位置，悬挂含有禁毒、禁赌、禁止卖淫嫖娼等内容的警示标志和未成年人禁入或者限入标志。标志应当注明公安部门、文化主管部门的举报电话。

（8）娱乐场所应当建立巡查制度，发现娱乐场所内有违法犯罪活动的，应当立即制止，并向所在地县级公安部门、县级人民政府文化主管部门报告。

（五）公共娱乐场所治安管理措施

1. 开展宣传教育，协助经营单位建立健全安全保卫制度

公安机关应根据有关法律法规，督促公共娱乐场所的经营单位和业主建立具体的规章制度，如出入场制度、防火制度、售票制度、物品保管制度、营业活动制度、情况报告制度和岗位责任制度等。娱乐场所应当与保安服务企业签订保安服务合同，配备专业保安人员；不得聘用其他人员从事保安工作。

2. 加强监督和检查

公安机关对娱乐场所要加强日常的监督检查和指导工作，密切注意娱乐场所的各种动向，收集娱乐场所的治安信息，及时发现问题、控制问题，避免违法犯罪行为的发生。

3. 加强对从业人员的管理及治安培训

4. 依法严厉打击公共娱乐场所中的违法犯罪行为

公安机关要从严管理娱乐场所的经营活动，对娱乐场所发生的各类违法犯罪活动，要依据《娱乐场所管理条例》和有关法律规定，追究经营单位及个人的法律责任。

三、其他各类公共场所管理

（一）公共交通场所的管理

1. 公共交通场所的含义

公共交通场所，是指对公众开放的，用于承载不特定的人或物从此地移往彼地的交通工具和候乘这些交通工具的固定场所的总称，包括公共交通工具和公共交通站港。交通场所是人们出行必备的基本条件，是社会精神文明和物质文明的重要窗口，在国家现代化建设和经济发展中占据重要地位，同时也是人流、车流、物流集中，人员成分复杂且流动性大，违法犯罪活动集中、容易发生治安灾

害事故的场所。

2. 公共交通场所管理的范围

公安机关对公共交通场所管理的范围，主要是指人们乘坐的各种公共交通工具及所停靠的火车站、汽车站、客运码头、民用机场等。

（1）陆运交通场所包括：火车、火车站；电汽车、电汽车站；地铁、地铁站；出租汽车、出租汽车站（泊位）；人力客运三轮车、三轮车站点等。

（2）水运交通场所包括：渡船及渡口；轮船及港口、码头等。

（3）空运交通场所包括：客用飞机、客用机场；货运飞机、货运机场；缆车及缆车站；空中索道及索道站。

3. 公共交通场所的治安特点

（1）易发生打架斗殴、猥亵妇女、盗窃、诈骗、倒票等各类违法犯罪活动。

（2）易发生火灾、爆炸、挤压死伤、撞车、沉船、坠机等治安灾害事故。

（3）易成为国内外敌对势力和恐怖分子的破坏目标。

4. 公共交通场所治安管理的方法

（1）建立和完善治安管理组织，理顺管理体制，加强指挥协调。

（2）建立、健全和落实安全管理制度和责任制，开展定期或不定期的督促检查，及时整改隐患。

（3）加强治安宣传教育，提高旅客的安全防范和遵纪守法意识。

（4）加强对场所的巡视，维护场所的秩序，严密场所控制。

（5）加强安全检查，严查“三品”（易燃化学物品、爆炸性物品、腐蚀性物品），防止携带危险物品进入交通场所。

（6）针对某一时间、地域突出的治安问题，开展专项整治，加大打击力度。实践证明，不同季节、时间，不同路况、地形，不同类型的公共交通场所，发生的突出治安问题亦不同，专项整治要有针对性。公安机关整治的突出治安问题主要有：车匪路霸，扒窃偷盗，交通违章和交通事故，“黄、赌、毒”。

（二）游览场所的管理

1. 游览场所的含义

游览场所，是指面向社会开放的，可供公众参观、游玩、休息、消遣的游览区域和园林等活动场所。如公园、游乐园、风景名胜区、历史古迹、博物馆、展览馆、陈列馆等。

其治安特点有：

（1）游览场所融科技、商品、文化交流和体育、娱乐活动为一体，呈现多元化、复杂化的治安特点。游览场所内包含了多种类型的公共场所，各场所的治安特点也都在游览场所特点内有所反映。

（2）公共游览场所行业之间竞争激烈，人员流动频繁、高度密集，容易产生各种纠纷，治安形势复杂。

（3）防范难度大，容易发生治安问题，各类案件均有可能发生。如打架斗殴、调戏妇女、扒窃、盗窃、破坏污损文物古迹等。

【参考案例 3－1】

2011 年 5 月 8 日，故宫博物院发生展品被盗案。有人冲破数道防线，闯入了被誉为“世界五大宫之首”且号称世界最安全的博物馆之一的故宫，盗走了展馆内的 9 件宝物。5 月 11 日晚，案发 58 小时后，在北京警方的全力侦办下，故宫展览品失窃一案偷盗嫌疑人石某某在北京丰台区某网吧落网。作为国家级重点文物保护单位，故宫的面积大，人流量多，每天至少要接待 5 万游客。故宫的纵深体系被区分成防护区、监控区和禁区，博物馆内还有人防、物防、犬防和技防四道防线。然而，故宫失窃案却暴露出其安防体系仍然存在一定的漏洞，给全国各博物馆敲响了警钟。

（4）意外事故时有发生，影响场所的正常秩序，如挤、压、塌、翻车、落水、跌落等。

2. 游览场所的管理措施

（1）建立治安保卫组织。在范围较大、游客密集、情况复杂的游览场所设立公安分局、公安派出所或公安值班室，会同有关方面设置治安巡逻、救护力量，在其单位内部建立保卫科和治保会，在一般旅游景区可组建治安联防办公室，每一个游览场所配备足够的治安保卫人员。

（2）落实场所内各项管理措施，协助场所制定各项安全规章制度，如安全检查制度、宣传教育制度、值班巡逻制度、清场制度等。

（3）抓好场所内各项宣传教育，严格进行监督检查。必须树立“安全第一”的思想，把安全工作作为一件大事来抓。对职工进行深入的安全教育，使其增长安全知识，掌握安全操作规程，全面提高安全意识。在游客中开展安全宣传，提倡文明游览。对新开放的游览景点和游艺设施进行严格的安全检查、检测，合格的予以验收，不合格的不准开放和投入使用。

（4）加强巡逻值勤，查处违法行为。为了有效地预防和发现违法犯罪，由场所的治安保卫人员、退休职工和民警组织三结合的治安防范力量进行巡逻检查，加强对整个游览场所的控制。

（5）督促场所使用技术手段，增强防范能力。运用现代通信设备形成控制网络，与保卫、巡逻力量相互配合，形成配套的人力、技术设备互为补充的安全防范体系。

（三）商品交易场所的管理

1. 商品交易场所的含义

商品交易场所，是指人们购买生产、生活用品和进行商品、物品展示、交易的场所，如商场、市场、展销会等。商品交易场所是商品流通的重要渠道，在促进我国社会主义市场经济的快速发展，活跃商品流通，方便人们生活等方面，发挥着日益重要的作用。

其特点有：

（1）人员流动性强，财物集中，侵犯公私财物案件在商品交易场所尤其突出。违法犯罪分子容易进行偷窃、诈骗、抢劫等违法犯罪活动。

（2）销赃、收赃等违法犯罪行为在商品交易场所活动猖獗。

（3）治安灾害事故偶有发生。

2. 管理措施

（1）建立健全安全防范规章制度，主要包括现金保管制度、安全检查制度、宣传教育制度、物资安全管理制度、值班守护制度、清场制度、安全保卫制度等。

（2）加强巡逻值勤，进行经常性的安全监督检查工作。

（3）多方位地进行安全防范宣传教育，全面提高职工和顾客的安全防范意识。强化对安全保卫人员的业务培训，提高业务素质；教育本单位职工或从业人员提高警惕，做好安全防范工作；向顾客或其他人员进行注意安全、遵守公共秩序的宣传教育。

（4）专群结合，维护好商品交易场所内的秩序。每一个场所都应在公安机关的领导下，维护好本场所及相关环境的治安秩序。在场所内外经常进行巡视检查，及时发现和制止违法犯罪活动，尤其是在节假日营业高峰期，更要提高警惕、加派治安巡逻力量，做好场所的安全保卫工作；对场所的重点部位要加强巡视或派专人执勤；及时劝止因买卖而引起的打架、斗殴，或部分人故意制造的一些激情行为，避免场面混乱、发生难以控制的意外事件。

（5）严格执法，查处违法犯罪行为，及时打击违法犯罪活动。公安机关在指导和帮助场所各单位维护好治安秩序的同时，对发生在场所内外的违法犯罪行为要严格按照法律的规定予以惩罚。

（四）按摩场所的管理

1. 按摩场所的种类

目前设有按摩服务项目的场所有桑拿按摩场所、足底按摩场所、盲人按摩场所、美容美发按摩场所。

（1）桑拿按摩场所

桑拿浴是舶来品，英文为“sauna”，属音译，即蒸汽浴，最初在芬兰兴起，在其发展过程中，又增加了推拿按摩等服务项目，是供人们沐浴休闲，强身健体的场所。蒸汽浴英文为“steam bath”，土耳其语为“Turkish bath”。附设按摩的桑拿场所，基本以按摩为主业，有的还免费净桑，这类场所易发生违法犯罪活动，尤其是色情活动，各地公安机关将其列为复杂场所，实行特殊治安管理。

桑拿业的发展客观上对我国国民经济的繁荣，丰富和美化人民生活，吸收待业青年、下岗职工就业等起到了一定积极作用。但桑拿浴业的治安问题也日趋增多，因此，要规范桑拿浴业的管理。这对于净化社会风气，维护社会治安秩序，保障社会主义经济的繁荣和健康发展，具有重要意义。

桑拿按摩场所的治安特点表现为：

①卖淫嫖娼活动突出。桑拿按摩场所部分经营者为了获取高额利润，采取不正当竞争手段，开展色情陪侍活动或纵容色情活动。比如“鸳鸯浴”“陪浴”。从事按摩的女性为了赚更多的钱，或被经营者强迫或诱惑而从事色情活动，继而发展到卖淫。

②其他几种违法活动也时有发生：

偷窃。外盗、监守自盗是主要形式，也存在内外勾结进行偷窃的形式。

赌博。桑拿场所为了吸引客人，在场所内为赌博提供条件，客人洗完澡后聚在一起进行赌博。

吸毒。桑拿场所尤其是内部包间相对隐蔽，利用该场所吸食毒品的瘾君子大有人在。

打架斗殴。到桑拿场所进行桑拿的客人，因争衣柜等琐事而发生矛盾；有的是客人因埋单而与商家发生矛盾。

③桑拿场所成为一些违法犯罪分子落脚藏身的场所。

④易发生火灾等治安灾害事故。

（2）足底按摩场所

足底按摩场所是20世纪90年代后期鼎盛起来的，它从产生到禁止再到允许生存，一波三折。足底按摩场所因色情活动严重，一度被禁止。政府经过多方考虑，后来允许其经营，但颁布了开设的一系列条件，进行规范化管理。其治安问题主要是色情活动。

（3）美容美发场所

美容美发场所，包括设计、整理发型和清洁、保养、修饰面部、头部的场所。美容美发场所从最早的单一理发、修剪胡须的理发店发展而来。20世纪80

年代在全国各地的大街小巷出现了很多发廊，增加了头部及背部的按摩，有些发廊不从事美发，纯粹就是以美发做掩护的色情场所，后来美发场所又增加了美容业务。随着对美容美发场所色情活动的打击，目前美容美发场所经营比较规范，从业人员的技术水平、经营环境得到大大提高和改善，当然其中也有一些是"挂羊头卖狗肉"从事色情活动的。其治安问题主要是色情活动。

（4）盲人按摩场所

盲人医疗按摩起源于20世纪50年代，当时国家内务部为了解决盲人就业问题，在卫生部门支持下，举办了盲人医疗按摩培训班。到1966年共培养了200名盲人医疗按摩人员，他们作为种子被分配到全国各地，并在各地开办了按摩学校和诊所。到1997年，全国共有盲人医疗按摩人员13,000余名，较为规范。2009年4月23日，卫生部、国家中医药管理局、中国残疾人联合会、人力资源社会保障部联合制定公布了《盲人医疗按摩管理办法》，加强和规范了盲人医疗按摩活动。

2. 公安机关对按摩场所的管理措施

（1）建立安全规章制度和责任制。

①治安责任人的治安责任：根据场所规模，配备专（兼）职治安保卫人员或者按照有关规定配备保安人员；组织本单位的经营负责人、保安人员、治安保卫人员接受治安业务培训；做好保安人员、治安保卫人员的教育管理工作；制定治安安全制度和岗位责任制，检查治安隐患并进行整改，组织落实治安安全措施；及时向公安机关报告本单位的治安情况，配合公安机关查处刑事、治安案件和处置治安灾害事故。

②安全规章制度：包括门卫制度、衣物保管制度、宣传制度、重要部位安全检查制度、报告制度。

（2）检查、监督各种安全制度和措施落实情况，着重检查门卫制度、责任制等执行情况及各种设施管理情况、消防设备情况和顾客衣物保管情况。

（3）对经营业主和从业人员进行安全业务培训，对考试合格者发给安全培训合格证。

（4）掌握从业人员的情况，在日常检查或年审中，要检查业主和从业人员的身份证件、健康合格证，有的要检查技术合格证；了解从业人员的情况，重点注意有犯罪前科或来历不明的。

（5）不定期召开安全工作会议，互通情况，交流经验，表彰先进。

（6）及时受理、查处按摩场所发生的各类案件，坚持依法办案。

第三节　重点地区管理

一、重点地区管理概述

治安管理中所涉及的重点地区的范畴非常广泛，包括党政军首脑机关、外国驻华使领馆、国防军工、广播电视、邮电通讯、金融、文博、供水、供电、供气、供热等关系国家安全、国计民生的单位、部门所在地区以及治安问题复杂需公安机关特别加以防范的地区、部位、路段，都可以称为重点地区。本节仅介绍城乡结合部、重点单位和水上治安管理。

二、城乡结合部治安管理

（一）城乡结合部的含义与类型

1. 城乡结合部的含义

城乡结合部，是指兼具城市和乡村的土地利用性质的城市与乡村地区的过渡地带，又称城市边缘地区。早期城市与乡村的景观差异明显，随着城市化过程不断推进，城市不断向外围扩展，使毗邻乡村地区的土地利用从农业转变为工业、商业、居住区以及其他职能，并相应兴建了城市服务设施，从而形成包括郊区的城乡交错带。城乡交错带位于市区和城市影响带之间，可分为内边缘区和外边缘区。内边缘区又称城市边缘，特征为已开始城市建设；外边缘区又称乡村边缘，特征为土地利用仍以农业占支配地位，但已可见许多为城市服务的设施，如机场、污水处理厂和特殊用地等。

2. 城乡结合部的类型

（1）开发区型

经济技术开发区大多建在郊区、郊县，因而随着开发区的逐步繁荣，市区及外来的犯罪分子逐步将犯罪目标转向开发区。由于经济开发区相对于其他地区人财物更加集中，流动也更加活跃，加之人口结构复杂，使各类刑事案件尤其是经济诈骗、盗窃、恶性暴力、涉枪案件增多，团伙犯罪比例增加。

（2）企业型

按照城市规划的要求，大型厂矿企业一般建在城市边缘地带，由于大中型企业内部财产集中，从原材料到机器设备，均可成为盗抢目标，因此盗抢财产类案件比较突出。企业周边、城乡结合部各种废旧物资收购站点林立，一部分成为销赃场所。

(3) 院校型

大中专院校多建在城市郊区和城乡结合部。相比前两者而言，其在犯罪率、犯罪规模及犯罪的社会危害等方面，都要小得多。

(4) 住宅小区型

随着人们生活水平和居住观念的改变，越来越多的居民住宅小区出现在城市郊区，形成了以城市居民居住生活为主的城乡结合部。这里的治安管理防控机制和社区管理相对薄弱，容易发生入室盗窃犯罪。

（二）城乡结合部的治安特点

1. 流动人口多，情况复杂，“黄、赌、毒”等违法犯罪现象突出。

2. 人财物相对集中，流量大、流速快，侵财性违法犯罪突出。

3. 犯罪分子城乡流窜作案突出，易成为避风港。

4. 结伙作案突出，手段日趋暴力化。

5. 地理位置特殊，车匪路霸和偷盗通信电缆现象突出。

6. 场所和行业管理难度大，藏污纳垢现象突出。

7. 社会管理相对弱化，治安防控网络滞后。

（三）城乡结合部治安管理的基本措施

1. 加强法制宣传，创建安全文明社区。

2. 加强对外来与流动人口的治安管理。

3. 开展专项整治，铲除车匪路霸等恶势力。

4. 建立治安卡口，落实堵控机制，坚决打击流窜犯和逃犯。

5. 强化各项治安管理措施，消灭违法犯罪死角。

6. 加强场所和行业管理，依法打击违法犯罪活动。

7. 加强基层治保组织建设，构建多层次治安防范网络。

三、重点单位及周边地区治安管理

（一）大中型企业及周边地区治安管理

1. 影响大中型企业及周边地区治安的突出问题

(1) 盗窃、哄抢企业物资器材等违法犯罪活动突出。

(2) 厂村矛盾突出，各种纠纷增多。

(3) 企业周边废旧金属收购和暂住人口管理混乱，外来人口违法犯罪情况突出。

(4) 少数企业领导不重视保卫工作，企业自身安全防范能力差，违法犯罪活动可以利用的空隙、漏洞多，企业抵御违法犯罪能力弱。

2. 大中型企业及周边地区治安管理措施

（1）突出重点，严密部署，严厉打击危害企业治安秩序的犯罪。

（2）适时组织专项斗争，集中整治治安乱点，铲除哄抢、盗窃公私财产犯罪的直接诱因。

（3）严密各项安全防范措施，大力加强企业内部保卫工作。

（4）排除干扰，保证严格执法。

（二）校园及其周边地区治安管理

【参考案例3－2】

2010年3月23日，在福建省南平市南平实验小学，被告人郑某某因恋爱多次受挫，图谋报复泄愤，竟迁怒无辜小学生，选择在学校门口行凶，持刀连续捅刺，造成8名小学生死亡5名小学生重伤的严重后果。经法院审理，认定郑某某故意杀人，犯罪后果特别严重，情节特别恶劣，社会危害性极大，所犯罪行极其严重。法院最终判决郑某某犯故意杀人罪，判处死刑，剥夺政治权利终身。经最高人民法院复核，对罪犯郑某某执行了枪决。此案也暴露出学校安全保卫工作的不足。

学校及其周边公共治安秩序管理的主要任务是：严厉打击侵害师生人身、财产安全和扰乱学校正常教学、生活秩序的违法犯罪活动，清理学校及其周边的治安环境，加强学校及其周边的治安防范网络建设，减少青少年违法犯罪及帮助教育有不良行为的青少年学生等。

1. 中小学校校园及其周边地区治安管理

中小学校校园及周边地区治安管理的重点应放在防范工作上，措施主要有：

（1）建立警校协作联系制度。经常走访学校师生、家长及校园周边群众，及时了解和掌握校园及其周边的治安动态。

（2）在中小学校广泛开展法制宣传教育，预防青少年犯罪。

（3）强化校园及周边的经常性治安管理。公安机关按照属地管理的原则，严格取缔校园周围非法行业、场所，查处不法活动，加强对暂住人口和出租房屋的管理，防止和减少导致违法犯罪的各种因素。

（4）加强校园内外的安全防范工作。在学校周边设立报警点、举报箱，在治安状况复杂的学校周边设立治安岗亭，在重点路段设立警示牌等明显标志等。

2. 高等学校校园及周边地区治安管理

我国高校大多处于城乡结合部，来往人员较多，治安环境复杂。近年来，校园内的商业摊贩、娱乐场所有所增加；校内基建工人、合同工、临时工、闲杂人员增多，外来人员违法犯罪突出，抢劫、盗窃、杀人、强奸等案件时有发生。校园周边环境日趋复杂，特别是以高校师生为主要消费对象的商店、餐厅、歌舞厅、游戏厅、发廊、小摊点等聚集在高校周边，师生与校外人员在校园周边场所发生纠纷案件随之增多，高校与周边地区争地抢道的纠纷也时常发生。

（1）应加强教育部门和高校对高校校园治安工作的领导，健全机构，明确领导责任人，切实强化校园治安综合治理工作。

（2）加强对高校校园治安工作的指导、监督，帮助高校保卫部门完善各项安全防范制度。

（3）要加强高校内部治安环境治理，依靠高校保卫部门和群众性治保组织维护校园治安。大力开展法制和安全防范知识教育，增强广大师生的法制观念和安全防范意识，提高同违法犯罪活动作斗争的本领和自我防范能力。

（4）要进一步加强高校保卫组织建设，稳定保卫干部队伍，加强对高校保卫队伍的指导和帮助。

四、水上治安管理

（一）水上治安管理的范围

1. 水上治安管理的概念

水上治安管理，是指公安机关为了保障水上公共安全，维护水上社会秩序，保护公民合法权益，依法在水上从事的公开的行政管理行为，是治安行政管理的重要组成部分。

2. 水上治安管理的范围

水上治安管理的范围、对象，一般包括：水域，包括领海、江河湖泊、大中型水库等；船舶，包括水上各类浮动排筏、趸船、平台；水上从业人员，包括船员、船民和作业人员；水上相关场所，是指港口、码头、渡口、船闸、堤防护岸、滩涂等；水上设施，包括航标、水下通信电缆、导航领航设施、桥梁、涵洞、市场、公共娱乐场所、特种行业等。

（二）水上治安管理的特点

1. 点多线长、流动分散，群众报警求助难。

2. 私营和个体船舶数量大量增加，组织管理无序。

3. 跨水陆两地结伙作案、流窜犯罪突出。

4. 先进的交通工具和通讯方式使违法犯罪人员的活动性增强。

5. 水上防护机制、装备落后，导致治安事故不断发生。

（三）水上治安管理的基本措施

1. 改革和加强水警队伍建设，提高队伍整体素质，建立健全水警运行机制。针对水上治安管理面广、线长、点多的实际，要科学布建水警机构，合理配置警力，强化基层水上派出所和民警值班室、警务区和水上治安巡逻队的建设，加大对犯罪空间、时间的控制，减少犯罪机会。

2. 以船舶和船民为中心，严格治安管理措施。坚持“以牌管船、以证管人”的原则，做好对船舶、船民的船舶户牌、船舶户口簿和船民证的发放管理工作，同时实行计算机联网管理，建立健全安全防范制度和船民组织管理制度。

3. 开展水上专项整治，改善水上治安环境。

4. 强化治安联防协作机制，建立健全水上治安防控体系。

5. 重调解、严检查，预防和遏制治安事故、治安事件发生。

第四节　大型群众性活动管理

一、大型群众性活动的含义

大型群众性活动，是指法人或者其他组织面向社会公众举办的每场次预计参加人数达到1000人以上的活动。其主要包括：体育比赛活动；演唱会、音乐会等文艺演出活动；展览、展销等活动；游园、灯会、庙会、花会、焰火晚会等活动；人才招聘会、现场开奖的彩票销售等活动。

其特征表现为：

（1）参与人数众多；

（2）规模较大，具有一定影响；

（3）危险系数高，安全管理难度大；

（4）安全问题突出。由于大型活动场所公开、人员多、规模大、财物集中、媒体关注，极易发生恐怖袭击事件、群体性治安事件以及盗窃、抢劫、打架斗殴等案件。

据统计，近年来，全国每年举办各类大型群众性活动1.4万多场，近3亿人次参加。在这类活动中，安全事故、治安和刑事案件时有发生，有的甚至酿成群体性事件，给人民群众的生命、财产安全以及社会治安秩序和公共安全带来较为严重的危害。随着各种大型群众性活动日益增多，其安全问题也越来越引起全社会乃至世界的关注。在这样的背景下，国务院制定并于2007年10月1日起施行的《大型群众性活动安全管理条例》明确规定大型群众性活动的安全责任制度和安全监督管理措施，保证大型群众性活动安全举办，是十分必要和迫切的。考虑到影剧院、音乐厅、公园、娱乐场所等在其日常业务范围内举办的活动虽然符合大型群众性活动的特征，但是已经过相关部门的依法经营许可，其安全问题可以纳入日常公共安全进行管理，不必再作为大型群众性活动进行管理，明确了这类活动不适用该条例。

二、大型群众性活动安全责任

（一）大型群众性活动承办者的责任

1. 大型群众性活动的承办者（以下简称承办者）对其承办活动的安全负责，承办者的主要负责人为大型群众性活动的安全责任人。

2. 举办大型群众性活动，承办者应当制定大型群众性活动安全工作方案，包括下列内容：

（1）活动的时间、地点、内容及组织方式；

（2）安全工作人员的数量、任务分配和识别标志；

（3）活动场所消防安全措施；

（4）活动场所可容纳的人员数量以及活动预计参加人数；

（5）治安缓冲区域的设定及其标识；

（6）入场人员的票证查验和安全检查措施；

（7）车辆停放、疏导措施；

（8）现场秩序维护、人员疏导措施；

（9）应急救援预案。

3. 承办者的具体责任包括：

（1）落实群众性文化体育活动安全工作方案和安全责任制度，明确安全措施、安全工作人员岗位职责，开展群众性文化体育活动安全宣传教育；

（2）保障临时搭建的设施、建筑物的安全，消除安全隐患；

（3）配备必要的安全检查设施，对参加群众性文化体育活动的人员进行安全检查，对拒不接受安全检查的，承办者有权拒绝其进入；

（4）按照核准的活动场所容纳人员数量、划定的区域发放或者出售门票；

（5）落实医疗救护、灭火、应急疏散等应急救援措施并组织演练；

（6）对妨碍大型群众性活动安全的行为及时予以制止，发现违法犯罪行为及时向公安机关报告；

（7）配备与大型群众性活动安全工作需要相适应的专业保安人员以及其他安全工作人员；

（8）为大型群众性活动的安全工作提供必要的保障。

（二）大型群众性活动场所管理者的具体责任

1. 保障活动场所、设施符合国家安全标准和安全规定。

2. 保障疏散通道、安全出口、消防车通道、应急广播、应急照明、疏散指示标志符合法律、法规、技术标准的规定。

3. 保障监控设备和消防设施、器材配置齐全、完好有效。

4. 提供必要的停车场地，并维护安全秩序。

（三）参加大型群众性活动人员的义务

1. 遵守法律、法规和社会公德，不得妨碍社会治安、影响社会秩序。

2. 遵守大型群众性活动场所治安、消防等管理制度，接受安全检查，不得携带爆炸性、易燃性、放射性、毒害性、腐蚀性等危险物质或者非法携带枪支、弹药、管制器具。

3. 服从安全管理，不得展示侮辱性标语、条幅等物品，不得围攻裁判员、运动员或者其他工作人员，不得投掷杂物。

（四）公安机关应当履行的职责

1. 审核承办者提交的大型群众性活动申请材料，实施安全许可。

2. 制订大型群众性活动安全监督方案和突发事件处置预案。

3. 指导对安全工作人员的教育培训。

4. 在大型群众性活动举办前，对活动场所组织安全检查，发现安全隐患及时责令改正。

5. 在大型群众性活动举办过程中，对安全工作的落实情况实施监督检查，发现安全隐患及时责令改正。

6. 依法查处大型群众性活动中的违法犯罪行为，处置危害公共安全的突发事件。

三、大型群众性活动安全管理

（一）安全许可程序

1. 提出申请

根据《大型群众性活动安全管理条例》的规定，公安机关对大型群众性活动实行安全许可制度，有利于落实大型群众性活动安全责任、加强监督管理、消除安全隐患。《营业性演出管理条例》对演出活动的安全管理另有规定的，从其规定。对于县级以上各级人民政府、国务院部门直接举办的大型群众性活动，由举办活动的人民政府、国务院部门负责活动的安全保卫工作，不实行安全许可制度。为了确保这些大型群众性活动的安全，举办活动的人民政府、国务院部门按照有关规定，责成或者会同有关公安机关制定更加严格的安全保卫工作方案，并组织实施。

承办者应当在活动举办日的 20 日前提出安全许可申请，申请时应当提交下列材料：承办者合法成立的证明以及安全责任人的身份证明；大型群众性活动方案及其说明，两个或者两个以上承办者共同承办大型群众性活动的，还应当提交联合承办的协议；大型群众性活动安全工作方案；活动场所管理者同意提供活动场所的证明。依照法律、行政法规的规定，有关主管部门对大型群众性活动的承办者有资质、资格要求的，还应当提交有关资质、资格证明。

举办大型群众性活动应当符合下列条件：承办者是依照法定程序成立的法人或者其他组织；大型群众性活动的内容不得违反宪法、法律、法规的规定，不得违反社会公德；具有符合《大型群众性活动安全管理条例》规定的安全工作方案，安全责任明确、措施有效；活动场所、设施符合安全要求。

2. 进行审查

大型群众性活动的预计参加人数在1000人以上5000人以下的，由活动所在地县级人民政府公安机关实施安全许可；预计参加人数在5000人以上的，由活动所在地设区的市级人民政府公安机关或者直辖市人民政府公安机关实施安全许可；跨省、自治区、直辖市举办大型群众性活动的，由国务院公安部门实施安全许可。

3. 作出决定

公安机关收到申请材料应当依法作出受理或者不予受理的决定。对受理的申请，应当自受理之日起7日内进行审查，对活动场所进行查验，对符合安全条件的，作出许可的决定；对不符合安全条件的，作出不予许可的决定，并书面说明理由。

（二）安全保障措施

对经安全许可的大型群众性活动，公安机关根据安全需要组织相应警力，维持活动现场周边的治安、交通秩序，预防和处置突发治安事件，查处违法犯罪活动。承办者发现进入活动场所的人员达到核准数量时，应当立即停止验票；发现持有划定区域以外的门票或者持假票的人员，应当拒绝其入场并向活动现场的公安机关工作人员报告。在大型群众性活动举办过程中发生公共安全事故、治安案件的，安全责任人应当立即启动应急救援预案，并立即报告公安机关。

（三）法律责任

承办者擅自变更大型群众性活动的时间、地点、内容或者擅自扩大大型群众性活动的举办规模的，由公安机关处1万元以上5万元以下罚款；有违法所得的，没收违法所得。未经公安机关安全许可的大型群众性活动由公安机关予以取缔，对承办者处10万元以上30万元以下罚款。

承办者或者大型群众性活动场所管理者违反《大型群众性活动安全管理条例》规定致使发生重大伤亡事故、治安案件或者造成其他严重后果构成犯罪的，依法追究刑事责任；尚不构成犯罪的，对安全责任人和其他直接责任人员依法给予处分、治安管理处罚，对单位处1万元以上5万元以下罚款。

在大型群众性活动举办过程中发生公共安全事故，安全责任人不立即启动应急救援预案或者不立即向公安机关报告的，由公安机关对安全责任人和其他直接责任人员处5000元以上5万元以下罚款。

参加大型群众性活动的人员有违反《大型群众性活动安全管理条例》行为的，由公安机关给予批评教育；有危害社会治安秩序、威胁公共安全行为的，公安机关可以将其强行带离现场，依法给予治安管理处罚；构成犯罪的，依法追究刑事责任。

有关主管部门的工作人员和直接负责的主管人员在履行大型群众性活动安全管理职责中，有滥用职权、玩忽职守、徇私舞弊行为的，依法给予处分；构成犯罪的，依法追究刑事责任。

第五节　集会、游行、示威管理

一、集会、游行、示威的概念和特征

（一）集会、游行、示威的概念

公民享有集会、游行、示威的自由，这在各国根本法中一般都有规定，但公民的此项权利，在实践中却受社会、政治、经济、文化等因素制约，国家从维护社会安定、公共利益考虑，对此加以限制。各国的国情不同，但既保障集会、游行、示威的权利，又对此项权利的行使加以制约的规定，几乎是一致的，一般都有专门法律来调整集会、游行、示威的实施。这样做是因为集会、游行、示威是一种比较激烈的群众性的表达意愿的方式，需要法律的规范和制约。我国是一个人民民主专政的社会主义国家，人民是国家的主人，享有充分的自由和权利，宪法规定公民有集会、游行、示威的自由。1989年10月31日第七届全国人民代表大会常务委员会通过《集会游行示威法》，并于2009年8月27日修订；1992年5月12日经国务院批准，1992年6月16日公安部发布施行《集会游行示威法实施条例》。这对公民行使集会、游行、示威自由既是保障又是制约，体现了公民的权利义务的一致性。

1. 集会

集会，是指聚集于露天公共场所，发表意见、表达意愿的活动。其特征为：

（1）是公民或法人单位组织的有不特定多的成年公民参加的群众性集会；

（2）集会的地点是露天公共场所；

（3）集会的形式是发表演说、表达某种意愿。

2. 游行

游行，是指在公共道路、露天公共场所列队行进，表达意愿的活动。其特征为：

（1）要有不特定多的人数并集合成一个群体；

（2）地点是在公共道路上或者露天公共场所；

（3）游行必须排成队形，集体行进；

（4）其所要表达的必须是群体的共同愿望。

3. 示威

示威，是指在露天公共场所或者公共道路上以集会、游行、静坐等方式，表达要求、抗议或者支持、声援等共同意愿的活动。其特征为：

（1）要有不特定多的人数并聚集成一个群体；

（2）地点是露天公共场所或在公共道路上；

（3）示威方式以集会、游行或者静坐为限；

（4）其所表达的必须是群体共同意愿或者要求，或者是针对特定事件表示抗议、支持、声援等严正态度。

露天公共场所通常是指公众可以自由出入或者凭票可以进入的室外公共场所，不包括机关、团体、企业事业组织管理的内部露天场所。如广场、体育场、公园等。公共道路，是指除机关、团体、企业事业组织内部的专用道路以外的道路和水路。

（二）集会、游行、示威的共同特征

1. 依法性。

2. 和平性。

3. 权利和义务一致性。

4. 有组织性。

5. 变异性。

（三）集会、游行、示威的主要类型

1. 国家举行或者根据国家决定为庆祝、纪念、声援、抗议等而组织公民参加的集会、游行、示威活动。

2. 国家机关、政党、社会团体、企业事业组织，为了表达对国内、国际某些事件的要求和意愿，依照法律、组织章程举行的集会、游行、示威。

3. 某些群众团体为了表达对国际、国内某些事件的要求和意见，运用公民的权利，依法有领导地举行集会、游行、示威。

4. 某些个人或群体为了表达对自身的利益或社会某项政策、决定的不满和要求，举行的集会、游行、示威。

5. 少数敌对分子、反动组织、反社会非法组织或极端个人主义者以及资产阶级自由化分子，别有用心，为向政府或某些部门、组织施加压力，危害社会安定，破坏社会秩序，而故意制造的或煽动不明真相的群众举行的集会、游行、示威。

（四）集会、游行、示威的法定原则

1. 必须遵守国家的宪法和法律，不得反对宪法所确定的基本原则。如人民民主专政的国家性质、社会主义制度、坚持中国共产党的领导等。

2. 公民在行使自由和权利的时候，不得损害国家的、社会的、集体的利益和其他公民的合法的自由和权利。

3. 应当和平进行。和平地进行，是世界各国针对集会、游行、示威这种较为激烈的表达意愿的方式所普遍采取的要求。如美国 1972 年颁布的《美国统一公众集会法》规定“和平举行是集会的前提条件”。德国有关法律规定，在公共集会或游行时，未经官方许可而携带武器，或携带性质上适合于并可用于伤害人身或毁损物品的其他器械者，处一年以下有期徒刑或处以罚金。

集会、游行、示威必须和平地进行，这是因为：

（1）只有和平地进行，才能表现出公民对国家、社会，对其他公民的负责态度和解决问题的真诚愿望。

（2）只有和平地进行，才符合社会主义民主与法制的要求，当然更是维护社会安定和公共秩序的需要。

（3）只有和平地进行，才是实现目的的正确方法。

（4）只有和平地进行，才能防止被别有用心的人利用。

（5）只有和平地进行，才能得到法律保障。

4. 依法向主管机关申请并获得批准。

5. 必须遵守有关规定。

（1）公民不得在其居住地以外的城市发动、组织、参加当地公民的集会、游行、示威。

居住地是指公民常住户口所在地或向暂住地户口登记机关办理了暂住登记并持续居住半年以上的地方。

（2）国家机关工作人员不得组织或参加违背有关法律、法规规定的国家机关工作人员职责、义务的集会、游行、示威。

《人民警察法》第 22 条规定，人民警察不得有散布有损国家声誉的言论，参加非法组织，参加旨在反对国家的集会、游行、示威等活动，参加罢工的行为。

（3）在下列场所周边（建筑物周边向外扩展；有围墙或栅栏的，从其周边算起）距离10～300米内，不得举行集会、游行、示威，经国务院或省级人民政府批准的除外：全国人民代表大会常务委员会、国务院、中央军事委员会、最高人民法院、最高人民检察院的所在地（集中在北京）；国宾下榻处；重要军事设施；航空港、火车站和港口。

其他国家也有类似规定。如韩国限制集会、示威的场所，在《关于集会及示威的法律》第7条规定，无论何人都不能在下列规定的地点200米以内的范围进行室外集会或示威：国会议事堂、各级法院、驻国内的外国外交机关；总统官邸、国会议长公馆、大法院长公馆、国务总理公馆、外交人员的住所；中央官署、汉城市政厅、釜山市政厅、道市政厅、火车站，但游行经过时例外。

（4）以国家机关、社会团体、企事业组织的名义组织或者参加集会游行示威，必须经本单位负责人批准。

（5）时间规定：早6时至晚10时。

二、集会、游行、示威的管理范围和主管机关

（一）集会、游行、示威的管理范围

1. 适用于在公共道路、露天公共场所举行的群众性表达意愿的活动。

2. 适用于全体中国公民和在中华人民共和国境内的外国人。

3. 适用于中华人民共和国境内的全部领域。

文娱、体育活动，正常的宗教活动，传统的民间习俗活动不适用《集会游行示威法》。

按照法律规定，凡未经主管机关许可，又不属于法律规定的不需要申请的，都属于非法集会、游行、示威活动。

此外，以下几种情况，也应当视为非法集会、游行、示威活动：

（1）在集会、游行、示威活动中，不遵守宪法和法律的，损害了国家的、社会的、集体的利益和其他公民的合法自由和权利。

（2）在集会、游行、示威活动中，违反治安管理法规，携带武器、管制刀具或爆炸物品，使用暴力或者煽动使用暴力，破坏社会秩序，进行犯罪活动。

（3）公民在其居住地以外的城市发动、组织的集会、游行、示威活动。

（4）未经单位负责人批准，以国家机关、社会团体、企业事业组织的名义组织的集会、游行、示威活动。

（5）擅自进入法律规定的某些重要场所周边，不准举行集会、游行、示威

活动的区域或逾越临时警戒线的。

（6）未按照主管机关许可的目的、方式、标语、口号、起止时间、地点、路线进行的集会、游行、示威活动。

（7）其他有悖《集会游行示威法》宗旨和具体规定的集会、游行、示威活动。

（二）集会、游行、示威的主管机关

《集会游行示威法》规定，举行集会、游行、示威前必须向公安机关提出申请并获得许可方能进行。主管机关有审查许可权、变更权、临时警戒线的设置权、制止权、对特定人员的拘留权和强行带离现场权。据此，集会、游行、示威的主管机关是公安机关。通常包括以下几种情况：

1. 举行地的市、县公安局、城市公安分局主管。

2. 游行、示威路线经过两个以上地区，其共同上级主管机关负责。

（1）在同一直辖市、省辖市、自治区辖市或者省、自治区人民政府派出机关所在地区经过两个以上区、县的，由该市公安局或省、自治区人民政府派出机关的公安处主管；

（2）在同一省、自治区行政区域内经过两个以上省辖市、自治区辖市或者省、自治区人民政府派出机关所在地区的，由所在省、自治区公安厅主管；

（3）经过两个以上省、自治区、直辖市的，由公安部主管，或者由公安部授权的省、自治区、直辖市公安机关主管。

（三）集会、游行、示威的负责人

1. 下列人员不得担任集会、游行、示威的负责人：

（1）无行为能力人或限制行为能力人。根据相关法律规定是指 18 周岁以下的人和精神病人。

（2）被判处刑罚尚未执行完毕的人。

（3）正在被依法采取刑事强制措施或者法律规定的其他限制人身自由措施的人。

2. 负责人的法律责任具体包括：依照规定向主管机关递交书面申请；对于应当协商解决的具体问题，出面与有关单位协商解决问题；对不许可的决定不服时，可以向本级人民政府申请复议；撤回申请，解散队伍；保证集会、游行、示威按规定进行；依法接受公安机关及司法机关的处理。

三、集会、游行、示威的申请、审批

（一）集会、游行、示威的申请

举行集会、游行、示威，必须依照《集会游行示威法》规定向主管机关提出申请并获得许可。

集会、游行、示威的负责人应向主管公安机关递交申请书，出示本人的居民身份证或者其他有效证件，并如实填写申请登记表；在举行日期的5日前递交；申请书应当载明其目的、方式、标语、口号、人数、车辆数、使用音响设备的种类与数量、起止时间、地点（包括集会地和解散地）、路线和负责人的姓名、职业、住址。

下列活动无须申请：

（1）国家举行或者根据国家决定举行的庆祝、纪念等活动；

（2）国家机关、政党、社会团体、企业事业组织依照法律、组织章程举行的集会。

（二）集会、游行、示威的审批

1. 审核内容

负责人的证件是否齐全、真实，目的、方式、标语、口号、人数、车辆数、使用音响设备的种类与数量、起止时间、地点（包括集会地和解散地）、路线和负责人的姓名、职业、住址是否符合法律规定。

（1）对目的的审查。申请举行集会、游行、示威的目的是多种多样的，就其性质而言，大致可分为政治性的和经济性的。对于以政治性为目的的申请，应着重审查其是否符合“宪法所确定的基本原则”；对于以经济性为目的的申请，通常与有关部门和单位的某项决定或工作有关，如某个地区居民对征收方案不满等。主管机关对申请人的要求应在了解有关情况后，作出是否合理的判断。如确实是无理取闹的，应依法不许可其举行集会、游行、示威的申请。

（2）对标语、口号的审查。一是审查其是否违反宪法所确认的基本原则，是否反对其他法律、法规；二是审查其是否与所申请的集会、游行、示威的目的和宗旨相背离；三是审查其是否超出了该次集会、游行、示威所要解决的问题范围；四是审查其使用的语言、文字是否妥当、规范。如果申请者的标语、口号中有违反宪法和法律之处，有与其所申请的集会、游行、示威的宗旨不一致之处或超出了该次活动所要解决的问题范围和用语不当，主管机关应当对其进行批评教育，并要求其修改，同时应当说明在集会、游行、示威活动中出现的标语、口号不得与经批准的标语、口号有原则出入。

（3）对参加人数和车辆数的审查。参加集会、游行、示威的人数和车辆数反映该次活动的规模，而与该次活动的宗旨没有本质联系。参加人数和车辆数的多少对申请集会、游行、示威的地点、时间、路线是否合适有影响。主管机关主要审查参加人数和车辆数与地点、时间、路线是否适应，也包括对使用车辆是否符合交通法规规定的审查，以便对交通疏导、安全保卫工作作出安排。

2. 审核时限

主管机关应在举行日期的2日前，将许可或者不许可的决定书面通知其负责人；由负责人在通知书上签字；不许可的，说明理由；逾期不通知的，视为许可；有约定的送达时间和地点，按约定的办。主管公安机关在决定许可时，遇到下列情况，可以变更举行集会、游行、示威的时间、地点、路线：

（1）举行时间在交通高峰期，可能造成交通较长时间严重堵塞的；

（2）举行地或者行经路线正在施工，不能通行的；

（3）举行地为渡口，铁路道口或者是毗邻国（边）境的；

（4）在申请举行集会、游行、示威的同一地点、时间有重大国事活动的；

（5）在申请举行集会、游行、示威的同一时间、地点、路线已经许可他人举行集会、游行、示威；

（6）决定许可后，申请举行集会的地点、路段发生自然灾害事故，举行日前不能恢复正常秩序的，主管公安机关可以变更举行集会、游行、示威的时间、地点、路线，但是应当将集会游行示威事项变更决定书于申请举行之日前送达集会、游行、示威的负责人。

3. 不予许可的情形

（1）反对宪法所确定的基本原则的；

（2）危害国家统一、主权和领土完整的；

（3）煽动民族分裂的；

（4）有充分根据认定申请举行的集会、游行、示威将直接危害公共安全或者严重破坏社会秩序的。

四、集会、游行、示威安全保卫工作方案的制定

（一）明确指导思想

1. 从国家大局出发，维护社会安定和公共秩序。

2. 充分保障公民依法正确行使宪法赋予的集会、游行、示威的自由。

（二）加强信息情报建设

1. 信息情报涉及的范围。

2. 信息情报的来源渠道。

3. 信息情报的标准。

4. 收集信息情报的措施。

（三）制定预案

1. 预案的指导思想要明确。

2. 预案的主要事项要完备。

（四）维护现场秩序，确保重点要害安全

1. 依法保护合法的集会、游行、示威。

2. 依法制止非法举行的集会、游行、示威。

3. 确保重点要害安全。

五、集会、游行、示威的现场管理

1. 主管公安机关应当派出人民警察维持交通秩序和社会秩序，必要时可以临时变通执行交通规则的有关规定。

2. 人民警察现场负责人应当同集会、游行、示威负责人保持联系。

3. 遇到特殊情况，致使游行队伍不能按照许可的路线行进时，人民警察现场负责人有权临时决定改变游行队伍的行进路线。特殊情况指发生各种事故（交通、自然、治安灾害），游行队伍之间或游行队伍与围观群众之间发生严重冲突和混乱。

4. 主管公安机关临时设置的警戒线，应当有明显的标志，必要时还可以设置障碍物。

5. 集会、游行、示威的负责人必须维护集会、游行、示威的秩序，遇有其他人加入集会、游行、示威队伍的，应当进行劝阻，对不听劝阻的，应当立即报告现场警察，予以制止。集会、游行、示威的负责人应指定协助警察维持秩序的人员，所佩戴的标志应当在举行日前将式样报主管公安机关备案。

6. 对非法举行的集会、游行、示威或在合法举行的集会、游行、示威活动进行中出现危害公共安全或者严重破坏社会秩序情况的，人民警察有权立即予以制止，对不听制止，需要命令解散的，应当通过广播、喊话等明确方式告知在场人员在限定时间内按照指定通道离开现场，对在限定时间内拒不离去的，人民警察现场负责人有权依照国家有关规定，命令使用警械或者采用其他警用手段强行驱散；对继续滞留现场的人员，可以强行带离现场或者立即予以拘留。

六、法律责任

（一）行政责任

《集会游行示威法》第 28 条规定，举行集会、游行、示威，有违反治安管理行为的，依照《治安管理处罚法》有关规定予以处罚。

举行集会、游行、示威，有下列情形之一的，公安机关可以对其负责人和直接责任人员处以警告或者 15 日以下拘留：未依法申请或者申请未获许可的；未按照主管机关许可的目的、方式、标语、口号、起止时间、地点、路线进行，不听制止的。

《集会游行示威法》第33条规定，公民在本人居住地以外的城市发动、组织当地公民的集会、游行、示威的，公安机关有权予以拘留或者强行遣回原地。

《治安管理处罚法》第55条规定，煽动、策划非法集会、游行、示威，不听劝阻的，处10日以上15日以下拘留。

（二）刑事责任

《集会游行示威法》第29条第1款规定，举行集会、游行、示威，有犯罪行为的，依照刑法有关规定追究刑事责任。

《刑法》第296条（非法集会、游行、示威罪）规定，举行集会、游行、示威，未依照法律规定申请或者申请未获许可，或者未按照主管机关许可的起止时间、地点、路线进行，又拒不服从解散命令，严重破坏社会秩序的，对集会、游行、示威的负责人和直接责任人员，处5年以下有期徒刑、拘役、管制或者剥夺政治权利。

《刑法》第297条（非法携带武器、管制刀具、爆炸物参加集会、游行、示威罪）规定，违反法律规定，携带武器、管制刀具或者爆炸物参加集会、游行、示威的，处3年以下有期徒刑、拘役、管制或者剥夺政治权利。

《刑法》第298条（破坏集会、游行、示威罪）规定，扰乱、冲击或者以其他方法破坏依法举行的集会、游行、示威，造成公共秩序混乱的，处5年以下有期徒刑、拘役、管制或者剥夺政治权利。

（三）民事责任

根据《集会游行示威法》第32条的规定，在举行集会、游行、示威过程中，破坏公私财物或者侵害他人身体造成伤亡的，除依照刑法或者治安管理处罚法的有关规定可以予以处罚外，还应当依法承担赔偿责任。

典型案例剖析

2013年6月7日，福建省厦门市一公交车在行驶过程中突然起火，大火造成47人死亡、34人受伤。经公安机关认定，这是一起严重刑事案件，犯罪嫌疑人陈某某因自感生活不如意，悲观厌世，而泄愤纵火。陈某某被当场烧死。事件发生后，公安部高度重视，连夜部署各地公安机关迅速采取有效措施，积极会同有关部门，进一步加强安全隐患排查整治。

近年来发生的几起公交车爆炸案带给我们的惨痛教训十分深刻，除犯罪分子的罪恶行为不可饶恕，应当受到刑罚制裁外，还有一些诸如群众安全防范意识弱、公交车安全管理制度落实不到位、政府公共交通投入不足、司售人员应急能力亟待提高等因素不容忽视。公安机关以及相关部门及时、稳妥地处理各类矛盾纠纷，积极化解各类社会矛盾，避免社会矛盾的激化，才能有效防止再次出现类似案件。

第四章

特种行业管理

第一节　特种行业管理概述

一、特种行业的概念

行业是一种社会分工和职业划分。人们有从事行业和职业的自由，这在各国的根本法中都有规定和体现。但实际上，对于可从事行业或职业的种类、主体、处所、方法等，依公共利益的要求，各国都会在法律上予以限制。比如，规定某种人不得从事某种行业，某种行业在某个国家被绝对禁止等。因此，就有绝对禁止的行业、特许的行业、核准的行业等。特种行业就是一种特许的行业。

本书所指的特种行业，是指工商服务业中，经营的业务容易被违法犯罪分子利用进行违法犯罪活动，经国家法律、法规规定，由公安机关对其实施特殊治安管理的行业。特种行业有时简称“特行”或“特业”。总体来讲，特种行业属于工商、服务业的范畴，并随着经济和社会的发展而变化，是违法犯罪极易涉足的领域，不法分子千方百计地利用这些行业落脚藏身或进行销赃、窝赃和伪造证件、公文、印章等违法犯罪活动。国外政府对类似的行业都有一系列的管理控制措施，以维护社会治安。例如，澳大利亚一些州的法律规定，旧货商店和典当行必须每天将收购、典当的物品信息通过电脑传送到警察局，对承接的物品要按照警察局的要求比对查找被盗物品，发现有赃物嫌疑的物品必须向警察局报告，否则将受到处罚，情节严重的，将被取消经营资格。

特种行业有以下四个构成要件：

（一）特种行业是工商服务业的部分行业

工商服务业为国计民生所必需，是社会发展和经济建设不可缺少的行业。特种行业仅仅是工商服务业中的一小部分，不是所有的工商服务业都是特种行业，尽管有些行业同样会不可避免地被违法犯罪分子利用进行违法犯罪活动。

（二）特种行业是易被违法犯罪分子利用进行违法犯罪活动的行业

特种行业在客观上具有容易被违法犯罪分子利用的条件。例如，有些旅馆、旅店，特别是一些私人开设的旅店为了片面追求经济效益，只收费不登记，从而为违法犯罪分子落脚藏身提供了便利的条件。特别是有些业主为了获取暴利，不择手段，以色情服务招揽顾客，甚至容留、组织卖淫嫖娼活动，从而使这些行业、场所成为卖淫嫖娼、色情活动的“温床”。于是违法犯罪分子便把这些场所作为藏身落脚，进行违法犯罪活动的“安全岛”。特种行业经营的业务容易被利用进行违法犯罪活动，是法律禁止一般不符合许可条件的人从事这些行业的实质原因。正是为了维护社会秩序、公共利益的需要，国家规定禁止一般人从事某些特种行业的经营，只有具备一定条件和资格，经公安机关审查批准才能解除这种禁止，从事这些行业。经营的业务容易被利用进行违法犯罪活动，也是公安机关对这些行业实行特殊治安管理的实质原因。应该说，所有的行业都有被违法犯罪分子利用的可能性，但不是所有的行业都是特种行业，须贯彻需要与可能的原则，突出重点，以点带面，将确需实施特殊治安管理的行业纳入特种行业范围。

（三）特种行业的管理范围由国家法律、法规明确规定

某些行业虽具有易被违法犯罪分子利用的特性，但法律、法规没有把其纳入特种行业范围，就不是特种行业。因此，特种行业具有法定性，特种行业的确定，必须由国家和地方政府根据当时当地的治安形势，通过法律、法规加以明确。一种行业是否属于特种行业必须由法律、法规界定，具体地说，特种行业必须是由中央或地方人民政府根据当时当地治安形势需要，出于维护社会秩序和规范经营、保障社会成员合法权益的目的，制定治安法律、法规，授权公安机关列入特定范围，实行特殊治安管理的行业。它是以国家相关部门针对违法犯罪活动的规律和特点，根据不同历史时期社会治安形势的发展实际，将需要列入特种行业进行治安管理的行业以法律、法规的形式加以确认为前提的。这种管理既不是对企业的直接经营管理，也不是有隶属关系的行政管理，而是特指公安机关的治安管理。现阶段，我国对特种行业治安管理的立法主要有两种形式：一是国务院制定的行政法规以及公安部制定的行政规章；二是省、自治区、直辖市制定的地方性法规和规章。法律、法规没有明确规定的，不能列入特种行业的范围。

（四）特种行业是由公安机关实行特殊治安管理的行业

纳入公安机关治安管理的行业较多，但是特种行业内实行的是特殊治安管

理。公安机关对特种行业的治安管理，既不是追求利润的业务经营管理，也不是其行业主管部门的一般行政管理，而是公安机关治安管理部门依照国家法律、法规对其进行的公开的治安管理。特殊治安管理的特殊性，主要表现为公安机关对特种行业实行特种行业许可证制度、登记验证制度、安全培训制度、监督检查制度、年度审核制度等。特种行业治安管理是公安机关治安管理工作的重要组成部分，加强对特种行业的治安管理是公安机关治安管理部门的重要职责。对特种行业的治安管理带有特殊性，公安机关应根据特种行业自身的特点，通过建立健全各种公开的管理制度和落实管理措施，把治安管理渗透到行业经营的各个环节、各个方面。

二、特种行业管理的历史沿革

我国对特殊行业实施特殊管理的做法，有较长的发展历史。早在秦汉时期，国家对旅馆业的治安管理便开始了。据考证，明确记载旅馆业治安管理的要数司马迁的《史记·商君列传》，文中记载："商君亡至关下，欲舍客舍。客人不知其是商君也，曰：'商君之法，舍人无验者坐之'。"这里的商君，就是辅佐秦孝公变法的商鞅。验，证也，无证就要坐罪。这段记载说的就是商鞅变法失败之后逃亡到国境关卡，天晚打算住客店，但店主人不知他就是颁布法律的商鞅，告诉商鞅："根据商君的法律，留宿无证件的旅客，店主将与旅客一同治罪，因此我不能留你住宿。"店主如此严格查验住宿人的证件，充分说明了旅馆业住店验证登记在当时已经制度化并被广泛执行。在我国随后的社会发展历史中，统治阶级为了维护其统治秩序，总是把一些易被不法分子用于违法犯罪的行业特列出来，进行特殊的治安管理。对这些特列行业的称谓及其所包含的具体行业范围，不同时期、不同地域也各不相同。

新中国成立以后，"特种行业"作为一正式概念，出现在社会治安管理领域中，是公安机关内部对需要进行特殊管理的行业的称谓，特种行业治安管理的概念也随之出现。1985 年公安部《关于改革和加强特种行业管理工作的通知》规定，"特种行业的名称只在内部使用"。直至 1995 年《人民警察法》颁布实施，"特种行业"作为一个公安业务专用术语在法律上被明确。《人民警察法》第二章第 6 条关于人民警察的职权第 6 项明确规定，公安机关人民警察依法"对法律、法规规定的特种行业进行管理"。自此，"特种行业"不再是一个仅限于公安机关内部使用的称谓，而是成为一个可以公开使用的治安管理专业术语。我国特种行业的发展历史大致有以下三个阶段：

1. 20 世纪 50 年代至 70 年代

我国这一时期的特种行业表现为数量少、经营性质单一、政策性限制较多、经营范围较窄、在人们的生活中无足轻重的特征。新中国成立初期，我国经济十分薄弱，国内外斗争形势严峻，反革命残余势力和敌对势力还比较强，各种违法犯罪活动比较多，国内外敌人勾结频繁。鉴于此，国家按照“原封不动，整套接收”的原则，将旧警察机关的特种营业接收过来并对其逐步改造，开始形成新中国的特种行业管理制度。当时，无线电器材、旅店业、印铸刻字业、公共娱乐场所被作为特种行业管理。1951 年 8 月，经中央人民政府政务院政治法律委员会批准，公安部发布了《城市旅栈业暂行管理规则》《印铸刻字业暂行管理规则》《无线电器材管理暂行条例》《公共娱乐场所暂行管理规则》。1956 年我国完成对私营工商业的社会主义改造，原来列为特种行业管理的行业都已成为国有企业、公私合营企业和合作社企业。有的旅馆成了机关、事业单位的招待所，不再对外经营；旧货业改成调剂业，不再以营利为目的；许多游艺场所、影剧院改成了文化馆、俱乐部，成批的娱乐场所、服务单位关闭转业。因此，许多行业已不宜再列为特种行业管理。1958 年经国务院批准，公安部停止执行《无线电器材管理条例》《公共娱乐场所暂行管理规则》，无线电器材、公共娱乐场所等不再列为特种行业管理。20 世纪 60 年代初，为了适应经济发展和社会治安的需要，公安机关将废旧物资收购业和修理业纳入特种行业管理。1979 年 6 月，国家工商行政管理总局和公安部等七部局联合下发文件，规定特种行业范围是：旅馆业、旧货业（旧货店、古玩店、寄售行、废品收购站等）、印铸刻字业和修理业。

2. 20 世纪 80 年代初至 90 年代初

这段时期，作为第三产业组成部分的特种行业发展迅速，并渐渐引起社会有关方面的关注，特别是引起政府部门的高度重视，其管理范围不断被及时调整。1985 年 3 月，公安部下发了《关于改革和加强特种行业管理工作的通知》，规定特种行业范围是旅馆业、印铸刻字业、信托寄卖业和生产性废旧金属收购业，修理业和生活性废旧物品收购业不作为特种行业管理。20 世纪 80 年代，根据客观形势的发展变化，公安机关通过立法和下发文件形式先后恢复印刷业为特种行业，将典当、拍卖行业纳入特种行业管理。20 世纪 90 年代，又将生活性废旧金属收购、旧货流通、报废汽车回收（拆解）业纳入特种行业管理。

3. 1992 年至今

1992 年 6 月，中共中央、国务院下发《关于加快发展第三产业的决定》后，第三产业发展迅猛。旅馆业、印刷业、废旧金属收购业等特种行业成为我国市场经济发展的重要增长点。特种行业在数量上呈现迅速增长趋势，并且发生了一系列的显著变化。20 世纪 90 年代颁布了《废旧金属收购业治安管理办法》《典当业治安管理办法》《拍卖法》《机动车修理业、报废机动车回收业治安管理办法》

等文件，全国性特种行业管理的范围又新增了生活性废旧金属收购业、典当业、拍卖业、机动车修理回收业以及旧货流通业。2002 年，为了适应加入世界贸易组织的要求，建立高效、公正、廉洁的政府，国务院下发了《关于取消第一批行政审批项目的决定》，取消了设立印刷企业、生产性废旧金属收购企业、报废汽车回收（拆解）企业、旧货企业和旧货市场及个体工商户经营旧货业务的特种行业许可审批制度。2004 年 6 月 29 日，国务院第 412 号令公布了《国务院对确需保留的行政审批项目设定行政许可的决定》（自 2004 年 7 月 1 日起施行），保留了公安机关对旅馆业、典当业、公章刻制业、保安培训机构的特种行业许可审批制度。

三、特种行业管理的范围、特点和任务

特种行业管理是公安机关为了维护社会治安秩序，保障公共安全，依据治安行政管理的法律、法规，将社会服务业中某些与社会治安密切相关的行业列为特殊行业，实施许可审批、监督、监管等特殊治安管理的总称，是我国公安机关对社会实施治安行政管理的重要环节，是公安机关预防、控制违法犯罪活动的重要手段。随着改革开放的深入进行和社会主义市场经济的建立与完善，特种行业管理工作已日臻规范，逐步形成了与当前实践相适应的管理机制，确保了特种行业管理工作的文明、公正、高效，有效地维护了社会主义社会经济秩序和治安秩序。

（一）特种行业管理的范围

任何社会都需要一个稳定的社会环境。将何种行业纳入特种行业，根本依据是其经营业务是否确属容易被违法犯罪分子利用进行违法犯罪活动，其根本原则是抓住重点、需要与可能相结合。

世界上许多国家都规定有“特种行业”或“特种营业”，但因社会制度以及具体国情的差异，其包含的范围与我国的特种行业有一定区别。一般来说，国（境）外的特种行业是指风俗业、赌博业、娼妓业、照相业、汽车旅馆业、旧车买卖与拆装业、舞场、酒馆、咖啡馆、浴室等。如法国的特种行业是指酒吧业、表演业、影院业、照相业、旧车买卖及拆装业等，日本的特种行业包括舞场、酒馆、咖啡馆、台球场、麻将铺、汽车旅馆、按摩室等，韩国将电影业、演出业、期刊业、有线广播、社会团体五种行业作为特种行业进行管理。我国台湾地区“特定目的的事业管理条例”规定将舞厅、酒家、酒吧、特种咖啡室、舞场、浴室业、视听歌唱业、理发业、电动玩具业九大行业纳入“特定目的的事业”。不同性质的社会对特种行业管理范围的设定也不同。如清末、北洋军阀和国民党统治时期，把与毒品业、赌博业、娼妓业联系密切的烟馆、赌场、妓院等纳入特种

行业。新中国将上述行业规定为绝对禁止的行业。

特种行业治安管理的范围不是恒定静止的，而是处于一种动态的变化之中，由国家根据不同历史时期的政治、经济状况和各个时期社会治安形势的需要以法律、法规的形式加以规定。同时，在公安机关不断实践、深化认识的基础上，随着管理客体和客观形势的发展变化而不断变化，但在一定时期内却又呈现比较稳定的状态。目前，全国性的特种行业治安管理专门法律规范尚未出台，特种行业治安管理范围呈全国性和地区性共存的特点，这与我国各地政治、经济和治安形势的具体状况密切相关。

1. 全国性的特种行业治安管理范围

2002 年 11 月，国务院行政审批制度改革后，只有旅馆业、公章刻制业和典当业、保安培训机构仍须公安机关核准领取特种行业许可证，其余特种行业无须公安机关核准，在领取营业执照后，到公安机关登记备案即可。

旅馆业，包括旅馆、饭店、宾馆、招待所、客货栈、车马店、浴池、茶社、住宿站、度假村（区）等，为旅客提供住宿条件和服务项目的行业。

印章业，包括刻字厂、刻字社、刻字店、流动刻字摊等使用机械或手工工艺刻制公章、印章、戳记、钢印和个人名章的行业。

典当业，即向抵押物品的人提供资金的行业。

保安培训机构，即对正在从事或者准备从事保安服务职业的人员进行保安法律、安全防范等知识、技能培训的组织。

2. 地方性特种行业治安管理的范围

因我国地域广阔，各地拥有地方立法权，各省市纳入特种行业进行特别治安管理的行业种类和范围是不同的。根据《人民警察法》第 6 条有关特种行业由“法律、法规规定”的精神，各地根据本地经济发展和社会治安管理的需要，可以将容易被违法犯罪分子利用的工商服务行业，通过地方性立法和颁布规章形式纳入特种行业治安管理范围，主要包括开锁业、洗浴按摩业、出租汽车业等。

（二）特种行业管理的特点

特种行业作为工商服务业的重要组成部分，具有一般工商服务业的共同特点：以发展生产、方便群众、提高效益、搞活经济和适应市场需求，取得良好的经济效益为目的。此外，特种行业还有自身独特的特点，主要表现在：

1. 特种行业潜藏着大量的不安全因素，易诱发治安问题

特种行业中往来人员多，成分复杂，来自社会各个阶层、行业。他们携带各种物品，如大额现金、贵重物品、枪支弹药、危险物品和其他违禁品进入行业内部，同时特种行业自身也存在一些管理上的漏洞，在经营中存在诸多潜在的不安

全因素，这些不安全因素一旦被诱发，就会导致治安事件、治安灾害事故的发生，如火灾、爆炸、人员挤压伤亡事故等，造成人民生命财产的巨大损失。此外，一些犯罪分子也利用特种行业进行破坏活动，制造各种事件、事故，引起人们的恐慌和社会的混乱，危害公共秩序和社会稳定。

2. 特种行业容易被不法分子利用，危害社会治安

特种行业在治安管理中具有特殊的地位和作用，其经营的业务具有易于被违法犯罪分子利用的特点，主要表现在：第一，特种行业经营的业务内容和性质易于被利用进行违法犯罪活动。如旅馆业易被犯罪分子用于藏身落脚，进行窝藏赃物、盗窃、诈骗、走私、贩毒、赌博、卖淫嫖娼等违法犯罪活动；印章业中，不法分子非法刻制印章，伪造图章、印信，实施诈骗活动时有发生；旧货业常被不法分子利用进行销赃、匿赃，有的成为公开的地下交易场所。存在于特种行业中的违法犯罪活动严重影响了经济的发展，同时也对社会主义精神文明建设造成极坏的影响。第二，特种行业经营的业务涉及的社会领域非常广泛，在客观上易于诱发经营者或从业人员从事违法犯罪活动。如有些印章业的经营者为他人刻制或伪造图章、印信，为非法诈骗提供便利。特种行业的从业人员接触社会人员较为复杂，易受不法分子的腐蚀和诱惑，如果不能坚持原则，很容易被犯罪分子拉拢，与其内外勾结，同流合污，实施违法犯罪行为。

3. 特种行业经营情况复杂，对治安监督管理要求高

特种行业的经营情况复杂主要表现在以下几个方面：第一，特种行业的经营体制复杂，有国有、集体、私营、中外合资、中外合作、外商独资等；第二，特种行业经营的内容多种多样，有旅馆业、印章业、典当业、保安服务培训机构等，有的地方还出台了地方性法规，将洗浴按摩业、汽车租赁业等纳入特种行业的范围；第三，特种行业的经营单位广泛，涉及机关、团体、学校、部队、企业、事业等单位；第四，特种行业的经营形式多样，既有联营、专营、兼营的，又有常年经营和季节性经营的，并逐步向多层次、多功能的综合性方向发展；第五，特种行业的服务对象分散，来自社会的各个方面，人员鱼龙混杂。这种经营的复杂性加大了公安机关和其他行业主管部门监督管理的难度。

（三）特种行业管理的任务

公安机关对特种行业实行治安管理，主要是依据国家法律、法规和规章对特种行业进行治安监督检查和治安业务指导。特种行业管理的基本任务是：依据国家的法律规范，依靠特种行业从业人员，严格行业治安秩序管理，保障公共安全，为社会主义经济建设服务。其主要任务可分为以下几个方面：

1. 预防、发现和控制违法犯罪活动

特种行业的业务特性决定了其易被不法分子利用从而进行违法犯罪活动，治

安管理的首要任务就是预防、发现和控制违法犯罪活动。对特种行业的治安管理应充分发动和依靠特种行业从业人员和行业服务对象，通过贯彻执行各项安全管理制度，加强安全防范措施，减少可供违法犯罪人员利用的条件，并通过日常服务和经营管理，发现利用特种行业进行违法犯罪活动的不法分子和可疑人员。为此，要增强从业人员的法律意识和安全意识，提高同违法犯罪分子作斗争的能力，以落实各项安全防范措施，预防、控制和打击各种违法犯罪活动，维护行业内部的正常秩序。

2. 预防和查处治安灾害事故

治安灾害事故造成的经济损失和人员伤亡往往较为严重，是社会主义现代化建设和人民群众生命财产安全的大敌。由于特种行业服务对象的构成复杂、流动频繁，加之行业本身可能存在房屋危险、通道阻塞、电器设备陈旧、消防器材短缺、明火管理不严或带入易燃易爆危险品等问题，在一定条件下就会引起爆炸、火灾和中毒等治安灾害事故。因此，对特种行业进行治安管理必须从行业和行业服务对象的安全出发，建立健全各项规章制度，落实安全措施，严密安全防范工作，防止治安灾害事故的发生。对发生的重大治安灾害事故，要认真查明原因，严肃查处，严重的追究本行业有关领导人和当事人的刑事责任。对违反安全规定屡教不改者，要按照《治安管理处罚法》的有关规定进行处罚，对蓄意制造事故的犯罪分子，要会同有关部门查明原因，取得证据，严厉打击。

3. 保障合法经营活动

治安管理部门应当把维护特种行业内部治安秩序，保障特种行业及其服务对象的正当活动和合法权益，发展经济、便利群众，放在工作的首要位置。在治安管理过程中，运用法律、行政、教育、公安专业等手段，对特种行业从业人员及其服务对象的行为加以规范和引导，在特种行业内部建立一种安全有序的正常秩序状态。一方面，通过贯彻执行有关法律规范建立健全各项管理制度，规范特种行业及其服务对象的行为，对行业内从事的非法活动必须一律取缔，打击违法经营，防止形成有失公平的恶性市场竞争环境，扰乱特种行业正常的经营秩序；另一方面，要依法保护特种行业的合法经营和行业服务对象的正当活动。

4. 收集治安信息

特种行业的服务对象广泛，有条件地收集和掌握大量社会成员的活动状态等主要的信息，例如，通过旅客登记工作，既可以掌握流动人口的流量流向、职业构成情况，分析社会动态；也可以为查证控制违法犯罪人员，缉捕犯罪嫌疑人提供信息和依据。因此，特种行业治安管理必须注重收集、分析有关社会动态的信息资料，以信息引导警务，及时为党和政府的决策提供依据。

四、特种行业管理的制度与方法

（一）特种行业管理的制度

1. 开业审批、登记备案制度

特种行业的企业和个体工商户开业时，要向公安机关登记备案，需要治安许可的行业，在开业前要向公安机关申请审批。当前，只有旅馆业、公章刻制业、典当业需要公安机关特别治安许可才能开业经营。特种行业在领取工商营业执照以后或在经营过程中发生关闭、歇业、合并、迁移、改变名称、变更法定代表人时，应当在法定期限内向原发证的公安机关申请办理注销、变更手续或者向原备案的公安机关办理注销、变更的备案手续，并向工商行政管理部门办理注销、变更登记。

2. 登记验证制度

凡是特种行业都必须实行和适用登记验证制度，即对特种行业经营中涉及流通的人与物进行详细记录。登记验证，可以使不法分子不敢轻易涉足，具有强大的威慑力，而对守法公民又是一种保护。这项制度是发现违法犯罪活动，识别违法犯罪人员的重要手段，是特种行业管理的基本制度。通过登记验证，可以有效地加强阵地控制，预防、制止和惩治违法犯罪活动，可以帮助公安机关核查各种被通缉、通报的人员。例如旅馆业单位需要对旅客及其来访者进行身份登记。

3. 情况报告制度

特种行业的业主和从业人员，不得危害公共安全、从事违法犯罪活动，必须时刻警惕，注意在日常工作中发现不法分子及其违法犯罪活动，并及时向公安机关报告，不得知情不报或隐瞒包庇。这是特种行业经营者必须承担的治安责任和义务。法律、法规赋予当事人经营特种行业权利的同时，也赋予了他们必须承担的治安责任和义务。如当事人不愿意承担治安责任和义务，或进行违法犯罪活动，公安机关依法有权拒绝发给、扣留、吊销特种行业许可证。特种行业从业人员发现违法犯罪分子、公安机关通缉通报协查的人员、违法犯罪嫌疑人员、赃物或有赃物嫌疑的物品等，应当立即向公安机关报告，不得隐瞒包庇。情况报告必须迅速、及时，严格保密，内紧外松。

4. 协查制度

公安机关治安管理部门要经常到特种行业进行临检，特种行业工作人员和有关人员应当予以协助，不得无故拒绝。对公安机关发给的协查通报，如电传、通缉令等要指定专人管理，积极协查。公安人员到特种行业执行公务时，应当出示证件，严格依法办事，文明礼貌待人，维护特种行业的正常经营和个人的合法权益。

5. 培训制度

特种行业的从业人员应当接受公安机关的治安业务培训，培训合格后方准上岗。特种行业的经营方式多样，经营内容丰富，服务对象复杂，从业人员接触社会阴暗面较多，容易受到不法分子的利诱，利用工作便利为犯罪分子提供方便，甚至与犯罪分子相互勾结共同犯罪。与其他行业相比，特种行业的从业人员必须有较高的政治素质和业务素质，具有较高的警惕性和治安防范意识，因为他们最容易发现利用行业特点进行的违法犯罪活动。因此，公安机关应根据各行业的治安特点，对于特种行业的从业人员要加强管理，有针对性地进行治安防范意识及识别违法犯罪基本技能的训练，提高从业人员预防、控制违法犯罪活动的能力。

6. 年度审验制度

公安机关对特种行业除了要进行日常临检外，年度还要进行审验。年度审验，主要是要审核包括特种行业许可证及有关手续、安全设施和管理制度、从业人员素质、治保联防、治安秘密力量建设、发破案件、线索提供及抓获违法犯罪人员等情况。根据安全检查、年度审验的结果，对特种行业各单位进行治安绩效评比，实行等级挂牌经营。对审验不合格的，公安机关要依法采取限期整改、停业整顿、吊销许可证等措施。

（二）特种行业管理的方法

公安机关对特种行业的管理，主要是根据其经营特点和规律，研究对人、地、物、事、时的管理控制，以保障安全，保护行业的合法经营；按照国家有关法律、法规的规定，依法对特种行业进行检查、监督和指导，查处违法犯罪活动，预防治安灾害事故的发生。

1. 严格行政审批与登记备案制度

对于需要由公安机关审批许可的行业，包括旅馆业、典当业和公章刻制业，公安机关应当严格依据审批条件进行审批，只有经公安机关批准后，才能到工商行政管理部门申请领取营业执照。对于不需要经过公安机关审批的特种行业，包括印刷业、印章业（其中不包括公章刻制业）、废旧金属收购业、报废机动车回收业、信托寄卖业和旧货流通行业等，也必须在到工商行政管理部门申请领取营业执照后，依法将行业所在位置、经营者的基本情况、经营范围、安全状态等主要情况向当地公安机关登记备案。公安机关应及时将法律、法规以及对特种行业的软件、硬件及其他标准的要求发布在当地刊物及其他媒体上，使经营者能及时了解特种行业开业时应具备的安全防范条件和违反规定时将承担的法律责任。

2. 统一领导，分级管理，重点检查

统一领导，是指特种行业的治安管理工作，均需接受公安机关治安管理部门的统一管理。分级管理，是指在具体的特种行业管理工作中，可以根据特种行业企业的经营规模、经营性质、社会影响等，将特种行业企业分为大、中、小三个类型，分别由不同级别的公安机关为主进行管理。重点检查，是指公安机关在特种行业的治安管理活动中，不要均衡使用警力，而应当突出管理重点。

3. 加强现代科技手段的运用

随着科学技术的发展，人类文明的不断进步，人们在特种行业管理中越来越多地采用先进的科学技术设备，实现特种行业安全管理工作的现代化。目前，特种行业治安管理中已建立、推广了旅馆业、印章业、机动车修理业、报废汽车回收拆解业、印刷业治安管理信息系统，逐步加强现代科技手段的运用，大大提高了安全防范水平和管理效率，实现了人防、物防、技防的有利结合和对特种行业的实时监控、动态管理，充分发挥现代科技手段在特种行业治安管理中的预防、发现和控制违法犯罪活动的作用。

4. 加强对特种行业从业人员的培训教育

因为特种行业点多、面广、线长，在公安机关现有的警力状况下，不能单靠公安机关一家来进行管理，而应当坚持“谁主管，谁负责”的原则，充分发挥特种行业从业人员维护行业治安秩序的积极性。因此，有必要加强对特种行业从业人员的培训教育，提高其安全防范意识及对违法犯罪行为的防控能力。可以采取开业前的集中培训、开业后的分期分批培训及重点检查、整顿等多种形式，有针对性地向从业人员开展相关法律常识、当前违法犯罪人员在特种行业活动中的规律特点与识别预防的基本方法、控制违法犯罪嫌疑人的基本方法等内容的教育。以旅馆业为例，公安机关针对当前违法犯罪人员使用假证较多且制假水平提高的情况，采取集中讲解核查要点、现场操作演示、剖析典型案例、实地模拟考核等办法，对旅馆业核查员进行业务培训，将人员培训与身份证鉴伪仪相结合，通过人防和技防的有机结合，控制行业的违法犯罪活动。

5. 强化检查督促环节

公安机关作为治安业务工作的主管部门，应该检查督促特种行业单位的治安防范和安全管理工作。结合各行业的实际状况和特点，帮助行业单位建立一套必要的、行之有效的安全管理制度和安全责任制度。通过制定检查工作的标准及规范，明确派出所对辖区内特种行业日常检查的责任，通过建立行业业主和从业人员档案等方式，将安全管理工作落实到人，维护行业的治安秩序，保障正常经营、合法经营。对在检查过程中发现的治安问题和隐患，要及时依法予以处理。对特种行业经常发生治安问题或出现了较严重治安问题的，公安机关要及时采取限期整改、停业整顿的措施，甚至吊销公安机关发放的特种行业许可证或者建议工商行政管理部门吊销其发放的营业执照。适时开展专项斗争和专项整治行动，加大对特种行业违法犯罪活动的查处力度，保障特种行业健康有序地发展，以充分实现特种行业管理中“打击非法，保护合法”的功能。

第二节　旅馆业治安管理

一、旅馆业管理概述

（一）旅馆业的概念

旅馆业，是指接待旅客住宿，为旅客提供住宿条件或同时提供饮食、文化娱乐、商务洽谈等其他服务项目的行业。旅馆业包括旅店、宾馆、饭店、酒店、招待所、客货栈、住宿店、浴池、度假村、旅游村、商务会馆以及新兴的家庭旅馆、汽车旅馆、日租房、公寓式酒店等。随着改革开放深入推进，流动人口的增多和经济的繁荣，极大地促进了旅馆业的发展。旅馆的大量出现，方便了群众，但随之而来的是盗窃、诈骗、赌博、卖淫嫖娼、走私、贩毒、吸毒等违法犯罪活动在旅馆内的大量发生，造成旅馆秩序混乱，难以管理。为此，公安机关把旅馆业列入特种行业实行特殊管理，其设立和经营活动必须遵守《旅馆业治安管理办法》和其他相关规定。

（二）旅馆业的分类

1. 国内传统的分类

根据旅馆的设施、客房数、服务、管理、消费等诸要素的不同，国内通常将旅馆分为高档、中档、小型低档、简易四个档次。

（1）高档旅馆。一般设施先进，陈设豪华，服务水平和管理水平高，床位较多。除提供住宿外，还有餐饮、娱乐、健身、洗浴、票务、商务、会务等服务。这类旅馆大多为涉外旅游饭店，包括旅游宾馆、饭店、酒店和度假村等。目前，全国这类旅馆有数万家。

（2）中档旅馆。这类旅馆通常以接待国内宾客为主。其功能除住宿外，饮食服务大多齐全，但娱乐、健身、洗浴、商务、会务等服务难以与高档的涉外饭店相比。其设施也较为先进齐全、管理水平较高。中档旅馆在我国城镇地区分布广泛，是我国旅馆业的主体。因其收费适中，较适应国内旅客的需求。

（3）小型低档旅馆。这类旅馆大多只提供住宿，有的依托机关、团体、企事业单位提供饮食、洗浴服务，设施不全，设备一般，经营管理水平一般，收费低廉。其数量有增加的趋势，功能也在逐步齐全，以适应不同层次消费者的需求。

（4）简易旅馆。这类旅馆大多由私人民宅、简易房屋改造，不少是利用人防工程、临时空房或挤占余房改建而成，有的是客货栈、车马店、浴室兼营。其设备简陋，收费很低，通常只提供住宿。这类旅馆主要租给外地民工和小商贩，很多是无照经营，因此隐患大，治安问题多。

2. 国际上对酒店等级的划分

国际上通常用星级划分法对酒店等级进行划分，一般分为一星级、二星级、三星级、四星级、五星级五个等级，以五星级为最高等级，个别国家或地区有超五星级或六星级的划分。星级酒店的划分主要从清洁程度、维修保养情况、室内装饰、设施、服务质量等方面进行评定。

（1）一星级酒店。一星级酒店要求清洁、舒适、价格合理。酒店应提供最有效的服务。不一定24小时有总台和电话服务，可以设有餐厅，家具不必豪华，但客房卫生、酒店保养、服务礼仪和保安服务必须良好。

（2）二星级酒店。在一星级酒店的基础上，还应具备：质量较高的家具，宽敞的卧室、餐厅，所有房间有电视、直拨电话或24小时服务的接线电话，有客房送餐服务和游泳池。

（3）三星级酒店。在二星级酒店的基础上，还应具备：提供尽可能多的设施及服务，如娱乐、票务、商务、会务等；酒店设施突出，如观光电梯等；为旅客提供十分舒适、愉快的旅居服务。

（4）四星级酒店。在三星级酒店的基础上，还应具备：有高质量的家具，服务齐全周到，全体员工须经过良好的培训，能礼貌、主动地帮助客人解决困难。

（5）五星级酒店。在四星级酒店的基础上，还应具备：服务质量全国一流，必须有高级餐厅，必须提供一日两次以上的客房服务，大方美观，有精美装饰品，如古董等，力争使每位顾客享受到贵宾的待遇。

（三）旅馆业的治安特点

1. 易于被违法犯罪分子利用作为藏身落脚之处

旅馆是社会开放性与相对封闭性并存的公共场所，各种身份的人都可能以各种目的进住旅馆，人员流动频繁，结构复杂，极容易混杂各种违法犯罪人员，特别是通缉在逃人员、流窜作案人员，他们利用旅馆管理不严的有利条件，用钱收买旅馆服务人员，或者利用伪造或偷窃的身份证蒙骗旅馆登记人员住进旅馆，这就使得旅馆可能成为违法犯罪分子落脚藏身，进行不法活动的庇护所。此外，一些敌对势力、敌对分子还经常利用旅馆作为窝点进行各种危害国家安全的活动。

2. 容易发生各种违法犯罪活动

随着改革开放的深入和交通的便利，旅游行业迅速发展，旅客流量大增，旅馆业得到了迅速发展，在数量、档次、功能各方面都有巨大变化，随之也带来了突出的治安问题。由于携带大量现金和贵重物品的旅客越来越多，尤其境外来华经商和观光的人员日益增多，受经济利益驱使，不法分子利用旅馆的便利条件进行违法犯罪活动。有些旅馆的从业人员片面追求经营的经济效益，而姑息、包庇身边的不法行为，甚至为之提供方便，或者直接参与、从事违法犯罪活动。常见的有以敲诈、盗窃等方式侵害旅客财物，侵犯旅客人身权利，参与或组织聚众赌博，贩卖、传播淫秽物品，贩卖、吸食毒品，从事色情陪侍或卖淫嫖娼等活动。

3. 容易发生治安灾害事故

由于旅馆中人、财、物相对集中，不少旅馆违反规定盲目装修或使用易燃物品装修。同时，住店人员文化、道德、法制观念等各方面水平参差不齐，或有旅客违章将易燃、易爆、剧毒、腐蚀等危险物品带进旅店，稍有不慎，极易发生火灾、爆炸、中毒等治安灾害事故。

（四）旅馆业的常见治安问题

1. 违反开业审批制度，擅自开设、改建旅馆

主要表现为不经公安机关和工商行政部门审查批准，擅自开业；不申请消防监督检查，或敷衍、搪塞公安机关的监督检查，强行违章改建、装修，随意改变旅馆结构和布局，扩大营业面积；不经公安机关备案，随意改变旅馆的经营范围、经营项目或擅自歇业、转业、合并或自行迁移企业地址、改换企业名称、更换法人代表等。

2. 不能严格执行旅馆安全管理制度，治安漏洞增多

主要表现为不认真执行登记验证制度、门卫守护制度、财物保管制度和客房安全制度等，在安全管理上存在各种漏洞。有些旅馆客房不仅成为藏污纳垢的场所，而且容易发生盗窃、抢劫等严重危害旅客生命、财产安全的恶性案件；有些旅馆仍然存在挤占、堵塞消防通道、通风孔道，加房、加床，甚至允许旅客将携带的各种危险物品在旅馆里随意存放等问题，不仅造成了公私财物丢失、损毁，更加大了旅馆火灾、房屋坍塌等治安灾害事故的隐患。

3. 忽视对从业人员的教育培训，旅馆经营者和职工的整体素质有待加强

由于旅馆从业人员的流动性较大，对旅馆从业人员的培训教育工作相对困难。旅馆经营者和从业人员的法律观念、法律知识水平和治安保卫技能还不能满足旅馆安全管理工作的需求，以至于部分旅馆经营者和从业人员不断出现违法犯罪问题。

二、旅馆业治安管理制度

（一）开业审批制度

根据1987年公安部发布的《旅馆业治安管理办法》和1997年公安部发布的《关于加强旅馆业治安管理工作的通知》，凡申请开办旅馆的，应经上级主管部门审查批准，经当地公安机关签署意见，发给《特种行业许可证》，然后到工商行政管理部门注册登记，领取营业执照，另外，还须到税务部门进行税务登记。经批准开业的旅馆，如有停业、歇业、转业、合并、迁移、改变名称或变更登记项目、名称等情况，应当在工商行政管理部门办理变更、注销手续后3日内，向当地公安机关备案。

公安机关对旅馆业的设立应严格审核，符合条件的，才能发给《特种行业许可证》。对旅馆内开设舞厅、音乐茶座等娱乐、服务场所的，公安机关应按照2006年3月1日施行的《娱乐场所管理条例》依法进行治安管理。通常情况下，公安机关对旅馆业的申请应重点审核以下材料：主管部门或相当主管部门的意见；房屋建筑鉴定或验收资料；消防审核意见；安全防范设备（防盗、报警、通讯、监控）配置资料；旅馆建筑平面图；安全保卫机构和人员配备资料；其他从业人员资料。

根据《治安管理处罚法》第54条的规定，未经许可，擅自经营按照国家规定需要由公安机关许可的行业的，处10日以上15日以下拘留，并处500元以上1000元以下罚款；情节较轻的，处5日以下拘留或者500元以下罚款。有前述行为的，予以取缔；取得公安机关许可的经营者，违反国家有关管理规定，情节严重的，公安机关可以吊销许可证。

（二）验证登记制度

《旅馆业治安管理办法》第6条第1款规定：“旅馆接待旅客住宿必须登记。登记时，应当查验旅客的身份证件，按规定的项目如实登记。”旅客住宿验证登记要求：旅客住宿登记时，要指定专人负责；登记时，应按照公安机关的要求，认真查验旅客的身份证件，根据旅客的不同身份，其证件种类有居民身份证、驾驶证，军官证、士兵证，港澳同乡回乡证，台湾居民来往大陆通行证，护照，服刑人员、强制戒毒人员请假证明，结婚证等；住宿登记表由旅客自己按规定项目如实填写，特殊情况例外；外国人、华侨、港澳台同胞，应到指定的旅馆住宿，旅馆应负责查验护照或有关证件，填写境外旅客住宿登记表；持无效身份证件或没有身份证件住宿的，必须及时向公安机关和有关部门报告；旅客住宿登记表应按日按月装订成册，定期报送当地公安机关查验，并由查验的公安民警签名盖章。各旅馆旅客住宿登记表应保存3年，以备查验。

旅客投宿，应让其出示有效身份证件，查验证件无误后再进行登记。登记时，要询问有关情况，要认真查验，并坚持先登记后安置，不能先安置再补办登记手续。同时应当坚持旅客前台“当面验证登记”，并亲自办理租住手续，以便从中发现问题。但是大型会议、接待贵宾或接待老弱病残者住宿，应本着服务至上的精神，变通处理。会议住宿和贵宾住宿都可以由会务或勤务工作人员代办登记和先安置住宿后补办登记。1999 年 12 月，公安部发布了《旅馆业治安管理信息系统标准》和贯彻执行的通知，目前，旅馆业已普遍安装治安管理信息系统，已安装治安管理信息系统的旅馆须在验证登记环节将旅客的身份情况及相片录入系统上传。《治安管理处罚法》第 56 条第 1 款规定：“旅馆业的工作人员对住宿的旅客不按规定登记姓名、身份证件种类和号码的，或者明知住宿的旅客将危险物质带入旅馆，不予制止的，处二百元以上五百元以下罚款。”

（三）旅客财物保管制度

《旅馆业治安管理办法》第 7 条规定：“旅馆应当设置旅客财物保管箱、柜或者保管室、保险柜，指定专人负责保管工作。对旅客寄存的财物，要建立登记、领取和交接制度。”

旅馆应设立旅客财物寄存处，保管室要符合安全要求，并确定专人负责保管工作，寄存处夜间值班不得少于 2 人。寄存处严禁存放国家依法管制的枪支、弹药、管制刀具、危险物品、机要文件、各类毒品以及职工私人的物品。旅客携带的枪支弹药一律按规定交当地军事部门或公安机关保管，严禁存放在寄存处，发现可疑的持枪人员，应当立即报告公安机关。钱物存放要分开，严格存取手续。保管员交接班时，要严格办理交接手续，做到件数清、情况明、有记录。对旅客遗留的财物，应设法归还原主或招领。3 个月无人认领的，应登记造册送当地公安机关按无主物品处理。对旅客遗弃的反动、淫秽等违禁物品或危险物品应及时封存送交公安机关。

（四）来访登记制度

旅馆客房，是经旅客合法租赁而依法相对专有的生活空间，只有旅客本人、客房服务人员、依法执行公务人员以及按规定造访房客的人可以进入，其他人员不得擅自闯入。而在实践中常有一些不法分子以造访房客为名，进入旅馆进行违法犯罪活动，因而旅馆应建立来访登记制度。

来访者有造访自由，但被访旅客也有因各种原因不予接谈的权利。因此，旅馆接待造访旅客的服务人员，应首先询问被访者是否在客房，是否方便，是否同意该造访者前往，只有在被访者同意与造访者接谈的情况下，才可办理来访事宜。被访者同意接谈后，旅馆服务人员应请来访者出示证件并填写会客单，经验证和核对登记后放行。访客离去前，应将经被访者签字的会客单交回。会客时间应适当限制，因地方和季节差异，各地在不同季节在具体规定上可有所不同，但总的原则是要有利于旅客尤其是女性旅客的生活、休息，有利于旅馆服务和安全防范，防止不法分子假借会客之名实施违法犯罪活动。

（五）值班查房制度

旅馆应设服务员值班并定期进行查房查铺，了解旅客情况和安全防范情况，注意发现可疑情况。查房通常与客房服务相结合，一般有两种形式：一是一般性查房。例如，利用打扫卫生、送水等服务活动进行查房，或者按规定时间查看归宿人员，以便门卫予以注意，防止不法分子混入伺机破坏作案。二是重点性查房。对形迹可疑或常常不归宿的旅客应多予注意，或对该关门未关门、该锁门不锁门、该关灯不关灯的客房应予查房，发现问题及时报告治安保卫人员或公安机关。客房服务应结合安全服务，提醒旅客遵守住宿规定和安全事项，指导旅客正确使用客房设施设备和掌握紧急自救、求救的方法。及时处理客房中的安全隐患，劝阻和制止不规范的住宿行为，发现可疑情况及时报告。住宿旅客必须遵守《旅客须知》等有关旅馆住宿的制度规定，增强公民意识，讲究公共道德，积极配合旅馆的管理，协助旅馆维护良好的住宿秩序。

（六）情况报告制度

协助公安机关核查违法犯罪人员及有关情况，及时准确地报告有关违法犯罪人员或重大嫌疑人员的重要情况，是确保旅馆安全，维护旅馆从业人员和广大旅客的人身、财产权益，打击违法犯罪，维护社会治安的重要措施。《旅馆业治安管理办法》第 9 条规定：“旅馆工作人员发现违法犯罪分子，形迹可疑的人员和被公安机关通缉的罪犯，应当立即向当地公安机关报告，不得知情不报或隐瞒包庇。”《治安管理处罚法》第 56 条第 2 款规定：“旅馆业的工作人员明知住宿的旅客是犯罪嫌疑人员或者被公安机关通缉的人员，不向公安机关报告的，处二百元以上五百元以下罚款；情节严重的，处五日以下拘留，可以并处五百元以下罚款。”旅馆从业人员发现旅馆内发生治安案件、刑事案件、治安灾害事故以及可疑人员、可疑情况的，应立即报告公安机关，并采取相应措施严密控制，积极配合公安机关做好通缉查控工作，维护社会治安秩序。旅馆工作人员在执行该制度时要注意以下几点：一是严格保密与发动群众相结合；二是主动及时又全面仔细；三是内紧外松，防止打草惊蛇。

（七）门卫值班制度

旅馆都要设立门卫，有条件的可指定安全保卫人员或雇请保安人员，负责旅馆的门卫安全工作，实行出入验证制度，对进出旅馆的人员及携带的物品进行询问查验。门卫的主要职责是把守大门，防止不法分子混入，对进出的旅客要严格检查住宿证，凭证入店。要注意旅客进出携带的物品，发现可疑情况要及时报告。门卫要在夜间、午休和早起交接班时间内，特别注意提高警惕，严防不法分子乘机离店或混入旅馆。对来去匆匆、形迹可疑的人员要特别注意。严禁夜间把大门钥匙交给旅客自行开锁大门。

（八）旅客遗留物品处理制度

《旅馆业治安管理办法》第8条规定："旅馆对旅客遗留的物品，应当妥为保管，设法归还原主或揭示招领；经招领3个月后无人认领的，要登记造册，送当地公安机关按拾遗物品处理。对违禁物品和可疑物品，应当及时报告公安机关处理。"这就是旅馆必须普遍实行的旅客遗留物品处理制度的基本内容。具体要求有以下四个方面：一是全面清理，逐一分类；二是详细登记，妥为存放；三是区别情况，恰当处理；四是明确责任，防止意外。

三、发生刑事案件和治安灾害事故应急预案的制作

针对旅馆业可能发生的暴力犯罪、盗窃、中毒、火灾、爆炸等刑事案件和治安灾害事故，旅馆应当结合本店的具体实际，制作相应的应急预案。一般情况下，应急预案的制作要包括以下几个方面：

1. 制定应急预案的要求

预案要有针对性，符合本店的实际情况，组织要严密，分工要明确，职责要分明，措施要具体，应当预演。

2. 应急预案的内容

第一部分：前言。简要阐明预案的目的和作用。

第二部分：组织领导。包括组织机构的设置和办公所在地以及正副总指挥的姓名、职责。

第三部分：各专业战斗小组的负责人、组成人员以及他们的任务和联络方式。一般成立有：（1）抢险抢救组，负责救人和灭灾工作；（2）现场保护组，负责维护秩序；（3）组织疏散组，负责旅客安全；（4）伤员救护组，负责抢救运送伤员；（5）通信联络组，负责上报下达；（6）后勤保障组，负责饮食和交通保障等。

第四部分：可以采取的具体应急方法和应当运用的处置手段。如封锁现场、下达旅客疏散指令、切断电源、关闭通道、限制人员外出等。

第五部分；纪律和要求。

第三节　印章业治安管理

一、印章业管理概述

（一）印章业的概念

印章业又称刻字业，是指使用机械、手工工艺或其他技术刻制公章、个人名章、戳记、钢印等的行业。印章业有着广泛的服务对象，是一项重要的社会服务性行业。印章是指以固体为原料制成的，底面刻有姓名或单位名称、图案等，用来印在文件、书面证明等上面作为标记或凭证的物品。印章在我国有着悠久的历史，春秋战国时期调兵遣将用的虎符，封建王朝象征皇家权威的玉玺，这些古代意义的印章，其所起的凭证与权威的标记作用是非常重要的。在现代社会，印章也是必不可少的，它在社会政治、经济、文化等领域内起着十分重要的作用。中华人民共和国成立以来，印章业（刻字业）一直被公安机关列为特种行业加以严格管理，这对于规范刻字业的经营行为，查处伪造印章违法犯罪活动，维护社会管理秩序，起着积极的作用。1951 年 8 月 15 日公安部公布了《印铸刻字业暂行管理规则》，1954 年 12 月 31 日通过的《公安派出所组织条例》和 1957 年 6 月 25 日通过的《人民警察条例》规定，将印铸刻字业纳入特种行业范围，由公安机关依法管理。这样就初步形成了一套刻字业管理制度。“文化大革命”期间，由于公、检、法被砸烂，刻字业管理和其他公安工作一样，陷于瘫痪，长期处于无人过问、秩序混乱的状况。“文化大革命”后，1978 年 8 月，公安部修改了《城市治安管理工作细则》，其中明确规定将刻字业作为特种行业进行管理。1979 年 6 月 4 日，公安部、商业部等七部门联合发出《关于特种行业企业进行登记管理的通知》，进一步明确了特种行业管理的范围，包括铸字、刻字行业。1985 年 3 月 21 日，公安部发布了《关于改革和加强特种行业管理工作的通知》，规定刻字店、刻字厂、刻字摊等刻字行业仍由公安机关作为特种行业管理。1987 年 8 月 4 日，公安部、轻工业部发布的《关于推广使用原子印章和加强管理的通知》，规定“凡生产原子印章的单位，一律列为刻字行业管理”，扩大了刻字业管理的范围。

（二）印章业的范围

公章主要包括：各级党政军机关、民主党派、社会团体、企业事业单位等（包括这些单位的下属部门）的印章、各种机关单位的钢印以及合同、财务专用章。目前，印章业的范围主要有刻字厂、刻字社、刻字店、刻字摊以及原子印章厂等。从所有制性质来看，主要有三类：一是国有刻字厂、刻字店和原子印章厂；二是集体刻字厂、刻字店、原子印章厂；三是个体的刻字店、刻字社和刻字摊。其中第三类个体的刻字店、刻字社和刻字摊最容易发生问题，因而也是印章业管理的重点。

刻字业特种行业许可证由公安机关负责核发。公安机关依据国务院《关于国家行政机关和企业、事业单位印章的规定》《民办非企业单位印章管理规定》《社会团体印章管理规定》《治安管理处罚法》《行政许可法》及国家或地方现行的有关刻字业管理的法律法规，对刻字业进行治安管理，管理对象不只限于刻字企业，通过行使公章准刻审批权，对使用公章的单位同样有履行监管的职责。

（三）印章业的特点

1. 效用的权威性

印章业所承制的印章大多具有一定的权威性。小至私章，作为个人身份的证明，体现公民个人一定的权利义务关系；大到机关、企业、社会团体的公章，是各单位处理各项业务（如财务专用章、合同专用章、供销专用章等），对外进行事务联系的凭证，是一些文件、合同、协议等是否有效的权威性证明。尤其是党、政、军机关等重要单位的公章，在某种程度上体现国家的权威，代表着国家意志，是国家行政管理等政治生活不可缺少的重要组成部分，具有很高的权威性。

2. 使用的广泛性

印章作为一种身份、权威的标记和凭证，有着广泛的使用范围，特别是改革开放以来，社会经济发展迅速，各类新的企事业单位、公司以及个体户、专业户迅速增加，印章的用途也越来越广泛。使用印章的单位、个人也越来越多，印章业有着广泛的服务对象，是一项必不可少的社会服务行业。公民、法人及其他组织的政治、经济、文化活动都离不开印章，因而印章的使用有着极大的广泛性。

3. 管理的复杂性

印章业从业人员众多、情况复杂，一些单位和个体从业人员未经工商部门批准，并不具备承刻公章的资格，但为了追求不正当的经济利益，违反印章业治安管理规定，非法刻制公章，为不法分子伪造证明、文件、介绍信、身份证明等进行诈骗活动提供条件。个体刻字店、刻字社是印章业管理的重点，也是最易被不法分子所利用的。国有、集体刻字店、刻字社和原子印章厂总体说有较严格的制度，能较好地按照法律、法规所规定的要求来执行，但也有少数从业人员法制观念淡薄，或经受不住违法犯罪分子的拉拢、利诱，利用工作之便为其私刻公章，给印章业管理带来了很大的难度。

4. 易被不法分子所利用

由于印章具有一定的权威性，加上使用的广泛性，常被不法分子利用实施诈骗等违法犯罪活动，使国家、集体以及个人的利益受到损害，扰乱了社会正常的政治、经济及科学文化秩序。不法分子常利用橡皮、木块、石块、萝卜等私刻、伪造公章、专章等手段，以假冒身份或虚假的证明实施违法犯罪活动。有些单位和个人承制印章不执行或不严格执行承接、验证、登记制度，致使一些违法犯罪人员利用这种疏忽，无任何证件、介绍信或利用虚假证明材料到刻字店、刻字社等刻制公章，有的设法拉拢、腐蚀刻字业从业人员非法刻制公章等。

二、印章业治安管理制度

（一）开业审批备案制度

印章中的公章是违法犯罪分子伪造的重点，公安机关对印章业的管理，主要是对公章刻制业的管理，并形成了一整套的管理措施。凡申请经营公章刻制的，须经当地县、市（区）以上公安机关审查同意，向工商行政管理部门申请登记，领取营业执照后才可开业。未经审查核准登记的单位和个人一律不准从事刻制公章的业务。经营印章业的单位和个人如有歇业、转业、合并、迁移、变更名称或其负责人的，应向当地工商行政管理部门办理变更登记手续后，及时向原发特种行业许可证的公安机关备案。根据2000年公安部《关于贯彻执行〈印章治安管理信息系统标准〉的通知》精神，设立公章刻制企业，应当安装符合国家标准的印章治安管理信息系统。凡申请非公章刻制的，无须公安机关核准，取得营业执照后，即可营业。禁止和取缔街头流动刻章的摊点。为认真贯彻落实党中央、国务院关于深入推进简政放权、放管结合、优化服务的“放管服”改革、营造良好营商环境的部署要求，公安部于2018年3月下发了《公安部加强和改革印章刻制业治安管理工作实施方案》，全面部署开展印章刻制业治安管理改革工作，将公章刻制业特种行业许可证审批全部下放至区县级公安机关，简化了审批流程，实行阳光审批、阳光监督，压缩了审批时间，由之前的20个工作日压缩为7个工作日，同时，公章刻制实行备案管理并纳入“多证合一”机制，由市场监管部门一个窗口受理，实现了信息共享，用章单位不用重复递交材料，由公章刻制企业在完成公章刻制后向公安机关备案。

2019年3月29日公安部在北京召开新闻发布会，通报公安部部署开展全国印章刻制业治安管理改革和依法严厉打击“假印章、假公文、假证件”违法犯罪活动工作情况。通报指出，此次印章刻制业治安管理改革各项措施已全部落实到位。在简政放权方面，公章刻制业特种行业许可证核发由工商登记前置审批事项调整为后置审批，审批权限全部下放至县（区）级公安机关。取消了公章刻制审批，实行备案管理，用章单位到印章刻制企业刻制完印章后由印章刻制企业将相关信息向公安机关备案，并且允许在本省、自治区、直辖市范围内跨县（区）刻制印章。公章刻制备案纳入“多证合一”，由市场监管部门统一采集企业登记信息并与公安机关信息共享，用章企业不用再重复向公安机关提交相关材料。实行办理时限承诺制，公章刻制业特种行业许可在7个工作日内完成审批，公章刻制在1个工作日内完成。实行“阳光审批”“阳光备案”，通过网络发布、现场展示等形式，及时、全面、准确公开公章刻制业特种行业许可以及公章刻制备案法律依据、程序、流程、结果等审批、备案信息，依法保障申请主体和社会公众的知情权、参与权、监督权。同时，全面停止印章信息系统承建运维企业向印章刻制企业收取入网费、服务费，严禁强制换章、垄断经营，严禁公安机关指定印章刻制单位刻章。①

刻制党政军机关、人民团体、国有或集体企业、事业单位及其内部机构的公章，一律凭本单位的上一级领导部门或批准成立的部门开具的证明文件；刻制国有、集体企业单位的财务章、合同章、业务专用章及银行的转账章、现金收讫章、现金付讫章，需凭本单位开具的介绍信和营业执照；三资企业刻制上述印章，需凭营业执照和三资企业备案证，如果三资企业为中外合资企业、中外合作企业，必须执中方开具的介绍信，到本单位所在地县级以上的公安机关治安管理部门办理审批备案手续，经公安机关审查后，发给准刻证明，到公安机关指定的刻字厂或刻字店刻制公章。

个体工商户和私营企业需要刻制印章，须凭工商行政管理部门开具的介绍信和营业执照，到本单位所在地县级以上的公安机关登记备案，但无须公安机关审批，直接凭借公安机关开具的准刻证明，到公安机关指定的刻字厂或刻字店刻制。

刻制个人名章、单字章，无须公安机关登记备案，可直接到任何刻字店、厂刻制。

（二）承接、验证、登记制度

印章业经营者必须指定可靠、熟悉业务的专人承接业务。承刻公章、钢印、戳记业务等必须有公安机关的刻制印章通知单或介绍信。

个人经营印章业的，非经公安机关批准，不准承刻单位公章。承刻单字、科目、账号、收发文件等的印章，必须要求出具委刻单位的介绍信。个人委刻该类

---

① 公安部新闻发布会：《通报公安部深入推进印章刻制业治安管理改革　严厉打击“假印章假公文假证件”违法犯罪活动情况》，载公安部网站：http：//www.mps.gov.cn/n2253534/n2253535/c6448016/content.html，最后访问日期：2019年3月29日。

印章的，要出示本人身份证和个体营业执照。没有介绍信或身份证、营业执照的，不准承制。

刻字厂（店）承接单位印章的，必须查验委刻单位证明和公安机关出具的刻制印章通知书或介绍信。要按照有关规定严格检查委刻印章的规格、式样是否符合规定，是否与刻制印章通知单或介绍信上批准的规格、式样相一致，要严防伪造。对擅自更改已批准的印章的规格、式样或没有公安机关开具的通知单或介绍信的一律不准承制。

印章业要建立专门的登记簿册，承刻的印章由专人负责登记。登记内容包括委托单位，有无证明、介绍信，要刻制什么样的印章，使用的是何种材料，是否监制，取货日期等。个体摊点承制个人名章，也必须进行登记，内容包括委刻人姓名、性别、年龄、工作单位、住址、居民身份证号码等，并将登记簿册妥善保管，以备检查。应用印章治安管理信息系统的地区，上述各环节可以在网上直接完成，即网上审批、网上承刻、建立印痕等信息数据库。

（三）监制、保管、交货制度

承刻重点单位、要害部门的公章时，要在指定的保密车间或特定的工作室指定专人刻制，委刻单位派人监督。承制过程中的成品、半成品以及样品要由专人专柜严格保管，防止被盗和丢失。试刻的样品和损坏的残品、废品不能扔掉，必须在监销人员的监督下销毁。底牌、图案、设计样品，应全部归还委刻单位，承制单位不允许留样或仿制。委刻单位取货时要办理签字手续，取货人要持单位证明和本人身份证，在登记簿上签收，并注明件数。承制单位在交货时应严格把好关，仔细验证，在手续完备的条件下，才可以交货。要严防违法犯罪人员冒名顶替，领取成品。

（四）情况报告制度

印章业经营者必须接受公安机关的治安管理和监督。负责人和从业人员在工作中应随时提高警惕，注意发现和控制违法犯罪嫌疑人，主动及时向公安机关治安管理部门报告情况，并积极协助公安机关进行调查处理，不得包庇坏人或知情不报。在举报中，印章业经营者应做到准确、及时、客观，不能凭想当然、主观臆断代替客观事实，更不允许隐瞒真相。

（五）安全保卫责任制度

依据“谁主管，谁负责”的原则，有条件的印章业应建立内部治安保卫组织或设置专人负责保卫工作，加强内部安全防范，发现私刻、伪造、仿造印章的违法犯罪活动和可疑情况，要及时报告公安机关，公安机关应及时进行查处。与此同时，根据印章业的特点，公安机关要经常深入印章业进行指导、监督、检查，了解和掌握印章业的动态，教育和发动从业人员坚持合法经营，检举揭发违法犯罪活动，并帮助印章业建立和完善治安保卫组织，以便密切掌握印章业的治安状况，获取较深层次的治安信息。2000 年 4 月 1 日，公安部以公共安全行业强制性标准形式颁布实施的《印章治安管理信息系统标准》，对印章信息编码、印章信息代码、印章图像的数据格式、数据结果、数据交换格式、主页规范、基本功能、印章自动识别系统的性能指标和监测方法等都作了具体规定。印章治安管理信息系统采用计算机和网络技术，是用科技手段加强印章业管理的一项新举措。印章治安管理信息系统改变了印章管理依赖纸和笔，鉴别依赖眼和手的状况，提高了印章管理自动化程度和各个环节的工作效率。通过网络管理，能够有效地预防犯罪、发现犯罪和打击犯罪。

第四节　印刷业治安管理

一、印刷业管理概述

印刷业，是指使用机械、电子、激光、化学刻版技术印刷或复印各种书报、文体、图表、证件、证书、证券、票据等印刷经营活动的行业。印刷业在我国历史悠久，自从北宋毕昇发明活字印刷排版后，印刷业得到大发展。现代科学技术在印刷业中也得到广泛应用，如照相排版、激光照排等。另外，印刷业的经营体制种类很多，有国有的大型印刷厂、彩印厂，也有中小型的集体或个人开办的印刷所、复印社等。但是拥有印刷设备，不对外从事商业性印刷业务的单位或个人，不属于印刷业的管理范围。

虽然 2002 年国务院取消了设立印刷企业的特种行业许可审批制度，但是由于该行业具有极易为违法犯罪分子所利用的特殊性，因此对该行业的治安管理不能放松。实践中，有些省份将印刷业列为地方性特种行业。目前，我国关于印刷业治安管理的法律规范主要有《印刷业管理条例》（根据 2016 年 1 月 13 日国务院第 119 次常务会议通过的国务院《关于修改部分行政法规的决定》，国务院对该条例部分条款予以修改）、《印刷品承印管理规定》、《治安管理处罚法》及国家或地方现行的有关印刷业治安管理的法律法规。根据《印刷品承印管理规定》的规定，对印刷业进行特殊的治安管理是公安机关的法定职责，县级以上出版行政部门、公安部门指导其行政区域内印刷业经营者建立各项管理制度，并负责监督检查印刷业经营者各项管理制度的实施情况。

二、印刷业管理的特点

（一）管理主体的多重性

印刷业不仅涉及治安行政管理，而且涉及新闻出版、文化、工商等许多行政部门，这就决定了印刷业在管理主体上具有多重性。

（二）管理对象的特殊性

与一般行业相比，印刷业更容易滋生治安问题。不法分子可以利用印刷行业的特点，非法印刷大量假票证、假商标、假证明等非法印刷品，从中牟取暴利，从事违法犯罪活动，扰乱社会治安秩序和社会主义经济秩序。不法分子为了达到自己非法印刷的目的，拉拢、腐蚀印刷业从业人员，有些从业人员见利忘义，唯利是图，给制作假商标、假票据、非法出版物者大开方便之门。印刷业内制假、贩假等违法犯罪活动突出，大量具有淫秽、封建迷信、反动内容的非法出版物给社会带来极大的危害，因此，管理对象具有一定的特殊性。

（三）管理范围的广泛性

无论是从印刷业的管理对象，还是从其行业本身来说，印刷业管理的范围都是很广泛的。从管理对象来说，凡是以营利为目的的专营或兼营排版、制版、装订、印刷、复印、油印、誊写、打印等业务的单位或个人，无论其经济性质如何，都属于印刷业。从行业规模来说，不仅有大型的印刷厂、影印厂，也有中小型的印刷厂、复印社、打字社等。从行业生产经营性质来说，不仅有国有的、集体的，而且还有个体开办的。

（四）管理手段的多样性

公安机关对印刷业的管理，可以实行定期检查和抽查相结合的方法，也可以采取公开管理与秘密管理相结合的手段，在印刷行业内部设立秘密力量，以便及时掌握印刷行业的治安状况。同时，公安机关对印刷业管理也可采取奖励与惩罚并用的方法，建立安全岗位责任制，将职责落实到每个人，并与自身的物质利益挂钩，奖优罚劣。

（五）社会效益的综合性

对印刷业加强管理，有力打击非法出版和各种淫秽、封建迷信出版物，不仅有利于保护各种合法经营，保障印刷业的健康发展，而且有利于社会主义精神文明建设，对维护社会治安，创造良好的社会秩序也会起到很好的作用。

三、印刷业治安管理制度

印刷业涉及的范围和内容十分广泛，一些印刷企业见利忘义，被犯罪分子利用，印刷、复制反动、迷信、淫秽书刊、有价证券、机密文件以及各种证件、文凭等。实践证明，对印刷业进行特种行业治安管理，有利于搞好社会主义精神文明建设，维护正常的社会治安秩序，保障经济建设的顺利发展。印刷业治安管理的主要制度介绍如下。

（一）备案登记制度

根据有关规定，设立从事出版物印刷经营活动的企业，应当向所在地省、自治区、直辖市人民政府出版行政部门提出申请。申请人经审核批准的，取得印刷经营许可证，并持印刷经营许可证向工商行政管理部门申请登记注册，取得营业执照，并向同级公安机关备案后，才准开业。

（二）承制准印制度

印刷业接受委托印刷各种印刷品时，应当依照《印刷业管理条例》等法规、规章的规定，验证委印单位及委印人的证明文件，并收存相应的原件或复印件2年，以备出版行政部门、公安部门查验。承接出版单位委托印制图书、期刊的，印刷企业必须验证并收存出版单位盖章的图书、期刊印制委托书；承接出版单位委托印制报纸的，必须验证报纸登记证；承接出版单位委托印制报纸、期刊的增刊的，除验证登记证外，还必须验证新闻出版行政部门的批准文件或者准印证。承接内部资料性出版物印制的，印刷企业必须验证省、自治区、直辖市人民政府新闻出版行政部门核发的准印证。跨省、自治区、直辖市印制出版物的，印刷企业除必须验证委托印刷单位所在地省、自治区、直辖市人民政府新闻出版行政部门核发的批准文件外，还必须验证本印刷企业所在地省、自治区、直辖市人民政府新闻出版行政部门核发的准印证。承接境外出版物印制的，印刷企业必须持有有关著作权的合法证明文件，经省、自治区、直辖市人民政府新闻出版行政部门批准；印制的出版物必须全部运输出境，不得在境内销售。委托印刷单位必须按照国家有关规定，在委托印制的出版物上刊载出版单位的名称、地址，书号、刊号或者版号，出版日期或者刊期，承接印刷企业的真实名称和地址，以及其他有关事项。承接印刷企业不得销售、擅自加印或者接受第三人委托加印受委托印制的出版物，不得盗印出版物。承接印刷企业不得将出版单位委托印制的出版物纸型及印刷底片出租、出借、出售或者以其他任何方式转让给其他单位或者个人。印刷企业不得编印、征订、销售出版物，不得假冒或者盗用他人名义印制、销售出版物。印制布告、通告、重大活动工作证、通行证、在社会上流通使用的票证的，委托印刷单位必须出具主管部门的证明，并按照国家有关规定向承接印刷企业所在地公安部门办理准印手续，在指定的印刷企业印制。

印刷业经营者应当按承印印刷品的种类在《出版物印刷登记簿》《包装装潢印刷品印刷登记簿》《其他印刷品印刷登记簿》《专项排版、制版、装订业务登记簿》《复印、打印业务登记簿》（以下统称为《印刷登记簿》）上登记委托印刷单位及委印人的名称、住址，经手人的姓名、身份证号码和联系电话，委托印刷的印刷品的名称、数量、印件原稿（或电子文档）、底片及交货日期、收货人等。

《印刷登记簿》一式三联，由省、自治区、直辖市人民政府出版行政部门或者其授权的地（市）级出版行政部门组织统一印制。印刷业经营者应当在每月月底将《印刷登记簿》登记的内容报所在地县级以上出版行政部门备案。

（三）治安保卫责任制度

印刷业的安全保卫工作由行业自己负责。印刷行业应建立相应的安全岗位责任制，设置不同形式的治安保卫组织和专职保卫人员，充分调动行业人员的主动性和积极性。在具体工作中要把治保工作与行业业务工作紧密结合起来，使之贯穿到业务活动的各个环节，并组织职工依据本身的职责建立健全安全岗位责任制，使安全工作落实到每个班组和个人。对于工作中的薄弱环节企业负责人应加强日常管理，强化企业自身的防范能力，对出现的各种事故严肃处理，并从中吸取经验，以此教育职工，防微杜渐。在管理工作中应注重运用经济手段把安全工作与职工的切身利益相结合，在日常工作的考核评比中，奖勤罚懒，利用物质奖励来调动职工的积极性。同时，教育手段的运用也很重要，加强对职工的思想教育，可有效消除内部不安定因素。

（四）从业人员培训制度

做好对行业职工的安全业务培训工作是严格印刷业治安管理的关键。从业人员分布在企业的各个岗位，各项规章制度都要靠他们去执行，只有发动广大职工群众，才能把印刷业管严管活，才能有效地发现和控制违法犯罪人员。要做到这些，必须加强对从业人员的各项培训工作，尤其要加强对行业负责人和从业人员有关治安业务和法律知识的培训，使他们不断提高对安全防范工作的认识并同具体的业务有效结合，增强其遵守国家政策、法律的自觉性，使安全保卫承包责任制在实践中能充分发挥应有的作用。公安机关应经常进行监督检查，并运用讲课、组织经验交流、布置任务、总结工作等各种方式加强对印刷业从业人员的政策、业务、安全防范知识的培训与教育，充分发动和依靠印刷业内部的广大员工，是做好印刷业管理的基础。

（五）奖惩制度

在印刷业的治安管理工作中运用奖惩制度，有利于提高行业人员维护行业内部治安秩序的主动性，对于行业合法经营，防止违法失职行为，都会起到一定的促进作用。对于遵纪守法经营的企业和积极向公安机关检举、揭发非法印刷活动，协助公安机关侦破违法犯罪案件的企业和个人，公安机关应给予一定的物质奖励和精神奖励，将其作为行业学习的榜样。公安机关应加大对印刷业日常的清理整顿制度力度，按照《印刷业管理条例》《治安管理处罚法》《刑法》等法律法规的规定，严肃查处违法违规行为。对于行业和从业人员在行业管理过程中无视治安管理法规或进行违法犯罪活动而造成严重后果的，应视情节分别给予不同的处理。行业内部生产秩序混乱，严重影响社会治安或已造成较严重的后果，经多次教育或处罚无效的，公安机关可以建议工商行政管理部门责令其停业整顿或吊销营业执照。

第五节　其他特种行业治安管理

一、信托寄卖业的治安管理

（一）信托寄卖业的含义

根据《信托法》第 2 条的规定，信托，是指委托人基于对受托人的信任，将其财产权委托给受托人，由受托人按委托人的意愿以自己的名义，为受益人的利益或者特定目的，进行管理或者处分的行为。寄卖应是信托的一种具体方式。

信托寄卖业，一般指信托寄卖商店、委托商店、委托寄卖公司、古玩店、文物寄售店等。其经营的方式主要有三种，即委托寄售，提取佣金；收购买断，提价出售；代销提成。这三种经营方式都带有中间人的性质。

信托寄卖应是信托当事人遵守法律、行政法规，遵循自愿、公平和诚实信用原则，在不损害国家利益和社会公共利益的前提下进行的活动。现实生活中，信托寄卖业经营范围广泛，日常生产、生活中的物品都可以办理寄售，与人民群众的生产与生活密切相关。与其他旧货业一样，信托寄卖业也容易被违法犯罪分子所利用而成为销赃以及进行其他违法犯罪的场所。由于信托寄卖业带有中间人的性质，加之卖方不负责物品质量、维修、退换的行规，少数信托寄卖业的从业人员利欲熏心，利用工作之便，欺诈顾客，甚至与违法犯罪分子勾结，共同进行违法犯罪活动。基于此，根据《信托法》等法律、法规的要求，公安机关必须加强对信托寄卖业的治安管理工作。目前，信托寄卖业治安管理的依据有《信托法》《治安管理处罚法》《旧货流通管理办法（试行）》《关于促进我国旧货行业发展的意见》《商务部关于加快旧货行业发展的通知》及国家现行的有关寄卖业管理的法律法规。

（二）信托寄卖业治安管理制度

信托寄卖业治安管理基本制度主要有以下几种：

1. 登记备案制度

经营信托寄卖业，根据有关规定，应经主管部门审核批准，经当地公安机关签署意见，向工商行政管理部门申请登记，领取营业执照后，才可营业。未经批准、许可擅自开业的，视其情节给予处罚，追究法律责任。开业后如有变更事项，须持主管部门证明，及时向公安、工商行政管理部门办理变更手续，未经批准，不得自行变更。

2. 凭证收购制度

信托寄卖业在收购物品或寄卖物品时，要实行登记、验证、验货制度，对顾客要查验身份证件。设立信托寄卖，对于信托寄卖财产，应按规定办理登记。应设置收购或寄卖物品登记簿，认真登记。信托财产必须是委托人合法所有的财产。委托人的非法财产，法律、法规禁止流通的财产，不得信托寄卖；法律、法规限制流通的财产，依法经有关部门批准后才可以信托寄卖。因而，信托寄卖业应建立并严格执行验证、验货制度，检查有无可疑物品，一经发现要认真追查，并及时报告公安机关。

3. 保管值班制度

信托寄卖业应将安全防范纳入日常企业管理，要健全必要的安全设备，设立财物保管室和保管员。对上交入库的财物要核实。信托寄卖业对收购的贵重物品，应设置专室专柜，指定专人保管，夜间应设值班人员看守。加固门窗，设置防盗门、防盗锁，防止内盗外窃、火灾或其他事件、事故。

4. 情况报告制度

信托寄卖业在收购或寄卖物品时，发现赃物或发现与公安机关通报查寻物品一致的、有赃物嫌疑的物品以及其他违法寄售的可疑物品，要设法稳住出售人或寄卖人，并立即向公安机关报告。承托和收购的公安机关查寻的赃物或可疑物品以及违法收购、寄售的物品，应交由公安机关处理。对扣押待补证件而逾期无人认领的物品，也要报公安机关处理，不得隐匿私吞。公安人员依法执行侦查任务，查询、提取赃物或可疑物品时，从业人员应如实陈述或交货，不得借故拖延和改装顶替。

信托寄卖业从业人员遇到下列情况，应向公安机关报告：持伪造、涂改证件、介绍信或其他证明文件的；所持证件、介绍信或其他证明文件系冒名顶替的；出售人或寄卖人与公安机关通缉协查相似的；出售或寄卖的物品与其本人的身份不相称又无可信解释的；出售人或寄卖人无法说明出售或寄卖物品来源的；寄卖价格与物品实际价值相差悬殊的，或求卖心切，急于取得现金，理由不充分的；经常出售、寄卖物品，形迹可疑的；出售公安机关通报协查的赃物的。

公安机关应当经常进行治安检查，并依照《刑法》《治安管理处罚法》的有关规定对信托寄卖业违法犯罪行为进行处罚。

二、典当业的治安管理

（一）典当业的含义

典当，是指当户将其动产、财产权利作为当物质押或者将其房地产作为当物抵押给典当行，交付一定比例费用，取得当金，并在约定期限内支付当金利息、偿还当金、赎回当物的行为。典当业，是以实物占有权转移形式为集体、私营企业和个人提供临时性质押贷款的非银行金融机构的统称，通常是指专门从事典当活动的行业。

典当业的主要治安特点包括：

1. 出当人的复杂性

典当行的经营活动可以面向社会，为不特定的众多企业和个人提供临时性质押或抵押贷款。

2. 经营范围的广泛性

除法律有明确规定不得经营、受理的业务、当物外，典当业的经营范围十分广泛，包括名人书画、古玩、艺术品、珠宝玉器、金银饰品、高档服装、家用电器、生产资料、机械设备、机动车辆、房地产等有一定价值的物品。

3. 易被利用进行销赃、诈骗等犯罪活动

由于典当业经营的业务，受理的当物面很宽，又具有现金交易性质，易被不法分子利用，将盗、抢所得的赃物拿到典当行来销赃。

4. 从业人员易受腐蚀

在利益的诱惑下，典当业从业人员唯利是图的情况很容易发生，随意扩大经营范围，进行变相经营；明知是赃物不拒收、不报告；直接为犯罪分子销赃提供方便。

（二）典当业治安管理制度

公安机关应对经营中的典当业进行治安管理与监督检查，基本制度主要有：

1. 开业审批制度

根据有关规定，经营典当业，应先经商务主管部门审核批准，再向县级以上公安机关申领特种行业许可证，最后向县级工商行政管理部门申请登记，领取营业执照，才准开业。申请人需向公安机关提交以下材料：申请报告；典当经营许可证及复印件；法定代表人、个人股东和其他高级管理人员的简历及有效身份证件复印件；法定代表人、个人股东和其他高级管理人员的户口所在地县级人民政府公安机关出具的无故意犯罪记录证明；典当行经营场所及保管库房平面图、建筑结构图；录像设备、防护设施、保险箱（柜、库）及消防设施安装、设置位置分布图；各项治安保卫、消防安全管理制度；治安保卫组织或者治安保卫人员基本情况。

2. 凭证质押赎当制度

这里的证件是指出当人、委托出当人的身份证件和单位的证明文件等。个人典当物品，必须出具本人居民身份证、临时身份证或能证明自己真实身份的其他证明；属于单位典当的，应当出具单位证明、经办人的身份证件；属于委托典当的，应当出具典当委托书和委托人、被委托人的身份证件。典当行承接典当物品，必须认真查验这些证明，对符合规定的，才能准予典当，并出具当票。对出质人没有证件、证明的，18 岁以下的未成年人和没有行为能力的人来典当的，或是典当物品按规定不得作为质押的，均不能受理。典当者赎取物品，典当行凭典当者的当票和其身份证件办理赎取手续。

3. 登记、保管制度

典当行承接物品时，应对典当者的姓名、单位名称、住址、居民身份证号码以及典当物品的名称、数量、规格、新旧程度、当据编号逐一登记。凡是质押品都应进行登记，并由专人负责，妥善保管。夜间应有人值班看守，防止被盗或发生火灾。禁止典当企业使用质押品。因典当企业保管不善，造成典当物品遗失、被盗、损坏的，应当按绝对当价赔偿。对承接物品不查验有关证明、不履行登记手续的，视情节轻重，对当事人处 100 元以上 500 元以下的罚款；对经营单位处 5000 元以下罚款，没收非法所得，并可责令其停业整顿或吊销其特种行业许可证。

4. 情况报告制度

典当行发现可疑物品、可疑人员或者公安机关通报协查的人员或赃物，应立即向公安机关报告。公安机关对属于赃物的典当物品应予以扣押，对有赃物嫌疑的，也应暂时封存，查清后按国家有关规定处理。有下列行为之一的，由公安机关根据《治安管理处罚法》处 500 元以上 1000 元以下罚款；情节严重的，处 5 日以上 10 日以下拘留，并处 500 元以上 1000 元以下罚款：典当业工作人员承接典当的物品，不查验有关证明、不履行登记手续，或者明知是违法犯罪嫌疑人、赃物，不向公安机关报告的；违反国家规定，收购铁路、油田、供电、电信、矿山、水利、测量和城市公用设施等废旧专用器材的；收购公安机关通报寻查的赃物或者有赃物嫌疑的物品的；收购国家禁止收购的其他物品的。构成犯罪的，依照《刑法》追究刑事责任。

5. 特定物品禁当制度

本制度是指典当行严禁承接下列物品：赃物和来历不明的物品；依法被查封、扣押和采取其他保全措施的财产；管制刀具、枪支、弹药，军、警用标志、制式服装和器械；易燃、易爆、剧毒、放射性物品及其容器；法律、法规和国家有关规定禁止典当的其他物品。对承接禁止典当物品的，视情节轻重，对当事人处罚款，没收非法所得，并可责令其停业整顿或吊销其特种行业许可证。

三、机动车修理业、报废机动车回收业的治安管理

（一）机动车修理业、报废机动车回收业的含义

机动车修理业，是指经营各种机动车辆修理和具有汽车喷漆、划痕修补等专项修理功能的企业、个体工商户以及经销机动车配件的商店。报废机动车，是指达到国家报废标准，或者虽未达到国家报废标准，但发动机或者底盘严重损坏，经检验不符合国家机动车运行安全技术条件或者国家机动车污染物排放标准的机动车。报废机动车包括报废的汽车、摩托车和农用运输车等。报废机动车回收业，是指对报废机动车进行回收、拆解的企业。除取得报废机动车回收企业资格认定的企业外，其他任何单位和个人不得从事报废机动车回收活动。

随着经济的发展，我国机动车的数量越来越多，与此同时，机动车维修、保养的厂家、站点也越来越多，机动车修理业和报废机动车回收业因此得到较快的发展。同时，违法犯罪分子利用机动车修理业、报废机动车回收业经营业务特点，将其作为通过盗窃、抢劫等不法行为获得的赃车和走私车销赃的渠道。部分从业人员唯利是图，明知或者应知是有盗窃、抢劫或者其他犯罪嫌疑的汽车，不向公安机关报告，擅自拆解、改装；或者将整车收购下来化整为零，用作零部件出售；或者擅自为违法犯罪人员改变汽车外观，变更发动机，消除发动机编号。目前，我国公安机关负责对机动车修理企业和个体工商户、报废机动车回收企业的治安管理，相关的法律依据主要有《机动车修理业、报废机动车回收业治安管理办法》《报废汽车回收管理办法》《废旧金属收购业治安管理办法》以及有关法律法规。

（二）机动车修理业、报废机动车回收业治安管理制度

机动车修理业与报废机动车回收业治安管理的基本制度包括：

1. 登记备案制度

根据有关规定，经营机动车修理业、报废机动车回收业，在向工商行政管理部门申请登记，领取营业执照后，须向同级公安机关备案，方准开业。

2. 登记、查验制度

机动车修理企业和个体工商户、报废机动车回收企业，必须建立承修登记、查验制度，并接受公安机关的检查。

机动车修理企业和个体工商户承修机动车应如实登记下列项目：按照机动车行驶证项目登记送修车辆的号牌、车型、发动机号码、车架号码、厂牌型号、车

身颜色，车主名称或姓名、送修人姓名和居民身份证号码或驾驶证号码，修理项目（事故车辆应详细登记修理部位），送修时间、收车人姓名。

报废机动车回收企业回收报废机动车应如实登记下列项目：报废机动车车主名称或姓名、送车人姓名、居民身份证号码，按照公安交通管理部门出具的机动车报废证明，登记报废车车牌号码、车型、发动机号码、车架号码、车身颜色，收车人姓名。

机动车修理企业和个体工商户承修更换发动机或车身（架）、改装车型、改变车身颜色等项目的，必须查验公安交通管理部门出具的机动车变更、改装审批证明。报废机动车回收企业回收报废机动车，必须查验公安交通管理部门出具的机动车报废证明。

3. 情况报告制度

机动车修理企业和个体工商户承修车辆、报废机动车回收企业回收的报废机动车时，发现下列可疑情况，应立即报告当地公安机关：证明、证件有变造、伪造痕迹的；送修车辆与机动车行驶证或回收车辆与报废证明不符的；车辆发动机号码、车架号码有改动痕迹或车辆有其他明显改动、破坏痕迹的；送修人要求更改发动机号码、车架号码的；公安机关查控的机动车辆；交通肇事逃逸嫌疑车辆及其他可疑情况。公安机关在接到报告后，应在48小时内作出处理决定。对有赃物嫌疑的，公安机关应当予以扣留，并开具凭证。经查明确属赃物的，依照国家有关规定处理；不是赃物的，应及时退还。

4. 机动车修理企业和报废机动车回收企业严禁从事的活动

机动车修理企业和个体工商户严禁从事下列活动：明知是盗窃、抢劫所得机动车而予以改装、拼装、倒卖；无公安交通管理部门出具的机动车变更、改装审批证明而更换发动机、车身（架）、改装车型、改变车身颜色；更改发动机号码或车架号码；回收报废机动车；非法拼（组）装汽车、摩托车；明知是交通肇事逃逸车辆未向公安机关报告而修理的。

报废机动车回收企业严禁从事下列活动：明知是盗窃、抢劫所得机动车而予以拆解、改装、拼装、倒卖的；回收无公安交通管理部门出具的机动车报废证明的机动车的；利用报废机动车拼装整车的。

四、保安服务业的治安管理

（一）保安服务业的含义

保安服务是依照法律、法规和国家有关保安服务政策、规定，根据客户的环境特点和要求，按照保安服务合同约定，采取巡逻、门卫、守护、押运、技术防范等形式，为客户提供安全的相关服务。保安服务是新型的社会治安防范形式，是维护社会秩序的重要辅助措施。《保安服务管理条例》所称保安服务是指：(1) 保安服务公司根据保安服务合同，派出保安员为客户单位提供的门卫、巡逻、守护、押运、随身护卫、安全检查以及安全技术防范、安全风险评估等服务；(2) 机关、团体、企业、事业单位招用人员从事的本单位门卫、巡逻、守护等安全防范工作；(3) 物业服务企业招用人员在物业管理区域内开展的门卫、巡逻、秩序维护等服务。上述机关、团体、企业、事业单位和物业服务企业，统称自行招用保安员的单位。

保安服务业是为社会公众提供安全服务产品，满足广大人民安全需求的特殊行业。促进和发展保安服务业，是第三产业发展的客观需求，是实现公共安全服务社会化、市场化和产业化，发挥群众组织维护社会治安秩序的有效形式，也是缓解当前公安警力不足矛盾的重要途径。在我国，真正意义上的现代保安服务业的开始，是以1984年深圳蛇口区保安服务公司的成立为标志的。保安服务业是我国在改革开放和社会主义现代化建设的新形势下逐步建立和蓬勃发展起来的、具有特殊功能的服务性行业。近年来，随着社会主义市场经济的不断发展，保安服务业的地位和作用越来越明显，越来越突出。实践已充分证明它具有强大的生命力。

目前，尽管保安服务业在企业数量、人员规模方面有了很大发展，服务领域大大拓展，企业经营范围不断规范。但是保安服务业的现状却不能令人满意，常出现许多问题，例如，对客人非法搜身、侵犯顾客隐私权；对服务对象拳脚相加；一些保安未经过专门训练就上岗，服务意识和素质差等。针对当前我国保安服务业中出现的问题，自2010年1月1日起施行的《保安服务管理条例》已经通过立法形式对保安服务业建立了规范的管理制度。2010年2月3日公安部发布了《公安机关实施保安服务管理条例办法》，进一步规范了公安机关对保安服务的监督管理工作，2016年1月14日公安部《关于修改部门规章的决定》对其作出修订。只有健全和完善有关保安服务的法律法规和行业标准，实现保安服务的法制化和市场化，才能保障和推动我国保安服务业的快速健康发展。

（二）保安服务业的治安管理

1. 行政管理与行业自律相结合

公安部负责全国保安服务活动的监督管理工作。地方各级公安机关应当按照属地管理、分级负责的原则，对保安服务活动依法进行监督管理。各级公安机关应当明确保安服务主管机构，归口负责保安服务监督管理工作。铁路、交通、民航公安机关和森林公安机关负责对其管辖范围内的保安服务进行日常监督检查。新疆生产建设兵团公安机关负责对其管辖范围内的保安服务进行监督管理。

保安服务行业协会在公安机关指导下依法开展提供服务、规范行为、反映诉求等保安服务行业自律工作。

2. 保安从业单位许可与备案

（1）提出申请

申请设立保安服务公司，应当向设区市的公安机关提交下列材料：①设立申请书（应当载明拟设立保安服务公司的名称、住所、注册资本、股东及出资额、经营范围等内容）；②拟任的保安服务公司法定代表人和总经理、副总经理等主要管理人员的有效身份证件、简历，保安师资格证书复印件，5年以上军队、公安、安全、审判、检察、司法行政或者治安保卫、保安经营管理工作经验证明，县级公安机关开具的无被刑事处罚、劳动教养、强制隔离戒毒证明；③拟设保安服务公司住所的所有权或者使用权的有效证明文件和提供保安服务所需的有关设备、交通工具等材料；④专业技术人员名单和法律、行政法规有资格要求的资格证明；⑤组织机构和保安服务管理制度、岗位责任制度、保安员管理制度材料；⑥工商行政管理部门核发的企业名称预先核准通知书。

申请设立提供武装守护押运服务的保安服务公司，除向设区市的公安机关提交上述材料外，还应当提交下列材料：①出资属国有独资或者国有资本占注册资本总额51%以上的有效证明文件；②符合《专职守护押运人员枪支使用管理条例》规定条件的守护押运人员的材料；③符合国家或者行业标准的专用运输车辆以及通信、报警设备的材料；④枪支安全管理制度和保管设施情况的材料。保安服务公司申请增设武装守护押运业务的，无须提交《公安机关实施保安服务管理条例办法》第9条规定的材料。

申请设立中外合资经营、中外合作经营或者外资独资经营的保安服务公司（统称外资保安服务公司），除了向公安机关提交上述材料外，还应当提交下列材料：①中外合资、中外合作合同；②外方的资信证明和注册登记文件；③拟任的保安服务公司法定代表人和总经理、副总经理等主要管理人员为外国人的，须提供在所属国家或者地区无被刑事处罚记录证明（原居住地警察机构出具并经公证机关公证）、5年以上保安经营管理工作经验证明、在华取得的保安师资格证书复印件。

保安服务公司设立分公司的，应当自分公司设立之日起15个工作日内，向分公司所在地设区市的公安机关备案，并接受备案地公安机关监督管理。备案应当提交下列材料：①保安服务许可证、工商营业执照复印件；②保安服务公司法定代表人、分公司负责人和保安员基本情况；③拟开展的保安服务项目。

（2）进行审查

设区市的公安机关应当自收到设立保安服务公司申请材料之日起15个工作日内，对申请人提交的材料的真实性进行审核，确认是否属实，并将审核意见报所在地省级公安机关。对设立提供武装守护押运和安全技术防范报警监控运营服务的申请，应当对经营场所、设施建设等情况进行现场考察。

（3）作出决定

省级公安机关收到设立保安服务公司的申请材料和设区市的公安机关的审核意见后，应当在15个工作日内作出决定：①符合《保安服务管理条例》规定的，决定核发保安服务许可证，或者在已有的保安服务许可证上增注武装守护押运服务；②不符合《保安服务管理条例》规定的，应当作出不予许可的决定，书面通知申请人并说明理由。

取得保安服务许可证的申请人应当在办理工商登记后30个工作日内将工商营业执照复印件报送核发保安服务许可证的省级公安机关。

取得保安服务许可证后超过6个月未办理工商登记的，保安服务许可证失效，发证公安机关应当收回保安服务许可证。

省级公安机关许可设立提供武装守护押运服务的保安服务公司以及中外合资、中外合作或者外商独资经营的保安服务公司的，应当报公安部备案。

自行招用保安员从事本单位安全防范工作的机关、团体、企业、事业单位以及在物业管理区域内开展秩序维护等服务的物业服务企业，应当自开始保安服务之日起30个工作日内向所在地设区市的公安机关备案。备案应当提交下列材料：①单位法人资格证明；②法定代表人（主要负责人）、保安服务分管负责人和保安员的基本情况；③保安服务区域的基本情况；④建立保安服务管理制度、岗位责任制度、保安员管理制度的情况；⑤保安员在岗培训法律、保安专业知识和技能的情况。

3. 保安员证申领与保安员招用

申领保安员证需要参加保安员考试，县级公安机关应当在接受报名时留取考试申请人的指纹，采集数码照片。设区市的公安机关应当根据本地报考人数和保安服务市场需要，合理规划设置考点。申请人考试成绩合格的，设区市的公安机关核发保安员证，由县级公安机关通知申请人领取。保安从业单位直接从事保安服务的人员应当持有保安员证。保安从业单位应当招用持有保安员证的人员从事保安服务工作，并与被招用的保安员依法签订劳动合同。

4. 保安培训单位许可与备案

（1）提出申请

申请设立保安培训单位，应当向设区市的公安机关提交下列材料：①设立申请书（应当载明申请人基本情况、拟设立培训单位名称、培训目标、培训规模、培训内容、培训条件和内部管理制度等）；②符合《保安服务管理条例》第32条规定条件的证明文件；③申请人、法定代表人的有效身份证件，主要管理人员和师资人员的相关资格证明文件。

（2）进行审查

公安机关应当自收到申请材料之日起15个工作日内，对申请人提交的材料的真实性进行审核，对培训所需场所、设施等教学条件进行现场考察，并将审核意见报所在地省级公安机关。

（3）作出决定

省级公安机关收到申请材料和设区市的公安机关的审核意见后，应当在15个工作日内作出决定：①符合《保安服务管理条例》规定的，核发保安培训许可证；②不符合《保安服务管理条例》规定的，应当作出不予许可的决定，书面通知申请人并说明理由。

5. 监督检查

公安机关应当加强对保安从业单位、保安培训单位的日常监督检查，督促落实各项管理制度。公安机关应当根据《保安服务管理条例》规定，建立保安服务监督管理信息系统和保安员指纹等人体生物信息管理制度。

公安机关有关工作人员对保安从业单位和保安培训单位实施监督检查时不得少于2人，并应当出示执法身份证件。

公安机关在监督检查时，发现依法应当责令限期改正的违法行为，应当制作责令限期改正通知书，送达被检查单位。责令限期改正通知书中应当注明改正期限。

公安机关应当在责令改正期限届满或者收到当事人的复查申请之日起3个工作日内进行复查。对逾期不改正的，依法予以行政处罚。

以欺骗、贿赂等不正当手段取得保安服务或者保安培训许可，公安机关及其工作人员滥用职权、玩忽职守、违反法定程序准予保安服务或者保安培训许可，或者对不具备申请资格、不符合法定条件的申请人准予保安服务或者保安培训许可的，发证公安机关经查证属实，应当撤销行政许可。撤销保安服务、保安培训许可的，应当按照下列程序实施：①经省、自治区、直辖市人民政府公安机关批准，制作撤销决定书送达当事人；②收缴许可证书；③公告许可证书作废。

保安服务公司有下列情形之一，造成严重后果的，除依照《保安服务管理条例》第43条规定处罚外，发证公安机关可以依据《治安管理处罚法》第54条第3款的规定，吊销保安服务许可证：①泄露在保安服务中获知的国家秘密；②指使、纵容保安人员阻碍依法执行公务、参与追索债务、采用暴力或者以暴力相威胁的手段处置纠纷；③其他严重违法犯罪行为。

保安培训单位以培训为名进行诈骗等违法犯罪活动，情节严重的，公安机关可以依前述规定，吊销保安培训许可证。

典型案例剖析

某日14时左右，陆某同一不明身份的女子未经住宿登记入住某旅馆101房间。17时许，该旅馆向公安局报警称：陆某在入住的房间内死亡。后经法医尸体检验，结论为：陆某系生前脑溢血而死亡。经公安机关侦查未能确定另一同住女子的身份情况。为此，陆某的法定继承人作为原告向法院起诉，以旅馆未执行住宿登记制度以及旅馆未实施巡查制度而致陆某在该旅馆居留期间死亡为由，要求某旅馆负责安置陆某住宿的工作人员徐某及该旅馆的经营者朱某，承担陆某在该旅馆死亡的民事赔偿责任。

本案中旅馆业经营活动中存在的治安问题不容忽视。虽然一审法院审理认为，旅馆是否办理住宿登记与陆某脑溢血死亡之间无因果关系；旅馆实行巡查制度，是为了保护住客的人身或财产安全不受外来人员之侵害，旅馆工作人员不可能对没有出现异常情况的房间进行敲门询问实施巡查，现陆某系自发性疾病死亡，未受到任何暴力侵害，因此不能认为被告未实行巡查制度与陆某死亡具有因果关系；陆某的死亡又非旅馆设施不安全所致。最终一审法院驳回了原告的诉讼请求，不予支持。但是，该旅馆不能严格执行旅馆安全管理制度，旅馆工作人员没有对住宿旅客进行认真验证登记，未按规定办理住宿登记手续，在安全管理上存在一定的漏洞，违反了《治安管理处罚法》的有关规定，公安机关应在查明事实的基础上对该旅馆予以治安管理处罚。同时应加强对从业人员的教育培训，提高旅馆经营者和从业人员的职业素质。

第五章

危险物品管理

第一节　危险物品管理概述

一、危险物品的含义和管理范围

（一）危险物品的含义

危险物品，是指易燃易爆物品、危险化学品、放射性物品等能够危及人身安全和财产安全的物品。危险物品具有爆炸、易燃、毒害、腐蚀、放射性等性质，在生产、运输、装卸、销售和储存保管过程中，容易造成人身伤亡和财产损毁或可能危害公共安全，因而需要特别防护或管制。

（二）危险物品的管理范围

目前，我国公安机关管理危险物品的主要法律、法规有：《枪支管理法》《公安部对部分刀具实行管制的暂行规定》《易制毒化学品管理条例》《放射性污染防治法》《放射性物品运输安全管理条例》《民用爆炸物品安全管理条例》《烟花爆竹安全管理条例》《危险化学品安全管理条例》。2019 年 5 月 22 日公安部部长办公会议通过了《易制爆危险化学品治安管理办法》，自 2019 年 8 月 10 日起施行。依据法律法规规定，公安机关管理危险物品的范围是：枪支弹药、管制刀具、爆炸物品、剧毒化学品、放射性物品。

二、危险物品的特点

（一）具有直接危害性

危险物品本身具有直接危害性，如有毒、易燃、易爆、放射、毒害、腐蚀等，对周围的人或物能够造成直接伤害。这一类特性属于危险物品的有害特性，也是被确认为危险物品的先决条件。同时，危险物品往往威力大、发生作用快，它们能以微小的体积和剂量达到严重的破坏功能：几十公斤炸药可以使多层楼房坍塌；0.1～0.3克三氧化二砷即可以致人畜死亡；三硝基甲苯（TNT）炸药的爆速可达到每秒8000米，足以产生巨大的危害。

（二）易受外界环境影响而诱发危害

许多危险物品极容易受外力的影响，具有明显的不稳定性和潜在的危害性。其中，尤以易燃、易爆的化学物品最为突出。如某些物品，在受到光、热、摩擦、振动或撞击等外界影响后，对物品本身和周围环境会产生危害作用，因此需要特殊的外界防护措施。

（三）不易识别而难以防范

由于危险物品具有强大的射穿能力、剧烈的毒性和猛烈的爆炸、燃烧等性能，其需要的剂量又很小，所以既有巨大的破坏性又比较容易隐藏、便于携带。很多危险物品又难以被普通群众所辨识，便为一些意图利用危险物品图谋不轨的违法犯罪人员提供了便利，对社会治安造成威胁。

三、危险物品管理的基本措施

危险物品与人们的生产生活息息相关，密不可分，广泛应用于工程建设、产品生产、科技研制、医疗卫生等方面。但是，危险物品在发挥功能的同时，也蕴含着巨大的杀伤和破坏能力，由此也存在巨大的危险性和危害性，一旦管理不力，不仅会造成治安灾害事故，而且还容易被违法犯罪人员利用进行各种违法犯罪活动，破坏社会的安全和秩序。因此，加强对危险物品的管理，依法保证危险物品生产、销售和使用的安全，有利于预防和减少治安灾害事故的发生，有利于维护社会的安全和稳定。

（一）严格执行危险物品管理制度，加强对危险物品的安全检查

鉴于危险物品潜在的巨大危害性，国家制定了相应的危险物品管理制度，对从事危险物品生产、储存、销售、运输、使用的单位、企业进行登记注册和审批发证，是公安机关治安管理部门的一项重要职责，也是公安行政执法的一种基本形式。未经公安机关批准或注册备案，经营危险物品的单位或个人都是非法的，应当予以禁止和取缔。公安机关通过严格执行登记注册、审批发证等管理制度，可以严密掌握危险物品的生产、储存、运输、使用、销毁等情况，有利于监督危险物品的管理，最大限度地降低危险物品的危害。

安全检查是公安机关对危险物品的生产、经营、储存等各个环节加强监督管理的一种重要手段。通过安全检查，可以发现危险物品管理中存在的问题，堵塞

漏洞，健全制度。公安机关应采用定期检查、不定期检查、临时抽查和普遍检查等形式，监督有关单位、部门认真贯彻落实危险物品的生产、储存、运输、销售、使用等规章制度，协助有关部门建立健全危险物品的安全管理制度，把危险物品的安全管理纳入企业的生产经营中，实行安全岗位责任制，将安全生产与企业经济利益结合起来。同时，发动职工群众查原因，找隐患，堵漏洞，及时消除不安全因素。对不符合安全管理规定的企业，应当报请有关领导，督促限期改正；对危险性大、短期内又无法解决的，应当报请有关部门批准，要求其停业整顿，必要时还可吊销其营业执照；对拒不执行公安机关依法作出的行政决定的单位或个人要对其进行强制执行。

（二）进行安全防范宣传教育，收缴失散在社会上的危险品

危险物品的管理重在预防。为了预防危险物品的丢失，避免治安灾害事故的发生和违法犯罪分子利用危险物品进行的破坏活动，公安机关必须开展经常性的宣传教育工作。公安机关要与危险物品的经营单位密切配合，经常向企业的管理人员和从业人员进行危险物品管理法规的宣传和安全常识教育，还要在社会上，利用电视、报刊、广播等新闻媒体对广大人民群众进行安全教育。通过安全防范教育，使广大人民群众清醒地认识到危险物品的危险性和危害性，能够积极同违反危险物品管理的行为作斗争，协助公安机关和有关部门做好危险物品的管理工作。

失散在社会上的危险品，是危害社会治安的隐患。尤其是流散在社会上的枪支、弹药、炸药等危险物品，一旦落入有些人手中，将可能成为危害公共安全和社会治安秩序的巨大隐患。公安机关要广泛开展宣传教育，说明私藏危险物品的危害性、违法性和收缴工作的重要性。号召群众自觉交出，同时发动群众提供线索揭发检举。对群众提供的私藏枪支弹药和爆炸物品的嫌疑线索，要组织力量，认真追查，依法处理。对违反危险物品管理规定，构成妨害公共安全行为的，要按照《治安管理处罚法》的规定，给予治安管理处罚；对于造成严重后果的，依据《刑法》的规定，追究私藏危险物品人员的刑事责任。

（三）完善应急救援预案，及时查处危险物品事故

在危险物品的生产、储存、运输、销售、使用和销毁过程中，由于相关人员思想麻痹、违反管理制度违章操作或由其他原因引发的事故经常出现，从而造成人民生命和财产的损失。公安机关应制定完善的应急救援预案，一旦发生事故，要求公安机关必须立即赶赴现场，并同有关单位和部门密切协助，抢救受伤人员，调查事故原因，做好善后处理工作。公安机关通过对事故的调查处理，查清事故原因和性质，依法处罚相关事故责任人，并及时总结，吸取教训，防止类似治安灾害事故再次发生。

第二节　枪 支 管 理

枪支，是指以火药或压缩气体等为动力，利用管状器具发射金属弹丸或其他物质，足以致人伤亡或丧失知觉的各种器具。枪支是战争中应用较广泛的武器，也是公安机关及保卫部门常用的武器，同时还是犯罪分子使用的常见作案工具，因此，公安机关历来重视枪支管理工作。公安机关严格执行枪支管理制度，控制枪支、弹药的拥有量，加大打击涉枪犯罪的力度，对于维护治安秩序、保障公共安全具有重要意义。我国目前规范枪支管理的主要法律法规有《枪支管理法》《射击竞技体育运动枪支管理办法》等。

一、枪支管理的范围

《枪支管理法》第 4 条规定，国务院公安部门主管全国的枪支管理工作。县级以上地方各级人民政府公安机关主管本行政区域内的枪支管理工作。上级人民政府公安机关监督下级人民政府公安机关的枪支管理工作。

《枪支管理法》第 46 条规定，由公安机关实行治安管理的枪支，是指以火药或者压缩气体等为动力，利用管状器具发射金属弹丸或者其他物质，足以致人伤亡或者丧失知觉的各种枪支。除中国人民解放军、武装警察部队和民兵装备的枪支适用有关规定实行管理外，其他在中华人民共和国境内的各类枪支，都是公安机关管理的范围。公安机关管理和管制的枪支，主要可分为三类。

（一）公务用枪

公务用枪，是指依法可以配备枪支的单位，为执行公务而配备的各类枪支，包括手枪、冲锋枪、突击步枪、自动步枪、狙击步枪、班用机枪和防暴枪七种，具体的配备根据配枪岗位的工作性质、特点和实战需要，结合不同枪种的性能确定。

（二）民用枪支

民用枪支，是指依法可以配置枪支的单位和个人，因工作或生产、生活需要而配备的各种枪支，包括射击运动用的各种枪支，狩猎用的有线膛枪、散弹枪、火药枪，麻醉动物用的注射枪，以及能发射金属弹丸的气枪。

（三）非制式枪支

非制式枪支，是指国家规定标准以外，禁止制造、买卖和持有的其他各种类、性能和样式、规格的枪支。

作为国家武装力量的中国人民解放军、中国人民武装警察部队和民兵装备的枪支，按照国务院、中央军事委员会的有关规定实行管理。

具体来讲，公安机关列入治安管理的枪支，主要是指具有杀伤能力，便于携带的各种轻型武器。包括以下几种：

（1）非军事系统用的手枪、步枪、冲锋枪和机枪；

（2）射击运动用的各种枪支；

（3）狩猎用的膛线枪、散弹枪、火药枪；

（4）麻醉动物用的注射枪；

（5）能发射金属弹丸的气枪；

（6）上述枪支使用的各种弹药。

二、枪支配备和配置的范围与规定

（一）公务用枪的配备范围与规定

1. 公务用枪的配备范围

2002年8月28日公安部修订的《公务用枪配备办法》规定，根据枪支管理法确定的公务用枪的配备机关和人员的范围以及“在依法履行职责时确有必要使用枪支的，可以配备公务用枪”的配备原则，结合有关机关具体岗位的工作性质和任务特点，确定下列范围的人员可以配备公务用枪：

（1）人民警察。具体包括：①各级公安机关以及铁路、民航、港航和林区公安机关的政保、经保、治安、刑侦、警卫、预审、技侦、文保、林保、缉毒、巡警队、乘警队、防暴队、交警公路巡逻队、看守所、拘留所、派出所、治安检查站、出入境边防检查站等部门的人民警察；②各级国家安全机关的侦查、拘留、逮捕、预审、羁押、看守所、拘留所，以及边防口岸站所等部门的人民警察；③各级监狱、强制戒毒管理机关以及监狱和强制戒毒场所的狱政、狱侦、管理教育和警戒保卫等部门的人民警察；④各级人民法院、人民检察院以及各专门法院、专门检察院的司法警察。

（2）检察官。即地方各级人民检察院和专门检察院的刑事检察、反贪污贿赂检察、法纪检察及监所检察等部门负责案件侦查任务的检察官。

（3）沿海、沿边地区海关的缉私人员。

（4）专职守护、押运人员。具体包括：①军工系统下列单位的守护、押运人员：国防武器装备生产、科研、储存单位的保卫部门和守护、押运队；国家核原料等重要资源勘探单位的保卫部门和守护、押运队；国防和民用核设施以及核材料生产、储存、科研单位的保卫部门和守护、押运队。②金融系统下列单位的守护、押运人员：中国人民银行、国家政策性银行、商业银行以及保险、邮政储蓄汇兑等重要金融单位所属县级以上机构的专用运钞车和金库的守护、押运岗位；中国农业银行、农村信用合作社所属的乡（镇）金融机构的专用运钞车和金库的守护、押运岗位。③国家重要仓储系统下列单位的守护、押运人员：火（炸）药生产厂及大量储存使用单位的保卫部门和库区警卫岗位；1万立方米以上燃料储存单位的保卫部门和库区警卫岗位；剧毒物品生产及大量储存使用单位的保卫部门和库区警卫岗位；1000吨以上其他危险品储存使用单位的保卫部门和库区警卫岗位；国家稀有、贵重金属储存使用单位的保卫部门和库区警卫岗位；国有金矿黄金储存库的保卫部门和库区警卫岗位；边远地区国家地质勘探、科研单位的保卫部门；国家海洋局系统所属调查船、考察船、中国海监船以及机要通讯部门和武器库的警卫岗位。④大型水利、电力、通信工程下列单位的守护人员：大型水库、水闸、大坝以及大、中城市主要供水工程的保卫部门；20万千瓦以上的火（水）力电厂，重要电力网枢纽型变电站、调度中心站的保卫部门；省级以上重要的通讯枢纽站（场）的保卫部门。⑤机要交通系统下列单位的守护、押运人员：中共中央办公厅机要交通局和省、自治区、直辖市及计划单列市机要交通处以及地、市级机要交通站的保卫部门。⑥经省、自治区、直辖市人民政府公安机关批准，提供武装守护、押运服务的保安服务公司专职守护、押运人员。

2. 配备公务用枪的规定

配备公务用枪，由公安部依照《公务用枪配备办法》进行审批。公安部或者省级公安机关发给公务用枪持枪证件。

公务用枪的配备品种为手枪、冲锋枪、突击步枪、自动步枪、狙击步枪、班用机枪和防暴枪七种，具体的配备根据配枪岗位的工作性质、特点和实战需要，结合不同枪种的性能确定。对配备杀伤力较小的枪种可以满足需要的，不配备杀伤力较大的枪种。对执行守护、押运任务的专职守护、押运人员以配备防暴枪等长枪为主。

公务用枪既要严格控制数量，又要保证工作需要，应当尽量减少机关配枪数量，保证基层一线岗位的需要。各用枪岗位按照规定配备后，允许地、市级以上的人民政府公安机关、国家安全机关和监狱、强制戒毒场所储备合理数量的机动枪，以调剂其下属单位可能出现的枪支短缺和满足执行紧急任务、处置突发事件的需要。公安、国家安全、司法行政、人民法院、人民检察院以及海关缉私系统的教学、科研和鉴定机构，可以配置少量教学、科研、鉴定工作所需教学用枪和样品枪，具体数量由国务院公安部门确定。

（二）民用枪支的配备范围与规定

1. 民用枪支的配备范围

（1）经省级人民政府体育行政主管部门批准专门从事射击竞技体育运动的

单位、经省级人民政府公安机关批准的营业性射击场，可以配置射击运动枪支。

（2）经省级人民政府林业行政主管部门批准的狩猎场，可以配置猎枪。

（3）野生动物保护、饲养、科研单位因业务需要，可以配置猎枪、麻醉注射枪。

（4）猎民在猎区、牧民在牧区，可以申请配置猎枪。猎区和牧区的区域由省级人民政府划定。

2. 配备民用枪支的规定

（1）射击竞技体育运动枪支的配置

根据《射击竞技体育运动枪支管理办法》，射击竞技体育运动枪支（以下简称运动枪支），是指开展射击竞技训练、比赛所使用的枪支。公安部主管全国运动枪支的管理工作，国家体育总局指导、协调全国运动枪支的管理工作。县级以上地方各级公安机关主管本行政区域内运动枪支的管理工作。县级以上地方各级体育行政部门组织协调本行政区域内运动枪支的监督管理工作。射击竞技体育运动单位负责运动枪支的日常管理工作，其主要负责人是本单位运动枪支管理的第一责任人。

运动枪支种类及限额由国家体育总局会同公安部确定。运动枪支的购置由国家体育总局与公安部共同指定的单位统一组织实施。从事射击竞技体育运动的单位应当向所在地设区的市级以上体育行政部门提出运动枪支年度购置计划和增补购置计划。省级体育行政部门负责汇总和审核本行政区域内运动枪支年度购置计划和增补购置计划，经同级公安机关审核后报国家体育总局。国家体育总局将全国运动枪支购置计划报公安部审批后执行。

射击竞技体育运动单位或者所属运动员接受奖励、赞助或者赠送运动枪支时，应当由其所在地省级体育行政部门提出，经国家体育总局审核同意后，报公安部审批并抄送所在地省级公安机关，纳入该单位配置限额管理。射击竞技体育运动单位需要在本行政区域内调剂使用运动枪支的，应当经省级体育行政部门批准后，报国家体育总局备案，并抄送同级公安机关，纳入接收使用单位运动枪支配置计划管理。跨省调剂使用运动枪支的，由其所在地省级体育行政部门提出，经国家体育总局审核同意后，报公安部审批并抄送相关省级公安机关，纳入接收使用单位运动枪支配置计划管理。

射击竞技体育运动单位配置的运动枪支，应当按照规定办理《民用枪支持枪证》。射击竞技体育运动单位调剂使用的运动枪支，应当重新申请办理《民用枪支持枪证》。携带运动枪支外出参加射击训练、比赛等活动，必须携带《民用枪支持枪证》。

（2）猎枪、麻醉注射枪的配置

狩猎场配置猎枪，凭省级以上人民政府林业行政主管部门的批准文件，报省级以上人民政府公安机关审批，由设区的市级人民政府公安机关核发民用枪支配购证件。

野生动物保护、饲养、科研单位申请配置猎枪、麻醉注射枪的，应当凭其所在地的县级人民政府野生动物行政主管部门核发的狩猎证或者特许猎捕证和单位营业执照，向所在地的县级人民政府公安机关提出。

猎民申请配置猎枪的，应当凭其所在地的县级人民政府野生动物行政主管部门核发的狩猎证和个人身份证件，向所在地的县级人民政府公安机关提出；牧民申请配置猎枪的，应当凭个人身份证件，向所在地的县级人民政府公安机关提出。受理申请的公安机关审查批准后，应当报请设区的市级人民政府公安机关核发民用枪支配购证件。

三、枪支的安全管理制度

（一）枪支的制造

国家对枪支的制造实行特别许可制度。未经许可，任何单位或者个人不得制造枪支。公务用枪，由国家指定的企业制造。制造民用枪支的企业，由国务院有关主管部门提出，由公安部门确定。

制造民用枪支的企业，必须严格按照国家规定的技术标准制造民用枪支，不得改变民用枪支的性能和结构；必须在民用枪支指定部位铸印制造厂的厂名、枪种代码和国务院公安部门统一编制的枪支序号，不得制造无号、重号、假号的民用枪支。

制造民用枪支的企业必须实行封闭式管理，采取必要的安全保卫措施，防止民用枪支以及民用枪支零部件丢失。

制造民用枪支的年度限额，由国务院林业、体育等有关主管部门和省级人民政府公安机关提出，由国务院公安部门确定并统一编制民用枪支序号，下达到民用枪支制造企业。制造民用枪支的企业不得超过限额制造民用枪支，所制造的民用枪支必须全部交由指定的民用枪支配售企业配售，不得自行销售。

制造民用枪支的企业，由国务院公安部门核发民用枪支制造许可证件。民用枪支制造许可证件的有效期为3年；有效期届满，需要继续制造民用枪支的，应当重新申请领取许可证件。

（二）民用枪支的配售

1. 国家对枪支的配售实行特别许可制度

未经许可，任何单位或者个人不得买卖枪支。配售民用枪支的企业，由公安机关确定核发民用枪支配售许可证件。民用枪支配售许可证件的有效期为3年；有效期届满，需要继续配售民用枪支的，应当重新申请领取许可证件。

2. 国家对配售民用枪支的数量，实行限额管理

配售民用枪支的年度限额，由国务院林业、体育等有关主管部门、省级人民政府公安机关提出，由国务院公安部门确定并下达到民用枪支配售企业。

3. 配售民用枪支，必须核对配购证件，严格按照配购证件载明的品种、型号和数量配售；配售弹药，必须核对持枪证件

民用枪支配售企业必须按照国务院公安部门的规定建立配售账册，长期保管备查。公安机关对制造、配售民用枪支的企业制造、配售、储存和账册登记等情况，必须进行定期检查；必要时，可以派专人驻厂对制造企业进行监督、检查。

（三）枪支的使用

使用枪支的人员，必须掌握枪支的性能，遵守使用枪支的有关规定，保证枪支的合法、安全使用。使用公务用枪的人员，必须经过专门培训。配备、配置枪支的单位和个人必须遵守下列规定：

（1）携带枪支必须同时携带持枪证件，未携带持枪证件的，由公安机关扣留枪支；

（2）不得在禁止携带枪支的区域、场所携带枪支；

（3）枪支被盗、被抢或者丢失的，应立即报告公安机关。

另外，营业性射击场、狩猎场配置的民用枪支不得携带出营业性射击场、狩猎场。猎民、牧民配置的猎枪不得携带出猎区、牧区。

配备公务用枪的人员不再符合持枪条件时，由所在单位收回枪支和持枪证件。配置民用枪支的单位和个人不再符合持枪条件时，必须及时将枪支连同持枪证件上缴核发持枪证件的公安机关；未及时上缴的，由公安机关收缴。

不符合国家技术标准、不能安全使用的枪支，应当报废。配备、持有枪支的单位和个人应当将报废的枪支连同持枪证件上缴核发持枪证件的公安机关；未及时上缴的，由公安机关收缴。报废的枪支应当及时销毁。销毁枪支，由省级人民政府公安机关负责组织实施。

为加强公安机关公务用枪管理工作，2015 年 1 月 16 日公安部印发了《公安机关公务用枪管理规定》，这一规定对于其他单位公务用枪的管理使用同样具有指导意义。人民警察符合相应条件，由所属配枪部门主要负责人提出，经政工部门审核，报所属公安机关主要负责人批准后，按规定程序向省级人民政府公安机关申请核发持枪证。

（1）佩带、使用枪支的人民警察应当具备下列条件：①已授予人民警察警衔；②熟知枪支管理、使用法律法规、规章规定；③熟练掌握所配枪支种类的使用、保养技能；④通过法律政策考试、实弹射击考核。

（2）佩带、使用枪支的人民警察必须遵守下列规定：①妥善保管持枪证；

②领取、交还枪支时进行登记、报告；③领取、交还或者交接枪支时进行验枪；④按照规定保管枪支；⑤不得私自维修枪支或者更换枪支零部件；⑥严禁出租、出借枪支；⑦所属公安机关依法依规作出的其他规定。

（3）配枪民警具有下列情形之一的，由所属配枪部门主要负责人决定暂时停止其配枪资格，收回持枪证：①因涉嫌违法违纪被调查或者被停止执行职务、禁闭的；②与他人产生纠纷或者家庭存在重大变故的；③因身体或者心理原因暂时丧失管理枪支行为能力的；④未通过年度法律政策考试、实弹射击考核的；⑤所属公安机关依法依规决定的其他情形。上述情形消失后，由所属配枪部门主要负责人提出，经政工部门同意，应当及时恢复其配枪资格。

（4）配枪民警具有下列情形之一的，由所属配枪部门提出，经政工部门审核，报所属公安机关主要负责人批准，取消其配枪资格，收回持枪证：①因违法、违纪、违规行为被调离配枪岗位的；②因身体或者心理原因丧失管理枪支行为能力的；③退休或者调离公安机关的；④依法依规不适宜使用枪支的其他情形。对被取消配枪资格的，由省级人民政府公安机关注销持枪证。

（5）各级公安机关及其所属配枪部门应当坚持明确责任、简化手续、动态监督、服务实战的原则，采用科技信息化手段，建立健全配枪民警领取、交还枪支审批、登记制度。配枪民警执行下列任务时，应当由所属配枪部门负责人批准，经枪管员核对后领取枪支，完成任务后交还：①执行应当佩带枪支任务的；②参加实弹射击训练的；③所属公安机关依法指令应当领取枪支的其他情形。任务紧急时，可以凭所属配枪部门负责人给枪管员的指令领取枪支。交还枪支时，应当补办审批手续。因特殊情况不能按时交还枪支的，应当提前向负责人报告获得批准并告知枪管员，在交还枪支时作出备案说明。

（6）配枪民警领取、交还枪支时，应当由枪管员与值班负责人或者民警共同开启枪支弹药库（室、柜），使用《全国枪支管理信息系统》验录持枪证、电子枪证信息，并监督配枪民警按规范动作和要求进行验枪。配枪民警夜间领取、交还枪支时，应当由枪管员或者代行枪管员职责的值班民警，与值班负责人共同开启枪支弹药库（室、柜），并使用《全国枪支管理信息系统》验录持枪证、电子枪证信息。

（四）枪支的运输

任何单位或者个人未经许可，不得运输枪支。需要运输枪支的，必须向公安机关如实申报运输枪支的品种、数量和运输的路线、方式，领取枪支运输许可证件。在本省、自治区、直辖市内运输的，向运往地设区的市级人民政府公安机关申请领取枪支运输许可证件；跨省、自治区、直辖市运输的，向运往地省级人民政府公安机关申请领取枪支运输许可证件。没有枪支运输许可证件的，任何单位和个人都不得承运，并应当立即报告所在地公安机关。

公安机关对没有枪支运输许可证件或者没有按照枪支运输许可证件的规定运输枪支的，应当扣留运输的枪支。

运输枪支必须依照规定使用安全可靠的封闭式运输设备，由专人押运；途中停留住宿的，必须报告当地公安机关。运输枪支、弹药必须依照规定分开运输。严禁邮寄枪支，或者在邮寄的物品中夹带枪支。

（五）枪支的保管

配备、配置枪支的单位和个人必须妥善保管枪支，确保枪支安全。配备、配置枪支的单位，必须明确枪支管理责任，指定专人负责，应当有牢固的专用保管设施，枪支、弹药应当分开存放。对交由个人使用的枪支，必须建立严格的枪支登记、交接、检查、保养等管理制度，使用完毕，及时收回。配备、配置给个人使用的枪支，必须采取有效措施，严防被盗、被抢、丢失或者发生其他事故。

根据《公安机关公务用枪管理规定》，各级公安机关及其所属具备保管条件的配枪部门应当集中储存、保管枪支，落实枪支弹药库（室、柜）24小时值守、枪弹分离、双人双锁管理制度，保障枪支安全存放，保证及时领取、交还枪支。各级公安机关应当督促所属具备保管条件的配枪部门按照要求设立枪支弹药室，配置枪支弹药专用保险柜，严格落实安全管理制度。各级公安机关不得擅自将所属配枪部门自行保管的枪支上收统一集中保管，确因工作需要上收的，应当报经上一级公安机关同意。各级公安机关及其所属自行保管枪支的配枪部门，应当选配专（兼）职枪管员，负责枪支储存、保管和领取、交还登记等工作，加强对枪支弹药库（室、柜）及视频监控等安全防范设施的日常检查，发现问题立即报告、整改。

1. 根据《公安机关公务用枪管理规定》的要求，公务用枪应当集中保管，经批准可以由个人保管。符合下列情形之一的，可以由配枪部门主要负责人审查同意，报所属公安机关主要负责人批准，指定配枪民警个人保管枪支，并配齐枪套、枪纲、枪锁等安全装置：（1）在重点地区执行反恐防暴任务需要的；（2）执行特定侦查任务需要的；（3）地处偏远农村、山区的派出所不具备自行保管枪支安全值守条件的；（4）所属公安机关依法依规确定的其他情形。配枪民警个人保管枪支的审批时限，一次不得超过30天。个人保管枪支的配枪民警不需佩带枪支时，应当将枪支存放在枪支弹药室（柜），向枪管员说明情况予以登记，需要时及时领用；或者将枪支上锁后存放在其办公室、住宅保险柜，并随身携带枪锁、保险柜钥匙。

2. 对配枪民警个人保管枪支存在下列情形之一的，其所属配枪部门应当立即收回枪支：（1）审批有效期限届满或者不需继续个人保管的；（2）脱产学习或者借调在外的；（3）休病假、事假的；（4）所属公安机关依法依规决定不适宜由配枪民警个人继续保管枪支的其他情形。

（六）枪支的入境和出境

国家严格管理枪支的入境和出境。任何单位或者个人未经许可，不得私自携带枪支入境、出境。

外国驻华外交代表机构、领事机构的人员携带枪支入境，必须事先报经中华人民共和国外交部批准，携带入境的枪支，不得携带出所在的驻华机构；携带枪支出境，应当事先照会中华人民共和国外交部，办理有关手续。射击竞技体育运动单位携带运动枪支出境参加射击比赛活动时，应当向所在地省级体育行政部门提出，省级体育行政部门审查同意后报国家体育总局审批。境外运动队（运动员）申请携带运动枪支入出境、过境、境内转机等，应经省级体育行政部门审查同意后报国家体育总局审批。承办单位应当在事前向当地县级以上公安机关报告。办理运动枪支出入境手续，应当由承办单位提前十个工作日报国家体育总局审批。国家体育总局批准后，应当及时向公安部、海关总署、铁道部和中国民航局等部门备案，并抄送相关公安机关、海关及边防检查站。

经批准入境的运动枪支，由承办单位凭批准文件到入境地边防检查站办理枪支登记，申请领取枪支弹药携运许可证，凭枪支弹药携运许可证向入境地海关申报。到达目的地后，应当凭枪支弹药携运许可证向当地设区的市级以上公安机关备案。经批准出境的运动枪支，由承办单位凭批准文件到单位所在地省级公安机关办理枪支弹药携运许可证。凭批准文件和枪支弹药携运许可证向出境地边防检查站办理出境手续。经批准入境的运动枪支再出境时，承办单位应当向边防检查站出具弹药消耗证明。

四、违反枪支管理规定的法律责任

违反《枪支管理法》规定，未经许可制造、买卖或者运输枪支的，依照《刑法》的规定追究刑事责任。

依法被指定、确定的枪支制造企业、销售企业，违反《枪支管理法》规定，有下列行为之一的，对单位判处罚金，并对其直接负责的主管人员和其他直接责任人员依照《刑法》的规定追究刑事责任；公安机关可以责令其停业整顿或者吊销其枪支制造许可证件、枪支配售许可证件：（1）超过限额或者不按照规定的品种制造、配售枪支的；（2）制造无号、重号、假号的枪支的；（3）私自销售枪支或者在境内销售为出口制造的枪支的。

违反《枪支管理法》规定，非法持有、私藏枪支的，依照《刑法》的规定追究刑事责任。

非法运输、携带枪支入境、出境的，依照《刑法》的规定追究刑事责任。

违反《枪支管理法》规定，运输枪支未使用安全可靠的运输设备、不设专人押运、枪支弹药未分开运输或者运输途中停留住宿不报告公安机关，情节严重的，依照《刑法》规定追究刑事责任；未构成犯罪的，由公安机关对直接责任人员处15日以下拘留。

对违反枪支管理规定，出租、出借公务用枪的个人和单位，依照《刑法》的规定处罚。配置民用枪支的单位和个人，违反枪支管理规定，出租、出借枪支，造成严重后果或者有其他严重情节的，对单位直接负责的主管人员和其他直接责任人员或者个人依照刑法的规定处罚。违反枪支管理规定，出租、出借枪支，情节轻微未构成犯罪的，由公安机关对个人或者单位负有直接责任的主管人员和其他直接责任人员处15日以下拘留，可以并处5000元以下罚款；对出租、出借的枪支，应当予以没收。

违反《枪支管理法》规定，有下列行为之一的，由公安机关对个人或者单位负有直接责任的主管人员和其他直接责任人员处警告或者15日以下拘留；构成犯罪的，依法追究刑事责任：（1）未按照规定的技术标准制造民用枪支的；（2）在禁止携带枪支的区域、场所携带枪支的；（3）不上缴报废枪支的；（4）枪支被盗、被抢或者丢失，不及时报告的；（5）制造、销售仿真枪的。

有未按照规定的技术标准制造民用枪支的、在禁止携带枪支的区域、场所携带枪支的、不上缴报废枪支的行为，没收其枪支，可以并处5000元以下罚款；有制造、销售仿真枪行为的，由公安机关、工商行政管理部门按照各自职责范围没收其仿真枪，可以并处制造、销售金额5倍以下的罚款，情节严重的，由工商行政管理部门吊销营业执照。

公安机关工作人员有下列行为之一的，依法追究刑事责任；未构成犯罪的，依法给予行政处分：

（1）向《枪支管理法》规定以外的单位和个人配备、配置枪支的；

（2）违法发给枪支管理证件的；

（3）将没收的枪支据为己有的；

（4）不履行枪支管理职责，造成后果的。

此外，《公安机关公务用枪管理规定》《射击竞技体育运动枪支管理办法》等也有针对性地规定了违反规定行为的相应法律责任。

第三节　管制刀具及弩的管理

一、管制刀具的管理

刀具是人们日常生产、生活不可缺少的工具。刀具与枪支弹药、爆炸物品等其他危险物品相比，更容易制作或获取，也常被犯罪分子利用作为凶器，进行杀人、抢劫、伤害甚至劫持航空器等犯罪活动，严重威胁公民人身财产的安全和公共安全。因此，国家法律、法规对部分刀具实行了严格管制的法律制度，也赋予了公安机关对管制刀具实行严格治安管理的职责。公安机关依法对部分刀具实行管制，对保护公民人身财产安全，维护社会治安，保障公共安全具有重要的意义。目前，公安机关管理管制刀具的主要依据是《管制刀具认定标准》《治安管理处罚法》《刑法》等相关法律法规。

（一）管制刀具的范围

管制刀具，又称特种刀具。根据公安部《管制刀具认定标准》的规定，管制刀具包括以下范围：

1. 匕首：带有刀柄、刀格和血槽，刀尖角度小于60度的单刃、双刃或多刃尖刀。

2. 三棱刮刀：具有三个刀刃的机械加工用刀具。

3. 带有自锁装置的弹簧刀（跳刀）：刀身展开或弹出后，可被刀柄内的弹簧或卡锁固定自锁的折叠刀具。

4. 其他相类似的单刃、双刃、三棱尖刀：刀尖角度小于60度，刀身长度超过150毫米的各类单刃、双刃和多刃刀具。

5. 其他刀尖角度大于60度，刀身长度超过220毫米的各类单刃、双刃和多刃刀具。

《管制刀具认定标准》同时还规定，未开刀刃且刀尖倒角半径大于2.5毫米的各类武术、工艺、礼品等刀具不属于管制刀具范畴；少数民族使用的藏刀、腰刀、靴刀、马刀等刀具的管制范围认定标准，由少数民族自治区（自治州、自治县）人民政府公安机关参照本标准制定。

【参考案例5-1】

某日，湖南省通道县富源大酒店保安在值班时发现刚入住酒店305号房间的两名旅客携带有管制刀具，遂迅速将此情况报告了县公安局。经民警对入住的旅客杨某、贺某进行检查，查获两把40厘米长双刃管制刀具。杨某、贺某因携带管制刀具进入公共场所，违反了《治安管理处罚法》的规定，被处以行政拘留、罚款200元的处罚，其所携带的管制刀具被依法收缴。

（二）管制刀具的佩带范围

匕首，除中国人民解放军和人民警察作为武器、警械配备的以外，专业狩猎人员和地质、勘探等野外作业人员必须持有的，须由县以上主管单位出具证明，经县以上公安机关批准，发给匕首佩带证，方准持有佩带。佩带匕首人员如果不再从事原来的职业，应将匕首交还配发单位，匕首佩带证交回原发证公安机关。

少数民族人员只能在民族地区佩带、销售和使用藏刀、腰刀、靴刀等民族刀具；在非民族自治地区，只要少数民族人员所携带的刀具属于管制刀具范围，公安机关就应当严格按照相应规定予以管理。

机械加工使用的三棱刮刀，只限工作人员在工作场所使用，不得随意带出工作场所。

（三）管制刀具管理制度

1. 生产许可制度

制造管制范围内刀具的工厂、作坊，必须经县、市以上主管部门审查同意和所在地县、市公安局批准，发给特种刀具生产许可证，方准生产。为了方便公安机关对管制刀具的管理，制造管制刀具的工厂、作坊必须将其制造的刀具样品及其说明（名称、规格、型号、用途、产量）送所在地县、市公安局备案，产品须铸刻商标和号码（顺序号或批号），便于公安机关查阅、检查和监督。

2. 购买销售制度

经销管制范围内刀具的商店，必须经县、市以上主管部门审查同意和所在地县、市公安局批准，方有权经销。经销管制刀具的商店，依据公安机关开具的特种刀具购买证才能向购买者出售管制刀具。同时，经销管制刀具的商店在购销过程中要建立登记制度，对销售情况进行登记，填写管制刀具购销情况登记表，如实登记购买人的身份证明，以备所在地公安机关查验。严禁任何单位和个人非法制造、销售和贩卖匕首、三棱刀、弹簧刀等属于管制范围内的各种刀具。

购买管制范围内刀具的单位和个人，必须符合《管制刀具认定标准》关于持有和使用管制刀具的规定。军队和警察，由县、团以上单位凭上一级主管部门批准的函件，向指定单位定购。专业狩猎人员和地质、勘探等野外作业人员，由所属单位向所在地县、市公安局（公安分局）申请特种刀具购买证，凭证购买。三棱刮刀，凭单位介绍信向批准经销的商店购买。

3. 使用保管制度

管制刀具的使用单位和持有人必须严格遵守相关规定，对管制刀具进行妥善保管，不得转送或转让非持有者使用。使用管制范围内刀具的单位，必须建立健全使用保管制度，加强刀具的管理和检查，确保安全。持有管制刀具的个人，对刀具应妥善保管，不得随意赠送、转借他人使用。发现刀具丢失、被盗，要及时报告公安保卫部门。凡因保管不当，造成刀具丢失、被盗，而酿成严重后果的，要追究有关人员和单位领导的责任。

严禁非法携带管制范围内刀具进入车站、码头、机场、公园、商场、影剧院、展览馆或其他公共场所和乘坐火车、汽车、轮船、飞机。非法制造、销售、携带和私自保存管制范围刀具的，公安机关应予取缔，没收其刀具，并按照《治安管理处罚法》有关条款予以治安处罚；有妨害公共安全的行为，情节严重，构成犯罪的，依法追究刑事责任。

少数民族人员违反《铁路法》和《铁路安全管理条例》携带管制刀具进入车站、乘坐火车的，由公安机关依法予以没收，但在本少数民族自治地区携带具有特殊纪念意义或者比较珍贵的民族刀具进入车站的，可以由携带人交其亲友带回或者交由车站派出所暂时保存并出具相应手续，携带人返回时领回；对不服从管理，构成违反治安管理行为的，依法予以治安管理处罚；构成犯罪的，依法追究其刑事责任。

（四）管制刀具的管理措施

1. 统一思想，强化认识

公安机关要统一思想，提高对管制刀具管理重要性的认识，消除管制刀具管理难的思想观念，充分认识到管制刀具对社会治安的潜在危害和加大管理力度的重要性。要把管制刀具管理作为治安管理的一项重要内容，切实加强对管制刀具生产、销售、使用、保管等环节的管理。建立健全管理网络，充分运用法律武器，切实加大对管制刀具的动态监管、后续监管力度。

2. 宣传教育，依靠群众

公安机关要从维护社会秩序、保障公共安全的角度出发，做好宣传教育和发动群众的工作。通过积极宣传《管制刀具认定标准》和《治安管理处罚法》等有关法规和规章，使广大群众严格遵守法律法规的规定，提高群众的治安意识，积极同各种违反管制刀具管理规定的行为进行斗争，从而协助公安机关做好管制刀具管理的工作，减少和避免管制刀具落入不法分子手中的机会。

3. 定期检查，随时收缴

公安机关应联合有关部门，对制造、销售、使用管制刀具的单位和个人，定期进行全面检查和重点抽查，对管理制度不健全，使用保管制度不落实的单位，责令改正，情节严重的，勒令其停业整顿或予以取缔，没收非法经营和贩卖的管制刀具。同时，充分发挥公安机关职能作用，切实做好非法管制刀具的收缴工作。对非法制造、销售、佩带、持有的管制刀具，散失在社会上的管制刀具和非工作需要而持有的管制刀具，要全部收缴。

4. 坚决打击，严厉查处

公安机关要坚决打击和查处非法制造、销售、贩卖管制刀具的行为。对无证经营、经营手续和经营品种不符合有关法律规定的，一律查处。治安部门和派出所民警要充分利用熟悉辖区情况的有利条件，广开信息渠道，对违反管制刀具管理规定的行为，无论其是否已经发生危害后果，公安机关均应严厉查处。

（五）违反管制刀具管理规定的法律责任

对于违反管制刀具管理规定，构成违反治安管理行为的，依照《治安管理处罚法》第32条的规定予以处罚，即非法携带枪支、弹药、匕首等国家规定的管制器具的，处5日以下拘留，可以并处500元以下罚款；情节较轻的，处警告或者200元以下罚款。非法携带枪支、弹药、匕首等国家规定的管制器具进入公共场所或者公共交通工具的，处5日以上10日以下拘留，可以并处500元以下罚款。非法携带管制刀具进入公共场所或者公共交通工具，危及公共安全，情节严重的，根据《刑法》第130条的规定，处3年以下有期徒刑、拘役或者管制。携带管制刀具参加集会、游行、示威的，根据《刑法》第297条的规定，处3年以下有期徒刑、拘役、管制或者剥夺政治权利。

二、弩的管理

弩在古代是一种攻击性、杀伤力都很强的兵器。经过现代科技改进后的弩具有便于携带、射程远、精度高等特点。进口弩还分手枪式、步枪式、冲锋枪式等多种式样。近年来，一些地方陆续发现有些企业和单位批量生产、销售和进口弩，还有的企业以俱乐部的形式开展营业性弩射活动。目前，弩的经营和射击活动发展呈上升趋势。弩具有枪支、管制刀具的部分功能和特性，属于危险物品，如不严加控制和管理，极易被犯罪分子利用，危害公共安全。1999年9月28日，公安部、国家工商行政管理总局联合发出《关于加强弩管理的通知》，各级公安机关要将弩纳入治安管理范围，加强管理。公安机关要掌握弩的生产、销售、进口情况和营业性弩射活动情况，监督制造、销售、进口、使用弩的企业和单位在生产、运输、保管、使用等环节落实安全防范措施，实行规范化管理，建立完善的规章制度，严防弩丢失、被盗、被抢及发生安全事故事件。

（一）弩的生产、销售、进口

1. 制造、销售弩必须经省、自治区、直辖市公安厅、局批准，在工商行政管理部门凭公安厅、局的批准文件办理登记注册。除经批准的弩制造、进口企业，其他任何单位和个人不得经营、销售弩。

2. 弩制造企业须在产品及其包装上标明企业名称、地址、联系电话及产品编号。

3. 企业和单位购买弩须持有营业执照和省级公安厅、局开具的购买证明。销售单位必须在查验有关手续后才可售出。严禁将弩销售给个人。

4. 弩的进口由省级公安厅、局审批，严格限制品种和数量。

（二）弩的产品登记、备案和审验

制造、销售、进口、使用弩的企业和单位须使用计算机管理，将弩的品种、数量、编号、进货和销售情况定期向省级公安厅、局备案。省级公安厅、局和工商行政管理局分别对制造、销售、进口、使用弩的企业和单位实行年度审验。

（三）弩的运输、携带和使用

弩的携带和运输须持有营业执照副本和省级公安厅、局开具的携运证明。营业性射击场开设弩射项目必须经省、自治区、直辖市公安厅、局批准，工商行政管理部门凭公安厅、局的批准文件办理登记注册。各类运动会设置弩射项目须由主办单位向运动会举办地所在的省级公安厅、局申请，获得批准后方可进行。

（四）违反管理规定的法律责任

对非法制造、销售、运输、进口弩或者非法从事营业性弩射活动的单位以及个人持有的弩，一律由公安机关登记收缴；对因经营管理不善致使弩流失于社会，被违法犯罪分子利用实施违法犯罪活动的，取消有关企业和单位经营资格并追究其负责人及直接责任人员的责任。

【参考案例5－2】

2010年11月5日凌晨1点多，邵阳市公安局大祥分局刑警大队接到群众电话报警，在城北路北门口地段发现一具尸体。接报后，该大队侦查员和技术员立即赶赴现场。当晚，嫌疑人姚某主动向警方投案自首。民警通过现场勘查和调查走访，快速查明，犯罪嫌疑人姚某，45岁，死者刘某，53岁，二人系朋友关系。据犯罪嫌疑人姚某自称，11月4日晚，他和死者刘某一起在大祥区板井巷吃饭，然后开车送刘某到北门口，刘某见车上有把弩，便问姚某是用来做什么的，姚某回答说是用来打狗的，刘某便要姚某演示给他看，结果姚某不慎射中刘某，刘某背部中镖。姚某称，他与刘某分别后不久，刘某晕倒在北门口死亡。据介绍，姚某非法持有的弩有效射程距离为50米，带红外线瞄准，精确度高。麻醉镖0.3毫克剂量5秒之内就可以麻倒猎物（150斤以上的猎物需要15秒左右）。出售弩和麻醉镖给姚某的店主，因擅自经营需公安机关许可的行业，被公安机关处以行政拘留。姚某依法被追究刑事责任。

第四节 爆炸物品管理

一、爆炸物品的含义

爆炸物品，是指在一定外界作用下，能发生剧烈的化学反应，在极短的时间内产生大量的气体和热量，给周围环境带来巨大破坏的火药、炸药及其制品和雷管、导火索等点火、起爆器材。

爆炸物品具有威力大、作用快、易受外力影响等特点，是极具危害性、危险性、破坏性的物品，具有巨大的破坏作用和杀伤能力，但又是国家经济建设和社会生活中不可缺少的重要物品，被广泛应用于爆破工程、军事工程等领域。对爆炸物品使用得当，能造福人类；如果管理不善，忽略应对其进行的严格安全管理和控制，就容易导致治安灾害事故的发生，一旦落入不法人员手中，进行违法犯罪，将会造成严重的危害后果，直接危及公共安全和公民生命财产安全。我国政府历来重视爆炸物品的安全管理工作。2006 年，国务院颁布了《民用爆炸物品安全管理条例》，明确规定了民用爆炸物品生产、销售、购买、进出口、运输、使用等各项制度。2014 年 7 月 29 日《国务院关于修改部分行政法规的决定》对其进行修订。为了加强烟花爆竹安全管理，预防爆炸事故发生，保障公共安全和人身、财产的安全，国务院于 2006 年 1 月 11 日制定了《烟花爆竹安全管理条例》，有关烟花爆竹的生产、经营、运输和燃放适用该条例。2016 年 2 月 6 日《国务院关于修改部分行政法规的决定》对其作出修订。

【参考案例 5 - 3】

2009 年 2 月 9 日 21 时左右，北京中国中央电视台新址北配楼发生火灾。经调查，火灾是由于业主单位的人不听民警劝阻执意燃放 A 类烟花所致。当时业主单位在配楼的西南角空地用玻璃钢管施放 A 类烟花，这类烟花与北京奥运时燃放的烟花类似，是用电脑控制的。现场准备燃放的礼花弹达 700 余发，总价值达百万元，事发时大部分礼花弹已经燃放，仅剩下 21 发。负责现场燃放烟花的三湘烟花制造公司具备燃放 A 级礼花的资质，但燃放活动并未得到北京市相关部门的审核和批准，属于违法燃放行为。中国中央电视台新址配楼失火后，由于工程大量使用了不合格保温板，导致燃烧范围迅速扩大，造成重大损失。

二、爆炸物品的范围

爆炸物品根据用途不同分为军用爆炸物品和民用爆炸物品，公安机关负责民用爆炸物品公共安全管理和民用爆炸物品购买、运输、爆破作业的安全监督管理，监控民用爆炸物品流向。本书仅就民用爆炸物品进行阐述。

《民用爆炸物品安全管理条例》规定的民用爆炸物品，是指用于非军事目的、列入民用爆炸物品品名表的各类火药、炸药及其制品和雷管、导火索等点火、起爆器材。根据2006年颁布的民用爆炸物品品名表的规定，民用爆炸物品具体分为以下五种。

（一）工业炸药

工业炸药是指用于工程爆破（如采煤、采矿、水利工程等）、爆炸加工、地震勘探、水声信号等作业的猛炸药，又称民用炸药。工业炸药主要包括铵梯类炸药、硝化甘油炸药、铵油类炸药、水胶炸药等。

（二）工业雷管

工业雷管是工程爆破用的一种起爆器材，用它来引爆主装炸药、传爆药柱等炸药装药，完成爆破任务。工业雷管包括火雷管、电雷管、导爆管雷管等。

（三）工业索类火工品

工业索类火工品包括工业导火索、工业导爆索、切割索、塑料导爆管和引火线。

（四）其他民用爆炸物品

其他民用爆炸物品主要包括特殊用途烟火制品、海上救生烟火信号、安全气囊用点火具和其他特殊用途点火具等。

（五）原材料

原材料，是指用于生产爆炸物品的原料，主要有硝酸铵、黑火药、民用推进剂和起爆药等。

三、民用爆炸物品管理的环节

国家对民用爆炸物品的生产、销售、购买、运输和爆破作业实行许可证制度。未经许可，任何单位或者个人不得生产、销售、购买、运输民用爆炸物品，不得从事爆破作业。民用爆炸物品行业主管部门负责民用爆炸物品生产、销售的安全监督管理。公安机关负责民用爆炸物品公共安全管理和民用爆炸物品购买、运输、爆破作业的安全监督管理，监控民用爆炸物品流向。安全生产监督、铁路、交通、民用航空主管部门依照法律、行政法规的规定，负责做好民用爆炸物品的有关安全监督管理工作。民用爆炸物品行业主管部门、公安机关、工商行政管理部门按照职责分工，负责组织查处非法生产、销售、购买、储存、运输、邮寄、使用民用爆炸物品的行为。

民用爆炸物品生产、销售、购买、运输和爆破作业单位（以下简称民用爆炸物品从业单位）的主要负责人是本单位民用爆炸物品安全管理责任人，对本单位的民用爆炸物品安全管理工作全面负责。民用爆炸物品从业单位是治安保卫工作的重点单位，应当依法设置治安保卫机构或者配备治安保卫人员，设置技术防范设施，防止民用爆炸物品丢失、被盗、被抢。民用爆炸物品从业单位应当建立安全管理制度、岗位安全责任制度，制定安全防范措施和事故应急预案，设置安全管理机构或者配备专职安全管理人员。民用爆炸物品从业单位应当加强对本单位从业人员的安全教育、法制教育和岗位技术培训，从业人员经考核合格的，方可上岗作业；对有资格要求的岗位，应当配备具有相应资格的人员。国家建立民用爆炸物品信息管理系统，对民用爆炸物品实行标识管理，监控民用爆炸物品流向。民用爆炸物品生产企业、销售企业和爆破作业单位应当建立民用爆炸物品登记制度，如实将本单位生产、销售、购买、运输、储存、使用民用爆炸物品的品种、数量和流向信息输入计算机系统。

（一）生产管理

申请从事民用爆炸物品生产的企业，应当向国务院民用爆炸物品行业主管部门提交申请书、可行性研究报告。申请从事民用爆炸物品生产的企业，应当具备下列条件：

（1）符合国家产业结构规划和产业技术标准；

（2）厂房和专用仓库的设计、结构、建筑材料、安全距离以及防火、防爆、防雷、防静电等安全设备、设施符合国家有关标准和规范；

（3）生产设备、工艺符合有关安全生产的技术标准和规程；

（4）有具备相应资格的专业技术人员、安全生产管理人员和生产岗位人员；

（5）有健全的安全管理制度、岗位安全责任制度；

（6）法律、行政法规规定的其他条件。

对符合条件的，国务院民用爆炸物品行业主管部门核发《民用爆炸物品生产许可证》；对不符合条件的，不予核发，并书面向申请人说明理由。民用爆炸物品生产企业为调整生产能力及品种进行改建、扩建的，应当重新申请办理《民用爆炸物品生产许可证》。

取得《民用爆炸物品生产许可证》的企业应当在基本建设完成后，向国务院民用爆炸物品行业主管部门申请安全生产许可。符合条件的，国务院民用爆炸物品行业主管部门在《民用爆炸物品生产许可证》上标注安全生产许可。民用爆炸物品生产企业持经标注安全生产许可的《民用爆炸物品生产许可证》到工商行政管理部门办理工商登记后，方可生产民用爆炸物品。民用爆炸物品生产企业应当在办理工商登记后3日内，向所在地县级人民政府公安机关备案。

民用爆炸物品生产企业应当严格按照《民用爆炸物品生产许可证》核定的品种和产量进行生产，生产作业应当严格执行安全技术规程的规定。民用爆炸物品生产企业应当对民用爆炸物品作出警示标识、登记标识，对雷管编码打号。民用爆炸物品警示标识、登记标识和雷管编码规则，由国务院公安部门会同国务院民用爆炸物品行业主管部门规定。

民用爆炸物品生产企业应当建立健全产品检验制度，保证民用爆炸物品的质量符合相关标准。民用爆炸物品的包装，应当符合法律、行政法规的规定以及相关标准。试验或者试制民用爆炸物品，必须在专门场地或者专门的试验室进行。严禁在生产车间或者仓库内试验或者试制民用爆炸物品。

（二）销售和购买管理

1. 申请从事民用爆炸物品销售的企业，应当具备下列条件：

（1）符合对民用爆炸物品销售企业规划的要求；

（2）销售场所和专用仓库符合国家有关标准和规范；

（3）有具备相应资格的安全管理人员、仓库管理人员；

（4）有健全的安全管理制度、岗位安全责任制度；

（5）法律、行政法规规定的其他条件。

销售民用爆炸物品的企业，由所在地省、自治区、直辖市人民政府民用爆炸物品行业主管部门核发《民用爆炸物品销售许可证》。民用爆炸物品销售企业持《民用爆炸物品销售许可证》到工商行政管理部门办理工商登记后，方可销售民用爆炸物品。民用爆炸物品销售企业在办理工商登记后3日内，向所在地县级公安机关备案。

民用爆炸物品生产企业凭《民用爆炸物品生产许可证》，可以销售本企业生产的民用爆炸物品，销售的民用爆炸物品，不得超出核定的品种、产量。

2. 民用爆炸物品使用单位申请购买民用爆炸物品的，应当向所在地县级人民政府公安机关提出购买申请，并提交下列有关材料：

（1）工商营业执照或者事业单位法人证书；

（2）《爆破作业单位许可证》或者其他合法使用的证明；

（3）购买单位的名称、地址、银行账户；

（4）购买的品种、数量和用途说明。

受理申请的公安机关应当自受理申请之日起5日内对提交的有关材料进行审查，对符合条件的，核发《民用爆炸物品购买许可证》；对不符合条件的，不予核发《民用爆炸物品购买许可证》，书面向申请人说明理由。《民用爆炸物品购买许可证》应当载明许可购买的品种、数量、购买单位以及许可的有效期限。

民用爆炸物品生产企业凭《民用爆炸物品生产许可证》购买属于民用爆炸物品的原料，民用爆炸物品销售企业凭《民用爆炸物品销售许可证》向民用爆炸物品生产企业购买民用爆炸物品，民用爆炸物品使用单位凭《民用爆炸物品购买许可证》购买民用爆炸物品，还应当提供经办人的身份证明。

销售民用爆炸物品的企业，应当自民用爆炸物品成交之日起3日内，将销售的品种、数量和购买单位向所在地省、自治区、直辖市人民政府民用爆炸物品行业主管部门和所在地县级人民政府公安机关备案。购买民用爆炸物品的单位，应当自民用爆炸物品买卖成交之日起3日内，将购买的品种、数量向所在地县级人民政府公安机关备案。

（三）运输管理

1. 运输民用爆炸物品的，收货单位应当向运达地县级人民政府公安机关提出申请。

需要提交包括下列内容的材料：

（1）民用爆炸物品生产企业、销售企业、使用单位以及进出口单位分别提供的《民用爆炸物品生产许可证》、《民用爆炸物品销售许可证》、《民用爆炸物品购买许可证》或者进出口批准证明；

（2）运输民用爆炸物品的品种、数量、包装材料和包装方式；

（3）运输民用爆炸物品的特性、出现险情的应急处置方法；

（4）运输时间、起始地点、运输路线、经停地点。

公安机关依法审核合格的核发《民用爆炸物品运输许可证》，《民用爆炸物品运输许可证》应当载明收货单位、销售企业、承运人，一次性运输有效期限、起始地点、运输路线、经停地点，民用爆炸物品的品种、数量。

2. 经由道路运输民用爆炸物品的，应当遵守相关规定。

（1）携带《民用爆炸物品运输许可证》；

（2）民用爆炸物品的装载符合国家有关标准和规范，车厢内不得载人；

（3）运输车辆安全技术状况应当符合国家有关安全技术标准的要求，并按照规定悬挂或者安装符合国家标准的易燃易爆危险物品警示标志；

（4）运输民用爆炸物品的车辆应当保持安全车速；

（5）按照规定的路线行驶，途中经停应当有专人看守，并远离建筑设施和人口稠密的地方，不得在许可以外的地点经停；

（6）按照安全操作规程装卸民用爆炸物品，并在装卸现场设置警戒，禁止无关人员进入；

(7) 出现危险情况立即采取必要的应急处置措施，并报告当地公安机关。

民用爆炸物品运达目的地，收货单位进行验收后应当在《民用爆炸物品运输许可证》上签注，并在3日内将《民用爆炸物品运输许可证》交回发证机关核销。

禁止携带民用爆炸物品搭乘公共交通工具或者进入公共场所，不得邮寄民用爆炸物品，同时禁止在托运的货物、行李、包裹、邮件中夹带民用爆炸物品。

(四) 储存管理

民用爆炸物品应当储存在专用仓库内，并按照国家规定设置技术防范设施。储存民用爆炸物品应当遵守下列规定：

1. 建立出入库检查、登记制度，收存和发放民用爆炸物品必须进行登记，做到账目清楚，账物相符。

2. 储存的民用爆炸物品数量不得超过储存设计容量，对性质相抵触的民用爆炸物品必须分库储存，严禁在库房内存放其他物品。

3. 专用仓库应当指定专人管理、看护，严禁无关人员进入仓库区内，严禁在仓库区内吸烟和用火，严禁把其他容易引起燃烧、爆炸的物品带入仓库区内，严禁在库房内住宿和进行其他活动。

4. 民用爆炸物品丢失、被盗、被抢，应当立即报告当地公安机关。

四、违反爆炸物品管理的法律责任

对于非法制造、买卖、运输、储存民用爆炸物品，构成犯罪的，依法追究刑事责任；尚不构成犯罪，有违反治安管理行为的，依法给予治安管理处罚。

违反《民用爆炸物品安全管理条例》的规定，在生产、储存、运输、使用民用爆炸物品中发生重大事故，造成严重后果或者后果特别严重，构成犯罪的，依法追究刑事责任。

未经许可生产、销售民用爆炸物品的，由民用爆炸物品行业主管部门责令停止非法生产、销售活动，处10万元以上50万元以下的罚款，并没收非法生产、销售的民用爆炸物品及其违法所得。

未经许可购买、运输民用爆炸物品或者从事爆破作业的，由公安机关责令停止非法购买、运输、爆破作业活动，处5万元以上20万元以下的罚款，并没收非法购买、运输以及从事爆破作业使用的民用爆炸物品及其违法所得。

第五节　剧毒化学品管理

一、剧毒化学品的概念和管理范围

（一）剧毒化学品的概念

剧毒化学品，是指少量侵入机体，短时间内即能致人畜严重中毒或死亡的物质。

剧毒化学品经常应用于工业生产、医疗和实验研究等活动，在发挥其自身功能的同时，存在巨大的危险。剧毒化学品进入人或动物机体，会破坏机体正常生理功能，短时间内即能致人、动物严重中毒或死亡。因此，为了加强剧毒化学品的安全管理，预防和减少事故发生，保障人民群众生命财产安全，保护环境，需要对剧毒化学品进行严格的管理。目前，我国进行剧毒化学品管理的主要依据有:《危险化学品安全管理条例》《剧毒化学品购买和公路运输许可证件管理办法》《易制毒化学品管理条例》《易制毒化学品购销和运输管理办法》等。其中，《危险化学品安全管理条例》已经于2011年和2013年进行了两次修订，新修订后的《危险化学品安全管理条例》自2013年12月7日起施行。

（二）剧毒化学品的管理范围

1. 列入公安机关治安管理的比较常见的剧毒化学品主要有以下六大类：

（1）氰化物类；

（2）砷化物类；

（3）汞化物类；

（4）农药类；

（5）生物碱类；

（6）其他剧毒化学品。

2. 以急性毒性指标为主，适当考虑剧毒化学品的理化性质和其他危险性质，进行综合分析、全面权衡，将剧毒化学品分为A、B两级。

（1）A级剧毒化学品：具有非常剧烈的毒害危险，急性毒性符合相关标准，无明显颜色、气味、味道，易被用于投毒破坏的，及具有遇水燃烧、爆炸、催泪等其他危险性质，易引起治安灾害事故的剧毒化学品。

（2）B级剧毒化学品：具有严重的毒害危险，急性毒性符合相关标准，可能引起治安灾害事故的剧毒化学品。

二、剧毒化学品管理的措施

国家对剧毒化学品的生产、储存和运输实行统一规划、合理布局和严格控制，并对剧毒化学品生产、储存和运输实行许可制度；未经许可，任何单位和个人都不得生产、储存和运输剧毒化学品。剧毒化学品安全管理，应当坚持“安全第一、预防为主、综合治理”的方针，强化和落实企业的主体责任。

（一）生产管理

依法设立的剧毒化学品生产企业，必须向国务院质检部门申请领取剧毒化学品生产许可证，申请人凭生产许可证向工商行政管理部门办理登记注册手续。未取得危险化学品生产许可证的，不得开工生产。国务院质检部门应当将颁发危险化学品生产许可证的情况通报国务院经济贸易综合管理部门、环境保护部门和公安部门。

剧毒化学品的生产单位，应当对剧毒化学品的产量、流向、储存量和用途如实记录，并采取必要的防护措施，防止剧毒化学品被盗、丢失或者误售、误用；发现剧毒化学品被盗、丢失或者误售、误用时，必须立即向当地公安部门报告。生产、储存剧毒化学品、易制爆危险化学品的单位，应当设置治安保卫机构，配备专职治安保卫人员。

（二）储存管理

剧毒化学品必须储存在专用仓库、专用场地或者专用储存室（以下统称专用仓库）内，储存方式、方法与储存数量必须符合国家标准，并由专人管理。剧毒化学品出入库，必须进行核查登记。库存剧毒化学品应当定期检查。

剧毒化学品以及储存数量构成重大危险源的其他危险化学品必须在专用仓库内单独存放，实行双人收发、双人保管制度。储存单位应当将储存剧毒化学品以及构成重大危险源的其他危险化学品的数量、地点以及管理人员的情况，报当地公安部门和负责危险化学品安全监督管理综合工作的部门备案。

（三）经营购买管理

1. 经营许可制度

国家对剧毒化学品经营销售实行许可制度。未经许可，任何单位和个人都不得经营销售剧毒化学品。从事剧毒化学品、易制爆危险化学品经营的企业，应当向所在地设区的市级人民政府安全生产监督管理部门提出申请，从事其他危险化学品经营的企业，应当向所在地县级人民政府安全生产监督管理部门提出申请（有储存设施的，应当向所在地设区的市级人民政府安全生产监督管理部门提出申请）。申请人应当提交符合规定条件的证明材料。设区的市级人民政府安全生产监督管理部门或者县级人民政府安全生产监督管理部门应当依法进行审查，并对申请人的经营场所、储存设施进行现场核查，自收到证明材料之日起30日内作出批准或者不予批准的决定。予以批准的，颁发危险化学品经营许可证；不予批准的，书面通知申请人并说明理由。

设区的市级人民政府安全生产监督管理部门和县级人民政府安全生产监督管理部门应当将其颁发危险化学品经营许可证的情况及时向同级环境保护主管部门和公安机关通报。

申请人持危险化学品经营许可证向工商行政管理部门办理登记手续后，方可从事危险化学品经营活动。法律、行政法规或者国务院规定经营危险化学品还需要经其他有关部门许可的，申请人向工商行政管理部门办理登记手续时还应当持相应的许可证件。

剧毒化学品经营企业，必须具备下列条件：（1）经营场所和储存设施符合国家标准；（2）主管人员和业务人员经过专业培训，并取得上岗资格；（3）有健全的安全管理制度；（4）符合法律、法规规定和国家标准要求的其他条件。

2. 经营条件与要求

经营剧毒化学品，不得有下列行为：（1）向未取得剧毒化学品生产许可证或者剧毒化学品经营许可证的企业采购剧毒化学品；（2）经营国家明令禁止的剧毒化学品和用剧毒化学品生产的灭鼠药以及其他可能进入人民日常生活的化学产品和日用化学品；（3）销售没有化学品安全技术说明书和化学品安全标签的剧毒化学品。

剧毒化学品经营企业销售剧毒化学品，应当记录购买单位的名称、地址和购买人员的姓名、身份证号码及所购剧毒化学品的品名、数量、用途。记录至少应当保存1年。

剧毒化学品经营企业应当每天核对剧毒化学品的销售情况，发现被盗、丢失、误售等情况时，必须立即向当地公安部门报告。

3. 购买管理

购买剧毒化学品，应当遵守下列规定：（1）生产、科研、医疗等单位经常使用剧毒化学品的，应当向设区的市级人民政府公安部门申请领取购买凭证，凭购买凭证购买；（2）单位临时需要购买剧毒化学品的，应当凭本单位出具的证明（注明品名、数量、用途）向设区的市级人民政府公安部门申请领取准购证，凭准购证购买；（3）个人不得购买农药、灭鼠药、灭虫药以外的剧毒化学品。

剧毒化学品生产企业、经营企业不得向个人或者无购买凭证、准购证的单位销售剧毒化学品。剧毒化学品购买凭证、准购证不得伪造、变造、买卖、出借或者以其他方式转让，不得使用作废的剧毒化学品购买凭证、准购证。

（四）运输管理

国家对剧毒化学品的运输实行资质认定制度；未经资质认定，不得运输剧毒化学品。剧毒化学品运输企业，应当对其驾驶员、船员、装卸管理人员、押运人员进行有关安全知识培训；驾驶员、船员、装卸管理人员、押运人员必须掌握剧毒化学品运输的安全知识，并经所在地设区的市级人民政府交通部门考核合格（船员经海事管理机构考核合格），取得上岗资格证，才可上岗作业。

运输剧毒化学品的驾驶员、船员、装卸人员和押运人员必须了解所运载的剧毒化学品的性质、危害特性、包装容器的使用特性和发生意外时的应急措施。运输剧毒化学品，必须配备必要的应急处理器材和防护用品。

需要通过公路运输剧毒化学品的，应当向运输目的地县级人民政府公安机关交通管理部门申领剧毒化学品公路运输通行证。申领时，托运人应当如实填写剧毒化学品公路运输通行证申请表，同时提交下列证明文件和资料，并接受公安机关交通管理部门对运输车辆和驾驶人、押运人员的查验、审核：

（1）剧毒化学品购买凭证或者剧毒化学品准购证。运输进口或者出口剧毒化学品的，应当提交危险化学品进口或者出口登记证。

（2）承运单位从事危险货物道路运输的经营（运输）许可证（复印件）、机动车行驶证、运输车辆从事危险货物道路运输的道路运输证。运输剧毒化学品的车辆必须设置安装剧毒化学品道路运输专用标识和安全标示牌。安全标示牌应当标明剧毒化学品品名、种类、罐体容积、载质量、施救方法、运输企业联系电话。

（3）驾驶人的机动车驾驶证，驾驶人、押运人员的身份证件以及从事危险货物道路运输的上岗资格证。

（4）随剧毒化学品公路运输通行证申请表，附运输企业对每辆运输车辆制作的运输路线图和运行时间表，每辆车拟运输的载质量。

承运单位不在目的地的，可以向运输目的地县级人民政府公安机关交通管理部门提出申请，委托运输始发地县级人民政府公安机关交通管理部门受理核发剧毒化学品公路运输通行证，但不得跨省（自治区、直辖市）委托。具体委托办法由省级人民政府公安机关制定。通过公路运输剧毒化学品的，应当遵守《道路交通安全法》《危险化学品安全管理条例》等法律法规对剧毒化学品运输安全的管理规定，悬挂警示标志，采取必要的安全措施，并按照剧毒化学品公路运输通行证载明的运输车辆、驾驶人、押运人员、装载数量、有效期限、指定的路线、时间和速度运输，禁止超载、超速行驶；押运人员应当随车携带剧毒化学品公路运输通行证，以备查验。运输车辆行驶速度在不超过限速标志的前提下，在高速公路上不低于每小时70公里、不高于每小时90公里，在其他道路上不超过每小时60公里行使。剧毒化学品运达目的地后，收货单位应当在剧毒化学品公路运输通行证上签注接收情况，并在收到货物后的7日内将剧毒化学品公路运输通行证送目的地县级人民政府公安机关治安管理部门备案存查。

剧毒化学品在公路运输途中发生被盗、丢失、流散、泄漏等情况时，承运人及押运人员必须立即向当地公安部门报告，并采取一切可能的警示措施。公安部门接到报告后，应当立即向其他有关部门通报情况；有关部门应当采取必要的安全措施。

任何单位和个人不得邮寄或者在邮件内夹带剧毒化学品，不得将剧毒化学品匿报或者谎报为普通物品邮寄。通过铁路、航空运输危险化学品的，按照国务院铁路、民航部门的有关规定执行。

（五）剧毒化学品的处置

处置废弃剧毒化学品，必须依照《固体废物污染环境防治法》和国家有关规定，通过物理或化学方法进行减毒或无毒化处理，或进行长期安全贮存。剧毒化学品的生产、储存、使用单位转产、停产、停业或者解散的，应当采取有效措施，处置剧毒化学品的生产或者储存设备、库存产品及生产原料，不得留有事故隐患。处置方案应当报所在地设区的市级人民政府负责危险化学品安全监督管理综合工作的部门和同级环境保护部门、公安部门备案。负责危险化学品安全监督管理综合工作的部门应当对处置情况进行监督检查。

三、违反剧毒化学品管理的法律责任

《危险化学品安全管理条例》对违反剧毒化学品管理的各种行为规定了相应的处罚。主要包括：

1. 有下列情形之一的，由公安机关责令改正，可以处1万元以下的罚款；拒不改正的，处1万元以上5万元以下的罚款：

（1）生产、储存、使用剧毒化学品、易制爆危险化学品的单位不如实记录生产、储存、使用的剧毒化学品、易制爆危险化学品的数量、流向的；

（2）生产、储存、使用剧毒化学品、易制爆危险化学品的单位发现剧毒化学品、易制爆危险化学品丢失或者被盗，不立即向公安机关报告的；

（3）储存剧毒化学品的单位未将剧毒化学品的储存数量、储存地点以及管理人员的情况报所在地县级人民政府公安机关备案的；

（4）危险化学品生产企业、经营企业不如实记录剧毒化学品、易制爆危险化学品购买单位的名称、地址、经办人的姓名、身份证号码以及所购买的剧毒化学品、易制爆危险化学品的品种、数量、用途，或者保存销售记录和相关材料的时间少于1年的；

（5）剧毒化学品、易制爆危险化学品的销售企业、购买单位未在规定的时限内将所销售、购买的剧毒化学品、易制爆危险化学品的品种、数量以及流向信息报所在地县级人民政府公安机关备案的；

（6）使用剧毒化学品、易制爆危险化学品的单位依照条例规定转让其购买的剧毒化学品、易制爆危险化学品，未将有关情况向所在地县级人民政府公安机关报告的。

2. 危险化学品生产企业、经营企业有下列情形之一的，由安全生产监督管理部门责令改正，没收违法所得，并处10万元以上20万元以下的罚款；拒不改正的，责令停产停业整顿直至吊销其危险化学品安全生产许可证、危险化学品经营许可证，并由工商行政管理部门责令其办理经营范围变更登记或者吊销其营业执照：

（1）向不具有规定的相关许可证件或者证明文件的单位销售剧毒化学品、易制爆危险化学品的；

（2）不按照剧毒化学品购买许可证载明的品种、数量销售剧毒化学品的；

（3）向个人销售剧毒化学品（属于剧毒化学品的农药除外）、易制爆危险化学品的。

3. 不具有相关许可证件或者证明文件的单位购买剧毒化学品、易制爆危险化学品，或者个人购买剧毒化学品（属于剧毒化学品的农药除外）、易制爆危险化学品的，由公安机关没收所购买的剧毒化学品、易制爆危险化学品，可以并处5000元以下的罚款。使用剧毒化学品、易制爆危险化学品的单位出借或者向不具有相关许可证件的单位转让其购买的剧毒化学品、易制爆危险化学品，或者向个人转让其购买的剧毒化学品（属于剧毒化学品的农药除外）、易制爆危险化学品的，由公安机关责令改正，处10万元以上20万元以下的罚款；拒不改正的，责令停产停业整顿。

4. 有下列情形之一的，由公安机关责令改正，处1万元以上5万元以下的罚款；构成违反治安管理行为的，依法给予治安管理处罚：

（1）危险化学品运输车辆未悬挂或者喷涂警示标志，或者悬挂或者喷涂的警示标志不符合国家标准要求的；

（2）通过道路运输危险化学品，不配备押运人员的；

（3）运输剧毒化学品或者易制爆危险化学品途中需要较长时间停车，驾驶人员、押运人员不向当地公安机关报告的；

（4）剧毒化学品、易制爆危险化学品在道路运输途中丢失、被盗、被抢或者发生流散、泄漏等情况，驾驶人员、押运人员不采取必要的警示措施和安全措施，或者不向当地公安机关报告的。

《危险化学品安全管理条例》《剧毒化学品购买和公路运输许可证件管理办法》《治安管理处罚法》《刑法》等还就其他有关剧毒化学品的违法犯罪行为规定了相应行政或刑事处罚。

第六节　放射性物品管理

放射性物品是危险物品的独立组成部分。放射性物品的危险性在于辐射污染，最终使人员受到辐射伤害。放射性物品是自发和连续地放射出某种类型辐射（电离辐射）的物质，这种辐射对身体健康有害，但却不能被人体的任何感官（视觉、听觉、嗅觉、触觉）觉察到；这些辐射也可作用于其他物质（特别是未显影的照相底片和未显影的X光胶片），而且它们可用合适的仪器探测与测量。公安机关进行放射性物品管理的主要依据是《放射性污染防治法》和《放射性物品运输安全管理条例》等。

一、放射性物品的概念和特性

（一）放射性物品的概念

放射性物品，是指含有放射性核素，并且其活度和比活度均高于国家规定的豁免值的物品。某些元素和它们的化合物、结构不稳定，衰变时能从原子核中放射出肉眼看不见的、有穿透性的粒子——射线，具有这种特性的元素及它们的化合物称之为放射性物品。

（二）放射性物品的特性

1. 具有放射性。放射性物品能自发、不断地放出人们感觉器官不能觉察到的射线。放射性物质放出的射线可分为四种：α 射线，也叫甲种射线；β 射线，也叫乙种射线；γ 射线，也叫丙种射线；还有中子流。但是各种放射性物品放出的射线种类和强度不尽一致。上列射线从人体外部照射时，β、γ 射线和中子流对人的危害很大，达到一定剂量时易使人患放射病，甚至死亡。当放射性物质进入体内时，α 射线的危害最大，其他射线的危害较大，所以要严防放射性物品进入体内。

2. 许多放射性物品毒性很大，如钋^{210}、镭^{226}、镭^{228}、钍^{230}等都是剧毒的放射性物品，钠^{22}、钴^{60}、锶^{90}、碘^{131}、铅^{210}等为高毒的放射性物品，均应注意。

3. 不能用化学方法中和或者其他方法使放射性物品不放出射线，而只能设法把放射性物质清除或者用适当的材料予以吸收屏蔽。

二、放射性物品的种类

根据放射性物品的特性及其对人体健康和环境的潜在危害程度，将放射性物品分为一类、二类和三类。

1. 一类放射性物品，是指Ⅰ类放射源、高水平放射性废物、乏燃料等释放到环境后对人体健康和环境产生重大辐射影响的放射性物品。

2. 二类放射性物品，是指Ⅱ类和Ⅲ类放射源、中等水平放射性废物等释放到环境后对人体健康和环境产生一般辐射影响的放射性物品。

3. 三类放射性物品，是指Ⅳ类和Ⅴ类放射源、低水平放射性废物、放射性药品等释放到环境后对人体健康和环境产生较小辐射影响的放射性物品。

三、放射性物品的管理措施

国务院核安全监管部门对放射性物品运输的核与辐射安全实施监督管理。国务院公安、交通运输、铁路、民航等有关主管部门依照《放射性物品运输安全管理条例》的规定和各自的职责，负责放射性物品运输安全的有关监督管理工作。县级以上地方人民政府环境保护主管部门和公安、交通运输等有关主管部门，依照《放射性物品运输安全管理条例》的规定和各自的职责，负责本行政区域放射性物品运输安全的有关监督管理工作。

（一）许可登记

从事生产、销售、运输、储存、使用放射性同位素和含放射源装置的单位和个人，必须向省级卫生行政部门申请许可，取得《放射性同位素工作许可证》并向省级公安部门进行登记；取得《放射性同位素工作登记证》后，方可从事放射性物品的工作。许可证和登记证每年核查一次，每5年换发一次。

（二）安全运输

运输放射性物品必须妥善包装并经卫生防护部门检查，开具《放射性物品剂量检查证明书》后，方可发运。严禁个人随身携带放射性物品进入公共场所和乘坐车、船、飞机。运输放射性物品必须用机动车辆专程运输，运输量大的还须指派专人护送押运。通过公路运输放射性物品的，托运人应当向抵达地的县级人民政府公安部门申请领取放射性物品公路运输通行证。通过水路运输放射性物品的，载运船舶应当向海事管理机构办理申报手续，经批准后方可进出港口或者装卸。通过铁路、航空运输放射性物品的，按照国务院铁路、民航主管部门的有关规定执行。

运输放射性物品，应当使用专用的放射性物品运输包装容器（以下简称运输容器）。放射性物品的运输和放射性物品运输容器的设计、制造，应当符合国家放射性物品运输安全标准。放射性物品运输容器的设计、制造单位应当建立健全责任制度，加强质量管理，并对所从事的放射性物品运输容器的设计、制造活动负责。

国家放射性物品运输安全标准，由国务院核安全监管部门制定，由国务院核安全监管部门和国务院标准化主管部门联合发布。国务院核安全监管部门制定国家放射性物品运输安全标准，应当征求国务院公安、卫生、交通运输、铁路、民航、核工业行业主管部门的意见。

放射性物品的托运人（以下简称托运人）应当制定核与辐射事故应急方案，在放射性物品运输中采取有效的辐射防护和安全保卫措施，并对放射性物品运输中的核与辐射安全负责。

（三）储存保管

储存放射性物品的单位，必须设有专门的储存室并设专人保管。储存室应干燥、通风、平坦，要划出警戒线，并采取一定的屏蔽防护。储存室应远离其他危险物品或货物、人员、交通干线等，严格执行防护检查等管理制度。存放过放射性物品的地方，应在卫生部门指派的专业人员监督指导下，进行彻底清洗，否则不得存放其他物品。放射性物品丢失或被盗，保管人员应及时报案并协助公安机关积极查找。

（四）事故处理

发生事故的单位应立即将事故情况报告主管部门和所在地区的卫生、公安部门，所在地区卫生、公安部门要迅速逐级上报省、自治区、直辖市卫生、公安厅（局）。重大事故、特大事故要立即报告卫健委和公安部。

处理事故时应首先采取措施保护工作人员和公众的生命安全，及时控制事故，防止扩大，避免农作物和其他食物及水源受到污染；同时尽量保护好现场，防止无关人员受到辐射和污染范围扩大；事故处理要及时、迅速、彻底，事故发生后要迅速组织人力、物力采取果断措施进行处理，不能采取简单的掩埋、转移等方法处理。

四、违反放射性物品管理的法律责任

《放射性污染防治法》规定，放射性污染防治监督管理人员违反法律规定，利用职务上的便利收受他人财物、谋取其他利益，或者玩忽职守，有下列行为之一的，依法给予行政处分；构成犯罪的，依法追究刑事责任：

（1）对不符合法定条件的单位颁发许可证和办理批准文件的；

（2）不依法履行监督管理职责的；

（3）发现违法行为不予查处的。

擅自从事贮存和处置放射性固体废物活动的或者不按照许可的有关规定从事贮存和处置放射性固体废物活动的，由省级以上人民政府环境保护行政主管部门责令停产停业或者吊销许可证；有违法所得的，没收违法所得；违法所得10万元以上的，并处违法所得1倍以上5倍以下罚款；没有违法所得或者违法所得不足10万元的，并处5万元以上10万元以下罚款；构成犯罪的，依法追究刑事责任。

《治安管理处罚法》规定，违反国家规定，制造、买卖、储存、运输、邮寄、携带、使用、提供、处置放射性物质的，处10日以上15日以下拘留；情节较轻的，处5日以上10日以下拘留。放射性物质被盗、被抢或者丢失，未按规定报告的，处5日以下拘留；故意隐瞒不报的，处5日以上10日以下拘留。

对违反放射性物品管理规定，在生产、储存、运输、使用中发生事故，尚未造成严重后果的，由公安机关给予治安管理处罚；造成严重后果的，依法追究刑事责任。

典型案例剖析

2014年5月7日3时至20时，天津宏迪检测公司工作人员携带放射源铱-192一枚，在南京市中石化第五建设公司院内进行探测作业，后工作人员将该放射源丢失。知情人士说，工作人员将放射源弄丢后，至5月8日23时30分深夜，他们才向当地公安分局报案，至5月10日18时才重新寻获。在放射源丢失期间，先是中石化第五建设公司某工人5月7日上午自地上捡起，拿在手上把玩，随后弃于地上。再有其同事王某7日8时左右捡起，发现很沉，误以为是贵重物品，悄悄装入上衣口袋后继续干活，中午下班回家后将其丢在自家院子里。至5月10日凌晨5点多，他用塑料袋将它包好，扔到不远处的草丛内。

本次放射源丢失事件，暴露出操作人员不负责任、相关单位管理混乱、政府监管不到位等问题。为了保证公共安全，公安机关必须严格依法进行放射性物品管理，确保人民群众的生命健康安全。

第六章

公共安全危机管理

第一节　公共安全危机管理概述

一、公共安全危机的界定

（一）公共安全危机的含义

公共安全，是指不特定多数人的生命、健康和重大公私财产以及社会生产、工作和公共生活的安全。其主要包括食品卫生安全、药品卫生安全、生产安全、工作秩序安全、治安秩序安全、交通安全、消防安全、危险品安全、生态安全、环保安全、信息网络安全等。

公共安全危机，是指某一事件突然发生，并对一定范围内人们的正常生活、工作、生命财产以及正常的社会秩序构成严重威胁的一种危险境况和紧张状态。

（二）公共安全危机的特点

1. 突发性

公共安全危机具有一定的隐蔽性、或然性，往往不易发觉或被隐匿而被推迟发觉和掩盖，即有关事态及状态的发生是不能或者难以预测的。公共安全危机往往是在意想不到、没有准备的情况下突然爆发的，即在公共安全危机发生之前，很少有人意识到会发生危机。由于公共安全危机的这种隐蔽性和不确定性，导致公共安全危机的爆发具有突发性强的特点。

2. 威胁性

威胁性即公共安全危机具有高度危险，危机的爆发会导致社会脱离正常轨道而陷入危机的非均衡状态，极易威胁公共安全，影响社会稳定。因而，排除这种危险性及威胁性就成为优于其他任何价值取向的行政目的，这是公共安全危机的本质特征。一个事件或一种状态之所以被称为公共安全危机，就在于人们正常的工作和生活受到影响，基本的价值受到威胁，如果不及时加以控制，一个群体或一个社会就有可能发生混乱，严重的还有可能被肢解。

3. 多样性

多样性即公共安全危机的未来发展具有不可判定性，呈现各具特色的多样性和变换性，因而要求公共安全危机管理的应对策略具有随机应变性和具体应对性。公共安全危机的发展、变化方向是多变的，具有高度的不确定性和易变性。一个公共安全危机现象往往在其发展过程中会引起一连串的相关反应，这种相关反应亦可称为连锁反应。

4. 紧迫性

紧迫性即公共安全危机发生后，由于可供选择判断的时间有限，危机一旦被搁置，就有导致不均衡化、恶化，甚至会产生社会混乱、组织崩溃的危险，因而要求迅速实行救援、采取恢复策略等紧急措施加以应对，需要管理部门和社会公众在相当短的时间内作出决策，化解危机，消除影响，减少损失。由于公共安全危机突然出现，可利用的资源又十分有限（如信息不对称、技术手段缺乏、物质保障不到位等），使决策和指挥控制、民众反应与配合都显得十分紧急。

5. 全球性

现代社会中，公共安全危机是普遍存在的，因而公共安全危机具有普遍存在性和不可避免性。同时，公共安全危机所产生的影响在时间上被延长了、在空间上被扩大了。随着经济全球化进程的加速，转轨时期的公共安全危机日益具有全球化的特征。

二、公共安全危机的形成、类型和发展趋势

（一）公共安全危机的形成

现代科学技术与工业社会的发展所带来的严重后果之一是潜在的风险日益增多，科学技术与先进的生产力在给人类社会带来经济发展的同时，也为人类社会的发展带来了潜在的风险，成为跨越国界的公共问题。正如恩格斯在《自然辩证法》中所指出的，我们不要过分陶醉于我们对自然界的胜利。对于每一次这样的胜利，自然界都报复了我们。每一次胜利在第一步都确实取得了我们预期的结果，但在第二步和第三步却有了完全不同的、出乎预料的影响，常常把第一个结果又取消了。自20世纪80年代以来，苏联切尔诺贝利核电站泄漏事故、疯牛病、SARS事件、恐怖袭击事件、禽流感、新型冠状病毒肺炎等，使社会公众变得越来越敏感和恐惧，社会也变得越来越脆弱。风险问题由此成为当今社会争论

的主要话题与公众关注的焦点。如何建立起防范风险的公共机制成为风险社会理论的核心问题，也成为人类社会亟待解决的时代课题。

城市的扩展、人口的增加、科技发展导致的社会脆弱性、社会结构的失衡与政府治理能力的相对下降等问题是各种危机事件发生的新根源；无论是受到人为的破坏，还是缘于技术因素引发的故障，都可能引发连带效应，并导致影响公共安全与社会秩序的严重危机。德国社会学家乌尔里希·贝克提出的风险社会理论认为，风险社会所发生的重大灾难很有可能引发一系列对当前的社会基础、制度目标和伦理规范进行的批判性反思。一个国家或地区的政府如果不能充分认识风险社会的规律，就不可能把握公共安全的发展趋势，也不可能进行有效的预警与预防，进而提高社会控制与反应能力。乌尔里希·贝克的风险社会理论及其观点在国际社会受到普遍的关注，特别是应对信息化与全球化所带来的各种风险已经成为各国政府的普遍共识，并作为调整公共安全管理对策、改变公共安全管理观念、应对各种公共危机事件的理论依据与现实需求。

（二）公共安全危机的类型

在自然、社会、管理、人为等多种因素的相互作用下，形成了各种公共安全危机。根据《国家突发公共事件总体应急预案》和《突发事件应对法》的规定，我们将公共安全危机归纳为群体性危机事件、恐怖袭击危机事件、公共事故灾难危机事件、突发公共卫生危机事件和自然灾害危机事件五种类型。

1. 群体性危机事件

所谓群体性危机事件，是指由于人们的利益或相关诉求得不到有效满足而引发的部分群众参与，有一定组织和目的，采取围堵党政机关、静坐请愿、阻塞交通、集会、聚众闹事、群体上访等方法，对政府管理和社会秩序造成影响甚至使社会在一定范围内陷入一定程度对峙状态的危机事件。群体性危机事件属于通常意义上的人民内部矛盾，它不同于政治动乱、敌对状态等需要通过战争、暴力手段来解决的事件。

2. 恐怖袭击危机事件

所谓恐怖袭击危机事件，是指个人或集团，为实现某种目标或改变某些政治进程的结局而运用暴力或威胁手段，蓄意制造恐慌气氛的危机事件。自 20 世纪 90 年代以来，恐怖袭击就像一股暗流侵蚀着世界上的生命和物体。当前的国际恐怖袭击出现了一种令人更加忧虑的现象，即将无辜人群作为恐怖暴力袭击的对象，以此制造影响。恐怖主义浪潮开始向暴虐、非理性、惨无人道、难以预见的方向演化。恐怖袭击给人类社会、国际政治、国家安全造成极大的危害，对我国的政治、经济乃至公共安全方面造成极大的威胁。

3. 公共事故灾难危机事件

所谓公共事故灾难危机事件，是指人们在解决人与自然的矛盾和生产过程中、在从事生产和管理工作中，由于破坏了人与自然之间的和谐，不服从管理或管理不善，违反自然规律，违反安全规章制度和操作程序，不负责任，致使民众的生命遭受严重威胁或严重伤害，国家、集体和个人的财产遭受巨大损失的公共安全危机事件。根据《国家突发公共事件总体应急预案》的规定，将公共事故灾难危机事件划分为工矿商贸等企业的各类安全事故、交通运输事故、公共设施和设备事故、环境污染和生态破坏事件等。

4. 突发公共卫生危机事件

所谓突发公共卫生危机事件，是指突然发生、造成或者可能造成社会公众健康严重损害的重大传染病疫情、群体性不明原因疾病、重大食物和职业中毒以及其他严重影响公众健康的公共安全危机事件。突发公共卫生危机事件针对的是群体而不是个体。公共卫生是卫生事业的重要组成部分，是政府通过公共政策和保障措施，创造公共健康环境和条件，改善和促进广大人民群众健康状况的一项基本的管理和服务职责。公共卫生不仅关系到国家的长治久安和兴旺发达，而且在当今经济全球化的背景条件下，严重的公共卫生危机事件还有可能跨越国界，对全人类安全造成不利后果，成为影响政治、经济、外交和国家安全的重大问题。

5. 自然灾害危机事件

所谓自然灾害危机事件，是指在自然界的矛盾运动以及自然界与人类的矛盾运动中，由自然因素、人为因素叠加，对人类生存发展及其所依存的条件和环境造成严重危害或损害的公共安全危机，包括：洪涝、干旱、台风、冰雹、雨雪、沙尘暴等气象灾害；火山、地震、山体崩塌、滑坡、泥石流等地质灾害；风暴潮、海啸等海洋灾害；森林草原火灾和重大生物灾害等。我国是世界上自然灾害发生最为严重的少数国家之一。我国自然灾害种类多，发生频率高，分布地域广，造成损失大。

（三）我国公共安全危机的发展趋势

当前我国公共安全问题比较严峻，而在可以预见的将来，我国的公共安全问题还有可能进一步恶化。未来我国公共安全问题的发展将呈现出以下几个趋势：

1. 非传统安全因素引发的公共安全问题不断增多

从亚洲金融危机到“9·11”恐怖袭击到SARS事件，非传统安全因素给国家和人民带来广泛和深远的影响。非传统安全因素包括经济安全（金融安全）、公共卫生安全（流行疾病）、环境能源资源安全、食品安全、人口安全、文化安全、民族分裂主义和地区分离主义等方面。随着非传统安全因素的增多，由此引发的公共安全问题不断出现；如果不能有效地解决，将会威胁广大人民群众的生命安全，甚至危及国家安全，对稳定的社会秩序形成冲击。

2. 群体性事件时有发生

群体性事件是可能危害社会公共安全的一种危机性社会事件，“校闹”“医闹”“厂闹”等事件在我国时有发生。当利益要求相同或相近的个人或者组织，在认为利益受损或不能得到满足时，通过采取非法集会游行示威、集体上访、集体罢课罢市罢工，甚至是集体围攻冲击党政机关、重点建设工程等方式，阻断公共交通，扰乱公共秩序，破坏公共安全，有的群体性事件影响极其恶劣，社会危害极大。

3. 跨国性恐怖活动对我国安全的威胁性加大

随着全球化进程的加快，国家与国家之间的联系不断增强，一个国家或地区发生的危机往往会波及其他国家或地区，公共安全问题也越来越具有跨国性的特征。当前，不少国家的恐怖组织纷纷跨出国界向境外发展，而这些跨越国界的恐怖组织的发展又刺激着尚局限于一国之内的恐怖组织的扩张野心，借助于现代信息技术和网络技术，它们的扩张速度和广度甚至超过经济全球化进程。当前，多国恐怖组织将我国确定为渗透对象，他们积极实施不法行为，妄图破坏我国社会稳定，干扰中国经济建设，严重地威胁着广大人民群众的生命和财产安全。

三、公共安全危机管理的含义和范围

（一）公共安全危机管理的含义

公共安全危机管理，是指以政府为主导的公共安全危机管理主体，以公共安全危机管理为目标，通过预防、预警、预控来防止公共危机发生，或者通过危机控制、应急管理、危机评估、恢复补偿等措施，来减少危机损失，避免危机扩大和升级，使社会恢复正常秩序的一整套管理体系。

实践证明，建立一个比较完善的、科学有效的公共安全危机管理机制是应对公共安全危机事件的根本保障。在现代国家社会管理中，政府充当着重要角色，衡量一个国家或地区政府的执政水平和管理能力高低的一个极为重要的指标，就是该国家或地区政府对危机事件的应对能力的强弱。

公共安全危机管理的特征：

1. 政府主导性

在公共安全危机管理领域中，政府对公共安全危机管理具有主导性，这是由政府的法定职能作用所决定的。政府作为公共权力的行使者和公共事务的管理者，对公共安全危机的管理责无旁贷。我国政府是全心全意为人民服务的政府，在公共安全危机管理方面的主导性更显突出。各级政府组织作为凝聚人心、直接实施公共安全危机管理的中枢组织，其决策指挥能力、应急处置能力和效率如何，往往成为社会舆论关注的焦点，进而直接影响政府的公信力，关系到人心向背。倘若政府处理公共安全危机的应急处置能力低下，就有可能动摇政府的管理基础和执政党的执政基础。

2. 公共利益性

公共安全危机一旦发生，必然在一定范围内危及不特定多数人的共同利益，即一定范围内不特定多数人的共同利益。维护一定范围内不特定多数人的共同利益，是公共安全危机管理的应有之义。因为只有确实维护了不特定多数人的共同利益，才能从根本上维护国家和全体人民的共同利益，保障公共安全和社会稳定。当公共安全危机事件发生时，为了维护不特定多数人的共同利益，政府作为公共利益的代表者，运用公共权力时，应当优先考虑和维护公共利益，即便个人和企业利益有可能因不能同时兼顾而受损。如遇到这种情形，政府应通过普法工作和司法救济等途径给予解决。

3. 应对及时性

公共安全危机一旦发生，由于内外因素的相互影响，往往很快就会导致事态的升级、扩大、蔓延，人员财产伤亡损失惨重，以至于发展到无法控制的程度，事件影响面越来越广，甚至危及社会经济秩序和政治大局。此时，一旦延误处置，后果将不堪设想。面对危机，作为公共安全危机管理者别无选择，应打破常规，当机立断，迅速作出应对决策，启动应急预案及时处置。应对公共安全危机的及时性是公共安全危机管理的内在要求和价值取向，离开了应对的及时性，公共安全危机管理便毫无意义。

（二）公共安全危机管理的范围

1. 公共安全危机管理的主体

根据《突发事件应对法》的规定，县级人民政府对本行政区域内突发事件的应对工作负责；公民、法人和其他组织有义务参与突发事件的应对工作；中国人民解放军、中国人民武装警察部队和民兵组织依照本法和其他有关法律、行政法规、军事法规的规定以及国务院、中央军事委员会的命令，参加突发事件的应急救援和处置工作。公共安全危机管理主体的自身建设是公共安全危机管理的基础和关键。一个成熟的管理主体的重要标志之一，就是必须具有良好的组织体系、管理体制和运行机制，以及系统的规划和配套完善的法律、法规及各项管理制度，以全面提升危机管理的素质和能力。而所有这些，都属于公共安全危机管理的范围，应有长远规划和战略眼光，不可能一蹴而就。

2. 公共安全危机管理的对象

根据《国家突发公共事件总体应急预案》的规定，所称突发公共事件，是指突然发生，造成或者可能造成重大人员伤亡、财产损失、生态环境破坏和严重社会危害，危及公共安全的紧急事件。换言之，凡属此类事件都属于公共安全危机管理的范围。同时，《突发事件应对法》根据突发公共事件的发生过程、性质和机理，将其划分为自然灾害、事故灾难、公共卫生事件和社会安全事件四大类。在此基础上，按照突发公共事件的性质、严重程度、可控性和影响范围等因素将突发公共事件分为四级：Ⅰ级（特别重大）、Ⅱ级（重大）、Ⅲ级（较大）和Ⅳ级（一般）。以上可以简称为“四类四级”。

3. 公共安全危机管理的过程

如果将所有公共安全危机事件从防控到紧急应对，以及恢复或重建看作一个动态的管理过程的话，那么这一过程无疑是公共安全危机管理的范围。在这一过程中，由于各个阶段、各个环节充满着某些不确定的变数，会给公共安全危机管理增加不少的困难，因而对其跟踪管理便成为必然。

四、公共安全危机管理的法制建设和运行机制

（一）公共安全危机管理的法制建设

在危机时期，政府必须采取各种有效的紧急措施来对抗危机，而法治行政的原则又要求政府在宪法规定的范围内行使危机管理的各项权力，即政府危机管理的法治化。离开法治化的基本要求，政府的危机管理可能会违背宪法和法律的要求，导致滥用职权、超越职权，损害公民的宪法权利的情况发生。

1. 公共安全危机管理法制建设的必要性

重大自然灾害、疫病、恐怖主义或者重大社会冲突与骚乱等事件的发生将导致社会进入危机状态，公共管理机构必须行使非常权力并采取特别的应急措施，以领导和组织社会与民众共度危机，尽快结束危机状态。在危机状态下，政府的权力与措施将会突破常态法制的框架，超越平时法治的要求，甚至可以暂停某些法律乃至某些宪法条款的执行或效力。但是非常时期和特别状态不能成为背离法治的理由，非常时期需要非常法制。危机状态法制或称非常法制的出发点，就是迎接各种社会危机对法治提出的挑战。在宪法中规定危机状态是为了通过宪法对危机状态制度的确立，明确政府在危机状态下所享有的行政紧急权力，防止政府在危机状态时期随意行使行政紧急权力，以免对宪法所确立的公民权利造成侵犯。实施危机状态制度是为了能更好更快地恢复社会的正常状态以恢复正常的宪法秩序。

2. 公共安全危机管理法制建设的基本原则

将危机管理纳入法制化的轨道，是世界各国建立公共危机管理机制普遍遵循的一项基本原则，也是现代行政法的一项重要法律原则。政府危机管理应遵循的法律原则有：

（1）合宪性和合法性原则。合宪性主要是指政府采取危机管理措施必须有宪法上的授权，合法性主要是指政府启动危机管理机制必须要有法律上的明确规定。合宪性和合法性原则是依法行政的前提，也是政府危机管理符合法治原则的重要标准。

（2）合理性原则。所谓合理性原则，就是指政府在启动危机管理机制的时候，必须针对所发生的公共危机状态的具体情况，采取相应的措施。为了避免政府不必要地实施危机管理，许多国家对政府危机管理的期限作了严格规定。

（3）保障公民权利原则。在政府启动危机管理机制期间，政府依据宪法和法律采取各种危机管理措施来有效地应对公共危机紧急状态，特别是可以通过适当限制公民权利的方式来维护社会秩序。但是政府在启动危机管理机制后，仍然具有保护公民权利的职责。这种法律上的义务主要表现在，不应该对那些公民依据宪法和法律所享有的基本人权加以不必要的限制。此外，对于因采取危机措施的需要，给公民的财产和权利造成损失的，也应当在事后给予必要的补偿。

（4）责任原则。要保障政府实行危机管理权力符合宪法和法律的要求，就必须建立起与行使危机管理权力相对应的责任制度，这是各国政府危机管理法律制度所确立的重要法律原则之一。

（5）时效原则。政府危机管理一般会以限制公民权利为前提，从保障公民权利的角度出发，政府采取危机管理的措施必须严格控制在一定的期限内，否则必须通过法律规定的形式来延长。这一制度可以有效地防止政府利用实施应急管理的便利，滥用或者超越职权，给公民的权利保护造成一定的危害。

3. 公共安全危机管理法制建设的基本内容

在现代法治社会中，政府一切行为的准则是守法、依法。政府在危机状态下享有更大的权力，这种权力可能对国民的基本人权、社会的法治造成一定的威胁。为了将政府行为在危机状态下纳入法治的范围，使政府的紧急权力接受法律的约束和规范，20 世纪以来，许多国家开始制定专门的危机状态法，在各种有关的行政管理法中规定危机状态下行政权行使的特别条款。现代法律对危机状态下的行政权主要是从以下五个方面来加以规范的：

（1）通过危机状态法和其他有关法律来明确政府紧急权力的范围和边界。法律对政府在危机状态下必须具有的权力，事前应明确规定。如制定和发布具有限制人身自由的强制措施和处罚的条例、决定、命令的权力；作出对疫区实施封锁、对被污染水源实施封闭决定的权力；命令停止集市、集会、停工、停业、停课，征用房屋和交通工具；以及强制疏散、强制隔离、强制检疫和强制治疗的权力等。同时，法律也要严格确定政府应用紧急权力的边界。如政府不得限制危机状态法和其他有关法律没有授权其限制的公民的基本权利和自由，现代法治不允许法律授予政府无边界、无限制的紧急权力。

（2）通过危机状态法和其他有关法律明确规定政府的职责。确定其处理危机事件的职责范围，防止其应对紧急状态失职、不作为。如法律规定政府在突发危机事件出现后，应迅速制定应急预案，组织突发事件信息的收集、分析、报告和发布；采取救助遇难、遇险、致病、致伤、致残人员以及防止危害扩大等各种措施；组织应急设施、设备、救治药品、医疗器械及其他物资和技术的储备和调度；等等。对于政府部门及其工作人员疏忽履行法定职责的不作为，法律应规定严格的责任追究机制。

（3）通过危机状态法和其他有关法律确定政府行使紧急权力的条件。在危机状态下，政府虽然享有比平时更多且更具强制性的权力，但法律授予政府这些权力是附有条件的。

（4）通过危机状态法和其他有关法律明确政府行使紧急权力的程序。法律应明确规定行使紧急权力的严格程序。

（5）通过各种相应法律规定政府行使紧急权力的目的。在法律授予政府权力时应明确规定授权的目的，以便制约政府机关及其工作人员在法定目的的范围内行使所授权力，防止其滥用紧急权力，在授予政府紧急权力时尤其如此。

为了保障公民的权利不因危机状态的发生而被政府随意剥夺，许多国家宪法和国际人权文件都规定，即使是在危机状态时期，一些最基本的人权，如生命权、语言权、宗教信仰权等也不得被限制，更不得被剥夺。这些规定都是为了防止政府随意滥用行政紧急权，而使公民失去不应当失去的权利。在危机状态下，政府不仅享有法律权利也要承担相应的法律义务。还有一些权利，如公民的知情权，因为它不仅实现着危机管理的公开性，使民众能够有效地参与公共危机治理，而且有利于公民趋利避害，减少危机产生的社会危害。政府必须通过履行公开义务和危机信息通报责任来切实保障公民权利。

（二）公共安全危机管理的运行机制

建立健全公共安全危机管理运行机制，规范应急处置程序，提高应急处置能力和效率至关重要。根据《国家突发公共事件总体应急预案》的规定，其基本内容包括预测与预警、应急处置、恢复与重建、信息发布等。

1. 预测与预警

各地区、各部门应依托政府电子政务系统、报警系统和相关网络，建立健全突发公共事件监测、预测和预警系统，加强对有关动态信息的收集，开展风险分析，做到早发现、早报告、早处置。根据预测分析结果，对可能发生和可以预警的突发公共事件进行预警。对需要向社会发布预警的突发公共事件，应及时发布预警。预警级别依据突发公共事件可能造成的危害程度、紧急程度和发展态势，一般划分为四级，并依次用红色、橙色、黄色和蓝色表示，即Ⅰ级（特别严重，红色）；Ⅱ级（严重，橙色）；Ⅲ级（较重，黄色）；Ⅳ级（一般，蓝色）。预警信息包括突发公共事件的类别、预警级别、起始时间、可能影响范围、警示事项、应采取的措施和发布机关等。预警信息的发布、调整和解除，可通过广播、电视、报刊、通信、信息网络、警报器、宣传车或组织人员逐户通知等方式进行，对于老、幼、病、残、孕等特殊人群以及学校等特殊场所和警报盲区，应当采取有针对性的公告方式。

2. 应急处置

特别重大或者重大突发公共事件发生后，事发地各有关地区、各部门要在立即采取相应措施控制事态的同时，及时报告，最迟不得超过4小时，不得瞒报、迟报、谎报，同时通报有关地区和部门。在应急处置过程中，还要及时续报有关情况。报告内容主要应包括信息来源、影响范围、事件性质、发展态势和采取的措施等。突发公共事件发生后，事发地政府和有关单位应实施先期处置。事发地的省级人民政府或者国务院有关部门在报告特别重大、重大突发公共事件信息的同时，要根据职责和规定的权限启动相关应急预案，及时、有效地进行处置，控制事态。对在境外发生涉及中国公民和机构的突发事件，我国驻外使领馆、国务院有关部门和有关地方人民政府要采取措施控制事态发展，组织开展应急救援工作。

3. 恢复与重建

善后处置工作由事发地政府负责，上级政府和有关部门要给予必要的支持。要积极稳妥、深入细致地做好善后处置工作。对突发公共事件中的伤亡人员、应急处置工作人员，以及紧急调集、征用有关的单位及个人的物资，要按照规定给予抚恤、补助或补偿，并提供心理及司法援助。有关部门要做好疫病防治和环境污染消除工作。保险监管机构要督促有关保险机构及时做好有关单位和个人损失的理赔工作。对特别重大突发公共事件的起因、性质、影响、后果、责任、应急决策能力、应急保障能力、现场处置能力、恢复重建能力等问题，要进行调查评估，以总结经验教训，并向上级政府和有关部门报告。

五、公共安全危机管理的指导思想和基本原则

（一）公共安全危机管理的指导思想

全球化将风险社会、非传统安全以及社会转型有机串联，形成它们存在的平台，构成整个理论体系的基础；风险社会和非传统安全下产生的公共安全危机被

全球化带入中国，同时中国自身的社会转型也蕴含和产生着大量公共安全危机，中国公共安全危机常态化的局面已经显现；常态管理已成为危机管理理论的主导思想。用理论应对现实，指导实践，公共安全危机常态管理应该成为中国当前和今后公共安全建设的指导思想。

（二）公共安全危机管理的基本原则

1. 以人为本，减少危害

这一原则可归纳为“以人为本”原则，它是公共安全危机管理的核心价值所在。离开以人为本原则，缺少人文关怀，公共安全危机管理便会变得毫无价值。该原则要求政府要切实履行社会管理和公共服务职能，把保障公众健康和生命财产安全作为首要任务，最大限度地减少突发公共事件造成的人员伤亡和危害。

2. 居安思危，预防为主

这一原则可归纳为“预防为主”原则，它充分体现了广大人民群众的根本利益，是公共安全危机管理的精髓。而要做到预防为主，就要从政策出台、制度设计、立法执法、利益协调机制等环节下功夫，在源头上做好防范工作。该原则要求公共安全危机管理者在日常工作中，要高度重视公共安全工作，常抓不懈，防患于未然；要增强忧患意识，坚持预防与应急相结合，常态管理与非常态管理相结合，做好应对突发公共事件的各项准备工作。

3. 统一领导，分级负责

该原则可以归纳为“统一领导”原则，它明确规定了危机管理的领导体制。这就是：在党中央、国务院的统一领导下，建立健全以分类管理、分级负责、条块结合、属地管理为主的应急管理体制，在各级党委的领导下，实行行政领导责任制，充分发挥专业应急指挥机构的作用。

4. 依法规范，加强管理

该原则可以归纳为“依法管理”原则，安全危机管理必须纳入法制轨道。危机管理者采取何种应急措施，行使何种应急权力，以及应急管理与平时管理二者的转换衔接等都必须纳入法律的框架之中，做到合法适度。该原则要求，危机管理者依据有关法律和行政法规，加强应急管理，维护公众的合法权益，使应对突发公共事件的工作规范化、制度化、法治化。

5. 快速反应，协同应对

该原则可以归纳为“协同应对”原则，它体现了领导体制和运行机制的有机结合，其目的是建立联动协调制度，快速高效地应对危机事件。该原则要求加强以属地管理为主的应急处置队伍建设，建立联动协调制度，充分动员和发挥乡镇、社区、企事业单位、社会团体和志愿者队伍的作用，依靠公众力量，形成统一指挥、反应灵敏、功能齐全、协调有序、运转高效的应急管理机制。

第二节 群体性危机事件管理

一、群体性危机事件管理概述

（一）群体性危机事件的概念

群体性危机事件，是指聚众共同实施的违反国家法律、法规、规章，扰乱社会秩序，危害公共安全，侵犯公民人身安全和公私财产安全的行为。主要包括：一是人数较多的非法集会、游行、示威；二是集会、游行、示威和集体上访活动中出现的严重扰乱社会秩序或者危害公共安全的行为；三是严重影响社会稳定的罢工、罢课、罢市；四是非法组织，如邪教等组织的较大规模聚集活动；五是聚众围堵、冲击党政机关、司法机关、军事机关、重要警卫目标、广播电台、电视台、通讯枢纽、外国驻华使馆、领事馆以及其他要害部位或者单位；六是聚众堵塞公共交通枢纽、交通干线、破坏公共交通秩序或者非法占据公共场所；七是在大型体育比赛、文娱、商贸、庆典等活动中出现的聚众滋事或者骚乱；八是聚众哄抢国家仓库、重点工程物资以及其他公私财产；九是较大规模的聚众械斗；十是严重危害公共安全、社会秩序的其他群体性行为。

（二）群体性危机事件的特征

1. 突发性

群体性危机事件是社会矛盾积聚到一定程度的反映，在其结果形成之前一般很难觉察而其爆发又常常是由一些偶然因素引起的，因此具有较强的突发性。在一些有组织的事件中，事件的组织者为了达到其不可告人的目的，往往事先采取隐蔽活动、秘密串联、暗中准备等手段。一旦其认为时机成熟，即突然发难，以迅速造成较大的社会影响，进而胁迫党和政府，达到他们的目的。

2. 聚众性

引发群体性危机事件的社会矛盾往往是带有一定社会影响性的。参与其中的群众往往因牵涉某种共同利益，而产生某种共同的思想情绪，情感上容易接近，思想上容易沟通，因此事件一旦发生，很容易形成人员聚集，并不断裹挟更多的人群参与。

3. 互动性

在群体性危机事件发生过程中，参与群体内部以及参与群体和旁观者之间，由于空间上和注意力上的接近，发生着频繁的互动。其结果是使一个人的情绪迅速传递给身边的其他人，而这种加剧了的情绪反过来又会激起传递者本人更强烈的感情爆发，从而形成循环震荡的效果，往往使事态急剧扩大。

4. 失范性

也可称为群体行为的无规范性。在参与群体行动的过程中，个人受到群体情绪的感染和匿名状态的鼓励，会违反其在社会中常常遵守的社会准则，做出平时绝对难以做出的事情来。群体行为的这种无规范性，常常导致群体行为的失控。

5. 演变性

群体性危机事件的发生和发展，通常呈现为由潜伏期、酝酿期、爆发期、激化期等若干阶段组成的逐步演进的过程。但受到群众心理变化以及各种突发情境因素的影响，其演变过程可能在某个阶段产生突进式的变化。

（三）群体性危机事件的分类

研究群体性危机事件的种类，是为了正确认识和掌握不同类型群体性危机事件的特征和规律，以采取有效措施进行处置。根据不同的标准，群体性危机事件可以作如下分类：

1. 政治性事件、经济性事件、社会性事件和涉外性事件

按照事件的性质划分，可分为政治性事件、经济性事件、社会性事件和涉外性事件。

政治性事件，是指事件主体以满足某种政治要求为目的而引发的事件。如具有政治目的的罢工、罢课、罢市、非法集会、游行、示威等事件。

经济性事件，是指事件主体以满足某种经济要求为目的而引发的事件。如因土地、水域、山林的归属而引发的事件，聚众哄抢国家、集体或个人的物资、财产等事件，以及为实现某种经济目的而引发的罢工、罢课、罢市、集会、游行等事件。

社会性事件，是指由某些社会问题而引发的事件。如因腐败问题、执法纠纷等引起的非法集体上访事件等。

涉外性事件，是指涉及不同国家之间的关系，需要通过外交途径解决的事件。如两国边民之间发生的矛盾纠纷事件、对外国驻华机构的包围冲击事件、外国在华人员或留学生举行的抗议活动等事件。

2. 非暴力型事件和暴力型事件

按照事件是否采用暴力方式划分，可分为非暴力型事件和暴力型事件。

非暴力型事件通常指不采用暴力方式的罢工、罢课、罢市和非法集会、游行、示威、请愿、静坐等事件。

暴力型事件包括：聚众械斗、哄抢公私财物或聚众围堵、冲击党政机关、要

害单位等事件。

3. 预谋性事件和偶发性事件

按照事件有无准备来划分，可分为预谋性事件和偶发性事件。

预谋性事件，是在事件引发之前经过一定的策划、准备，有目的、有计划实施的行为。

偶发性事件，是指行为人在着手实施之前，并不存在明显的动机酝酿过程，主要是由于特定原因而引发的群体性的失序行为。

二、群体性危机事件的成因与预防

（一）群体性危机事件的成因

群体性事件是多种社会矛盾交织作用的结果，是我国改革进入攻坚阶段、发展进入关键时期各种社会矛盾和社会问题的集中反映。从具体事件分析，群体性事件的诱因很多，但从整体上和深层次分析，当前群体性事件的发生主要源于四大因素。

1. 经济快速发展带来的利益格局调整

利益问题特别是经济利益矛盾是当前群体性事件的核心问题。各项改革措施的深入推进，将全方位、多领域地触及一些深层次的社会问题，在一段时间内各种人民内部矛盾就可能大量涌现。经济快速发展带来利益格局调整，寻求关注关怀的群体承载着阶段性“阵痛”，这就是诱发群体性事件的经济因素。

2. 管理不到位带来的社会控制弱化

群体性事件的频繁发生，凸显出当前社会管理和控制能力的三个不适应。一是社会管理缺位使社会控制减弱。一方面，随着经济体制和社会结构的急剧变革，大量“单位人”变成“社会人”，成为社会管理的难点；另一方面，在一些地方和领域，政府和相关部门管理缺位、错位、越位的情况还不同程度存在，一些不稳定因素呈现区域性“管涌”，而政府往往成为各种矛盾冲突的焦点。二是诉求渠道不畅使沟通对话受阻。一些地方对信访工作不重视，对群众反映的问题敷衍塞责，能拖则拖，民意得不到尊重。一些地方基层调解组织不健全或发挥不了作用，使一些本该在基层解决的问题没能解决，矛盾纠纷层层上交。一些执法部门没有充分运用法律手段有效维护群众的合法利益，群众通过信访等体制内的正常途径反映的问题长期不能圆满解决，必然会导致矛盾升级。群众采取极端方式搭建与政府强势对话平台的背后，更多地折射出群众特别是弱势群体表达社情民意和维权的艰辛。三是管理成员的作风问题使政府公信力降低。一些地方和部门官僚主义作风严重，对群众反映的问题推诿、拖拉，愚弄、伤害了群众的感情，导致干群关系恶化；一些基层组织软弱涣散，在关键时刻发挥不了作用；一些领导干部生活腐化堕落，违背最基本的社会公德，损害了党员干部的形象，不同程度地消耗了社会稳定的群众基础。所以，社会管理机制与社会分化不相适应，各种社会规范和制度的约束力下降，这就是发生群体性事件的社会因素。

3. 平均平等的价值取向带来的公众心理失衡

在我国，“有田同耕，有饭同食，无处不均匀，无处不饱暖”的思想是几千年传统文化的积淀。受这种文化的影响，平均主义根深蒂固，成为人们最基本的价值取向。然而，由于当前我国不同社会群体的利益分化加剧，特别是城乡之间、区域之间、行业之间的收入差距拉大，不同社会群体物质文化生活水平差异明显，一部分社会弱势群体无法与主流群体平等享受改革发展成果，不公情绪滋生。一些经济基础滞后的地区和领域，人民群众的公共需求增长速度远远大于社会保障体系建设速度，特别是一批无固定职业和稳定收入的社会群体，在短时间内不仅没有享受到经济发展带来的好处，原有的切身利益反而受到不同程度的损害，不满情绪增长。我国传统文化中的均等思想，通常不是注重机会的平等，更多的是注重结果的平等。一旦贫富差距扩大，一部分社会成员承受能力较差，逐渐滋生“仇官”“仇富”心态，抵触情绪加深。传统的猎奇心理、从众心理遇上群体性事件，参与者、旁观者很容易形成互动关系。只要有少数人情绪冲动，其他人就可能受到影响；只要有人做出一种非理性的行为，其他人就可能跟随效仿，极易受从众情绪感染。在不公情绪、不满情绪、抵触情绪、从众情绪的相互交织和作用下，相当一部分人抱着法不责众的心态，信奉人多声势大，有人挑头就跟着上，一遇偶发事件，不满情绪便极易释放爆发出来。所以，寻求平均、平等的传统观念与现实差距强烈碰撞，不满情绪在积累中聚集，这就是引发群体性事件的心理因素。

4. 预防处置不当带来的矛盾演化升级

群体性事件是矛盾激化的产物，对一些矛盾如果预防不到位、处置不恰当，就会成为群体性事件发生的导火索和事态扩大升级的助推剂。当前，主要存在四个方面的不足：一是情报信息不灵。一些地方对维稳情报信息重视程度不够，情报基础工作不扎实，不能及时预警、报警；一些地方重大情报信息报送渠道不畅通，甚至被人为压制，致使上级党委、政府和公安机关不能及时掌握情况，影响决策，贻误战机。二是矛盾化解不力。一些地方缺乏政治敏锐性和责任感，对预警性情报信息重视不够，没有积极对事件苗头及时妥善处理，问题没有最终解决，当事人不满意，矛盾纠纷仍然存在。一些地方工作方法简单，认为案结事就完了，没有做深入细致的化解工作，即使事件已了，但情绪难平，容易出现反复。三是现场处置欠妥。有的地方发生群体性事件后，动辄把公安推到第一线，甚至滥用警力，激化矛盾；一些领导在处置群体性事件中，不敢决策，不会决策，丧失了处置群体性事件的最佳时机；一些部门之间协作不好，警种之间配合不力，影响了处置工作的整体效果。四是舆论引导滞后。一些工作人员缺乏主动运用舆论宣传引导群众情绪的意识，在群体性事件发生后，采取“包”和“捂”的办法，使主渠道信息失声。有的地方不善于借助新闻媒体的力量帮助处理群体性事件，正面舆论引导乏力，致使小道消息和谣言先入为主，混淆视听，使工作处于被动甚至导致事件恶化。所以，预防乏力使社会矛盾膨胀，处置不当使群体性事件升级，这就是导致群体性事件发展的直接因素。

（二）群体性危机事件的预防

1. 群体性危机事件的预防方针

群体性危机事件的预防，应贯彻早期预防、综合治理的方针。群体性危机事件是受社会各个方面的消极因素影响，以及社会成员自我调节失控综合作用的结果。引发群体性危机事件的多因性，决定了预防措施的综合性。公安机关应在党委和政府的统一领导下，配合有关部门共同做好防范工作。在预防中，坚持“属地管理、分级负责”和“谁主管，谁负责”的原则，动员社会各方面的力量，运用政治、经济、文化、法律、行政等方面的各种措施，实行综合治理，及时排查化解人民内部矛盾，消除引发群体性危机事件的条件和诱因，减少群体性危机事件的发生。群体性危机事件的突发性决定了早期预防的重要性。因此，公安机关应强化治安情报信息工作，及时发现和掌握那些带有苗头性、倾向性和群体性的热点问题，及时做好疏导教育工作，才能防范群体性危机事件的发生。

2. 防范群体性危机事件的基本方法

（1）加强治安情报信息工作，密切掌握社会动态。加强治安情报信息工作，掌握社会动态是预防群体性危机事件发生的先决条件。要预防群体性危机事件的发生，公安机关应广泛布建多层次、多渠道、全方位、全时空的治安情报信息网络，及时、准确地掌握各个时期的社会动态，发现和掌握带有苗头性、倾向性的问题，并采取多种措施，尽可能地将矛盾和问题解决在萌芽状态。

（2）加强法制宣传教育，提高公民的法制观念。公安机关应配合有关部门采取多种形式，广泛、深入地开展法制宣传教育，提高全体公民的法制观念和社会治安意识，使其自觉地约束自己的行为。通过法制宣传教育，引导群众正确处理眼前利益与长远利益、个人利益与集体利益、局部利益与整体利益的关系。通过法制宣传教育，使广大群众熟悉和掌握宪法和法律，做到知法、守法，并学会运用法律武器同一切违反宪法和法律的行为作斗争，维护公民的合法权益和社会秩序，减少群体性危机事件的发生。

（3）大力发展经济，改善党群干群关系。物质利益矛盾是人民内部矛盾的实质性、根源性矛盾，也是诱发群体性危机事件的关键因素。因此，要减少人民内部矛盾，防范群体性危机事件的发生，各级政府就要立足于发展经济；同时，必须要改善党群和干群关系。要求领导干部牢固树立全心全意为人民服务的思想，强化服务意识，提高服务水平；大力推广政务、村务、厂务公开的“三公开”制度，实行阳光工程，使干部和群众相互理解和信任，增进干群团结和凝聚力；加强制度建设，消除不正之风和腐败现象滋生的土壤，并加大对腐败分子的查处力度，增强群众对党的信任与支持，从而达到预防和减少群体性危机事件发生的目的。

（4）筑牢群体性危机事件防范基础，畅通人民群众的诉求渠道。加强基层政权组织建设，尤其是治安保卫委员会、人民调解组织的建设，充分发挥其防范、化解社会矛盾的骨干作用，建立健全排查化解社会矛盾的长效机制，积极开展人民调解、行政调解、司法调解“三调联动”活动，将社会矛盾化解在基层，处理在萌芽状态。畅通人民群众的诉求渠道，尤其是各级信访部门作为联系群众、倾听群众呼声的主渠道，依法做好信访工作。

（5）加强治安管理，做好各项防范工作。公安机关要完成维护社会稳定、确保一方平安的任务，必须在党委、政府的领导下，高度重视群体性危机事件的预防工作。公安机关应结合日常的公安入口、行业场所和危险物品等管理，采取人防、物防、技防等手段，强化各项治安防范措施；结合巡逻工作，严密社会面的控制；加强对党政机关、要害部门和部位的安全保卫工作，确保这些场所的安全；利用国家赋予的特殊权力和手段，在职责范围内，积极会同有关部门，对各种可能引发群体性危机事件的矛盾纠纷，积极参与调查了解，做好排查化解工作。实践证明，公安机关只有加强治安管理，做好各项防范工作，才能充分发挥治安管理多项业务在预防群体性危机事件中的综合效能。

（6）加强对群体性危机事件的预测，做好超前预防工作。对群体性危机事件的预测，是指预测人员依据有关资料和处置群体性危机事件的实践经验，运用预测理论和方法，对一定范围内的社会矛盾、问题和可能引发的群体性危机事件的形式、性质、特点、规律等进行分析、判断并制定相应对策的过程。群体性危机事件与任何客观事物一样，都有其发生、发展的规律，通过规律的研究和预测，为公安机关预防群体性危机事件的发生做好超前工作，为制订出合乎实际的、可行的工作预案奠定基础。

三、群体性危机事件的处置

（一）处置群体性危机事件的基本原则

1. 坚持党委、政府领导下统一协调原则

坚持党对公安工作的绝对领导，是公安工作的根本原则。党委、政府领导下统一协调的原则，是指在党委和政府的统一领导下，动员各方面的力量，统一步骤和方法，协调配合，发挥社会整体控制的作用。公安机关贯彻这一原则要做好三个方面的工作：一是要当好党委、政府的参谋。按照群体性危机事件处置的预案，调查事件的起因、性质、目的及事件主体等方面的信息，及时向党委、政府汇报并提出建议，供领导决策时参考。二是要充分发挥在处置群体性危机事件中的主力军作用。也就是说，要建立精干、高效、有权威的处置群体性危机事件的指挥中心，制定处置各类群体性危机事件的预案，组建一支装备精良、常备不懈、训练有素、专门应对群体性危机事件的处置队伍。三是要主动与各参与处置的单位和部门紧密配合。

2. 防止矛盾激化原则

防止矛盾激化原则，反映了处置群体性危机事件的基本立场和出发点。坚持防止矛盾激化的原则，就是在教育疏导的基础上，着力缓解各种引发事件的矛盾，引导事件向平息的方向转化。因此，公安机关在处置群体性危机事件时，要加强情报信息工作，防患于未然；因势利导，采取有针对性的措施化解矛盾，动之以情，晓之以理，导之以规，对确实应当解决的实际问题，要及时予以解决，对一时解决不了的，要做好解释说明工作，使矛盾得以缓解；同时处置群体性危机事件时还应注意工作方法，坚持“可散不可聚，可顺不可激，可解不可结”的处置要求。

3. 慎用警力和强制措施原则

慎用警力和强制措施原则，是指公安机关在处置群体性危机事件的过程中，要根据群体性危机事件的性质、起因和规模来决定是否使用、使用多少和如何使用警力，根据事态的发展情况来决定是否采取强制措施。要防止使用警力和强制措施不慎而激化矛盾，防止警力和强制措施当用不用而使事态扩大。坚持慎用警力和强制措施的原则，在处置群体性危机事件的过程中，必须严格按照有关规定调动警力和采取强制措施。

4. 慎用警械和武器原则

处置群体性危机事件的一线民警应当携带必要的警械装备，但不得携带武器，携带的警械应当慎重使用；二线民警可以根据需要配备武器，但现场使用要严格控制。处置中，要做到能疏导解决的，绝不动用强制措施；能使用警棍、盾牌等非致命性警械制止的，绝不动用杀伤性武器，尽量使影响和损失降低到最低限度。参与群体性危机事件处置的人民警察，在需要使用警械和武器时，应当严格依照《人民警察使用警械和武器条例》的规定，使用催泪弹和武器，须经现场指挥人员批准。

5. 依法果断处置原则

依法果断处置原则，是指公安机关在处置群体性危机事件过程中，对围堵和冲击党政机关、卧轨拦车、阻断交通、骚乱以及打砸抢烧等违法犯罪活动，要抓住时机，坚决依法果断处置，以控制局势，尽快平息事态，防止事态扩大蔓延。在处置群体性危机事件的过程中，应当根据群体性危机事件的发生、发展、变化情况，创造和抓住处置群体性危机事件的有利时机。

（二）处置群体性危机事件的基本方法

1. 赶赴事件现场，调查了解情况

强化对社会治安情报信息的掌握和研究，是做好预防和处置群体性危机事件的关键。要通过公开和秘密手段广泛收集闹事苗头信息，密切注意敌情动态，从中发现事件苗头诱因，确定性质，及时向党委、政府汇报，果断采取措施。公安机关获取事件的有关治安情报信息后，应以最快的速度赶赴现场。到达现场后，要选择有利于观察全局动态，有利于警力出动，有利于采取隔离措施的地形，建立指挥中心并迅速做好警力部署。

2. 积极劝阻疏导，缓解排除矛盾

参与现场处置的人员，应积极配合党委、政府和相关部门，大力发动群众，利用可以利用的各种社会力量，坚持“有理、有利、有节”的原则，开展正面宣传教育。在宣传教育的基础上，应根据不同情况采取不同措施，加强疏导、劝阻工作，力争不让其形成大规模的群体事件。对群众的合理要求，尽量予以满足解决；对要求虽合理，但一时难以解决的，要讲明政策和理由，争取群众理解支持；对经劝阻无效或提出无理要求的，要采取各种有效措施，予以疏散。

3. 控制现场局势，保卫要害部位

对于已经形成群体状态的群体性危机事件，要采取包围、穿插、分割的方法，化大群体为小群体，逐块瓦解，各个击破，控制好现场局势。对于中央和地方的党政机关、军事机关、外国驻华使领馆、广播电台、电视台、国家通讯社、邮电通信枢纽、机场、火车站和港口等要害部门，公安机关应加强保卫，在要害部门周围划定警戒线，设置警戒标志；加强机动巡逻，及时发现和阻拦企图冲入要害部位的闹事者；对经警告仍不听制止，已冲入要害部位的闹事者，要果断使用警械、武器，将其带离现场审查，切实保障要害部位的安全。

4. 采取强制措施，迅速平息事态

对正在集结的事件参与人员，可采取命令解散的方法，即命令事件参与人员在规定的时间内撤离现场。当命令解散无效时，根据有关规定经上级主管部门批准后，可以使用警棍、高压水枪、水炮、催泪瓦斯等警械强行驱散。当事态不断扩大、升级以致恶化，出现打砸抢烧等违法犯罪活动，或由和平请愿、集会、游行等形式发展到以反政府为目的并危及局部政治稳定和社会秩序的骚乱、暴乱时，公安机关必须及时向党委、政府报告，抓住时机，采取强制措施，予以严厉打击。

5. 做好善后处理，消除危害后果

群体性危机事件一般都会给社会造成严重的危害后果，有时甚至会危及社会和政治的稳定。因此，要努力做好善后工作，积极消除危害后果。首先，公安机关在对事件中造成的人身伤亡进行积极抢救、转移的同时，应详细了解人身伤亡和物质损毁的原因、经过等情况，逐人登记造册。对事件中造成的人身、物质损害，要分清责任，做好赔偿、修整工作。其次，要利用传播媒介，加强宣传，以稳定公众情绪。最后，争取公众配合，尽快恢复生产、教学、科研等正常的社会秩序。当群体性危机事件初步平息后，公安机关除了配合有关部门进一步做好善后工作以外，还要保持高度警惕，保持处置工作向后延伸之势，防止再次集结、死灰复燃。事后对人的处理，必须严格按照政策、法律规定办理。要严格区分和正确处理两类不同性质的矛盾，区别对待，依法处理。

第三节　恐怖袭击危机事件管理

一、恐怖袭击危机事件概述

（一）恐怖主义

根据《反恐怖主义法》第 3 条的规定，恐怖主义，是指通过暴力、破坏、恐吓等手段，制造社会恐慌、危害公共安全、侵犯人身财产，或者胁迫国家机关、国际组织，以实现其政治、意识形态等目的的主张和行为。恐怖活动，是指恐怖主义性质的下列行为：组织、策划、准备实施、实施造成或者意图造成人员伤亡、重大财产损失、公共设施损坏、社会秩序混乱等严重社会危害的活动的；宣扬恐怖主义，煽动实施恐怖活动，或者非法持有宣扬恐怖主义的物品，强制他人在公共场所穿戴宣扬恐怖主义的服饰、标志的；组织、领导、参加恐怖活动组织的；为恐怖活动组织、恐怖活动人员、实施恐怖活动或者恐怖活动培训提供信息、资金、物资、劳务、技术、场所等支持、协助、便利的；其他恐怖活动。恐怖主义的本质或核心是为达到政治或社会目的而残害无辜。恐怖主义最早可以追溯到古希腊和古罗马时代。第二次世界大战以后，特别是在20世纪的后半叶，才真正发展成为一种需要认真对待的社会问题。全球很多国家都在不同程度上遭受过恐怖活动的困扰，甚至有人将其称为20世纪的政治瘟疫，并将其与政治腐败、环境污染等一并作为21世纪人类所面临的三大威胁。

（二）恐怖袭击危机事件的类型及其表现

1. 恐怖组织的类型

国际社会对恐怖活动的危害有着较为一致的看法，但对于什么样的组织应划归为恐怖组织则没有统一的标准。一般认为，恐怖组织大体包括：意识形态类的恐怖组织、民族家教类恐怖组织、黑社会性质的恐怖组织和邪教性质的组织。

2. 恐怖袭击的类型

恐怖袭击，主要是指通过对无辜平民采取暴力手段以达到一定的政治和宗教目的的犯罪行为的总称。其较多地采用制造爆炸事件、劫机、扣押或屠杀人质等方法造成社会恐慌，打击有关政府或组织，以满足某些要求或扩大影响。具体而言，就是使用暴力（如暗杀、绑架、劫持人质、劫持交通工具等）或其他毁灭性手段（如利用生化武器、危害计算机系统安全等）以及非暴力方法（如编造爆炸威胁、生化威胁、放射威胁等恐怖信息等），残害无辜，制造恐怖的特殊刑事犯罪行为。

（1）暴力型恐怖袭击。暴力型恐怖袭击，实施的手段主要是运用暗杀、绑架、劫机、爆炸等手段，这也是世界各国恐怖活动运用的主要手段。

（2）非暴力型恐怖袭击。非暴力型恐怖袭击主要是指运用生化武器、电磁技术、计算机网络等手段实施恐怖活动，这种手段具有高科技的特点。高科技在恐怖活动中的运用，涉及社会各个领域，呈现不断增多的趋势。随着恐怖活动技术含量的增加，非暴力型恐怖活动在人员培训、资金筹集、组织内部机构设置等方面都比过去有很大的发展变化。

上述两种恐怖袭击的类型，也可以称为传统恐怖袭击和超级新型恐怖袭击。而恐怖组织或个人所实施的恐怖袭击，越来越多地向两者相互结合的方向发展。

二、我国防控恐怖袭击危机事件概况

（一）建立反恐协调机制

“9·11”恐怖袭击事件发生后不到1个月，中国政府就已开始建立一整套全方位多领域遍布全国的反恐协调机制，从中央到地方、从官方到民间、从治安部门到社会各领域。在中央成立了反恐协调领导小组，公安部成立了反恐局并开始运转，其主要职能是研究、指导、协调、推动反恐怖工作。各地陆续成立了反恐协调领导办公室，一些地方还组建了反恐部队，配备了警用直升机。

（二）建立快速反应机制

为了防范和应对可能发生的各类恐怖袭击事件，我国从国家到地方都制定了相关防范和处置恐怖袭击事件的工作预案，建立了应急指挥体系和快速反应机制。各职能部门，特别是公安、国家安全、卫生、军队、武警等相关部门均根据各自的职责和反恐工作需要，建立了一批训练有素、装备精良的专业应急队伍，保证一旦发生恐怖袭击事件，能招之即来，来之即战，战之即胜，最大限度地减少恐怖袭击的危害，快速侦破恐怖案件，严厉打击恐怖分子。

（三）制定反恐预案，进行反恐演练

在2002年，全国各大城市都进行了公开的反恐演习，这些城市包括北京、上海、天津、重庆、广州、成都、福州、长沙等。2003年9月26日，在北京武警某训练基地举行代号为“长城2003”的反恐演习。随后几年又举行了“长城2号”“长城3号”“长城4号”反恐演习。2008年6月11日，为积极应对北京奥运会恐怖威胁，我国在北京举行“长城5号”国家处置奥运会期间恐怖袭击事件检验性演习。2009年6月9日，在内蒙古、山西、河北等环京地区举行“长城6号”国家反恐演习。此后，多省各地进行了反恐演练。2019年11月17日，广东省广州市反恐工作领导小组在黄埔区举办了广州市2019年“朱雀”反恐维稳处置演练。

（四）加强国内立法

1997年《刑法》修订之后，《刑法》第120条规定了组织、领导、参加恐怖组织罪。这是我国首次在刑法中直接确定的关于惩治恐怖活动犯罪的罪名。2000年12月28日第九届全国人民代表大会常务委员会第十九次会议通过了《引渡法》，于公布之日起实行，进一步完善了反恐法律体系。

“9·11”恐怖袭击事件后，我国已加入大多数反恐国际公约，为了更好地履行国际反恐公约中承诺的义务，以利于国际反恐合作和打击境内外恐怖活动犯罪，2001年12月29日，第九届全国人民代表大会常务委员会第二十五次会议通过《刑法修正案（三）》，对我国现行刑法中惩治恐怖犯罪活动的有关法律条文进行了补充修改。2006年《反洗钱法》及2007年《突发事件应对法》等法律法规的出台，进一步夯实了反恐怖斗争的法制基础。2015年8月29日第十二届全国人民代表大会常务委员会第十六次会议通过了《刑法修正案（九）》，对涉恐条文进行了修改和完善，相应增加了涉恐罪名。2015年12月27日第十二届全国人民代表大会常务委员会第十八次会议通过了《反恐怖主义法》，对于防范和惩治恐怖活动，加强反恐怖主义工作，维护国家安全、公共安全和人民生命财产安全提供了坚实的法律保障。

（五）参与国际合作

在加大打击“东突”恐怖组织在境内活动的同时，针对“东突”的国际背景，中国政府积极参加区域的、多边的和双边的国际条约，先后加入一系列国际反恐怖公约，如《东京条约》《海牙公约》等。中国政府倡导的“上海五国”合作机制，形成了区域性的反恐国际公约，有效地预防和打击了跨国恐怖活动。

我国与相关国家开展了卓有成效的合作，例如在情报信息的交流，案件线索的协助调查、取证，缉捕恐怖分子，遣返恐怖分子，还包括培训、互派联络官、互访，甚至举行联合的反恐演习等。2017 年 6 月 27 日，在中吉边境库依鲁克区域，上海合作组织成员国中吉立管机关边防部门联合举行了代号“天山－3 号(2017)”的反恐演习。

三、恐怖袭击危机事件管理机制

（一）加强反恐怖立法机制建设

目前，我国的法律法规从两个层次对恐怖犯罪作了法律上的规范。第一层次是防范管理，主要是危险物品的管理、重要设施和关口的安检管理以及人员物品的出入境管理。如国家制定了《民用航空安全保卫条例》《邮政法》《计算机信息系统安全保护条例》《传染病防治法》等。第二层次是刑事责任的规定，为适应打击恐怖犯罪的需要，《刑法修正案（三)》、《刑法修正案（九)》和《国家安全法》及其实施细则和最高人民法院的司法解释等应运而生，从而使惩处恐怖犯罪的条款内容更明确、更具体、更完备。尤其是《反恐怖主义法》的出台，全面系统地规定了我国反恐怖工作的机制、体制、责任、手段措施，是反恐怖主义工作的基本法。

（二）建立健全反恐组织体系

根据《反恐怖主义法》的规定，国家设立反恐怖主义工作领导机构，统一领导和指挥全国反恐怖主义工作。设区的市级以上地方人民政府设立反恐怖主义工作领导机构，县级人民政府根据需要设立反恐怖主义工作领导机构，在上级反恐怖主义工作领导机构的领导和指挥下，负责本地区反恐怖主义工作。公安机关、国家安全机关和人民检察院、人民法院、司法行政机关以及其他有关国家机关，应当根据分工，实行工作责任制，依法做好反恐怖主义工作。中国人民解放军、中国人民武装警察部队和民兵组织依照本法和其他有关法律、行政法规、军事法规以及国务院、中央军事委员会的命令，并根据反恐怖主义工作领导机构的部署，防范和处置恐怖活动。有关部门应当建立联动配合机制，依靠、动员村民委员会、居民委员会、企业事业单位、社会组织，共同开展反恐怖主义工作。任何单位和个人都有协助、配合有关部门开展反恐怖主义工作的义务，发现恐怖活动嫌疑或者恐怖活动嫌疑人员的，应当及时向公安机关或者有关部门报告。

（三）加强反恐基础建设

鉴于恐怖组织十分严密，恐怖活动十分隐蔽，恐怖分子都有强烈的反侦查意识和技能，收集反恐情报信息在有效预防和打击恐怖活动中显得尤为重要。反恐实践充分证明，收集情报信息是前提和基础，据此进行研究、分析和判断，提出对策措施更为重要。在恐怖活动日益猖獗、国际化趋势不断加强的情况下，加强反恐情报的国际交流合作越来越引起国际社会的重视。反恐斗争在一定程度上就是比技术、比装备，只有加强反恐技术装备建设，才能逐步适应新时期反恐斗争的实际需要。首先，我国加快了反恐高新技术成果的转化，制定了反恐技术建设的中长期科研规划。其次，结合国外反恐技术的最新发展和我国反恐技术装备的需求，加强反恐物资装备的规范化、现代化建设。

（四）严厉打击和积极防范各种形式的恐怖活动

从反恐实践来看，反恐关键在于恐怖活动发生前如何预防恐怖活动，尽量避免恐怖事件的发生。一旦发生恐怖事件，应积极采取应急措施，尽最大努力减少损失，降低恐怖事件带来的负面影响。借鉴世界各国和我国新疆等地区的反恐怖主义工作实践经验，我国坚持了“主动进攻，露头就打”的方针，加强对各种恐怖活动案件线索和情报来源的核查力度，加强对在侦案件和涉案人员的布控力度，严厉打击各种暴力恐怖势力的破坏活动。反恐活动中严厉打击恐怖犯罪活动是重要的，而更为重要的则是要做好防范控制工作，防患于未然，将恐怖活动消灭在预谋阶段。在反恐防范措施上，我国确定了防范控制工作的重点，制定了切实可行的预防性措施。另外，要完善反恐处置预案，包括组织指挥系统、保障系统、人员分工、救援方式、紧急集结和疏散路线以及处置方法、灾害评估、新闻发布等。我国已将反恐怖主义纳入国家安全战略，综合施策，标本兼治，通过加强反恐怖主义的能力建设，运用政治、经济、法律、文化、教育、外交、军事等手段，积极开展反恐怖主义工作。

四、公安机关在恐怖袭击危机事件处置中的基本职责与措施

（一）公安机关在恐怖袭击危机事件处置中的基本职责

人民警察的任务是维护国家安全，维护社会治安秩序，保护公民的人身安全、人身自由和合法财产，保护公共财产，预防、制止和惩治犯罪活动。《人民警察法》规定，警察有以下职责：预防、制止和侦查违法犯罪活动；维护社会

治安秩序，制止危害社会治安秩序的行为；维护交通安全和交通秩序，处理交通事故；组织、实施消防工作，实行消防监督；管理枪支弹药，管制刀具和易燃易爆、剧毒、放射性等危险物品；对法律、法规规定的特种行业进行管理；警卫国家规定的特定人员，守卫重要的场所和设施；管理集会、游行、示威活动；管理户政、国籍、入境出境事务和外国人在中国境内居住、旅行的有关事务；维护国（边）境地区的治安秩序；对被判处拘役、剥夺政治权利的罪犯执行刑罚；监督管理计算机信息系统的安全保护工作；指导和监督国家机关、社会团体、企事业组织和重点建设工程的治安保卫工作，指导治安保卫委员会等群众性自治组织的治安防范工作等。警察在预防和打击恐怖犯罪活动中责无旁贷。

恐怖犯罪活动已成为人类公害，是不宣而战的特殊战争，是对人类文明和基本价值观（生命、自由、和平等）的挑战。警察是和平时期维护社会稳定的主要力量，警察应该在反恐行动中承担起自己的角色职责，应该承担起预防、打击恐怖犯罪活动的任务。建立一支预防、打击恐怖活动的警察队伍，是适应新形势、新斗争的需要，要充分发挥其反恐职能，减少无辜群众的伤亡，增加人们的安全感。

（二）公安机关对常见恐怖袭击危机事件的处置措施

1. 反恐怖爆炸袭击危机事件的处置

恐怖爆炸犯罪活动，是指恐怖分子使用爆炸物品对特定的对象实施或威胁实施爆炸的犯罪行为。爆炸的目标可以是特定人，也可以是不特定的人；可能是特定的设施和交通工具，也可能是不特定的公共设施或其他容易破坏的设施。

（1）先期制敌

在恐怖爆炸袭击还未发生，而我们又获知恐怖分子发动爆炸袭击的企图和手段时，必须抢抓先机，主动出击，制伏敌人。通过设置某些假目标，或者佯装松懈，诱使恐怖分子进入我们所设置的陷阱，进入我们的包围圈，然后歼灭之。当恐怖分子驾驶汽车或利用其他装有爆炸物的运载工具对目标发动爆炸袭击时，要及时运用各种手段，阻止恐怖分子对保卫目标实施爆炸袭击，确保保卫目标的安全。对身上携带爆炸物的自杀式恐怖分子，在确保安全的前提下，要出其不意，攻其不备，将恐怖分子牢牢控制住，并由专业人员拆除恐怖分子身上的爆炸装置。对恐怖分子的行为不能控制的，在确保安全的前提下，可以击毙恐怖分子。

（2）救灾排险

一是坚决阻止车辆、人员拥入现场内部，以切断实施袭击的恐怖分子与可能增援的恐怖分子的联系，防止外围恐怖分子的接应；二是在疏散群众的同时，要防止恐怖分子混在群众中逃脱，不能放出的可疑人员，要严密控制。要组织人员进行紧急救灾，消除险情。恐怖爆炸袭击事件发生后，要及时组织专业人员运用探测仪器、人工搜索、动物搜寻相结合的方法，对爆炸现场进行探测。

（3）现场勘查

通过对人体、炸坑、爆炸点、运输工具、爆炸物、包装物等勘验和痕迹物证的收集，发现和掌握恐怖分子的活动方式、手段。通过对受害人、目击者、知情人的访问，了解、掌握现场情况。通过现场分析，为恐怖分子画像，确定是否为自杀式爆炸袭击，判断恐怖分子的逃跑方向，并及时追缉堵截。在追缉堵截中，要防止恐怖分子狗急跳墙，进行武力抵抗或再次实施爆炸。

2. 反劫持袭击危机事件的处置

反劫持袭击危机事件的处置，主要是指在反劫持战斗中，为达到捕歼劫持分子、安全解救人质、保护重要目标安全的战斗目的而采取和运用的主要行动方法和手段。处置力量应针对劫持分子的行动特点和规律，根据任务、行动原则、武器装备、参战兵力和现场环境等情况，灵活确定和运用不同的战法。

（1）封控现场，稳定态势

处置劫持人质案件，对现场实施封控是圆满完成任务的先决条件。一旦案发，首先，要迅速有效地封锁、控制现场，阻止无关人员进出现场，不给恐怖分子脱逃、藏匿、转移的机会，以发挥因情就势、震慑恐怖分子的作用。其次，要根据上级指示迅速组织勘查现场，不间断地了解案情、地形、恐怖分子所处位置、劫持方式、事态发展的趋势，以及恐怖分子的心理变化等情况。最后，要依据上级指示和决心，严密部署警力。通常是采取由高到低、由远至近、由外向里的顺序，逐步占领有利地形和重要位置，使恐怖分子始终处于我方严密控制之下，力争做到敌明我暗，便于我方火力和武力打击，为下一步展开处置打下基础。

（2）攻心劝降，分化瓦解

“攻心劝降，分化瓦解”战法，是指针对不同类型劫持分子的特点及动机，运用政策、法律的强大震慑力和感召力，从心理上打击、瓦解劫持分子意志的战法。此战法既有利于保护人质安全，又能避免或减少战斗伤亡，是反劫持战斗的首选战法。主要有以下四种具体方法：以理说降、以势迫降、以情劝降和以诈诱降。

（3）把握战机，武力打击

“把握战机，武力打击”战法，是指在对劫持分子进行攻心劝降无效、人质生命和重要目标安全受到严重威胁的情况下，根据现场态势及可能出现的情况，寻找、创造和准确把握有利战机，以武力打击的手段，相机捕歼劫持分子，解救人质的战斗方法。其主要有四种具体方法：化装袭击、定点伏击、精确狙击、强行突击。

第四节　公共事故灾难危机事件管理

一、公共事故灾难危机事件管理概述

（一）公共事故灾难危机事件的概念

公共事故灾难危机事件，是指人们在生产、科研和社会生活中，因事物、环境和人等主客观因素的非预期变化引发的，造成或者可能造成重大人员伤亡、财产损失、生态环境破坏和严重社会危害，危及社会稳定与公共安全的紧急事件。公共事故灾难危机事件由各种各样的事故引发，它不仅严重威胁和损害公民的人身安全和健康，破坏公共设施或设备，造成人身和经济损失，而且会带来一定范围的社会秩序混乱，需要政府动员社会力量，快速、高效地组织灾害援救和控制行动，消除险情，将事故灾难的危害减小到最低。

（二）公共事故灾难危机事件的特征

1. 多因性

公共事故灾难危机事件的发生，其本质在于人们对工业社会发展过程中的生产、科研、社会生活的风险认识与控制能力赶不上社会本身的发展与变迁的速度。引发公共事故灾难危机事件的基本因素既源于自然界，也源于人类本身。自然界客观存在的危险因素固然是公共事故灾难危机事件形成的原发性物质因素，然而，在工业社会中，各种事故灾难更多是由人类活动自身造成的。

2. 现实危害性

与其他危机事件相比，公共事故灾难危机事件对人类社会的破坏性首先表现为各种现实的危害，譬如造成大量的人员伤亡，机器设备、房屋建筑、工程设施损毁等财产损失，生态破坏与环境污染等。在造成物质层面的现实危害性的同时，公共事故灾难危机事件亦会给事件当事人或相关人员带来精神层面的巨大创伤。

3. 变异扩散性

在各种偶然的自然环境或社会环境因素的作用影响下，公共事故灾难危机事件没有固定的发展轨迹，其发生的演变、产生的影响及可能造成的后果具有高度的不确定性，难以用常态的规律认知进行准确的预测和判断。在现实中，如果应急处置不及时，措施不得力，公共事故灾难危机事件的危害后果将进一步扩散，使其蔓延到政府治理与社会秩序的层面，在造成大量的人员伤亡、财产损失、环

境破坏的同时会引起诸如公众心理恐慌、政府形象受损等其他社会问题的连锁反应，危及社会机制的正常运行。这不仅破坏了社会经济建设，还破坏了国家政治稳定与社会安定，甚至危害国家安全。

（三）公共事故灾难危机事件的分类

公共事故灾难危机事件具有多种属性，涵盖面非常广泛，对其进行分类是一个比较复杂的问题。从不同的维度依照不同的标准，公共事故灾难危机事件有着不同的分类。

1. 按照其性质、严重程度、可控性和影响范围等因素分类

公共事故灾难危机事件一般分为四级：Ⅰ级（特别重大）、Ⅱ级（重大）、Ⅲ级（较大）和Ⅳ级（一般）。依照这一标准，划分的公共事故灾难危机事件的四个层级，事件造成的社会危害严重程度、可控性和影响范围逐级下降。不同级别的公共事故灾难危机事件，由不同级别的政府及其职能部门、社会组织力量来组织实施应急处置行动。

2. 按照公共事故灾难危机事件的损害表现形态与涉及的行业领域分类

在《国家突发公共事件总体应急预案》中，公共事故灾难危机事件被划分为工、矿、商、贸等企业的各类安全事故、交通运输事故、公共设施和设备事故、环境污染和生态破坏事件等。

3. 按照公共事故灾难危机事件发生过程中的相关当事人的行为性质或者事故责任人应承担的责任以及责任的大小分类

公共事故灾难危机事件可划分为破坏性事故灾难危机、责任性事故灾难危机和技术性事故灾难危机三种类型。

4. 按照危机事件应急处置模式的不同分类

公共事故灾难危机事件分为常规性与非常规性两大类型。常规性公共事故灾难危机事件主要是指专业性比较强，应急处置责任主体以较单一的政府职能部门为主，危机管理工作相对易于程序化的公共事故灾难危机事件。非常规性公共事故灾难危机事件主要是指综合性较强，牵涉面较广，实现管理的程序化比较难，需要多个部门或多方面力量协同应对的公共事故灾难事件。

二、公共事故灾难危机事件管理机制

（一）公共事故灾难危机事件管理的组织体系

健全的组织体系是公共事故灾难危机事件管理机制运行的基本载体。我国在长期实践中逐步形成了国务院统一领导，分级、分类、分部门对公共事故灾难危机事件进行应急管理的工作模式。依据《国民经济和社会发展第十一个五年规划纲要》、国务院《关于实施国家突发公共事件总体应急预案的决定》、国务院

《关于全面加强应急管理工作的意见》和各类公共事故灾难危机事件应急处置预案的相关规定，我国公共事故灾难危机事件管理体系主要由五个部分构成：决策领导部门、应急主管部门、专项应急指挥机构、应急支持保障部门、现场应急救援指挥部门。

（二）事故灾难危机监测预警机制

预防为主，准备为先，已成为现代危机管理的首要原则。加强对重大危险源的识别与监控，并对可能引发特别重大事故的险情或者其他引发安全生产事故灾难的重要信息及时预警预控，是预防和减少公共事故灾难危机事件社会危害的重要工作机制。公共事故灾难危机监测预警机制的具体工作包括：一是加强对公共事故灾难危机事件发生、发展规律的研究，探讨各种事故灾难危机的预警指标，不断完善公共事故灾难危机预警的指标体系，做到科学监测和预报。二是建立常规数据监测库和科学分析制度，提高预测、预报的准确性。监测是预警、应急的基础，实现科学高效的危机监测是有效控制的前提。三是制定监测信息管理制度，开展公共事故灾难危机预警预报工作。

（三）指挥协调机制

公共事故灾难危机事件范围广泛、种类繁多，应急救援专业性强。其应急管理尤其是应急处置工作既需要特定的职能部门牵头负责，又需要其他部门、组织的支持与配合，牵涉的地区、部门、社会力量众多，要有效地组织整合这些力量，就必须建立顺畅的指挥协调机制。具体包括：加强城市应急指挥平台建设，完善应急处置指挥调度体系；加强预案建设，明确应急管理职责；加强综合信息系统建设，实现信息共享，促进应急管理工作协调发展。

（四）分级应急响应处置机制

分级应急响应处置机制，是根据事发地政府的危机应对能力，来确定应急响应行动的级别和程序。公共事故灾难危机事件发生后，涉事单位和当地人民政府有足够的能力应对处置时，应强化专业管理责任和属地管理责任，启动相应级别的应急预案并迅速采取措施，控制事故灾难。如果当地政府无力应对或事故灾难危机跨区域蔓延时，则上升到上一级政府和应急主管部门负责组织应对。

（五）社会动员与应急保障机制

公共事故灾难危机事件一旦爆发，往往造成较大的人员伤亡和财产损失，加之此类事件的态势发展极具变异扩散性，给社会公共安全带来的危害波及面较广，因此，应急救援与灾害控制是这类危机事件应急处置的工作重心。由于公共事故灾难危机事件种类众多，事故灾难的引发因素复杂，需要动员大量的社会资源对其实施灾害控制，因此，树立超前保障意识，建立健全社会动员与应急保障机制，实行平战结合，做好处置准备工作是十分必要的。针对公共事故灾难危机事件的发展特点，应着重做好四项保障准备：人力资源保障、救援物资装备保障、交通运输与治安保障、医疗卫生保障。

三、公共事故灾难危机事件应急处置

（一）以人为本，安全第一

维护广大人民群众的根本利益，保护人民生命财产安全，是党委和政府应急处置工作的出发点和落脚点。公共事故灾难危机事件不仅威胁公民的人身安全，而且也同时危害到物质财产、环境等多方面的利益。以人为本，就是要把人的安全放在首位，把保障人民群众的生命安全和身体健康及最大限度地预防和减少安全生产事故灾难造成的人员伤亡作为应急处置的首要任务，在应急处置工作中，坚持一切从人民利益出发，一切对人民负责。应急处置所采取的方法措施，不仅要考虑到现场群众的安全，也要考虑应急救援人员的安全防护问题，合理评估处置风险，保障安全。

（二）统一领导，协调配合

公共事故灾难危机事件的应急处置是一项涉及面广、专业性强的工作，单靠某一个部门是难以完成的，需要调配整合地区、部门、单位的应急救援力量和社会资源，共同处置，协同作战。因此，在公共事故灾难危机事件的应急处置中，要坚持党和政府的统一领导，坚持条块结合、资源共享，坚持防灾、抗灾和救灾相结合，坚持专业队伍和社会力量广泛参与相结合，调动全社会各方面的积极性。把社会民众的参与同政府管理有效地结合起来，并按照资源整合与成本核算的要求，合理利用现有资源，实现组织、资源、信息的有机整合。

（三）属地管理，专业处置

当前，我国公共事故灾难危机事件应急处置的领导和指挥以地方人民政府为主，实行地方各级人民政府行政首长负责制。灾害应急响应体制是根据灾害后果可能影响的范围、地点和应急响应方式自上而下分为国家级、省级、市（地）级、县（社）区级、企业等基层单位级五个级别。各个层级的处置单位依据行动能力，对不同规模的公共事故灾难危机事件实施应急救援和灾害控制。在政府行政管理体制的基础上，事件应急处置以属地管理为主，按照事件危害与紧急程度的不同实行分级管理、分级响应、分级设定和启动应急预案，综合协调、逐级提升，以此落实处置主体和责任。由于公共事故灾难危机事件危害严重、类型复杂，其应急处置专业性要求高，因而在属地管理的同时还要坚持条块结合，专业处置，充分发挥专业应急主管部门与相关职能部门的组织优势、技术优势和救援资源优势，快速有效地组织和实施应急救援，提高公共事故灾难危机事件的应急

处置整体效能。

（四）及时应对，快速处置

公共事故灾难危机事件的现实危害严重，直接表现为大量的人员伤亡和财产损毁，并随着时间的推移存在扩散蔓延的危险。公共事故灾难危机事件的突发性、危险性和变异扩散性都要求我们在尽量短的时间内赶赴现场；判明现场灾情；快速组织人员控制现场；对重大危险源和重点部位进行分析和评估，制定处置行动方案；采取果断措施开展受害人员营救与灾害控制等应急处置工作；争取处置时间，力求将公共事故灾难危机事件的危害后果控制在最小范围。

（五）依法规范，科学施救

公共事故灾难危机事件涉及许多领域，原因复杂，在依照相关法律规范处置的同时，需要采取多种科学手段和方法才能排除险情，抢救生命和财产。此外，公共事故灾难危机事件的应急处置是一种非常态下的非程序性决策，为了有效控制灾难现场，相关处置部门必须采取一些紧急状态下的非常措施。

第五节　突发公共卫生危机事件管理

一、突发公共卫生危机事件管理概述

（一）突发公共卫生危机事件的概念

所谓突发公共卫生危机事件，是指突然发生的，造成或可能造成严重损害社会公众健康的重大传染病疫情、群体性不明原因疾病、食品安全和职业危害、动物疫情以及其他严重影响公众健康和生命安全的事件。突发公共卫生危机事件的病因可以由生物因素、物理因素或化学因素所引起；可以因自然灾害造成，也可以因人为因素造成，如意外事故、蓄意破坏等。

（二）突发公共卫生危机事件的特征

1. 突发性

突发公共卫生危机事件往往突如其来，不易预测。突发公共卫生危机事件发生的时间、地点具有不可确定性。如重大食物中毒、原因不明群体性疾病等。

2. 地域性

突发公共卫生危机事件具有明显的地域特点，事件通常只是在某个或某些相

对固定的区域发生，其他地区可以排除在外或不作为防范的重点，但也可以不断传播，波及更多地区甚至成为全球性的卫生事件。

3. 量变性

某些突发公共卫生危机事件，尤其是一些传染性突发公共卫生危机事件，大多是有一个从量变到质变的渐进过程。这提示我们，一旦出现苗头或隐患，就要采取措施加以防范，达到一定程度时要严阵以待，主动应对，通过引导转化来减少或消除事发的可能性。

4. 公共卫生属性

它发生在公共卫生领域中，具有公共卫生属性。其危害的对象不是特定的个体，而是不特定的社会群体。

5. 危害性

突发公共卫生危机事件对公众的健康构成威胁，甚至可能造成严重损害。此外，它不仅对公众的生命和健康产生直接危害，而且也会对公众的心理和社会产生负面影响。

6. 处理的系统性

突发公共卫生危机事件从现场抢救、疫情控制到运转救治，从原因调查到善后处理，涉及多系统、多部门，工作人员必须在政府领导下分工合作，协调处理。

（三）突发公共卫生危机事件的分类

《国家突发公共事件总体应急预案》根据突发公共卫生危机事件性质、危害程度、涉及范围，将突发公共卫生危机事件划分为特别重大（Ⅰ级）、重大（Ⅱ级）、较大（Ⅲ级）和一般（Ⅳ级）四级。一般突发公共卫生危机事件，是指发生在局部地区，尚未发生大范围扩散或传播，或者不可能发生大范围扩散或传播，原因清楚且未发生死亡的突发公共卫生危机事件。较大突发公共卫生危机事件，是指发生在较大区域内，已经发生较大范围的扩散或传播，或者有可能发生较大范围的扩散或传播，原因不清或原因虽然清楚但影响人数较多，甚至发生少数死亡的突发公共卫生危机事件。重大突发公共卫生危机事件，是指发生在较大区域内，已经发生大范围的扩散或传播，或者可能发生大范围的扩散或传播，原因不清或原因虽然清楚但影响人数很多，甚至发生较多死亡的突发公共卫生危机事件。特别重大突发公共卫生危机事件，是指发生在很大的区域内，已经发生很大范围的扩散或传播，或者可能发生大范围的扩散或传播，原因不清或原因虽然清楚但影响人数巨大且已影响社会稳定，甚至发生大量死亡的突发公共卫生危机事件。

对突发公共卫生危机事件实行分级管理，可依法按如下原则确定：一般突发公共卫生危机事件由县级政府处置；较大突发公共卫生危机事件由市（地）级人民政府处置；重大突发公共卫生危机事件由省级人民政府处置；特别重大突发公共卫生危机事件由国务院处置。

二、突发公共卫生危机事件的管理机制

（一）应急指挥机构

卫健委依照职责和《国家突发公共事件总体应急预案》的规定，在国务院的统一领导下，负责组织、协调全国突发公共卫生危机事件应急处理工作，并根据突发公共卫生危机事件应急处理工作的实际需要，提出成立全国突发公共卫生危机事件应急指挥部的建议。

全国突发公共卫生危机事件应急指挥部负责对特别重大突发公共卫生危机事件的统一领导、统一指挥，作出处理突发公共卫生危机事件的重大决策。指挥部成员单位根据突发公共卫生危机事件的性质和应急处理的需要确定。

省级突发公共卫生危机事件应急指挥部由省级人民政府有关部门组成，实行属地管理，负责对本行政区域内突发公共卫生危机事件应急处理的协调和指挥，作出处理本行政区域内突发公共卫生危机事件的决策，决定要采取的措施。

（二）日常管理机构

国务院卫生行政部门设立卫生应急办公室（突发公共卫生危机事件应急指挥中心），负责全国突发公共卫生危机事件应急处理的日常管理工作。

各省、自治区、直辖市人民政府卫生行政部门及军队、武警系统要参照国务院卫生行政部门突发公共卫生危机事件日常管理机构的设置及职责，结合各自的实际情况，指定突发公共卫生危机事件的日常管理机构，负责本行政区域或本系统内突发公共卫生危机事件应急的协调、管理工作。各市（地）级、县级卫生行政部门要指定机构负责本行政区域内突发公共卫生危机事件应急的日常管理工作。

（三）专家咨询委员会

国务院卫生行政部门和省级卫生行政部门负责组建突发公共卫生危机事件专家咨询委员会。市（地）级和县级卫生行政部门可根据本行政区域内突发公共卫生危机事件应急工作需要，组建突发公共卫生危机事件应急处理专家咨询委员会。

（四）应急处理专业技术机构

医疗机构、疾病预防控制机构、卫生监督机构、出入境检验检疫机构是突发公共卫生危机事件应急处理的专业技术机构。应急处理专业技术机构要结合本单位职责开展专业技术人员处理突发公共卫生危机事件能力培训，提高快速应对能

力和技术水平，在发生突发公共卫生危机事件时，要服从卫生行政部门的统一指挥和安排，开展应急处理工作。

三、公安机关在突发公共卫生危机事件处置中的基本职责与措施

（一）公安机关在处置突发公共卫生危机事件中的基本职责

1. 制定处置突发公共卫生危机事件的应急预案

制定应急预案对于及时、有序处理危机事件至关重要。应急预案是公安机关处置突发公共卫生危机事件工作步骤的重要组成部分，其总目标是控制紧急情况的发展并尽可能消除危机，将危机对社会秩序和社会稳定的危害减少到最低限度。制定处置突发公共卫生危机事件预案要做到科学、实用和权威。公安机关处置突发公共卫生危机事件预案制定出来以后还要进行预案的演练。

2. 构建处置突发公共卫生危机事件的防控体系

建立和完善突发公共卫生危机事件的防控体系是公安机关处置工作的职责之一，也是贯彻落实“预防为主，常备不懈”方针的本质要求和重要举措。公安机关只有建立一个完善的预防控制体系，才能最大限度地消除事件扩散的隐患，减少事件扩散的发生，才能够及时发现危机事件，准确判断危机事件的危害程度，体现“信息通、反应快”的要求，为有效应对突发公共卫生危机事件奠定良好的基础，保证突发公共卫生危机事件处置工作的顺利进行。

3. 启动处置突发公共卫生危机事件预案的有关工作

突发公共卫生危机事件发生后，及时启动应急预案能够确保危机事件的及时有效处理。首先，公安机关应当在接到突发公共卫生危机事件的报告以后，向隶属的人民政府和上级公安机关履行报告的职责；组织力量对报告的事件进行核实，根据情况采取现场控制、紧急救治等措施；提出是否启动应急预案的建议。其次，一旦启动突发公共卫生危机事件的应急预案，无论是物资供应还是人员调配，也无论是指挥领导还是具体分工负责人都应尽快及时到位。事件应急预案启动后，应立即组建公安机关处置突发公共卫生危机事件的指挥小组，开展各项处置工作，配合政府和卫生行政主管部门处置突发公共卫生危机事件的总体部署，认真完成突发公共卫生危机事件指挥部下达的各项指示和任务，相互配合，协同作战，构筑一个高效有序的应急处理机构。

4. 依法处置突发公共卫生危机事件的职责

公安机关处置突发公共卫生危机事件应当符合法律、法规等规定的法律程序，依法处置危机事件是公安机关的职责之一。依法行政在危机事件的处置过程中表现为依照国家的法律法规处置危机事件。法律、法规明确授予公安机关的权力也是公安机关在处置活动中的职责和义务，如不行使或者违法行使均要承担相

应的法律责任。公安机关在危机事件处置中越权，侵犯了公民、法人或者其他组织的合法权益的，也应承担相应的法律责任。

5. 建立处置突发公共卫生危机事件的检查监督机制

公安机关处置突发公共卫生危机事件管理责任制的落实，需要检查监督机制的配合，而突发公共卫生危机事件处置预案的执行效果如何，也取决于是否有完备的检查监督机制。检查监督工作包括决策领导的检查监督和专门督查部门的检查监督两个部分。

6. 建立处置突发公共卫生危机事件的评估机制

评估处置突发公共卫生危机事件是总结提高处置工作，防止类似危机事件中处置预案缺失、处置不力和造成不必要损失等情况的出现，形成改进公安机关处置突发公共卫生危机事件的意见，有利于处置工作的进一步完善和优化。在突发事件处置后建立总结评估机制，是在深入实际调查研究的基础上，查找真正的事件原因，对照现有的法律、管理体制和管理方式找出处置突发公共卫生危机事件的不足的一项重要的工作。

（二）公安机关在突发公共卫生危机事件处置中的基本措施

1. 配合有关政府部门做好突发公共卫生危机事件应急预案的制定

公安机关应当配合当地政府做好突发公共卫生危机事件应急预案的制定，明确自己在事件中的职责和权力，履行自己在事件处置中的义务和职能，使公安机关在处置活动中不仅有法可依，而且有章可循。

2. 收集相关信息为政府决策提供依据

公安机关，特别是一线实战单位要加强对社会的治安情报信息收集工作，特别是与突发公共卫生危机事件有关的各类信息。信息的收集和掌握是我们做好工作的前提，同时也可以为政府进行决策和制订计划提供丰富的资料。突发公共卫生危机事件具有突发性，处置上具有临时性和紧迫性，所以，在情报信息的收集和提供上要做到快速、准确和及时。对收集上来的情报信息要进行科学的研究和分析，在此基础上进行及时的情报信息提供和反馈工作。

3. 依法采取封锁、隔离或者其他强制手段

在处置突发公共卫生危机事件过程中，公安机关经常要协助有关政府部门采取口岸检查、隔离观察、隔离治疗、就地治疗、水源控制等强制手段。这些强制手段的采取，为政府和卫生行政主管部门以及其他政府部门有效地处置事件，提供了必需的社会秩序保障。但是，公安机关在实施强制措施时，必须要有法律、法规的明确授权，必须符合宪法和有关突发公共卫生危机事件处置的法律规范要求。

4. 维护社会的治安稳定，对违法犯罪行为做好查处工作

根据《传染病防治法》等法律法规的规定，公安机关在处置突发公共卫生

危机事件中，对扰乱社会秩序和市场经济秩序的行为，还应当履行下列职责：一是实行出入境管制；二是禁止任何反对紧急处置的活动；三是在事件处置过程中，对散布谣言、哄抬物价、欺骗消费者的行为，协助工商行政管理机关进行处罚，构成治安违法的依法给予治安管理处罚；四是对违反疫区封锁决定，擅自出入疫区或者不配合调查、采样、技术分析和检验的行为，给予治安管理处罚；五是为控制传染病疫情扩散，实行交通、运输等应急处置；六是执行国家有关规定，具体实施戒严或者紧急状态。

5. 对流动人口加强管理

流动人口的管理是公安机关治安管理工作的重要内容。在突发公共卫生危机事件发生之时，对流动人口进行严格的管理和控制就显得更为必要。公安机关要配合卫生行政主管部门做好流动人口的预防工作，落实控制措施，对传染病病人、疑似病人采取就地隔离、就地观察、就地治疗的措施，对密切接触者根据情况采取集中或居家医学观察等措施。在突发公共卫生危机事件爆发期间，公安机关除了要严格实施暂住登记、旅馆旅客住宿登记簿的查验等日常暂住人口管理措施之外，更要充分依靠群众，注意发挥居民委员会和治保会等群众性治安防范组织和单位保卫组织的作用，密切注意流动人口中是否存在传染病人、疑似病人，一旦发现，及时采取相关措施。

6. 限制或停止集会、集市、影剧院演出，以及其他人群聚集活动

根据《传染病防治法》的规定，突发公共卫生危机事件发生后，当地人民政府可以在本行政区域内采取限制或者停止集市、集会、影剧院演出，以及其他人群聚集的活动；停工、停业、停课；封闭或者封存被传染病病原体污染的公共饮用水源、食品以及相关物品等紧急措施；临时征用房屋、交通工具以及相关设施和设备。政府在采取上述措施时，公安机关要做好执行、协助、配合工作，其中涉及公安机关管辖权的主要是各类人群聚集活动。在突发公共卫生危机事件爆发期间，公安机关要对各类群众性文化体育活动和集会、游行、示威活动的审批进行严格控制，必要时对该类活动停止审批，对于不履行法律、法规的规定，擅自举行或者是不按照安全要求举行的，公安机关应当责令其立即停止活动，对相关责任者进行治安管理处罚，并依法没收非法财物和违法所得，经公安机关责令停止活动而拒不停止的举办单位，公安机关有权采取强制措施予以解散并对有关人员进行处罚。

第六节　自然灾害危机事件管理

一、自然灾害危机事件管理概述

（一）自然灾害的概念

自然灾害，是指给人类生存带来危害，或损害人类生活环境的自然现象，包括：洪涝、干旱、台风、冰雹、雪、沙尘暴等气象灾害；火山、地震灾害；山体崩塌、滑坡、泥石流等地质灾害；风暴潮、海啸等海洋灾害；森林草原火灾和重大生物灾害等自然灾害。自然灾害，泛指在一定的时空内，由于自然规律的作用对社会生产、生活造成的破坏。自然灾害是人类依赖的自然界中所发生的人类感知的异常现象，自然灾害对人类社会所造成的危害往往是触目惊心的。由于人类对自然规律认识水平存在差异，人类掌握和利用自然规律的能力受到局限，所以，自然灾害总是难以避免的。但是，随着认识水平的提高，人类可以通过科学技术提前作出预测，根据预测作出灾害预防，减少自然灾害给人类带来的损失。

（二）自然灾害的特征

1. 自然灾害具有外在性

外在性是自然灾害根本性的突出特征。自然灾害不同于经济危机、环境危机等危机事件，是不由人类自身行为所控制的。自然灾害是人的外部物质世界所蕴含的变数，是自然界规律作用的结果，之所以称为自然灾害，也就是在于它与人类活动没有直接的关系。

2. 自然灾害具有鲜明的类型性

其类型大致可以分为天象灾害、地质灾害、地貌灾害、气象灾害和混合灾害。

3. 自然灾害具有区域性

在世界范围内，由于各地的地质构造、地貌特征和气象表征不同，自然灾害的类型分布是不同的。环太平洋地区的地震灾害、沿海的暴风雨灾害、内陆的干旱和山区的泥石流、草原的虫害等，发生的频率和危害程度会有很大的区别。在一地经常发生的某些灾害，在另一地则十分罕见。

4. 自然灾害具有恒定性

自然界是一个广袤的物质世界，物质世界的运动及其相互作用是普遍的、永恒的。自然灾害存在于人的外在物质世界，其内部的作用力具有永恒性，对人类的破坏性影响同样是永恒存在的。

5. 自然灾害具有可预测性

自然力作用是一个过程，有着发生、发展和终止的过程。人是具有主观能动性的，人类只要认识和掌握了自然界作用力的过程，就可以预知作用力对人类影响的范围和性质。所以，人类可以在一定的范围内预测、预防自然灾害和在一定程度上避开自然灾害对人类的破坏。

6. 自然灾害具有不确定性

由于受认识水平、认识滞后性和认识成本的制约以及自然界作用过程不确定性等因素的影响，人类对自然力作用的发生时间、地点、大小和影响的具体范围难以精确化，这就使得自然灾害的发生具有不确定性。

（三）自然灾害的分类

1. 以自然灾害发生的原因分类（不包括人为原因）

自然灾害大致可分为以下四类：气象灾害、地质灾害、生物灾害、天文灾害。

2. 以自然灾害形成过程的时间长短分类

自然灾害形成的过程有长有短，有缓有急。有的灾害从形成到结束比较快速、明显，称为突发性自然灾害。有的自然灾害是在致灾因素长期发展的情况下，逐渐显现成灾的，这类灾害通常要几年或更长时间才可发展形成，则称为缓发性自然灾害。

3. 世界范围内重大的突发性自然灾害

包括旱灾、洪涝、台风、风暴潮、冻害、雹灾、海啸、地震、火山、滑坡、泥石流、森林火灾、农林病虫害等。

二、自然灾害危机事件的管理机制

（一）组织指挥机制

国家减灾委员会是国家自然灾害救助应急综合协调机构，负责研究制定国家减灾工作的方针、政策和规划，协调开展重大减灾活动，指导地方开展减灾工作，推进减灾国际交流与合作，组织、协调全国抗灾救灾工作。国家减灾委员会办公室、全国抗灾救灾综合协调办公室设在民政部。国家减灾委员会各成员单位按各自的职责分工承担相应的任务。

（二）应急准备机制

应急准备机制主要包括：资金准备、物资准备、通信和信息准备、救灾装备准备、人力资源准备和社会动员准备。

（三）预警预报与信息管理机制

根据有关部门提供的灾害预警预报信息，结合预警地区的自然条件、人口和社会经济背景数据库，进行分析评估，及时对可能受到自然灾害威胁的相关地区和人口数量作出灾情预警。根据灾情预警，如果自然灾害可能造成严重人员伤亡和财产损失，大量人员需要紧急转移安置或生活救助的严重后果，国家和有关省（区、市）就应做好应急准备或采取应急措施。国家减灾委员会办公室、全国抗灾救灾综合协调办公室应及时汇总各类灾害预警预报信息，向成员单位和有关地方通报信息。灾情信息报告内容，包括灾害发生的时间、地点、背景，灾害造成的损失（人员受灾情况、人员伤亡数量、农作物受灾情况、房屋倒塌与损坏情况及造成的直接经济损失），已采取的救灾措施和灾区的需求。

（四）应急响应机制

根据突发性自然灾害的危害程度等因素，国家设定四个响应等级：Ⅰ级响应、Ⅱ级响应、Ⅲ级响应、Ⅳ级响应。根据自然灾害的实际危害程度，启动相应等级的应急响应预案。

（五）灾后救助与恢复重建机制

县级民政部门每年调查冬令（春荒）灾民生活困难情况，建立需政府救济人口台账。民政部会同省级民政部门，组织有关专家赴灾区开展灾民生活困难状况评估，核实情况，制定冬令（春荒）救济工作方案。根据各省、自治区、直辖市人民政府向国务院要求拨款的请示，结合灾情评估情况，会同财政部下拨特大自然灾害救济补助费，专项用于帮助解决冬春灾民吃饭、穿衣等基本生活困难。灾后恢复重建工作坚持“依靠群众，依靠集体，生产自救，互助互济，辅之以国家必要的救济和扶持”的救灾工作方针，灾民倒房重建应由县（市、区）负责组织实施，采取自建、援建和帮建相结合的方式，以受灾户自建为主。建房资金应通过政府救济、社会互助、邻里帮工帮料、以工代赈、自行借贷、政策优惠等多种途径解决。房屋规划和设计要因地制宜，合理布局，科学规划，充分考虑灾害因素。

三、公安机关在自然灾害危机事件处置中的基本职责与措施

（一）公安机关在自然灾害危机事件处置中的基本职责

1. 实施灾害现场控制

自然灾害是发生在一定的地域范围内的灾害，灾区范围大小随灾害性质和灾度决定。灾害中心现场分为三类：一是灾害中心现场；二是救护中心现场；三是指挥现场。在灾害中心现场，公安机关要做好两方面工作：一是协助抢救伤员和转移灾民。二是做好现场秩序维护，注意保护好中心现场内的重要财

物。在救护中心现场的秩序管理和控制中，公安机关要保护好救灾物资、被转移的财产，并维护救护中心现场内的救护秩序，防止可能出现的灾民哄抢供给物品、侵夺财产和抢占救济品的违法行为。在大型灾害和巨型灾害中，指挥现场同救护现场和灾害中心现场是分开的。公安机关要负责对指挥现场的秩序进行管理和控制，设置必要的警戒标志或者安排警戒人员，对进出指挥现场的人员进行控制。

2. 维护道路交通秩序

自然灾害发生后，公安机关要加强对交通秩序的管理和控制，清理道路上的一切有碍交通的物品、设施和建筑物，严防道路堵塞，避免交通事故。在必要的情况下，要开辟运送伤员、救护物资、转移财产的专用通道，派出警力专门指挥交通秩序，控制无关人员和车辆进入专用车道。道路交通秩序的巡逻防范是灾区道路管理的另一项工作。

3. 加强灾区治安管理和维护社会治安

灾区治安秩序是灾前社会治安秩序的延续，公安机关对灾区治安秩序的管理应以灾害处置为中心。公安机关必须对灾区内的活动秩序进行管理，否则，容易引起争执、斗殴、哄抢、侵犯财产等违法现象，干扰抢险救灾，影响灾区的稳定。

4. 强化重点部门安全保卫工作

灾区范围内的党政领导机关、要害部门、金融单位、储备仓库、救济物品集散点、监狱等场所是灾害发生后必须强化的重点安全保卫部门，同时也是灾后抢救的重点部门。公安机关对这些重点部门必须派出警力进行巡逻保护，防止国家机密文件、材料、档案、库存现金资产、凭证、珍贵文物、储备物资、枪支弹药等发生被哄抢、盗窃、流失、毁损的危险。对监管场所的在押人员，要防止其逃跑、越狱、暴动或者实施其他犯罪行为。

5. 预防和打击各种违法犯罪活动

自然灾害发生造成社会秩序短期内的混乱是必然现象。灾害来临时或者灾害发生后的短期内，少数人会利用混乱之际实施犯罪行为。公安机关在自然灾害处置期间，除了加强社会秩序和重要部门的安全保卫工作之外；还要预防各种犯罪的发生，及时发现、制止、打击违法犯罪活动。

6. 落实消防管理措施防止火灾和爆炸事故

灾后的消防管理需要有针对性地对主要火源进行排队分类，对灾区内的冶炼、锻造、化工、锅炉、油库、燃气库、油漆储存地等火灾高危场所、物品进行必要的处理，排除主要的重大火灾隐患，力求避免发生衍生、次生灾害。灾区范围内的库房、森林、物资储运场所，要进行消防隔离，控制无关人员进入，并对进出该类场所的人员严格管理教育，防止发生火灾事故。

（二）公安机关处置自然灾害危机事件的一般方法

1. 在日常的治安管理中做好救灾抢险规划

公安机关日常管理工作中的相当一部分管理职能、管理手段、管理制度和管理措施本身就包含了对自然灾害的预防和特殊管理。公安机关在制定自然灾害抢险规划时，应当因地制宜、因时制宜、因事制宜，使抢险规划具有整体综合性、连续性和系统性。公安机关可以在日常治安管理工作中贯彻救灾抢险规划的观念，并在职责范围内向政府和相关方面提出公安机关对救灾抢险的规划要求。在公安机关内部的救灾抢险规划中，应当保留或提取用于救灾抢险技能培训、学习的经费，用于购置灾害处置所需的器材、装置、用具的费用，这些费用要列入年度预算经费中，提请同级人民政府和上一级公安机关统筹解决。

2. 储备灾害处置的必要资源

灾害处置的资源包括物质资源、人力资源两大方面。其中，物质资源包括实物储备与应急资金等。资金应纳入灾害处置规划进行通盘考虑，灾害处置预算资金要有计划、有目的地用于购买、维护自然灾害处置需要的各种设施设备。在人力资源方面，公安民警应当接受救灾抢险和灾害处置的学习培训，掌握灾害处置必要的常用技能，培养公安民警的灾害处置意识和实际处置自然灾害的能力，提高公安人员处置自然灾害时的自我保护能力和临场处置自然灾害的水平。公安机关的负责人同样需要参加自然灾害处置知识、技术的学习或者进行自我学习，有意识地培养和提高处置自然灾害的能力。

3. 编制处置自然灾害的应急预案

预案是在灾害假设的背景中，针对特定的自然灾害提出的处置自然灾害的计划、措施、程序、方法和策略的行动组合系统。根据国家和地方各级政府制定的自然灾害预案，公安机关要形成本部门的处置自然灾害的预案。公安机关在制定处置自然灾害预案的过程中，应当征求公安机关内部和相关灾害处置协调部门的意见和建议，并且向灾害专家和其他方面的专家咨询。

4. 实施自然灾害处置模拟演练

自然灾害是人力不可控制的自然现象，所以检验预案也不可能直接依赖自然灾害处置实践；否则，不成功的预案将贻误灾害处置，甚至可能有害于救灾抢险的实战效果。因此，检验预案的方法一般需要在模拟的自然灾害处置中进行。自然灾害处置模拟演练是检验灾害处置预案、提高预案效度的通用方法。

典型案例剖析

2014年6月16日，经最高人民法院核准，新疆阿克苏、吐鲁番、和田三地中级人民法院依法对犯有组织、领导、参加恐怖组织罪和故意杀人罪，放火罪，非法制造、储存、运输爆炸物罪，盗窃罪的艾合买提尼亚孜·斯迪克、阿卜杜杰力力·麦提纳斯尔等7案13名罪犯执行死刑。7起案件中，13名罪犯分别组织、领导、参加恐怖组织，策划并实施暴力恐怖袭击，残忍杀害民警、干部及无辜群众，对人民群众生命财产造成重大伤害，严重威胁公共安全。

经法院审理查明，2013年6月26日，艾合买提尼亚孜·斯迪克、阿不都拉·斯热甫力、吾拉音·艾力3名被告人组织、领导恐怖组织成员先后袭击了鄯善县鲁克沁镇派出所、旅社、特警队、镇政府办公楼、理发店、安居富民工程施工工地、工商所、镇政府家属院，致基层民警和无辜群众24人死亡、23人受伤，并造成公私财物巨大损失。法院依法判处3人死刑。

经法院审理查明，2012年2月，阿卜杜杰力力·麦提纳斯尔（以下简称阿犯）受宗教极端思想影响加入恐怖组织，多次参加该组织的非法宗教活动和暴恐体能训练；2012年5月，阿犯伙同恐怖组织成员先后杀害了两名不服从组织管理、欲退出组织的成员，策划并实施暗杀乡干部未遂；2012年6月，阿犯接受恐怖组织指令制造并提供爆炸装置，导致一非法讲经点1名儿童死亡和17名儿童受伤。法院依法判处阿犯死刑。

在案件审理过程中，各级人民法院均依法充分保障了被告人辩护权、使用本民族语言文字诉讼权、上诉权及其他诉讼参与人的诉讼权利。自治区高级人民法院相关负责人表示，依法对严重暴恐犯罪分子执行死刑，回应各族群众呼声，震慑犯罪分子，显示了党和政府打击暴力恐怖犯罪的坚定决心，自治区审判机关将继续充分发挥审判职能，运用法律武器严惩暴恐犯罪分子，捍卫法律尊严，维护公平正义，保障社会和谐稳定。

（来源：新华网，2014年6月17日，作者：曹志恒、于涛）

第七章

公共信息网络安全监察

第一节　公共信息网络安全监察概述

一、公共信息网络的发展概况

随着互联网技术的不断发展，人们对互联网的依赖程度不断加深，互联网已经成为人们生活中不可或缺的一部分，互联网安全也越来越受到人们的重视。现阶段，网络犯罪案件调查和网络监察工作由公安机关公共信息和网络监察部门负责，虽然我国网络监察工作起步较晚，存在立法不健全等问题，但是随着社会对于网络安全问题认识的加深，国家日益重视网络安全工作，通过立法、执法等多个环节加强对网络违法犯罪行为的预防、控制和打击。

（一）通过互联网进行诈骗案件多发

近年来，利用通信工具、互联网等技术手段实施的电信网络诈骗犯罪活动持续高发，侵犯公民个人信息，扰乱无线电通信管理秩序，掩饰、隐瞒犯罪所得、犯罪所得收益等上下游关联犯罪不断蔓延。此类犯罪严重侵害人民群众财产安全和其他合法权益，严重干扰电信网络秩序，严重破坏社会诚信，严重影响人民群众安全感和社会和谐稳定，社会危害性大，人民群众反映强烈。

【参考案例 7－1】

2018 年 2 月以来，被告人陈某、张某妙、彭某印共同出资，分别在宁德市区设立福建众上科技有限公司、福建玉从上珠宝有限公司，上述两家公司在云南省瑞丽市区设立网络直播点，陆续招募人员，成立电信网络诈骗集团。同年 8

月，上述两家公司整合为5个业务部实施诈骗活动。该公司业务员均以女性的身份，添加以男性为主的人群成为QQ、微信好友，通过与被害人网络交友、虚假网恋等方式，筛选具有经济实力且不熟悉赌石内幕的被害人并诱导其进入直播点观看赌石，通过伪造的转账记录、赌石视频骗称可通过赌石盈利，唆使被害人购买石料。如被害人不愿购买，业务员以“合买”“制作情侣玉牌”等方式，通过情感诱迫其购买。业务员还在直播点充当观众，通过虚假下单、起哄的方式，营造赌石火爆和有利可图的氛围。实际上，赌石的原料是廉价的“公斤料”“假皮料”，即使让被害人“切涨”，也要求被害人支付数倍于成本的“鉴定费”“加工费”，无论是“真切”“假切”还是“切涨”“切垮”，相关被告人均能从中获利。至案发，共计65名被害人报案，被骗金额共计3,871,719.03元。

（二）进一步加强互联网相关立法，确保有效打击违法犯罪

针对目前互联网违法犯罪的日益猖獗和安全事故的不断出现，各国政府都相应地制定了打击计算机犯罪的法律、法规，以美国为首的西方国家与欧盟组织，对于互联网发展进程中出现的网络安全问题，投入大量资金，采用政府与民间相结合的方法，研究并实施了一整套计算机网络系统安全技术规范和标准（如美国互联网安全管理策略），建立了有效运作管理机制。我国互联网立法起步较晚，缺乏相应的立法经验，导致与互联网相关的法律、法规不健全，虽然国家已经加强相关立法工作，但层出不穷、不断翻新的网络安全问题对有效打击网络违法犯罪行为是一种重大考验。

（三）整合社会资源，共同维护互联网安全环境

我们应当清醒地认识到互联网安全是全社会的责任，不可能只由任何一个部门或团体就可以全面构建互联网的安全环境。互联网虚拟社会是现实社会的客观反映，所以应由全社会的各个部门来共同维护。以往有的大型网络运营商以部门级别为由，拒绝提供信息情况，有的跨部门、跨层级审批，程序复杂，查证IP地址就要等上数天，导致处置、查证不及时，贻误战机。国家和社会各方面都必须重视互联网应急处理工作，完善国家信息安全应急处理协调机制，建立健全互联网安全通报制度，加强信息安全事件的应急处置工作。目前，国家已经通过立法明确各关联方责任，坚持全链条全方位打击网络违法犯罪活动，通过进一步健全工作机制，加强协作配合，坚决有效遏制电信网络诈骗等违法犯罪活动，努力实现网络空间的安全稳定。

二、公共信息网络安全问题综述

国家互联网应急中心（National Internet Emergency Center，CNCERT）发布的《2018年我国互联网网络安全态势综述报告》指出，现代社会网络安全威胁

日益突出，网络安全风险不断向政治、经济、文化、社会、生态、国防等领域传导渗透，各国加强网络安全监管，持续出台网络安全政策法规。当前，我国进一步健全网络安全法律体系，完善网络安全管理体制机制，持续加强公共互联网网络安全监测和治理，构建互联网发展安全基础，构筑网民安全上网环境，特别是在党政机关和重要行业方面，网络安全应急响应能力不断提升，恶意程序感染、网页篡改、网站后门等传统的安全问题得到有效控制。

（一）我国网络安全法律法规政策保障体系逐步健全

自《网络安全法》于2017年6月1日正式实施以来，我国网络安全相关法律法规及配套制度逐步健全，逐渐形成综合法律、监管规定、行业与技术标准的综合化、规范化体系，我国网络安全工作法律保障体系不断完善，网络安全执法力度持续加强。

（二）我国互联网网络安全威胁治理取得新成效

我国互联网网络安全环境经过多年的持续治理效果显著，网络安全环境得到明显改善。特别是党中央加强了对网络安全和信息化工作的统一领导，党政机关和重要行业加强网络安全防护措施，针对党政机关和重要行业的木马僵尸恶意程序、网站安全、安全漏洞等传统网络安全事件大幅减少。

（三）网络安全问题不断加剧

网络安全问题主要包括：勒索软件对重要行业关键信息基础设施的威胁，越来越多的APT攻击行为被披露，云平台成为发生网络攻击的重灾区，拒绝服务攻击频次下降但峰值流量持续攀升，针对工业控制系统的定向性攻击趋势明显，虚假和仿冒移动应用增多且成为网络诈骗新渠道等。

（四）数据安全问题引起前所未有的关注

大规模数据泄露事件的发生，使世界各国愈加重视个人数据保护，2018年5月25日，欧盟颁布执行史上最严的个人数据保护条例《通用数据保护条例》（General Data Protection Regulation，GDPR），掀起了国内外的广泛讨论，该法案重点保护的是自然人的个人数据，如姓名、地址、电子邮件地址、电话号码、生日、银行账户、汽车牌照、IP地址以及小型文本文件等。根据定义，该法案监管收集个人数据的行为，包括所有形式的网络追踪。GDPR实施三天后，脸书和谷歌等美国企业成为GDPR法案下第一批被告，这不仅给业界敲响了警钟，也督促更多企业投入精力保护数据安全尤其是个人隐私数据安全。

随着5G、互联网协议第6版（IPv6）、区块链等新技术的发展和应用，未来网络安全问题会更加复杂、多变和严重，危害会持续加剧，必须进一步加强防范和打击。①

三、公共信息网络安全监察的含义和范围

公共信息网络安全监察，简称网监，是指公安机关依法享有的网络信息控制权限。随着社会信息化的快速发展，互联网的“双刃剑”作用日益凸显，网上与网下的界限越来越模糊，虚拟社会与现实社会的互动越来越密切，网上因素对社会稳定的影响越来越直接，如何加强对虚拟社会的管理，已经成为一个十分迫切的问题。当前，网上各种违法信息屡禁不绝，色情、赌博、诈骗等违法犯罪活动十分突出，国家基础信息网络和重要信息系统存在不少安全隐患，网络安全形势十分严峻。

公共信息网络安全监察是公安机关的一项职责。根据《人民警察法》第6条的规定，公安机关人民警察依法履行“监督管理计算机信息系统的安全保护工作”的职责。国务院1994年颁布的《计算机信息系统安全保护条例》规定，公安部主管全国计算机信息系统安全保护工作，具体实施这一职责的机构称为网监机关或网监部门，网监机关或网监部门的工作人员称为网络警（也称网络警察或网警）。《网络安全法》第8条规定，国家网信部门负责统筹协调网络安全工作和相关监督管理工作。国务院电信主管部门、公安部门和其他有关机关依照本法和有关法律、行政法规的规定，在各自职责范围内负责网络安全保护和监督管理工作。县级以上地方人民政府有关部门的网络安全保护和监督管理职责，按照国家有关规定确定。

公安机关对计算机信息系统安全保护工作进行监督，职权范围如下：（1）监督、检查、指导计算机信息系统安全保护工作；（2）查处危害计算机信息系统安全的违法犯罪案件；（3）履行计算机信息系统安全保护工作的其他监督职责。

具体职责包括：（1）宣传计算机信息系统安全保护法律、法规和规章；（2）检查计算机信息系统安全保护工作；（3）管理计算机病毒和其他有害数据的防治工作；（4）监督、检查计算机信息系统安全专用产品销售活动；（5）查处危害计算机信息系统安全的违法犯罪案件；（6）依法应当履行的其他职责。

---

① 国家互联网应急中心：《2018年我国互联网网络安全态势综述报告》，载网信中国网站：https：//baijiahao.com/s？id=1640022797030321646&wfr=spider&for=pv，最后访问日期：2019年4月16日。

四、公共信息网络安全监察的法制建设和运行机制

（一）公共信息网络安全监察的法制建设

自1994年我国颁布第一部有关信息网络安全的行政法规《计算机信息系统安全保护条例》以来，随着信息技术，特别是互联网技术的飞速发展，与信息网络及其安全有关的包括法律、行政法规、部门规章及其规范性政策文件、国家标准等在内的法律政策体系已经基本形成。我国现行的有关信息网络安全的法律体系框架分为三个层次：

1. 法律

这是第一个层次，这一层次虽然没有直接描述信息安全，但是从国家法律的高度对个人、法人和其他组织的有关信息活动涉及国家安全的权利义务进行了规范并提出法律要求。主要包括：《宪法》、《刑法》、《治安管理处罚法》、《刑事诉讼法》、全国人民代表大会常务委员会《关于维护互联网安全的决定》、《网络安全法》等。这些法律的规定，为我国建立和完善信息网络安全法律体系奠定了良好的基础。

2. 行政法规

这是第二个层次，这一层次是直接约束计算机信息系统安全、国际互联网安全的法规。主要包括：《计算机软件保护条例》《计算机信息系统安全保护条例》《计算机信息网络国际联网管理暂行规定》《互联网信息服务管理办法》《电信条例》《商用密码管理条例》等。

3. 部门规章及规范性文件

这是第三个层次，这一层次是对信息内容、信息安全技术、信息安全产品的授权审批的规定。主要包括《中国互联网络域名注册暂行管理办法》《计算机信息系统安全专用产品检测和销售许可证管理办法》《计算机病毒防治管理办法》等。

在此应当特别指出的是，2000年12月28日全国人民代表大会颁布的《关于维护互联网安全的决定》，该决定系统总结了目前网络违法和犯罪的典型行为共6大类18项，对于监察互联网的运行安全，维护国家安全和社会稳定，维护社会主义市场经济秩序和社会管理秩序，保护公民、法人和其他组织的合法权益，具有重大意义，是中国网络安全立法的标志性法律。

（二）公共信息网络安全监察的运行机制

近年来，公安部会同其他有关部门开展了“反垃圾电子邮件”“网吧专项整治”“打击淫秽色情网站”“打击治理利用手机和网络诈骗”等多个专项行动，这些行动对净化互联网环境、维护网络秩序发挥了重要的作用。网络安全和信息

安全事关国家的安全和社会的稳定，各级公安机关公共信息网络安全监察部门在互联网管理、积极防范和有效打击网络违法犯罪等方面做了大量卓有成效的工作，已经成为公安机关维护社会政治稳定和保障经济健康发展的一支必不可少的重要力量。

当前我国信息网络违法犯罪活动逐渐增加，各种安全隐患日益突出，因此各级公安机关公共信息网络安全监察部门要把维护稳定摆在各项工作的首位。对网络违法犯罪活动，既要靠掌握网络技术的公安机关严厉打击，也要靠广大人民群众提高安全防范意识和防范能力。要在严格依法管理上下功夫，认真贯彻“依法管理、加强监督、预防为主、确保重点、促进发展、监察安全”的工作方针，严格依法加强管理。要在严厉打击和防范网络违法犯罪活动的同时，加强调查研究，认真分析违法犯罪的特点、手段和规律，有针对性地加强防范措施，努力营造和谐安全的网络环境。

今后，还要继续加强公共信息网络安全监察的业务建设和队伍建设，要革命化和现代化一起抓，不断提高自身的业务素质和队伍素质。一是抓法制建设，各地公安机关要结合网络出现的新问题和工作的需要制定相应法规；二是要注意研究网络管理技术、黑客攻击技术和防范技术；三是要解决好机构、人才落实问题，选调一批政治可靠、业务精通的人才，并在政治上给予关心，创造好的工作、生活条件。

五、公共信息网络安全监察的技术手段和基本内容

（一）公共信息网络安全监察的技术手段

公安机关公共信息网络安全监察部门通常使用关键字过滤、网关 IP 封锁、电子数据取证等技术来过滤、获取有关情报信息；查禁、封堵和阻断有害信息；查处网络和计算机违法犯罪；备份、调取有关电子证据等。主要技术措施包括访问控制技术、防火墙技术、入侵检测技术、安全扫描、安全审计和安全管理。

1. 访问控制技术

访问控制是网络安全保护和防范的核心策略之一。访问控制的主要目的是确保网络资源不被非法访问和非法利用。访问控制技术所涉及的内容较为广泛，包括网络登录控制、网络使用权限控制、目录级安全控制以及属性安全控制等。

（1）网络登录控制

网络登录控制是网络访问控制的第一道防线。通过网络登录控制可以限制用户对网络服务器的访问，或禁止用户登录，或限制用户只能在指定的工作站进行登录，或限制用户登录到指定的服务器上，或限制用户只能在指定的时间登录网络等。网络登录控制一般需要经过三个环节：一是验证用户身份，识别用户名；

二是验证用户口令，确认用户身份；三是核查该用户账号的默认权限。在这三个环节中，只要其中一个环节出现异常，该用户就不能登录网络。其中，前两个环节是用户的身份认证过程，是较为重要的环节，用户应加强这个过程的安全保密性，特别是增强用户口令的保密性。用户可以使用一次性口令，或使用IC卡等安全方式来证明自己的身份。网络登录控制是由网络管理员依据网络安全策略实施的，网络管理员可以随时建立或删除普通用户账号，可以控制和限制普通用户账号的活动范围、访问网络的时间和访问方式，并对登录过程进行必要的审计。对于试图非法登录网络的用户，一经发现立即报警。

（2）网络使用权限控制

当用户成功登录网络后，就可以使用其所拥有的权限对网络资源（如目录、文件和相应设备等）进行访问。如果网络对用户的使用权限不能进行有效的控制，则可能导致用户的非法操作或误操作。网络使用权限控制就是针对可能出现的非法操作或误操作而设计的一种安全保护措施。通过网络使用权限控制可以规范和限制用户对网络资源的访问，允许用户访问的资源就开放给用户，不允许用户访问的资源一律加以控制和保护。网络使用权限控制是通过访问控制表来实现的。在这个访问控制表中，规定了用户可以访问的网络资源，以及能够对这些资源进行的操作。根据网络使用权限，可以将网络用户分为三大类：一是系统管理员用户，负责网络系统的配置和管理；二是审计用户，负责网络系统的安全控制和资源使用情况的审计；三是普通用户，这是由系统管理员创建的用户，其网络使用权限是由系统管理员根据他们的实际需要授予的。系统管理员可随时更改普通用户的权限，或将其删除。

（3）目录级安全控制

用户获得网络使用权限后，即可对相应的目录、文件或设备进行规定的访问。系统管理员为用户在目录级指定的权限，对该目录下的所有文件、所有子目录及其子目录下的所有文件均有效。如果用户滥用权限，则会对这些目录、文件或设备等网络资源构成严重威胁。这时目录级安全控制和属性安全控制就可以防止用户滥用权限。一般情况下，对目录和文件的访问权限包括系统管理员权限、读权限、写权限、创建权限、删除权限、修改权限、文件查找权限和访问控制权限。目录级安全控制可以限制用户对目录和文件的访问权限，进而保护目录和文件的安全，防止权限滥用。

（4）属性安全控制

属性安全控制是通过给网络资源设置安全属性标记来实现的。当系统管理员给文件、目录和网络设备等资源设置访问属性后，用户对这些资源的访问将会受到一定的限制。通常，属性安全控制可以限制用户对指定文件进行读、写、删除和执行等操作，可以限制用户查看目录或文件，可以将目录或文件隐藏、共享和设置成系统特性等。

（5）服务器安全控制

网络允许在服务器控制台上执行一系列操作。用户使用控制台可以装载和卸载模块，可以安装和删除软件等。网络服务器的安全控制包括设置口令锁定服务器控制台，以防止非法用户修改、删除重要信息或破坏数据；设定服务器登录时间限制、非法访问者检测和关闭的时间间隔。

2. 防火墙技术

防火墙是用来保护内部网络免受外部网络的恶意攻击和入侵，防止计算机犯罪，将入侵者拒之门外的网络安全技术。防火墙是内部网络与外部网络的边界，它能够严密监视进出边界的数据包信息，能够阻挡入侵者，严格限制外部网络对内部网络的访问，也可有效地监视内部网络对外部网络的访问。

3. 入侵检测技术

入侵检测技术是网络安全技术和信息技术结合的产物。使用入侵检测技术可以实时监视网络系统的某些区域，当这些区域受到攻击时，能够及时检测和立即响应。入侵检测有动态和静态之分，动态检测用于预防和审计，静态检测用于恢复和评估。

4. 安全扫描

安全扫描是对计算机系统或其他网络设备进行相关安全检测，以查找安全隐患和可能被攻击者利用的漏洞的过程。从安全扫描的作用来看，它既是保证计算机系统和网络安全必不可少的技术方法，也是攻击者攻击系统的技术手段之一，系统管理员运用安全扫描技术可以排除隐患，防止攻击者入侵，而攻击者则利用安全扫描来寻找入侵系统和网络的机会。

安全扫描分主动式和被动式两种。主动式安全扫描是基于网络的，主要通过模拟攻击行为记录系统反应来发现网络中存在的漏洞，这种扫描称为网络安全扫描；而被动式安全扫描是基于主机的，主要通过检查系统中不合适的设置、脆弱性口令，以及其他同安全规则相抵触的对象来发现系统中存在的安全隐患，这种扫描称为系统安全扫描。

安全扫描所涉及的检测技术主要有以下四种：

（1）基于应用的检测技术。它采用被动的、非破坏性的办法检查应用软件包的设置，发现安全漏洞。

（2）基于主机的检测技术。它采用被动的、非破坏性的办法对系统进行检测，通常涉及系统的内核、文件的属性、操作系统的补丁等问题。这种技术还包括口令解密，把一些简单的口令剔除。因此，这种技术可以非常准确地定位系统的问题，发现系统的漏洞。它的缺点是与平台相关，升级复杂。

（3）基于目标的漏洞检测技术。它采用被动的、非破坏性的办法检查系统属性和文件属性，如数据库、注册号等。通过消息文摘算法对文件的加密数进行检验。这种技术的实现是运行在一个闭环上，不断地处理文件、系统目标、系统目标属性，然后产生检验数，把这些检验数同原来的检验数相比较，一旦发现变化就通知管理员。

（4）基于网络的检测技术。它采用积极的、非破坏性的办法来检验系统是否有可能被攻击而崩溃。它利用了一系列的脚本，模拟对系统进行攻击的行为，然后对结果进行分析。它还针对已知的网络漏洞进行检验。网络检测技术常被用来进行穿透实验和安全审计。这种技术可以发现一系列平台的漏洞，也容易安装，但是，它可能会影响网络的性能。安全扫描技术正逐渐向模块化和专家系统两个方向发展。

在模块化方面，整个安全扫描系统由若干个插件组成，每个插件封装一个或多个漏洞扫描方法，主扫描过程通过调用插件的方法来执行扫描任务。系统更新时，只需添加新的插件就可增加新的扫描功能。另外，由于插件的规范化和标准化，使得安全扫描系统具有较强的灵活性、扩展性和可维护性。在专家系统方面，安全扫描能够对扫描结果进行整理，形成报表，同时可针对具体漏洞提出相应的解决办法。随着安全扫描技术的发展，希望安全扫描系统能够对网络状况进行整体评估，并提出针对整个网络的安全解决方案。未来的系统，不仅是一个漏洞扫描工具，还应该是一个安全评估专家。

5. 安全审计

安全审计是在网络中模拟社会活动的监察机构，对网络系统的活动进行监视、记录并提出安全意见和建议的一种机制。利用安全审计可以有针对性地对网络运行状态和过程进行记录、跟踪和审查。通过安全审计不仅可以对网络风险进行有效评估，还可以为制定合理的安全策略和加强安全管理提供决策依据，使网络系统能够及时调整对策。在网络安全整体解决方案日益流行的今天，安全审计是网络安全体系中的一个重要环节。网络用户对网络系统中的安全设备、网络设备、应用系统及系统运行状况进行全面的监测、分析、评估，是保障网络安全的重要手段。计算机网络安全审计主要包括对操作系统、数据库、万维网、邮件系统、网络设备和防火墙等项目的安全审计，以及加强安全教育，增强安全责任意识。网络安全是动态的，对已经建立的系统，如果没有实时的、集中的可视化审计，就不能及时评估系统的安全性和发现系统中存在的安全隐患。

目前，网络安全审计系统包含的主要功能和所涉及的共性问题如下：

（1）网络安全审计系统的主要功能：①采集多种类型的日志数据。能够采集各种操作系统、防火墙系统、入侵检测系统、网络交换机、路由设备、各种服务及应用系统的日志信息。②日志管理。能够自动收集多种格式的日志信息并将其转换为统一的日志格式，便于对各种复杂日志信息的统一管理与处理。③日志查询。能以多种方式查询网络中的日志信息，并以报表形式显示。④入侵检测。使用多种内置的相关性规则，对分布在网络中的设备产生的日志及报警信息进行相关性分析，从而检测出单个系统难以发现的安全事件。⑤自动生成安全分析报告。根据日志数据库记录的日志信息，分析网络或系统的安全性，并向管理员提交安全性分析报告。⑥网络状态实时监视。可以监视运行有代理的特定设备的状态、网络设备、日志内容、网络行为等情况。⑦事件响应机制。当安全审计系统检测到安全事件时，能够及时响应和自动报警。⑧集中管理。安全审计系统可利用统一的管理平台，实现对日志代理、安全审计中心和日志数据库的集中管理。

（2）网络安全审计系统所涉及的共性问题：①日志格式兼容问题。通常情况下，不同类型的设备或系统所产生的日志格式互不兼容，这为网络安全事件的集中分析带来了难题。②日志数据的管理问题。日志数据量非常大，不断地增长，当超出限制后，不能简单地丢弃。因此需要一套完整的备份、恢复、处理机制。③日志数据的集中分析问题。一个攻击者可能同时对多个网络目标进行攻击，如果单个分析每个目标主机上的日志信息，不仅工作量大，而且很难发现攻击。如何将多个目标主机上的日志信息关联起来，从中发现攻击行为是安全审计系统所面临的重要问题。④分析报告及统计报表的自动生成问题。网络中每天会产生大量的日志信息，巨大的工作量使管理员手工查看并分析各种日志信息不能成为现实。因此，提供一种直观的分析报告及统计报表的自动生成机制是十分必要的，它可以保证管理员及时和有效地发现网络中出现的各种异常状态。

6. 安全管理

（1）信息安全管理的内涵。信息安全管理的内涵是对一个组织或机构中信息系统的生命周期全过程实施符合安全等级责任要求的科学管理。

一般意义上来讲，安全管理就是指为实现信息安全的目标而采取的一系列管理制度和技术手段，包括安全检测、监控、响应和调整的全部控制过程。而对整个系统进行风险分析和评估是明确信息安全目标要求的重要手段。随着信息技术和人类生产生活交汇融合，全球数据呈现爆发增长、海量聚集的特点，大数据产业正值活跃发展期，技术演进和应用创新并行加速推进，数据资源已成为国家基础战略性资源和社会生产的创新要素。信息安全管理就是要保护网络数据安全，对数据从产生，经过采集、传输、存储、处理（包括计算、分析、可视化等）、交换、销毁等全生命周期环节制定安全管理标准，确保网络数据安全，避免安全风险。

（2）信息安全管理的基本原则。需要明确指出的一点是，不管多么先进的安全技术，都只是实现信息安全管理的手段而已。信息安全源于有效的管理，要使先进的安全技术发挥较好的效果，就必须建立良好的信息安全管理体系，这是一个根本问题。

在我国，加强对信息安全工作的领导，建立健全信息安全管理责任制，通常以谁主管谁负责、谁运营谁负责和谁使用谁负责为基本要求，坚持的总原则是：主要领导人负责原则；规范定级原则；依法行政原则；以人为本原则；适度安全原则；全面防范、突出重点原则；系统、动态原则；控制社会影响原则。

信息安全管理的基本过程是一个不断发展、不断修正的动态过程，贯穿于信息系统的生命周期，涉及信息系统管理层面、物理层面、网络层面、操作系统层面、应用系统层面和运行层面的安全风险管理。这些层面上的安全管理是保证信息系统安全技术、安全工程运行正确、安全、有效的基础。总的安全目标是防止国家秘密和单位敏感信息的失密、泄密和窃密，防止数据的非授权修改、丢失和破坏，防止系统能力的丧失、降低，防止欺骗，保证信息及系统的可信度和资产的安全。

（二）公共信息网络安全监察的基本内容

公共信息网络安全监察是一个很大的社会课题，该课题需要解决的是监察整个网络社会的所有网络用户的安全，这里主要包括通信安全、环境安全、内容安全。也就是要为广大网络用户提供一个健康、通畅、舒适、安全、可靠的网络社会生活环境。

1. 通信安全

通信安全监察就是要保证信息高效、可靠的传输，应该实现通信数据的机密性和完整性。至少要从如下三方面进行监察：

（1）监察通信线路的畅通，国际出口、国家主干、地区主干、城市主干首先要保证线路的高质量、无故障的服务；

（2）监察通信线路的高效使用，要防止各类无效的信息对网络的影响，如垃圾邮件、有害信息、拒绝服务攻击（DOS）、分布式拒绝服务攻击（DDOS）等攻击、病毒泛滥等，监察网络用户正常通信信息得到及时传输；

（3）监察通信信息的机密性、完整性和高可靠性，要防止国家机密或秘密信息、军队机密或秘密信息、企业商业秘密信息、个人隐私、基于电子商务的重要信息被窃取、被篡改。

2. 环境安全

现实社会中生活和工作环境的安全问题是人们关注的热点，而虚拟社会的网络环境安全同样是人们担心和亟待解决的问题。事实上，任何一种环境，无论是现实环境或是虚拟社会网络环境，如果不能得到较好的净化，必将影响人们的生活健康和质量，因此，我们应该从如下方面来监察网络环境的安全：

（1）控制网络环境污染的源头，要防止个人（终端）成为网络环境污染的源头。

（2）控制网络环境中的应用服务点，要防止对外提供服务的服务器成为网络环境污染的渠道，即要防止成为被用于攻击的跳板、攻击的工具，并且还要起到消除攻击、阻断攻击链的作用。

（3）控制各级网关，要防止局部网络成为污染源、防止局部网络受攻击的影响迅速蔓延到其他网络，必要时通过控制网关，限制局部网络的污染影响扩大，实现整体网络的净化。

3. 内容安全

内容安全是信息网络安全的本质问题，人们在网络上活动最终所获取的是信息内容，因此，获取内容的真实性、可靠性、有效性、机密性就成为人们最关心的话题。为此，我们应该从如下方面着手做好相关工作：

（1）监察公共信息的真实性和完整性。网络已经成为人们获取公共信息的主要渠道之一，监察网络空间的各类信息的真实性和完整性，尤其是政府部门发布的、商业交换的、科学教育的信息的真实性和完整性是内容安全的首要任务。

（2）监察网络空间信息的合法性。事实上大量的非法信息通过网络得以大面积的传播，这些非法信息严重影响了人们的正常生活和社会稳定，如“法轮功”信息，需要采取措施限制这些非法信息的传播。公共网络已逐步成为有效商业环境之一，监察商业信息交换的合法性，包括商品信息、资金信息、身份信息、购销信息等的合法性，同样是内容安全的重要任务。

（3）监察网络空间信息的健康性。在自由化的网络环境中充斥着大量不健康的信息，如黄色信息、虚假广告等，严重影响了网络的有效作用，尤其是影响了青少年的健康成长，为此，这一点成为公共信息网络安全监察的基本工作之一。

【参考案例7－2】

广东珠海公安机关侦破“3·17”跨境网络淫秽色情表演案。2008年3月，广东省珠海警方成功打掉了一个以台湾人为首的利用互联网组织跨境淫秽色情表演的犯罪团伙，摧毁了该团伙设在珠海的22个淫秽色情表演窝点，抓获涉嫌组织淫秽色情表演的犯罪嫌疑人13名（其中4名中国台湾籍主犯），其他表演及涉案人员41名，涉案金额近3000万元人民币。

（4）监察网络空间信息的有效性。大量的垃圾信息、垃圾邮件和大量虚假信息的发布、传播严重影响了网络通信的效率，影响了人们获取信息的效用，这一点已成为公共信息网络安全必须关注的热点之一。

需要特别说明的是，由于互联网信息服务与电话业务的融合越来越多，我们所讨论的网络环境不再单纯是人们通常所认为的因特网网络、单位内部局域网络，实际上还包括人们日常使用的基本通信工具——有线和无线电话。

（三）世界协同打击网络犯罪

加强国际合作，共同打击公共网络犯罪活动，这是今后的一个发展趋势。网络的无边界性，决定了国际合作的必要性。泰国警方在 2000 年 6 月开设了一个专门打击犯罪的网站——捉贼网站，公众可以通过该网站向警方提供犯罪线索以协助破案。这一网站是由泰国国家警察厅打击特别犯罪处设立的。该网站将集中打击 7 种犯罪：毒品犯罪、经济犯罪、油品走私犯罪、海盗犯罪、非法砍伐树木犯罪、雇佣杀人犯罪以及跨国贩卖人口犯罪。警方将在网站上公布失窃护照的号码，以供各饭店和航空公司核实和查询。此外，在泰国死亡或失踪的外国人的姓名和照片也将在该网站上公布。

国际刑警组织将情报提供给一个民营网站，以协助企业防范全球网络犯罪。美国某独立风险顾问公司表示，国际刑警组织已经同意提供相关的非法入侵网站、失窃商品、诈欺和其他会危及企业体的网络犯罪资料给该公司的网站，这些资料将免费提供给信用良好的公司，该顾问公司也会把它通过计算机和研究员在网络所搜集到的资料提供给国际刑警组织。

目前，一些不法分子活跃在电子信息网络，或攻击网站、破坏网站，或侵入国家事务、国防建设等计算机系统，窃取机密，给他人和国家带来了损害。为保护国家和个人的利益，专家呼吁公众积极举报黑客的犯罪行为。中国应进一步加强与其他国家、地区和国际组织的合作，协同打击网络犯罪，更大限度地发挥公共信息网络安全监察的职能作用。

第二节　计算机病毒防治

一、计算机病毒的含义和特点

（一）计算机病毒的含义

关于计算机病毒，目前在国际、国内尚无一个得到各方认可的统一的定义，这里介绍几个有代表性的计算机病毒的定义：

第一种，计算机病毒是一种自我繁殖的“特洛伊木马”，它由任务部分、触发部分和自我繁殖部分组成。

第二种，计算机病毒是特洛伊木马的变种，在其传染（把自身粘贴于文件、程序上）时，携带着一个负有使用（删除文件、传递数据）的触发机制（事件、时间），引入磁盘操作系统中的一种代码，这段代码具有恶意的目的，即在某一时刻，这些插入的代码将触发一个过程而删除磁盘中的所有文件。

第三种，计算机病毒指隐藏在合法程序中的一种程序段，它具有自我繁殖扩散的能力，能将自身复制到别的合法程序或数据文件中去。

第四种，计算机病毒是一个程序体（病毒载体），对计算机系统和其他用户文件（尚未感染该病毒的程序体）主动进行攻击，计算机病毒的蔓延是在合法的名义下（系统和其他用户文件的合法使用）进行的非授权程序加载。

第五种，计算机病毒是隐藏在计算机系统的数据资源中，利用系统数据资源进行繁殖和生存，能影响计算机系统的正常运行，并通过系统数据共享的途径进行传染的程序。

随着计算机技术的发展和互联网的扩大，计算机已成为人们生活和工作中所依赖的重要工具。但与此同时，计算机病毒对计算机及网络的攻击现象也与日俱增，而且破坏性日益严重。一旦病毒发作，它能冲击内存、影响性能、修改数据或删除文件。一些病毒甚至能擦除硬盘或使硬盘不可访问。病毒的最大危害是使整个网络陷于瘫痪。因此网络环境下的病毒防治，必将成为计算机防毒领域的研究重点。

（二）计算机病毒的特点

计算机病毒是将自身纳入另外的程序或文件的一段小程序。广义的计算机病毒还包括逻辑炸弹、特洛伊木马和系统陷阱入口等。它不仅攻击程序，而且能破坏网络上的主机硬分区，造成主机无法启动，使整个网络无法工作。网络病毒有很强的繁殖或再生机制，一旦一个网络病毒深入一个公共的实用工具或实用软件中，便会很快传播扩散到整个网络上，它比单机病毒的危害更大，杀伤力也更强，必须采取措施加强防治。计算机病毒虽是一个小程序，但它与普通的计算机程序不同，具有以下特点：

1. 可传染性且传染方式多

它具有可传染性，并借助非法拷贝进行传染。引导型病毒对工作站或服务器的硬盘分区表或DOS引导区进行传染。服务器上的程序被病毒感染后，所有使用该带毒程序的工作站都将被感染。混合型病毒有可能感染工作站上的硬盘分区表或DOS引导区，通过工作站用拷贝操作将病毒带入服务器，进而在网上传播。

2. 破坏性强

网络上的病毒将直接影响网络的工作，轻则降低速度，影响工作效率；重则使网络崩溃，破坏服务型信息，某些企业和部门还有机密信息丢失的危险。受感染的计算机往往被迫断开网络连接进行单机杀毒，影响工作。

3. 清除难度大

单机上的计算机病毒可以通过删除文件、格式化硬盘等措施将病毒清除。而网络中只要有一台工作站没有清除干净，就可以使整个网络重新带毒。甚至刚刚完成一台清除工作的工作站，就有可能被另一台带毒工作站感染，因此，仅对工作站进行病毒查杀，并不能解决病毒对计算机网络的危害。

4. 具有可激发性、潜在性

网络病毒激发条件多种多样，通常可以是内部时钟、系统日期、用户名，也可以是网络的一次通信，或者网络中的一个特殊标志。由于网络的扩展性，病毒可以按照病毒设计者的要求，在任意时刻、任意位置激发并发起攻击。系统被病毒感染后，病毒一般不即时发作，而是潜藏在系统中，等条件成熟后便会发作，给系统带来严重的破坏。

二、计算机病毒的分类和预防

（一）计算机病毒的分类

1989 年 3 月在西南铝加工厂计算中心发现的小球病毒，是我国正式报道的第一例感染计算机病毒事件，随后在全国各地相继发现计算机病毒感染系统和程序。如今，计算机病毒已对计算机信息系统构成严重的威胁，并给实际科研生产中计算机的应用发展带来严重的危害。自我国正式发现计算机病毒以来，公安部于 1989 年 7 月开始对计算机病毒情况进行调查，随后统一发放病毒防治程序，各种计算机专业报刊发表消息和病毒防治方法，市场上销售病毒防治产品，许多计算机用户从管理方面加强措施，这些都对阻止病毒的蔓延及清除病毒起到了很大的作用。从一定程度上说，计算机病毒的感染率已有所下降，但从计算机的安全角度看，计算机病毒的出现是计算机潜在脆弱性的重要表现。因此，对计算机病毒的防治工作丝毫不能放松而且还需进一步加强。计算机病毒的分类有很多，但主要有以下几种：

1. 按其表面形式可分为：蠕虫（Worm）、炸弹（Bomb）、特洛伊木马（Trojanhor）等。

2. 根据其危害性可分为：良性病毒和恶性病毒。良性病毒多属恶作剧和软件防非法拷贝惩罚。恶性病毒则是有目的的破坏，其破坏力和危害性都很大，除了影响系统的效率外，通常还会删除文件、破坏数据（包括破坏文件分配表、文件目录表及文件本身）或对硬盘进行格式化等。

3. 按其激活时间可分为：定时病毒和随机病毒。

4. 根据其解剖特点可分为：源码病毒、入侵病毒、操作系统病毒和外壳病毒四种。源码病毒在程序被编译之前插入到源程序中，编译后成为合法程序的一部分；入侵病毒是将其自身侵入现有的程序之中，以插入的方式进行链接；操作系统病毒将其加入或取代操作系统的部分合法模块，与操作系统一起运行；外壳病毒则将自己附在程序的周围。

5. 按其是否驻留内存可分为：驻留内存病毒（如 TSR 文件型病毒等）和非驻留内存病毒（如非 TSR 文件型病毒等）。

（二）计算机病毒的防治

计算机病毒的防治应包括以下内容：

1. 抑制计算机病毒的产生和发展。这主要是从政策和法律上加以保证，同时要加强对计算机从业人员的管理。控制和清除计算机病毒的传染性，这主要是从计算机安全方面入手，包括计算机的使用管理、计算机应用人员的计算机病毒防治知识的普及等。

2. 计算机病毒的防治，关键在于加强计算机安全监察，完善计算机内存安全机制，提高数据真实性的保护能力。

3. 采用各种防范措施，做到病毒预警和病毒前报。对使用 DOS 操作系统的 PC 计算机用户可以通过改造 COMMAND. COM 文件形成 DOS 安全外壳，使其在一定程度上具有防范计算机病毒的入侵和扩散的能力。另外，也可以采用编制内存驻留（TSR）程序和改造硬软盘 BOOT 区的方法来实现对计算机病毒的防范。提高计算机的安全意识，采用预防为主的方法以控制病毒侵入。普及计算机病毒防治知识，做到对病毒的及早发现和清除。加强计算机的管理，特别要加强计算机磁盘和计算机网络的使用管理，从而切断计算机病毒的感染源。对重要工作岗位或执行重要科研工程任务的计算机要做到专机专用，专盘专用，有条件的还应由专人管理，其中尤其要注意以下几点：

（1）不使用来历不明且不能确定是否无毒的软磁盘（特别是游戏盘）。

（2）写保护所有装有系统程序、应用程序及重要的数据文件的软磁盘。

（3）购买正规渠道的不携带任何病毒的软件，不做非法拷贝。

（4）对新购计算机以及对外借用和维修返回的计算机的使用应当小心谨慎，以免病毒在已感染硬盘的情况下随机带入，使病毒得以传播和蔓延。

（5）采用计算机隔离的方法，杜绝无关人员操作使用计算机。这些方法包括：开机口令保护以禁止非授权者使用计算机；硬盘加锁实现对硬盘的独享；软盘驱动器工作保护，确保不使用外来软盘程序，以阻止病毒从软盘侵入及感染系统。

（6）计算机系统数据和重要软件备份，这项工作要在确保计算机系统及重要软件无毒的情况下进行。需备份的计算机系统数据包括：硬盘分区表、引导扇区、文件分配表、文件目录表以及 RAMCMOS 数据。

4. 计算机应用人员应当掌握基本的计算机病毒防治知识，特别是一些计算机病毒的识别方法。通过人工检测识别的方法可以做到对计算机病毒的尽早发现并及时清除，这些方法包括：

（1）比较法：包括文件的备份比较或文件目录表项（如文件的长度、建立日期及文件首簇号）的备份比较，中断向量表的备份比较，内存驻留信息的备份比较，硬软盘 BOOT 区的备份比较等。

（2）特征法：由于病毒感染计算机后，总会有一些比较明显的特征表现，因此可从以下现象中注意判断：①系统运行速度明显下降；②系统经常出现异常的重启动现象或异常死机现象；③应用程序的装入时间明显变长或执行速度明显变慢；④磁盘访问时间变长或对带写保护的磁盘无故尝试写盘操作；⑤磁盘上无故出现坏簇（经验证属逻辑坏簇而非物理坏簇）或硬盘可用空间明显变小；⑥软硬磁盘有大量可用空间使用而最后一簇（或几簇）却被占用；⑦磁盘的卷标被修改，或系统中出现异常的隐含或只读文件；⑧出现磁盘文件交叉链接的现象，链表破坏；⑨系统可用内存减少，甚至在试图运行程序时出现异常的内存不够现象；⑩运行程序时出现异常现象，如磁盘中某些文件或数据异常消失，或长度发生了变化（通常是长度增加若干字）；打印机打印出异常字符或打印速度变慢或根本就不能打印；CRT 上无故显示异常字符或静止图或动画，甚至显示一段与用户使用计算机无关的文字；计算机的喇叭无故发出蜂鸣声或演奏一段无关的音乐。

（3）搜索法：用上述方法发现并确认病毒源后，再识别病毒和定位病毒并将其清除，可采用搜索法检查所有的存储介质，以达到彻底清除病毒的目的。通常是通过查找病毒的特征代码和特征标志实现搜索。

三、公安机关在计算机病毒防治中的基本职责和措施

（一）公安机关在计算机病毒防治中的基本职责

根据公安部发布的《计算机病毒防治管理办法》和《计算机信息系统安全专用产品检测和销售许可证管理办法》的规定，公安机关在计算机病毒防治中承担以下基本职责：

1. 负责计算机病毒防治管理工作

公安部公共信息网络安全监察部门主管全国的计算机病毒防治管理工作，地

方各级公安机关具体负责本行政区域内的计算机病毒防治管理工作。

2. 分析、确认病毒样本，认定计算机病毒

经公安部公共信息网络安全监察部门批准的计算机病毒防治产品检测机构，有权对从事计算机病毒防治产品生产的单位所提交的病毒样本进行分析、确认，并向公安部公共信息网络安全监察部门上报结果，认定计算机病毒。

3. 审批颁发销售许可证

公安部公共信息网络安全监察部门负责审批颁发计算机信息系统安全专用产品的销售许可证，并审批安全专用产品安全功能检测机构。

依据《计算机信息系统安全保护条例》《计算机信息系统安全专用产品检测和销售许可证管理办法》《计算机病毒防治管理办法》的规定，计算机信息系统安全专用产品销售许可证由公安部公共信息网络安全监察局负责审批颁发。

审批办理的流程如下：

第一步：产品检测。申请单位须将样品送指定检测机构进行检测。对在国内生产的产品，由生产厂家负责送交检测；对境外生产、在国内销售的产品，由国外生产厂家委托国内具有法人资格的企业负责送交检测。申请者应当自检测报告出具之日起3个月内，向公安部公共信息网络安全监察局申请办理销售许可证。逾期未申请办证的，不予受理。

第二步：申请办证。检测合格后，申请单位按规定提交办证申请的相关材料：

（1）申请表（一式两份，内容打印，法人签名并盖章）；

（2）营业执照（复印件，加盖公章）；

（3）产品检测报告（复印件）；

（4）病毒防治类产品，申请者须提交公安机关出具的计算机病毒防治研究的备案证明；

（5）境外厂家生产的产品，申请者须提交合法有效的授权委托书或合同复印件（复印件需加盖申请单位公章）；

（6）采用密码技术的产品，申请者须提交国家密码管理部门的审批文件（复印件）；

（7）产品技术说明书（要求中文电子版，并于光盘封面注明产品名称）；

（8）根据有关规定需要提交的其他材料。

第三步：审批发证。公安部公共信息网络安全监察局审批核发安全专用产品销售许可证书，审批时限为自受理申请之日起15个工作日，特殊情况可延至30个工作日。

销售许可证自批准之日起2年内有效。证书有效期满前，生产单位应当将样

品送交检测。检测合格后，向发证机关提交申请，申请应于期满前 15 个工作日提出，逾期不予受理。办理延期时提交的材料须与初次办证提交的材料一致。经审批同意延期的，可以继续使用原证书编号。

4. 查处危害计算机信息系统安全的违法犯罪行为

主要包括：

（1）进行网络入侵和攻击破坏活动的行为；

（2）故意制作、传播计算机病毒等破坏程序的行为；

（3）违反国家规定，擅自中断网络运行或互联网服务的行为；

（4）违反国家规定，对信息系统中存储、处理或者传输的数据和应用程序进行删除、修改、增加的操作，造成严重后果的行为；

（5）其他危害计算机信息系统安全的行为。

（二）公安机关在计算机病毒防治中的措施

1. 进行日常网络监测。

2. 及时发布病毒发作信息。

3. 对单位和个人的计算机病毒防治工作进行监督、检查和指导。

4. 审批、监督、检查计算机信息系统安全专用产品的销售许可证。

5. 对危害计算机信息系统安全的违法行为进行处罚。

【参考案例 7－3】

2008 年 5 月 6 日，江苏省水利厅政务网站遭黑客攻击。案件发生后，江苏公安机关在上海、四川、湖北、重庆、广西等地公安机关的协助下，成功侦破这一制作传播“大小姐”系列木马病毒的案件，抓获以王某（网名“Beyond”，男，24 岁，四川人，该木马病毒提供者）为首的犯罪嫌疑人 15 名。经查，该团伙通过制作、传播“大小姐”木马，入侵政府或商业网站，实施挂马盗取网民网游账号和密码，出售被盗账号中的游戏装备牟利。截至被抓获时，接受赃款的银行账号累计进账达 1400 余万元。

第三节　互联网安全保护

一、互联网的含义

互联网（Internet，又译因特网、网际网），即广域网、局域网及单机按照一定的通讯协议组成的国际计算机网络。互联网是将两台或两台以上的计算机终端、客户端、服务端，通过计算机信息技术手段互相联系起来的结果。人们可以与远在千里之外的朋友相互发送邮件、共同完成一项工作、共同娱乐。一般网络与网络之间所串连成的庞大网络，则可译为“网际”网络，又音译因特网或者英特网，在20世纪90年代发展初期，因其具有国际性连接之特性，在我国台湾地区亦有人称其为国际网络。打个比方，互联网就是高速公路，网站就是连接各高速公路的城区，电脑就是汽车，人就是司机，信息就是南来北往的货物。

当人们在欢呼“网络就是新生活”时，绝不意味着网络技术只会被运用于符合人类主流价值观的用途上。在我们感叹互联网创造了一个又一个奇迹时，不要忘记一个事实：网络信息技术在给人类带来新的文明的同时，也在制造新的问题、新的困扰。近年来因特网在世界各地蓬勃发展，也不断为我们带来问题，喜忧参半。喜是因为科技为人类带来了便利，忧则是虚拟社会的秩序不易掌控，成为现在社会的隐忧。高技术是具有高经济效益和社会效益的技术，对社会具有高战略价值的技术，但它也可以被用来作为反社会、反文明、反潮流的工具，计算机网络也不例外。绚丽多姿的网络世界就像潘多拉的魔盒，当互联网和先进的信息技术在为人类创造效益、在给人类带来电子信箱（E－mail）、电子商务（E－business）、家庭办公等便利的同时，它也同样带来了一场犯罪方式的革命。

随着网络运用的日益普遍，计算机网络的安全及犯罪也日渐增多与复杂化，正因为因特网是虚拟的空间，其本身具有全球化、跨国化、智慧化、创新化、数字化、普及化的特点以及渗透性、实时性、互动性、匿名性等特性。同时，又为犯罪提供了新的市场，成为犯罪分子积极开拓的新领域，犯罪分子在因特网上开辟了新的犯罪平台。它所影响层面的广度与深度，都是人类社会有史以来未曾有过的崭新体验，所造成的危险与侵害也可能会大幅地超越传统型犯罪所带来的威胁。

二、互联网安全保护的重要性

网络犯罪问题研究表明，网络犯罪已经对我们的社会构成了现实的威胁。随着网络的迅速普及和人们对其依赖性的日益增强，网络用户数量激增，网络犯罪呈现出几何级增长的趋势。网络犯罪愈演愈烈、泛滥成灾，气焰日益嚣张，已经严重威胁因特网的生存与发展，成为信息时代的最大隐患。随着国家科技的发展，现代社会生活的进一步智能化，网络犯罪的总量最终必将超过线外犯罪量。网络犯罪的层出不穷使网络正常运行秩序受到严重影响，给现实社会施加了强大的安全压力，网络犯罪成为困扰当代社会的超级幽灵。而且，随着网络的进一步普及推广，掌握网络技术的人越来越多，相应的各类网络犯罪现象还会增多；网络犯罪活动日益新颖化、隐蔽化，未来还会出现许多其他新的犯罪形式，直接影响国家政治、经济、文化等各个方面的正常秩序。这就要求我们必须兴利除弊，因势利导，要建立和完善计算机网络安全监察体系，监察国家的政治、经济和社会安全，监察和促进计算机网络健康有序发展。加强防范危害网络安全的行为、采取措施打击网络犯罪行为，对监察互联网的运行安全和信息安全、促进互联网的健康发展具有重要的意义。

以计算机及网络的滥用为基本手段和特征的网络犯罪，已经成为网络时代严重的国际性社会问题之一，在全球范围内受到各国际组织、各国政府和有关当局、各种商业和非商业机构的高度重视，遏制网络犯罪已迫在眉睫。如何有效地防控数量与日俱增的计算机网络犯罪是各国立法机关、司法机关及行政机关迫切要解决的问题，而且也是计算机技术领域和法学研究领域中最引人关注的课题。只有采取有效措施保护互联网安全，才能实现虚拟社会的有序、健康发展，才能实现社会的安定、和谐。可见，互联网安全保护不仅对虚拟社会的正常运行至关重要，对现实社会的正常运行也意义重大。

三、公安机关在互联网安全保护中的基本职责和措施

公共信息网络安全监察是国家赋予公安机关的一项重要职能，是公安机关在互联网信息网络领域承担的一项重要安全保卫任务，其基本职责就是保证互联网安全，预防和打击网络犯罪。公共信息网络安全监察部门是以网络技术为主要手段，收集情报信息、进行侦查控制、打击犯罪、防范管理的实战部门，通过网络监测、行政许可和治安处罚等措施履行职能。

为加强和规范互联网安全技术防范工作，保障互联网网络安全和信息安全，促进互联网健康、有序发展，维护国家安全、社会秩序和公共利益，公安部制定发布了《互联网安全保护技术措施规定》。该规定指出，互联网服务提供者、联网使用单位负责落实互联网安全保护技术措施，并保障互联网安全保护技术措施功能的正常发挥。互联网服务提供者、联网使用单位应当建立相应的管理制度。未经用户同意不得公开、泄露用户注册信息，但法律、法规另有规定的除外。互联网服务提供者、联网使用单位应当依法使用互联网安全保护技术措施，不得利用互联网安全保护技术措施侵犯用户的通信自由和通信秘密。公安机关公共信息网络安全监察部门负责对互联网安全保护技术措施的落实情况依法实施监督管理。

典型案例剖析

2013年6月，29岁的美国中央情报局（Central Intelligence Agency，CIA）前技术助理爱德华·斯诺登（Edward Snowden），向媒体提供机密文件，致使包括“棱镜”（PRISM）项目在内的美国政府多个秘密情报监视项目“曝光”。美国情报机构的“棱镜”计划内容为监控互联网活动、秘密收集电话记录。微软、雅虎、谷歌、脸书、PalTalk、美国在线、Skype、YouTube、苹果这9家科技公司参与其中，为美国情报机构提供信息。

中国是世界上最主要的黑客攻击受害国之一，网络安全需要国际社会的对话与合作。中国是网络安全的坚定维护者。中国政府一贯高度重视网络安全问题，反对任何形式的黑客和网络攻击行为。网络安全是个全球性问题，国际社会应本着相互尊重、相互信任的原则，进行建设性的对话和合作。

第八章

治安案件查处

第一节　治安案件查处概述

一、治安案件的含义

治安案件，是指违反治安管理，依据《治安管理处罚法》及有关法律的规定，应当受到治安管理处罚，而由公安机关依法予以受案查处的法律事实。从以上概念可以看出构成治安案件的基本要件主要有两个：

（一）治安案件成立的前提条件

有违反治安管理行为或者违反治安管理嫌疑行为的发生，这是治安案件成立的前提条件。

1. 行为内容

违法行为人实施的是违反治安管理法律规范的行为，而不是违反其他行政管理法律规范的行为，也不是经济、民事违法行为，更不是触犯刑法的犯罪行为。

2. 行为主体，即违法行为人必须受到治安行政处罚

有些行为虽然违反了治安管理法律规范，但由于种种原因对行为人不需要给予治安行政处罚的，也不能构成治安案件。

（二）治安案件成立的法律程序条件

只有经过公安机关依照《治安管理处罚法》《公安机关办理行政案件程序规定》等相关法律、法规以及规章确立的程序予以受理后的法律事实，才能称为治安案件。

二、治安案件查处的含义

治安案件查处，即治安案件的调查和处理，是指公安机关及其人民警察依法对受理的治安案件进行调查，取得违反治安管理行为的证据，确认违反治安管理行为事实和违反治安管理行为人，作出治安管理处罚决定或其他处理的法律活动。可以看出治安案件调查与处理具有下列特点。

（一）主体特定性

治安案件调查与处理的主体是公安机关及其人民警察。除此之外，任何单位和个人都不能对治安案件进行调查与处理。《治安管理处罚法》第7条规定，国务院公安部门负责全国的治安管理工作。县级以上地方各级人民政府公安机关负责本行政区域内的治安管理工作。治安案件的管辖由国务院公安部门规定。

（二）程序法定性

治安案件调查与处理的程序是法定的，根据《治安管理处罚法》第3条的规定：治安管理处罚的程序，适用本法的规定；本法没有规定的，适用《行政处罚法》的有关规定。因此，在治安案件调查与处理过程中，要严格依法办案，避免执法的随意性。

三、治安案件查处的法律依据

治安案件查处的法律依据，是指公安机关实施治安管理处罚所凭借的行政法律规范。众所周知，治安管理处罚的法律依据，主要是《治安管理处罚法》。但这并不是唯一的。此外，还包括最高国家权力机关、地方国家权力机关和最高国家行政机关、地方国家行政机关制定、颁布的有关治安管理处罚的法律法规和规章等。

（一）法律

法律，是指拥有立法权的国家机关依照立法程序制定和颁布的规范性文件。全国人民代表大会及其常务委员会制定和修改的规范性文件，才称为法律。依据制定机关的职权，法律又可分为基本法律和非基本法律。由全国人民代表大会制定和修改的法律，称为基本法律。由全国人民代表大会常务委员会制定和修改的法律，称为非基本法律。法律在全部法律体系中，其地位和效力仅次于宪法，是制定和修改其他从属性法律的依据。

我国现行有关治安管理处罚的法律，属于基本法律层次的主要是：2017年9月1日修订的《行政处罚法》和2017年6月27日修订的《行政诉讼法》。它们具体规定了治安行政案件的实体和诉讼程序，是治安管理处罚有关实体、程序方面的重要依据。属于非基本法律层次的主要有：2012年6月30日发布的《出境入境管理法》；1989 年 10 月 31 日施行的《集会游行示威法》；1958 年 1 月 9 日施行的《户口登记条例》；2012 年 10 月 26 日修订的《国家赔偿法》；2012 年 10 月 26 日修订的《人民警察法》；2015 年 4 月 24 日修订的《枪支管理法》；2019 年 4 月 23 日修订的《消防法》；2017 年 9 月 1 日修订的《行政复议法》；2011 年 10 月 29 日修订的《居民身份证法》；2011 年 4 月 22 日修订的《道路交通安全法》；2012 年 10 月 26 日修订的《治安管理处罚法》等。以上法律是我国公安机关及其人民警察在治安行政管理过程中实施治安管理处罚的重要法律依据。

（二）行政法规

行政法规，是指最高国家行政机关依法制定的具有普遍约束力的规范性文件。

我国宪法规定，国务院根据宪法和法律，有权制定行政法规。关于行政法规的名称，以往比较繁杂，如条例、规定、决定、命令、通告、通知、办法等。我国现行与治安管理处罚有关的行政法规主要有国务院发布的《民用爆炸物品安全管理条例》《危险化学品安全管理条例》等。以上行政法规，是公安机关在治安行政管理过程中，与治安管理处罚息息相关的基本法律依据。

（三）地方性法规

地方性法规，是指地方国家权力机关依照法定职权和程序制定和发布的仅在本行政区域具有法律效力的规范性文件。

有权制定地方性法规的地方国家权力机关，是指省、自治区、直辖市的人民代表大会及其常务委员会；省、自治区人民政府所在地的市和经国务院批准的较大的市的人民代表大会及其常务委员会。地方性法规的内容不得同宪法、法律、行政法规相抵触。低层次地方性法规的内容不得同高层次地方性法规相抵触。

地方性法规，是国家立法的重要补充，也是社会主义法律体系的重要组成部分。我国自实行改革开放以来，各地为了认真贯彻执行国家制定的与治安管理处罚有关的法律法规，均针对本行政区域的治安情况，分门别类、系统地进行立法活动。如各地人民代表大会和人民代表大会常务委员会制定的《禁止赌博条例》和《严厉禁止卖淫嫖娼条例》等，均属于本行政区域公安机关实施治安管理处罚的具体法律依据。

（四）自治条例和单行条例

自治条例，是指民族自治地方的国家权力机关依照法定职权和程序制定和颁布的仅适用于本自治行政区域的规范性文件。

单行条例，是指民族自治地方的国家权力机关依照法定职权和程序对某项国家立法所作的变通性或补充性的规定。

自治条例和单行条例，属于特殊性质的地方性法规，我国仅有内蒙古、新疆、广西、宁夏、西藏五个自治区内各自具有限定性的法律效力，各自治区权力机关制定和颁布的自治条例和单行条例中有关治安管理处罚的规定，必然是民族自治地方公安机关在本自治区内的治安行政管理过程中实施治安管理处罚的法律依据。

（五）规章

规章，亦称行政规章，是指特定的行政机关依照法定职权和程序制定的仅适用于本部门或本地区的规范性文件。

制定和发布规章，是宪法和法律赋予特定行政机关的职权。根据《宪法》和《地方各级人民代表大会和地方各级人民政府组织法》的有关规定，规章有四种类型：

1. 国务院部、委规章。即国务院所属各部、各委员会根据法律和国务院的行政法规、决定、命令制定的仅适用于本部门的规范性文件。与治安管理处罚有关的主要是公安部制定的规章。自《治安管理处罚法》施行以来，便于各地公安机关的切实执行，公安部依据《治安管理处罚法》的规定和要求，制定了一整套规章。如《公安机关办理行政案件程序规定》（2018 年 11 月 3 日公安部部长办公会议修改）、公安部《关于修改和废止部分部门规章及规范性文件的通知》等。这些规章都是各级公安机关实施治安管理处罚的直接法律依据。

2. 省、自治区、直辖市人民政府规章。

3. 省、自治区人民政府所在地的市人民政府规章。

4. 经国务院批准的较大的市人民政府的规章。

（六）法律解释

法律解释，是指特定的国家机关对法律条文本身的含义、界限和具体应用问题所作的说明。

法律解释必须以条文为依据。违背宪法和法律的解释是无效的。法律解释对于统一理解和准确适用法律具有重要意义。《治安管理处罚法》《行政诉讼法》《行政处罚法》施行以来，公安部对如何具体应用法律进行了系统和系列性的解释和说明，如《公安机关执行〈中华人民共和国治安管理处罚法〉有关问题的解释》（以下简称《公安机关解释》）、《关于公安机关贯彻实施〈行政诉讼法〉若干问题的通知》等，均是各级公安机关适用治安管理处罚的具体法律依据。

（七）决定和命令

决定，亦称行政决定；命令，亦称行政命令。决定和命令是指特定的行政机关针对重要的事项或重大行动所发布的具有普遍约束力的规范性文件。

发布行政决定和命令，是宪法和法律赋予各级人民政府以及县级以上地方人民政府所属工作部门的行政职权。《宪法》第89条第1项和第90条第2款分别规定：国务院有权根据宪法和法律规定行政措施，制定行政法规，发布决定和命令；国务院各部、委有权根据法律和国务院的行政法规、决定、命令，在本部门的权限内，发布命令、指示和规定等。

四、治安案件查处的任务

（一）维护社会治安秩序

社会治安秩序，是指在阶级社会中符合统治阶级意志和利益并由其法律所规范的一种社会秩序。良好的社会治安秩序，是广大人民群众安居乐业和顺利进行社会主义现代化建设的必备条件，也是公安机关治安管理和治安管理处罚的重要目标和任务。对扰乱社会治安秩序的行为，应视其情节轻重，给予一定的治安管理处罚，以便更加有效地预防和遏制此类违反治安管理行为的发生，将社会治安秩序和社会秩序共同维护好。

（二）保护公民、法人和其他组织的合法权益

公民（包括法人和其他组织）的基本权利，主要是指人身安全、民主和自由等政治、经济、文化权利。其中公民的人身权利（包括公民的生命、健康、自由、人格、名誉以及与人身密切相关的住宅权等方面的内容），是公民最基本最起码的权利，是享有其他各项权利的前提。如果公民的人身权利得不到切实保障，那么，其他任何权利也就无从谈起了。保护公民的合法权益，尤其是人身权利不受非法侵害，是由我国的社会主义性质所决定的。我国《宪法》规定，中华人民共和国公民的人身自由、人格尊严、住宅不受侵犯，公民的通信自由和通信秘密受法律保护等。把侵犯公民、法人和其他组织的人身权利、财产权利，尚不够刑事处罚的行为，规定为违反治安管理的行为，并对行为人给予治安管理处罚。这不仅有利于为社会主义现代化建设创造一个良好的社会环境，也有利于充分调动广大人民群众社会主义现代化建设的积极性。

（三）规范和保障公安机关及其人民警察依法履行治安管理职责

这既是我国社会主义法制的发展和进步，也是我国治安管理和治安管理处罚实践经验的结晶。此项重要法定任务主要有两层意思：一是规范公安机关及其人民警察依法行使治安管理职责；二是保障公安机关及其人民警察依法行使治安管理职责。如果辩证地认识此项法定任务，实际上，规范和保障是一个问题的两个方面，如上所述，规范的目的是保障公安机关及其人民警察行使治安管理和治安管理处罚的职责，如在社会实践中，应当对哪些违反治安管理行为给予治安管理处罚，以及应当如何进行治安管理处罚等，《治安管理处罚法》均在实体和程序这两个方面进行了规范和保障。

第二节 违反治安管理行为

一、违反治安管理行为的概念和特征

（一）违反治安管理行为的概念

根据《治安管理处罚法》第2条的规定："扰乱公共秩序，妨害公共安全，侵犯人身权利、财产权利，妨害社会管理，具有社会危害性，依照《中华人民共和国刑法》的规定构成犯罪的，依法追究刑事责任；尚不够刑事处罚的，由公安机关依照本法给予治安管理处罚。"因此，我们认为，违反治安管理行为，是指违反治安管理法律、法规，扰乱公共秩序，妨害公共安全，侵犯人身权利和财产权利，妨害社会管理，具有社会危害性，尚不够刑事处罚，由公安机关依照法律规定给予治安管理处罚的行为。

（二）违反治安管理行为的特征

1. 违反治安管理行为必须具有社会危害性

我国法律、法规规定，任何违法犯罪行为都必须具有社会危害性，因为社会危害性是法律、法规对某种行为实施某种处罚的依据和原因。违反治安管理行为当然也毫无例外地必须具有社会危害性。社会危害性，是违反治安管理行为首先具有的本质特征；同时，在实践中，社会危害性也是公安机关认定某种行为是否属于违反治安管理行为的基础和前提条件。

实践中，违反治安管理行为的社会危害性，可能以多种形式表现在各个方面，既可能是损害了国家利益或者集体的利益，也可能侵犯了公民个人的合法权益。危害的行为方式，既可能是扰乱公共秩序，妨害公共安全，也可能是侵害公民的人身权利或者侵犯公私财产等。无论是哪种表现形式和内容，都可以成为认定行为具有社会危害性的依据。

2. 违反治安管理行为必须具有行政违法性

我国法律、法规规定，任何违法犯罪行为都必须具有违法性，因为违法同样是法律、法规规定对某种行为实施某种处罚的依据和原因。这里的"违法性"，是指行为侵犯的客体和对象，必须是《治安管理处罚法》所保护的各种社会关系。这是违反治安管理行为必不可少的法律特征，如果某种行为虽属违法，对社会也造成了危害性，但其侵犯的客体和对象却是《民法典》或者质量监督管理、财政等行政管理法律法规所保护的社会关系，那么，此种行为就不能视为违反治安管理行为。

3. 违反治安管理行为必须具有情节轻微性

所谓情节轻微性，是指违反治安管理行为必须是情节轻微的违法行为，是依照我国《刑法》规定尚不够刑事处罚的违法行为。

《刑法》规定："情节显著轻微危害不大的，不认为是犯罪。"根据《治安管理处罚法》第 2 条规定，构成犯罪的，依法追究刑事责任；尚不够刑事处罚的，给予治安管理处罚。由此可见，违反治安管理行为与某些犯罪行为的区别，主要表现在违法情节的轻重和危害程度的大小不同。

4. 违反治安管理行为必须具有应受处罚性

所谓应受处罚性，是指违反治安管理行为必须是依照《治安管理处罚法》的规定应当受到治安管理处罚的治安行政违法行为。对于那些虽然违反了治安管理法律、法规，但尚不够治安管理处罚的治安行政违法行为，或者未适用和尚不能适用治安管理处罚的违反治安管理行为以及由于特殊法定主体或者法定情节的限定，可以不予处罚的违反治安管理行为，不能作为违反治安管理行为进行处罚，而可以采取其他法定辅助措施或相应的说服教育方法，促使当事人及时改正错误，防止其今后重犯。

二、违反治安管理行为的构成

所谓违反治安管理行为的构成，是指《治安管理处罚法》规定的构成违反治安管理行为必须具备的条件。同犯罪行为的构成一样，违反治安管理行为的构成同样是四要件。

（一）违反治安管理行为客体

违反治安管理行为客体，是指《治安管理处罚法》所保护的，违反治安管理行为所侵犯的社会主义社会关系。从定义中看，违反治安管理行为客体具有以下三层主要含义：

1. 违反治安管理行为客体是一定的社会关系

所谓社会关系，就是人们在生产和生活过程中所形成的人与人之间的相互关系。其包括政治、经济、思想、文化、法律等方面的关系。违反治安管理行为之所以具有社会危害性，就是因为它侵犯了统治阶级所确立的社会关系。所以，任何违反治安管理的行为都必然侵犯一定的社会关系。

2. 违反治安管理行为客体是《治安管理处罚法》所保护的社会关系

我国的社会主义社会关系是极为广泛的，能够成为违反治安管理行为客体的社会关系，只能是《治安管理处罚法》所保护的那一部分社会关系。根据《治安管理处罚法》第 2 条的规定，公共秩序、公共安全、人身权利、财产权利和社会管理等，都是由《治安管理处罚法》所保护的社会主义社会关系，这些社会关系一旦被违反治安管理行为所侵犯，便成为违反治安管理行为的客体。

3. 违反治安管理行为客体是违反治安管理行为所侵犯的社会关系

如果《治安管理处罚法》所保护的社会关系没有被违反治安管理行为所侵害，就不能认为是违反治安管理行为客体。

根据违反治安管理行为侵犯的社会关系的内容，可以把违反治安管理行为客体分为一般客体、同类客体和直接客体三种。

（1）一般客体（共同客体），是指一切违反治安管理行为所共同侵犯的、为《治安管理处罚法》所保护的社会关系的整体，即《治安管理处罚法》第2条和第三章所列举的全部社会关系。研究一般客体，可以把各种孤立的违反治安管理行为联系起来，系统认识不同历史阶段违反治安管理行为的阶级本质和同违反治安管理行为作斗争的社会意义。

（2）同类客体，是指某一类违反治安管理行为所共同侵犯的某一部分或某一方面的社会关系。研究同类客体，有助于理解《治安管理处罚法》规定的各类违反治安管理行为的社会意义，有利于把握各类违反治安管理行为的基本特点，以便准确无误地实施治安管理处罚。

（3）直接客体，是指某一具体（项、种）违反治安管理行为所直接侵犯的具体的社会关系。研究直接客体，必然有助于准确认定违反治安管理行为的性质，区别此种违反治安管理行为与彼种违反治安管理行为的界限。

（二）违反治安管理行为客观要件

违反治安管理行为的客观要件（客观方面），是指《治安管理处罚法》所规定的，说明侵犯某种客体的行为的客观事实特征。违反治安管理行为客观要件主要包括以下几个方面：

1. 危害社会的行为

违反治安管理行为是公民、法人和其他组织的一种危害社会的行为。公民、法人和其他组织是否实施了危害社会的行为，是决定其是否具有违反治安管理行为的客观基础和前提。只有违反治安管理的思想而没有违反治安管理的危害社会行为，便不可能构成违反治安管理行为。危害社会行为是《治安管理处罚法》所禁止的行为。我国法律坚持摒弃思想犯罪，而只是同危害社会的行为作斗争。危害社会行为是人在自己的意识和意志支配下实施的行为。无意识和无意志的人体活动，即使在客观上造成了危害社会的结果，也不是《治安管理处罚法》特定意义的危害社会行为。根据《治安管理处罚法》的规定，危害社会行为的表现形式是多种多样的，但其基本表现形式有作为和不作为两种。

作为，是指违反治安管理行为人用积极的行动实施《治安管理处罚法》所禁止的危害社会行为。根据《治安管理处罚法》的规定属于作为的表现形式在违反治安管理行为中是大多数，而且许多违反治安管理行为只能是作为形式，如结伙斗殴、殴打他人、盗窃、哄抢、倒卖车票等违反治安管理行为均属作为形式。

不作为，是指违反治安管理行为人有义务实施并且能够实施某种积极的行为而未实施的消极行为。从定义中看，不作为有三方面的主要含义：其一，行为人负有实施某种积极行为的特定义务。特定义务主要是指：法律明文规定的；职务或业务上要求履行的；由行为人先行的行为所引起的。其二，行为人有履行特定义务的实际可能而未履行；如果行为人不具备履行某项义务的实际可能性，则不能构成违反治安管理行为的不作为。其三，不作为行为侵犯了《治安管理处罚法》所保护的客体和对象。反之，这种不作为，便不能称之为违反治安管理行为的不作为。

2. 危害社会的结果

危害社会的结果，是指危害社会行为对《治安管理处罚法》所保护的社会关系造成的损害。违反治安管理行为的客观要件，就在于它对我国的社会主义社会关系已经或可能造成一定的损害。如果某一行为不可能对社会关系造成损害，《治安管理处罚法》便不会将其规定为违反治安管理行为。因此，危害社会的结果是违反治安管理行为构成的必备要件。

危害社会结果的表现形式具有多样性，主要是指物质的损害和非物质的损害，已经造成的损害和可能造成的损害等。物质性的损害结果通常是有形的、可以具体测量确定的，如对人身健康造成的伤害、侵犯公私财产的损失等。非物质性的损害结果通常是无形的，难以具体测量确定的，如造谣惑众、煽动闹事、侮辱诽谤、诱骗教唆等。

3. 危害社会行为与危害社会结果之间的因果关系

所谓因果关系，从哲学的角度讲，是指引起一定社会现象发生的现象（原因）与被一定社会现象引起的现象（结果）之间的必然联系。《治安管理处罚法》规定的因果关系，是指违反治安管理行为人所实施的危害社会行为与危害社会结果之间的内在的、必然的联系。

（三）违反治安管理行为主体

违反治安管理行为主体，是指实施《治安管理处罚法》所禁止的危害社会行为并依法应负治安行政责任的公民、法人和其他组织。

违反治安管理行为主体中的公民（自然人）的必备条件简要概述如下：

1. 必须是达到治安行政责任年龄的人

《治安管理处罚法》规定，14 周岁以下的人违反治安管理不予处罚，14 周岁到18周岁的人违反治安管理，从轻、减轻处罚。可见，14周岁以下是不负责任年龄阶段，14周岁到18周岁是相对负责任年龄阶段，18周岁以上是完全负责任年龄阶段。

2. 必须是具有治安行政责任能力的人

责任能力即行为人控制和辨认自己行为的能力。

3. 必须是实施了违反治安管理行为的人

其意是说，违反治安管理行为主体中的人不是泛指达到治安行政责任年龄、具有治安行政责任能力的所有自然人，而是指具备上述条件而又实施了违反治安管理行为的人；否则，就不能称其为违反治安管理行为主体。

（四）违反治安管理行为主观要件

违反治安管理行为的主观要件，是指行为人对自己实施的危害社会行为的结果所持的心理态度。表现形式有两种：一是故意；二是过失。

1. 违反治安管理行为的故意

违反治安管理行为的故意，是指行为人明知自己的行为会发生危害社会的结果，并且希望或者放任这种结果发生的主观心理态度。从这一定义可以看出，构成违反治安管理行为的故意，需要具备两种因素：一是认识因素。它是指行为人明知自己的行为会发生危害社会的结果。二是意志因素。它是指行为人对危害结果的发生持有希望或者放任的态度。希望和放任是违反治安管理故意的两种表现形式。违反治安管理行为的故意是行为人认识因素和意志因素的统一，只有同时具备这两个因素，才能构成故意违反治安管理行为。根据行为人认识因素和意志因素的不同，可以把故意违反治安管理行为分为直接故意和间接故意两种。

2. 违反治安管理行为的过失

违反治安管理行为的过失，是指行为人应当预见自己的行为可能发生危害社会的结果，因为疏忽大意而没有预见，或者已经预见而轻信能够避免，以致发生这种结果的主观心理态度。违反治安管理行为的过失，可以分为疏忽大意的过失和过于自信的过失两种。

正确区分故意和过失，对于正确查处治安案件具有重要意义。治安管理法律、法规对各种违反治安管理行为在主观上的具体要求是不一样的，多数行为只能由故意构成，少数行为既可以由故意构成也可以由过失构成。只有充分认识和把握故意和过失，才能正确认定违反治安管理行为的主观过错，准确实施治安管理处罚。

三、违反治安管理行为的种类

根据《治安管理处罚法》的相关规定，违反治安管理行为依据其侵犯的同类客体可以分为五大类，若干种。

（一）扰乱公共秩序行为

1. 扰乱单位、公共场所、公共交通和选举秩序行为（具体包括：扰乱单位秩序，扰乱公共场所秩序，扰乱公共交通工具上的秩序，妨碍交通工具正常行驶，破坏选举秩序和聚众实施前款行为等十种行为）。

2. 扰乱大型群众性活动秩序行为（具体包括：强行进入大型活动场内，违规在大型活动场内燃放物品，在大型活动场内展示侮辱性物品，围攻大型活动工作人员，向大型活动场内投掷杂物，其他扰乱大型活动秩序六种行为）。

3. 散布谣言、谎报险情、疫情、警情、投放虚假的危险物质、散布恐怖信息行为（具体包括：虚构事实扰乱公共秩序，投放虚假危险物质扰乱公共秩序，扬言实施放火、爆炸、投放危险物质扰乱公共秩序三种行为）。

4. 寻衅滋事行为。

5. 利用封建迷信、会道门进行非法活动行为（具体包括：组织、教唆、胁迫、诱骗、煽动从事邪教、会道门活动，利用邪教、会道门、迷信活动危害社会和冒用宗教、气功名义危害社会等三种违反治安管理行为）。

6. 故意干扰无线电业务、对无线电台（站）产生有害干扰行为（具体包括：故意干扰无线电业务正常进行，拒不消除对无线电台（站）的有害干扰两种行为）。

7. 危害计算机信息系统安全行为（具体包括：非法侵入计算机信息系统，非法改变计算机信息系统功能，非法改变计算机信息系统数据和应用程序，故意制作、传播计算机破坏性程序四种行为）。

（二）妨害公共安全行为

1. 非法制造、买卖、储存、运输、邮寄、携带、使用、提供、处置危险物质行为。

2. 危险物质被盗、被抢、丢失后不按规定报告行为。

3. 非法携带枪支弹药、管制器具行为。

4. 盗窃、损毁公共设施，移动、损毁国（边）境标志设施，影响国（边）境管理行为［具体包括：盗窃、损毁公共设施，移动、损毁边境、领土、领海标志设施，非法进行影响国（边）界线走向的活动，非法修建有碍国（边）境管理的设施四种行为］。

5. 妨害航空器飞行安全行为（具体包括：盗窃、损坏、擅自移动航空设施，强行进入航空器驾驶舱，在航空器上非法使用器具、工具三种行为）。

6. 妨害铁路运行安全行为（具体包括：盗窃、损毁、擅自移动铁路设施、设备、机车车辆配件、安全标志，在铁路线上放置障碍物，故意向列车投掷物品，在铁路沿线非法挖掘坑穴、采石取沙和在铁路线路上私设道口、平交过道五种行为）。

7. 影响火车行车安全行为（具体包括：擅自进入铁路防护网和违法在铁路线上行走坐卧、抢越铁路两种行为）。

8. 擅自安装使用电网、道路施工妨碍通行安全、破坏道路施工安全设施和路面公共设施行为（具体包括：擅自安装使用电网，安装使用电网不符合安全规定，道路施工不设置安全防护设施，故意损毁、移动道路施工安全防护设施和盗窃、损毁路面公共设施五种行为）。

9. 违反规定举办大型活动行为。

10. 公共场所经营管理人员违反安全事故规定的行为。

（三）侵犯人身权利行为

1. 非法进行恐怖表演、强迫劳动、限制自由、侵入住宅和搜查人身的行为（具体包括：组织、胁迫、诈骗进行恐怖、残忍表演，强迫劳动，非法限制人身自由，非法侵入住宅和非法搜查身体五种行为）。

2. 非法乞讨行为（具体包括：胁迫、诱骗、利用他人乞讨和以滋扰他人的方式乞讨两种行为）。

3. 非法威胁、侮辱、诽谤、陷害、殴打、打击报复、信息干扰和侵犯他人隐私权的行为（具体包括：威胁人身安全，侮辱，诽谤，诬告陷害，威胁、殴打、打击报复证人及其近亲属，发送信息干扰正常生活和侵犯隐私七种行为）。

4. 殴打、伤害他人的行为（具体包括：殴打他人和故意伤害两种行为）。

5. 猥亵他人和故意裸露身体的行为（具体包括：猥亵和在公共场所故意裸露身体两种行为）。

6. 虐待和遗弃家庭成员的行为（具体包括：虐待和遗弃两种行为）。

【参考案例8－1】

高某，女，某医院护士。高某自幼娇生惯养，从部队复员以后，看不惯其母亲的生活方式，经常借故打骂母亲，后高某因结婚没房子住，要求住在娘家，其母不允，高某便记恨在心，经常回家对母亲辱骂、殴打，致使其母多次受伤，其母忍无可忍到公安机关告发要求处理。

7. 强迫交易行为。

8. 破坏民族团结行为（具体包括：煽动民族仇恨、民族歧视和刊载民族歧视、侮辱内容两种行为）。

9. 冒领、隐匿、毁弃、私自开拆、非法检查他人邮件行为。

（四）侵犯财产权利行为

1. 盗窃行为。

2. 诈骗行为。

3. 哄抢行为。

4. 抢夺行为。

5. 敲诈勒索行为。

6. 故意损毁财物行为。

（五）妨害社会管理行为

1. 拒不执行政府的决定、命令和阻碍执行公务行为（具体包括：拒不执行紧急状态下的决定、命令，阻碍执行职务，阻碍特种车辆通行和冲闯警戒带、警戒区四种行为）。

2. 招摇撞骗行为。

3. 伪造、变造、买卖、倒卖公文、证件、印章以及有价票证、船舶户牌等行为（具体包括：伪造、变造、买卖公文、证件、证明文件、印章，买卖、使用伪造、变造的公文、证件、证明文件，伪造、变造、倒卖有价票证、凭证，伪造、变造船舶户牌，买卖、使用伪造、变造的船舶户牌和涂改船舶发动机号码六种行为）。

4. 驾船擅自进入、停靠国家管制的水域、岛屿行为。

5. 违反规定进行社团活动的擅自经营特许行业行为（具体包括：非法以社团名义活动，被撤销登记的社团继续活动和擅自经营需公安机关许可的行业三种行为）。

6. 煽动、策划非法集会、游行、示威行为。

7. 旅馆业违反规定行为（具体包括：不按规定登记住宿旅客信息，不制止住宿旅客带入危险物质和明知住宿旅客是犯罪嫌疑人不报告三种行为）。

8. 房屋出租违反规定行为（具体包括：将房屋出租给无身份证件人居住，不按规定登记承租人信息和明知承租人利用出租屋犯罪不报告三种行为）。

9. 制造噪声干扰正常生活行为。

10. 典当业、收购业违反规定行为（具体包括：违法承接典当物品，典当业工作人员发现违法犯罪嫌疑人、赃物不报告，违法收购废旧专用器材，收购赃物、有赃物嫌疑的物品和收购国家禁止收购的其他物品五种行为）。

11. 妨害执法秩序行为（具体包括：隐藏、转移、变卖、损毁依法扣押、查封、冻结的财物，伪造、隐匿、毁灭证据，提供虚假证言，谎报案情，窝藏、转移、代销赃物和违反监督管理规定六种行为）。

12. 协助组织、运送他人偷越国（边）境行为。

13. 为偷越国（边）境人员提供条件、偷越国（边）境行为［具体包括：为偷越国（边）境人员提供条件和偷越国（边）境两种行为］。

14. 违反文物管理规定行为（具体包括：故意损坏文物、名胜古迹，违法实施危及文物安全的活动两种违反治安管理行为）。

15. 非法驾驶交通工具行为（具体包括：偷开机动车和无证驾驶、偷开航空器、机场船舶两种行为）。

16. 破坏他人坟墓、尸体行为（具体包括：破坏、污损坟墓，毁坏、丢弃尸骨、骨灰和违法停放尸体三种行为）。

17. 卖淫、嫖娼和拉客招嫖行为（具体包括：卖淫、嫖娼和拉客招嫖三种行为）。

18. 引诱、容留、介绍卖淫行为。

19. 制作、运输、复制、出售、出租淫秽物品和传播淫秽信息行为（具体分为制作、运输、复制、出售、出租淫秽物品和传播淫秽信息两种行为）。

20. 组织播放淫秽音像、进行淫秽表演、聚众淫乱行为（具体包括：组织播放淫秽音像，组织淫秽表演，进行淫秽表演，参与聚众淫乱和为淫秽活动提供条件五种行为）。

21. 赌博和为赌博提供条件行为（具体包括：赌博和为赌博提供条件两种行为）。

22. 违反毒品原植物管理规定行为（具体包括：非法种植毒品原植物，非法买卖、运输、携带、持有毒品原植物种苗和非法运输、买卖、储存、使用罂粟壳三种行为）。

23. 非法持有、向他人提供、吸食、注射毒品和非法开具药品行为（具体包括：非法持有毒品，向他人提供毒品，吸毒和胁迫、欺骗开具麻醉药品、精神药品等四种行为）。

24. 教唆、引诱、欺骗吸毒行为。

25. 为吸毒、赌博、卖淫、嫖娼人员通风报信行为。

26. 饲养、放任动物干扰正常生活行为（具体包括：饲养动物干扰正常生活和放任动物恐吓他人两种行为）。

第三节　治安管理处罚

一、治安管理处罚的基本原则

治安管理处罚的基本原则，是指公安机关在实施治安管理处罚的过程中应当遵循的基本准则。依据《治安管理处罚法》第一章第5条和第9条的规定，治安管理处罚的基本原则主要包括以下几项内容。

（一）以事实为依据的原则

以事实为依据的原则，是指公安机关适用治安管理处罚，只能以客观事实作为唯一依据，绝不能以主观想象、主观分析和主观判断作为依据。其实质是坚持实事求是的辩证唯物主义思想路线，保证办案质量。任何案件事实都是客观存在的，是不以人们的意志为转移的。办案人员的首要任务就是查明案件事实，只有查清了案件事实，才能正确适用法律，对案件作出正确处理。

具体地说，首先要求人民警察将尊重事实作为办理案件的基本态度，从客观公正的立场出发，按照事实的本来面目认识案件、处理案件。其次要求人民警察在办理治安案件时，要重证据，重调查研究，不轻信当事人的言词陈述。严禁刑讯逼供或者采用威胁、引诱、欺骗等非法手段收集证据。为了防止过分重视和依赖当事人言词陈述定案，《治安管理处罚法》明确规定，对于只有本人陈述，没有其他证据证明的，不能作出治安管理处罚决定。另外，即使没有本人陈述，但其他证据足以证明案件事实的，可以作出治安管理处罚决定。这一规定正是以事实为依据原则的体现。

（二）错罚相当的原则

错罚相当的原则，是指公安机关适用治安管理处罚的种类和幅度应当与违反治安管理行为的性质、情节以及社会危害程度相当，这一原则也是行政处罚法确立的原则之一。违反治安管理行为一旦实施，就成为一种客观事实，其行为性质、情节、对社会造成的危害程度等都有一定的量的规定性。治安管理处罚作为一种行政法律责任，其本质就是违反治安管理行为人因其特定的违法行为所应承担的法律上的后果。行为人所犯错误与其受到的惩罚相适应，是法律责任与行为人所实施的特定的违法行为相对应的必然要求，也只有这样，行政处罚才能够对违法行为人起到应有的惩罚和教育作用。具体地说，错罚相当原则要求立法在设定治安管理处罚的种类、规定违反治安管理行为及其相应的处罚幅度、确定量罚时，要综合考虑各种不同的情况，做到每一项违反治安管理行为与其相应的处罚、各种违反治安管理行为及其处罚之间轻重合理、平衡，罚当其过，不能重错轻罚或者轻错重罚。

（三）公开、公正的原则

公开，包括治安管理处罚的依据公开和治安管理处罚公开两个方面。治安管理处罚的依据公开，就是公安机关据以认定违反治安管理行为和给予治安管理处罚的规范和依据，应当公之于众。将治安管理处罚的依据公开，社会公众才能了解什么样的行为是法律允许的，什么样的行为是法律禁止的，进而自觉以法律作为自己行动的指南，这样才能够实现预防和减少违反治安管理行为的目的。公开原则的另一个要求就是治安管理处罚公开，即治安管理处罚的程序、内容和结果要公开，以便于治安案件的当事人知道处罚的内容，保障其合法权益不受非法侵犯，也便于教育其本人及其他人，便于人民群众监督。公开，一般是指对治安案件的当事人公开，在《治安管理处罚法》的具体规定中都有体现。具体地说，第一，实施治安管理处罚的人员身份要公开，即办理治安案件的人民警察在调查和实施处罚时，应当向相对人出示证件，以表明其执法人员的身份。第二，在作出治安管理处罚决定前，应当告知当事人作出治安管理处罚所依据的事实和理由，告知当事人依法享有的权利，要给当事人陈述和申辩的机会。第三，处罚决定公开，即决定予以治安管理处罚的，应当制作治安管理处罚决定书并向被处罚人宣布、送达，同时抄告被侵害人。决定书应当载明：被处罚人的姓名、性别、年龄、身份证件的名称和号码、住址；违法事实和证据；处罚的种类和依据；处罚的执行方式和期限；对处罚决定不服，申请行政复议、提起行政诉讼的途径和期限；作出处罚决定的公安机关的名称和作出决定的日期。

公正的原则就是在实施治安管理处罚时要平等对待当事人，不得偏袒。公正包括实体公正和程序公正两个必不可少的方面。实体公正要求治安管理处罚的结果不偏不倚，这就要求公安机关在处理治安案件时，应当做到相同情况相同处理，不同情况不同处理。具体地说，违法行为在情节、社会危害程度等方面基本相当的案件，对行为人的处罚也应当大体相同；违法行为在情节、社会危害程度等方面差异较大的，相应的处罚也应有明显区别。对违法情节、社会危害性相当的行为，施以不同的处罚，或者对违法情节、社会危害性相差悬殊的行为，施以相同的处罚，都是不符合公正原则的。程序公正是实体公正的实现途径和表现方式，没有程序公正，实体公正不仅是不完整、不可信的，而且事实上也是难以实现的。程序公正要求实施治安管理处罚的公安机关及其人民警察本身处于客观中立的立场上，不得与案件的当事人或者案件的处理结果有任何利害关系，《治安管理处罚法》规定的回避制度就是这一原则的具体体现。程序公正还要求充分保障被处罚人享有陈述、申辩、要求听证、提起行政复议、提起行政诉讼等各项权利，以便于被处罚人利用这些法定权利维护自己的合法权益，保证治安管理处罚的公正。

（四）尊重和保障人权的原则

尊重和保障人权的原则，是《宪法》关于“国家尊重和保障人权”规定在《治安管理处罚法》中的具体体现。《治安管理处罚法》规定的违反治安管理行为的范围非常广泛，从扰乱公共秩序、妨害公共安全、侵犯人身权利和财产权利到妨害社会管理，涉及社会生活的各个方面，保护广大人民群众的合法权益。

《治安管理处罚法》规定的强制措施和处罚手段对公民人身和财产权利的影响较大，涉及对财产的扣押、收缴、追缴，罚款，对许可证的吊销，尤其是在涉及公民人身自由方面，规定了行政拘留这种严厉的处罚；但同时《治安管理处罚法》也规定了严格的程序限制公安机关的执法活动，从而确保公民的合法权益。此外，《治安管理处罚法》中关于严禁刑讯逼供或者采用威胁、引诱、欺骗等非法手段取证不具有法律效力的规定；关于传唤程序和时间的规定；关于不得体罚、虐待、侮辱他人，不得超过传唤时间限制人身自由的规定等，都是尊重和保障人权原则的具体体现。

（五）教育与处罚相结合的原则

教育与处罚相结合的原则，是我国治安管理处罚的一项基本制度。教育与处罚相辅相成，处罚是手段，教育是目的，处罚是促进教育效果实现的“催化剂”。按照教育与处罚相结合的原则，在办理治安案件时，要始终注意充分发挥治安管理处罚的教育作用，防止重处罚轻教育，为处罚而处罚的简单化做法。

二、治安管理处罚的管辖和效力

（一）治安管理处罚的管辖

治安管理处罚的管辖，是指公安机关受理、调查治安案件时在事务、地域和层级等方面的分工，或者说是确定某个违反治安管理行为应当由哪一级和哪一个公安机关受理、调查的法律制度。

1. 地域管辖

根据《公安机关办理行政案件程序规定》第 10 条的规定，行政案件由违法行为地的公安机关管辖。由违法行为人居住地公安机关管辖更为适宜的，可以由违法行为人居住地公安机关管辖，但是涉及卖淫、嫖娼、赌博、毒品的案件除外。违法行为地包括违法行为发生地和违法结果发生地。违法行为发生地，包括违法行为的实施地以及开始地、途经地、结束地等与违法行为有关的地点；违法行为有连续、持续或者继续状态的，违法行为连续、持续或者继续实施的地方都属于违法行为发生地。违法结果发生地，包括违法对象被侵害地、违法所得的实际取得地、藏匿地、转移地、使用地、销售地。居住地包括户籍所在地、经常居住地。经常居住地是指公民离开户籍所在地最后连续居住一年以上的地方，但在医院住院就医的除外。移交违法行为人居住地公安机关管辖的行政案件，违法行为地公安机关在移交前应当及时收集证据，并配合违法行为人居住地公安机关开展调查取证工作。

《公安机关办理行政案件程序规定》第 11 条规定，针对或者利用网络实施的违法行为，用于实施违法行为的网站服务器所在地、网络接入地以及网站建立者或者管理者所在地，被侵害的网络及其运营者所在地，违法过程中违法行为人、被侵害人使用的网络及其运营者所在地，被侵害人被侵害时所在地，以及被侵害人财产遭受损失地公安机关可以管辖。

《公安机关办理行政案件程序规定》第 12 条规定，行驶中的客车上发生的行政案件，由案发后客车最初停靠地公安机关管辖；必要时，始发地、途经地、到达地公安机关也可以管辖。

2. 级别管辖

级别管辖，是指根据各级公安机关的职责确定其对治安案件的调查管辖范围。它是从纵向上划分上下级公安机关之间对治安案件的管辖分工。《公安机关办理行政案件程序规定》第 13 条规定，行政案件由县级公安机关及其公安派出所、依法具有独立执法主体资格的公安机关业务部门以及出入境边防检查站按照法律、行政法规、规章授权和管辖分工办理，但法律、行政法规、规章规定由设区的市级以上公安机关办理的除外。

级别管辖主要根据违反治安管理行为的危害性、复杂程度，结合公安机关的职能、任务来确定。一般来说，治安案件由公安派出所进行管辖，对于案情重大、性质严重、情况复杂、危害影响较大或者违反治安管理行为人身份特殊和跨地区作案等案件，为了便于调动警力、物力，及时、有效查处案件，由县级以上公安机关治安管理部门组织查破。

3. 共同管辖

共同管辖，是指两个或者两个以上公安机关对同一治安案件都有管辖权时，确定具体由哪个公安机关管辖的制度。共同管辖是由于治安案件具有某些牵连关系而产生的管辖制度，属于地域管辖的一种特殊情况。

根据《公安机关办理行政案件程序规定》第 14 条的规定，几个公安机关都有权管辖的行政案件，由最初受理的公安机关管辖。必要时，可以由主要违法行为地公安机关管辖。

4. 指定管辖

指定管辖，是指两个或两个以上的公安机关之间因治安案件管辖权问题发生争议无法协商一致，报请共同的上一级公安机关以决定方式指定其中某一公安机关管辖该案件的情形。为确保指定管辖权的正确行使，指定管辖决定应以书面的形式下达。下级公安机关必须接受上级公安机关的指定，并不得再对案件的管辖提出异议。

《公安机关办理行政案件程序规定》第 15 条规定，对管辖权发生争议的，报请共同的上级公安机关指定管辖。对于重大、复杂的案件，上级公安机关可以直接办理或者指定管辖。上级公安机关直接办理或者指定管辖的，应当书面通知被指定管辖的公安机关和其他有关的公安机关。原受理案件的公安机关自收到上级公安机关书面通知之日起不再行使管辖权，并立即将案卷材料移送被指定管辖的公安机关或者办理的上级公安机关，及时书面通知当事人。

5. 专门管辖

专门管辖，是相对于一般管辖而言的，是指对发生在专门系统内的某一具有特定性质的治安案件，依照规定应当由专门公安机关管辖的制度。这里的“专门公安机关”是指铁路、交通、民航、森林等专门公安机关。专门管辖首先要遵循一般管辖的各项管辖原则，如地域管辖、级别管辖等。

《公安机关办理行政案件程序规定》第16条规定，铁路公安机关管辖列车上，火车站工作区域内，铁路系统的机关、厂、段、所、队等单位内发生的行政案件，以及在铁路线上放置障碍物或者损毁、移动铁路设施等可能影响铁路运输安全、盗窃铁路设施的行政案件。对倒卖、伪造、变造火车票案件，由最初受理的铁路或者地方公安机关管辖。必要时，可以移送主要违法行为发生地的铁路或者地方公安机关管辖。交通公安机关管辖港航管理机构管理的轮船上、港口、码头工作区域内和港航系统的机关、厂、所、队等单位内发生的行政案件。民航公安机关管辖民航管理机构管理的机场工作区域以及民航系统的机关、厂、所、队等单位内和民航飞机上发生的行政案件。国有林区的森林公安机关管辖林区内发生的行政案件。海关缉私机构管辖阻碍海关缉私警察依法执行职务的治安案件。

6. 移送管辖

移送管辖，是指对某一治安案件本无管辖权的公安机关将已经受理的治安案件，依法移送给有管辖权的机关或者部门办理的情形。其意义在于防止治安案件由于管辖权不明而久拖不决，确保公安行政执法活动的顺利进行。

（二）治安管理处罚的效力

治安管理处罚的效力，是指治安管理处罚在何地有效、对何人有效和在何时有效。明确治安管理处罚的效力范围，不仅是正确适用《治安管理处罚法》，也是正确实施治安管理处罚的基础和前提。

1. 空间效力

空间效力，是指法律适用的地域（包括领海、领空）范围，是在全国范围内普遍生效还是只在某一地区生效，或者在境外也生效。

《治安管理处罚法》第一章第4条第1款规定，在中华人民共和国领域内发生的违反治安管理行为，除法律有特别规定的外，适用本法；第2款还规定，在中华人民共和国船舶或者航空器内发生的违反治安管理行为，除法律有特别规定的外，适用本法。管辖领域，可以归纳为以下几点：

（1）领陆：包括除香港特别行政区、澳门特别行政区、台湾地区以外的我国边界以内的大陆部分和岛屿的陆地；

（2）领水（指内水）：包括我国内河、内湖、内海和我国与邻国之间界水的一部分（以中间线为界）；

（3）领海：指沿我国海岸的海水带，其宽度依据我国 1958 年 9 月 4 日《关于领海的声明》规定为十二海里；

（4）领空：指“三领”（领陆、领水、领海）之上的空间。

另外，航行在公海或停泊于外国港口的我国船舶，飞行在外国领空和暂停于外国机场上的我国飞机和其他航空器也属于我国主权范围内。

2. 对人效力

对人效力，是指法律对何人发生效力。有的法律适用于全国公民，有的则适用于部分公民，有的适用于外国人。

根据《治安管理处罚法》第一章第 4 条的规定，治安管理处罚的对人效力，是指根据国际公法属地原则的惯例，凡是在中华人民共和国主权管辖领域内实施违反治安管理行为的人，无论是中国公民还是外国人（包括有国籍和无国籍），除法律有特别规定的外，均具有适用效力，均属适用范围。这里的“法律特别规定”主要是指依照《外交特权与豁免条例》的规定，对于享有外交特权与豁免权的外国人实施的违反治安管理行为，要根据国与国之间互相尊重主权、平等互利的原则，通过外交途径解决。

3. 时间效力

时间效力，是指法律在什么时间开始生效，什么时间终止效力以及对某一法律颁布前的法律行为是否有效。

（1）生效的适用

任何法律、法规和规章，只有发生法律效力后才能适用，这是法律适用的基本原则。根据各国的立法实践和我国的立法经验，法律的生效时间大体有两种情况：一种是公布之日起开始生效；另一种是公布之后，经过一定的期限再行生效。一般重要法律和一些需要群众了解掌握后才能实行的法律均适用第二种情况。如《刑法》《刑事诉讼法》《民法典》等。《治安管理处罚法》也是适用了第二种情况，于 2005 年 8 月 28 日通过，2006 年 3 月 1 日起施行。可见，《治安管理处罚法》的生效适用时间是 2006 年 3 月 1 日。

（2）失效的适用

任何法律的效力终止即失效，通常是由立法机关决定的。我国实践表明，法律的失效一般有三种情况：一是同目前的宪法、法律和法令相抵触的法律视为无效；二是修改后的内容生效之日，便是被修改的内容失效之时；三是明文撤销。

《治安管理处罚法》第119条规定：本法自2006年3月1日起施行。1986年9月5日公布、1994年5月12日修订公布的《治安管理处罚条例》同时废止。《治安管理处罚法》非经国家立法机关明文修改或废止，便将作为治安管理处罚的依据长期有效，任何机关和个人都不得否认《治安管理处罚法》和治安管理处罚的法律效力。

（3）溯及力

所谓溯及力，即溯及既往，与“不溯及既往”对称，它是指法律适用于它生效之前的事实和关系。法律一般只适用于它生效后发生的事实和关系，对生效前发生的事实和关系不能适用。按照《立法法》第93条的规定，《治安管理处罚法》不溯及既往，《治安管理处罚法》施行后，对其施行前发生尚未作出处罚决定的违反治安管理行为，适用《治安管理处罚条例》。但是，如果《治安管理处罚法》不认为是违反治安管理行为或者处罚较轻的，适用《治安管理处罚法》。

三、治安管理处罚的种类

依据《治安管理处罚法》第10条的规定，治安管理处罚的种类包括：警告、罚款、行政拘留、吊销公安机关发放的许可证、限期出境与驱逐出境。

（一）警告

警告是公安机关依法对违反治安管理行为人所作出的正式谴责和告诫，指出其违法行为及其危害，使其引起警觉、不致再犯的一种治安管理处罚。警告是一种申诫罚，它的特点主要表现为：警告是对违法者进行精神上的或者名誉、荣誉等方面的惩戒。警告不直接剥夺违法者的实体权利，但是会对违法者的实体权利带来一定的影响。警告是治安管理处罚方法中最轻的一种。

警告主要适用于一些初次、偶然违反治安管理，情节轻微，违法后认错态度较好的行为人。《治安管理处罚法》中有10条（分别是第23、24、32、36、41、45、50、58、63、75条）规定的行为可以适用警告。

（二）罚款

罚款是公安机关依法作出的，限令违反治安管理行为人在一定期限内向国家缴纳一定数额金钱的治安管理处罚。它通过给予违反治安管理行为人经济上的处罚，从而达到惩戒、制裁以及教育、挽救的目的，是一种财产罚。罚款的方法比较灵活，其适用范围非常广泛，但也不是所有的违反治安管理行为都可以适用罚款。依据《治安管理处罚法》的规定，有12条规定（分别是第28、29、30、31、33、39、44、45、55、74条以及第34条第1款、第41条第2款）的行为不得适用罚款。

治安管理处罚法对不同性质的违反治安管理行为，规定了几种不同的罚款幅度，大致可分为：200 元以下；200 元以上 500 元以下；500 元以上 1000 元以下；500 元以上 2000 元以下；500 元以上 3000 元以下；1000 元以下；1000 元以上 3000 元以下；1000 元以上 5000 元以下；2000 元以下；3000 元以下；5000 元以下等十多个档次幅度。

（三）行政拘留

行政拘留是公安机关依法作出的，对违反治安管理行为人在一定时间内限制其人身自由的一种治安管理处罚。行政拘留是治安管理处罚种类中最严厉的一种处罚。行政拘留主要适用于违反治安管理情节较为严重的行为人。它是一种人身自由罚，因此拘留的对象只能是自然人，不能是法人或其他组织。

行政拘留的期限为1 日以上15 日以下。《治安管理处罚法》将拘留的期限分为三个等级，分别是5 日以下、5 日以上 10 日以下和 15 日以下。依据《治安管理处罚法》第 16 条的规定，行政拘留处罚合并执行的，最长不超过 20 日。

（四）吊销公安机关发放的许可证

吊销许可证是《治安管理处罚法》新增加的一种治安管理处罚。吊销公安机关发放的许可证，是指公安机关依法收回违反治安管理行为人已获得的从事某项活动的权利或资格的证书，从而剥夺相对人从事某种特许活动的权利或者资格的治安管理处罚。

适用吊销公安机关发放的许可证处罚时应当注意以下问题：这里所指的“许可证”，特指公安机关发放的许可证，不包括其他行政机关发放的许可证；其他行政机关发放的许可证，如工商行政部门发放的营业执照等，公安机关无权吊销。

（五）限期出境与驱逐出境

限期出境，是指公安机关对违反治安管理的外国人，限定其在一定期限内离开中华人民共和国国境的治安管理处罚。驱逐出境，是指公安机关对违反治安管理的外国人，强迫其离开中华人民共和国国境的治安管理处罚。

限期出境与驱逐出境都只是附加处罚，应当与其他处罚并处，不能单独适用。同时，法律规定限期出境或驱逐出境只是“可以”对违反治安管理的外国人适用，而不是“应当”；也就是说，对违反治安管理的外国人不是一律都要适用限期出境或驱逐出境，而是要由公安机关根据案件的具体情况，灵活掌握运用。适用时，必须上报公安部或公安部授权的省级公安机关决定，要慎重对待。

第四节　治安案件查处程序

一、简易程序

（一）简易程序的概念

简易程序也称当场处罚程序，是指人民警察在依法执行职务时，对违法事实确凿、情节简单、因果关系明确的违反治安管理行为，依照法律规定，当场作出处罚决定的法律活动。

（二）简易程序的适用条件

《治安管理处罚法》第100条规定，违反治安管理行为事实清楚，证据确凿，处警告或者200元以下罚款的，可以当场作出治安管理处罚决定。依据该规定，适用简易程序时必须具备以下条件：

1. 违法事实清楚、证据确凿

适用当场处罚的治安案件必须是案情简单，情节轻微，因果关系分明，证据充分、确凿，不需要进行多方查证即能认定违法事实，且不涉及其他违法犯罪案件的违反治安管理行为。同时被处罚人应承认违法事实，即违法行为客观存在，并且已被查证属实。

2. 有法定依据

适用简易程序的违反治安管理行为，应由现行有效的法律、法规或规章所明确、具体规定，包括该违反治安管理行为应予治安管理处罚有法律、法规的规定和适用简易程序应符合法定的其他条件。

3. 符合法定处罚的种类和幅度

《公安机关办理行政案件程序规定》第37条规定，违法事实确凿，且具有下列情形之一的，人民警察可以当场作出处罚决定，有违禁品的，可以当场收缴：（1）对违反治安管理行为人或者道路交通违法行为人处200元以下罚款或者警告的；（2）出入境边防检查机关对违反出境入境管理行为人处500元以下罚款或者警告的；（3）对有其他违法行为的个人处50元以下罚款或者警告、对单位处1000元以下罚款或者警告的；（4）法律规定可以当场处罚的其他情形。涉及卖淫、嫖娼、赌博、毒品的案件，不适用当场处罚。因此，符合当场处罚的种类包括警告和罚款，罚款的幅度也必须符合上述规定。

（三）简易程序的适用步骤

1. 主动向违法行为人表明执法身份，口头告知其拟作出治安管理处罚的事实、理由、依据及其依法享有的权利。

2. 收集证据，即及时采集、固定并保管好与案件有关的证据。

3. 听取违反治安管理行为人的陈述和申辩。人民警察对违反治安管理行为人的陈述和申辩，应当充分听取。违法行为人提出的事实、理由或者证据成立的，应当采纳。适用当场处罚应该做到事实清楚，责任明确，客观公正。

4. 填写处罚决定书。决定当场处罚的，人民警察要填写处罚决定书，填写的处罚决定书上应当载明被处罚人的姓名、违法行为、处罚依据、处罚种类（如果是罚款，应当写明罚款的具体数额）、处罚时间、处罚地点以及公安机关名称，并由经办的人民警察签名或者盖章。公安机关名称，是指当场作出治安管理处罚的人民警察所属的公安机关名称，包括公安派出所。

5. 当场送达处罚决定。这是指执法人员按照法定的格式、要求填写完毕后，将处罚决定书当场交付当事人，并由当事人签名或盖章。有被侵害人的，应将决定书副本抄送被侵害人。当场收缴罚款的，同时填写罚款收据，交付被处罚人；未当场收缴罚款的，应当告知被处罚人在规定期限内到指定的银行缴纳罚款。

6. 告知救济途径。即告知当事人对当场作出的治安管理处罚决定不服的，可以依法申请行政复议或者提起行政诉讼。

适用简易程序处罚的，可以由人民警察一人作出行政处罚决定。人民警察当场作出行政处罚决定的，应当于作出决定后的 24 小时内将当场处罚决定书报所属公安机关备案，交通警察应当于作出决定后的 2 日内报所属公安机关交通管理部门备案。在旅客列车、民航飞机、水上作出行政处罚决定的，应当在返回后的 24 小时内报所属公安机关备案。

《公安机关办理行政案件程序规定》第 40 条规定，对不适用简易程序，但事实清楚，违法嫌疑人自愿认错认罚，且对违法事实和法律适用没有异议的行政案件，公安机关可以通过简化取证方式和审核审批手续等措施快速办理。同时，《公安机关办理行政案件程序规定》还明确了快速办理行政案件的相关要求。

二、治安管理处罚的一般程序

治安管理处罚的一般程序，是指公安机关对适用简易程序以外的治安案件，经过受理，传唤，调查，告知，听证，审核、审批，决定，送达等环节进行处理的法律过程。为保障公安机关依法行政，保护相对人的合法权益，避免在治安管理处罚的决定过程中出现“重实体，轻程序”的问题，《行政处罚法》《治安管理处罚法》在办案程序上作出了明确的规定。

（一）受理

治安案件的受理，是指公安机关对报案、控告、举报、群众扭送或者违法嫌疑人投案，以及其他行政主管部门、司法机关移送的案件，表示接受并按照治安案件进行调查处理的活动。

1. 治安案件的主要来源

（1）群众申诉、检举、揭发和扭送；

（2）机关、团体、部队、学校、企业事业单位的报告；

（3）各种违法犯罪人员的坦白、自首和相互之间的揭发、检举；

（4）其他行政部门提供的情况；

（5）公安机关内部各单位工作中发现的问题和线索。

2. 治安案件的受理程序

（1）做好对报案人的接待工作。认真听取报案人的陈述，对来人或者通过其他方式报告的情况，问清每一个细节和具体过程以及相关证人，把案情搞准并记录清楚。

（2）对报案材料（口述或书面材料）或情况应当及时受理并按照规定进行网上接报案登记。公安机关应当对报案、控告、举报、群众扭送或者违法嫌疑人投案分别作出下列处理，并将处理情况在接报案登记中注明：对属于本单位管辖范围内的案件，应当立即调查处理，制作受案登记表和受案回执，并将受案回执交报案人、控告人、举报人、扭送人；对属于公安机关职责范围，但不属于本单位管辖的，应当在24小时内移送有管辖权的单位处理，并告知报案人、控告人、举报人、扭送人、投案人；对不属于公安机关职责范围的事项，在接报案时能够当场判断的，应当立即口头告知报案人、控告人、举报人、扭送人、投案人向其他主管机关报案或者投案，报案人、控告人、举报人、扭送人、投案人对口头告知内容有异议或者不能当场判断的，应当书面告知，但因没有联系方式、身份不明等客观原因无法书面告知的除外。在日常执法执勤中发现的违法行为，适用前述规定。

（3）属于公安机关职责范围但不属于本单位管辖的案件，接到报案或者发现案件的公安机关及其人民警察应当依法先行采取必要的强制措施或者其他处置措施，再移送有管辖权的单位处理。

（4）报案人不愿意公开自己的姓名和报案行为的，公安机关应当在受案登记时注明，并为其保密。

（5）对报案人提供的有关证据材料、物品等应当登记，并妥善保管。移送案件时，应当将有关证据材料和物品一并移交。

（6）对作案人、作案嫌疑人携带的违禁品、作案工具、赃款、赃物等，一经发现即予以扣押，按照有关规定开列清单，除淫秽物品和易于发生危险、容易腐烂的物品外，不要随便拆卸，要请有关专家、技术人员鉴定和处理。

（7）对发现或者受理的案件暂时无法确定为刑事案件或者行政案件的，可以先按照行政案件的程序办理。在办理过程中，认为涉嫌构成犯罪的，应当按照《公安机关办理刑事案件程序规定》办理。

3. 治安案件的受理要求

公安机关受理治安案件必须认真负责，对群众报告的案件，无论案件的大小都要先接待，然后视情况再做处理；对坦白、自首案件，初步审查事实清楚、证据充分、已构成违反治安管理行为的，要受理；对举报的案件，事实基本清楚，只是次要情节不清、证据不全的，也要受理；对不属于自己管辖的案件，接报后，按规定移送有管辖权的部门处理；需要采取紧急措施的，应先采取紧急措施，作出《询问笔录》，然后转送有关部门；对受理的治安案件，要抓住战机，迅速处理。

（二）传唤

传唤，是指公安机关通知违反治安管理行为人于指定时间到达指定地点接受询问的法律措施。传唤并非治安案件查处的必经程序，只是为顺利查明案件事实而依法采取的法律措施，随案件调查的需要而使用。

1. 传唤的方式

《治安管理处罚法》第 82 条规定："需要传唤违反治安管理行为人接受调查的，经公安机关办案部门负责人批准，使用传唤证传唤。对现场发现的违反治安管理行为人，人民警察经出示工作证件，可以口头传唤，但应当在询问笔录中注明。公安机关应当将传唤的原因和依据告知被传唤人。对无正当理由不接受传唤或者逃避传唤的人，可以强制传唤。"因此传唤的方式主要有口头传唤与书面传唤两种。

违反治安管理行为人一经合法传唤，除有正当理由不能按时到案外，应当在指定时间到指定地点接受询问。经过合法传唤，没有正当理由而不到案的，或者逃避传唤的，公安机关可以强制传唤。

2. 传唤的要求

（1）只有对需要传唤的，才能传唤。为了切实保障人民群众的合法权益，防止公安机关滥用传唤权，《治安管理处罚法》第 82 条明确规定，只有对"需要传唤"的，才适用传唤措施，即对一些不必要进行传唤的，就没有必要采取传唤措施。

（2）传唤必须依照法律规定，严格履行法律手续。使用传唤证传唤，需经公安机关办案部门负责人批准。适用口头传唤，人民警察应主动出示工作证件。

无论是书面传唤还是口头传唤都应当将传唤的原因和依据告知被传唤人。

（3）禁止传唤证人或与案件无关的人。

（4）使用传唤证传唤的，违法嫌疑人被传唤到案后和询问查证结束后，应当由其在传唤证上填写到案和离开时间并签名。拒绝填写或者签名的，办案人民警察应当在传唤证上注明。

（5）正确运用传唤法律措施，区别传唤与盘查、继续盘问的关系，禁止用继续盘问来代替传唤。根据《人民警察法》第 9 条的规定，治安盘查是指人民警察在执行职务活动中为发现或确认违法犯罪行为，对可能具有违法或犯罪行为的嫌疑人进行仔细盘问和检查的法律活动。继续盘问，是指公安机关的人民警察对当场盘问、检查后，仍不能排除或是证实违法犯罪嫌疑的人员，符合法定情形的，依法将其带至公安机关，经该公安机关批准，对其继续审查的法律活动。继续盘问的对象主要是有违法犯罪嫌疑的人员，对违反治安管理行为人不能适用继续盘问，而只能根据需要适用治安传唤。在适用继续盘问的过程中，查明只有违反治安管理行为的，应当解除继续盘问，按查处治安案件的一般程序处理。

（三）调查

治安案件的调查，就是公安机关依法了解、查证案件事实真相的法律活动。任何构成治安案件的违反治安管理行为，都是行为人在一定的时间、空间及相关的客观环境下，通过有关的人、物、事的相互联系、作用、影响和制约而实施的，每一个环节都可能揭示案情或案件的一个侧面。治安案件的调查就是通过对诸多与案情相关的事实的查证，对整个案件由不知到知的认识过程，也是治安案件受理后的继续和发展。

1. 询问违反治安管理行为人

询问违反治安管理行为人，是公安机关为了查明和证实治安案件的事实真相，依法对涉嫌违反治安管理的行为人进行询问，以获取其供述和辩解的一种调查方法。根据《治安管理处罚法》第 83 条第 1 款的规定，公安机关传唤违反治安管理行为人后，应当及时询问查证。

对违反治安管理行为人的询问查证时间不得超过 8 小时；情况复杂，依照《治安管理处罚法》的规定可能适用行政拘留处罚的，询问查证的时间不得超过 24 小时。这里所说的“询问查证”时间不得超过 8 小时，是指从被传唤人到案接受调查之时起到其可以自由离开时止，总计时间不能超过 8 小时。如需延长询问查证的时间到 24 小时，必须同时满足“情况复杂”和“依照《治安管理处罚法》规定可能适用行政拘留处罚”两个条件。询问违反治安管理行为人应注意以下问题：

（1）按照规定制作询问笔录。询问笔录是公安机关人民警察在对违反治安管理行为人询问查证活动中，依法制作的如实记载调查人员提问和违反治安管理行为人陈述和辩解的文书。它是一种具有法律效力的书面文件，经过查证属实的询问笔录，是认定案件事实的证据之一，因此，制作询问笔录必须依法进行。

（2）保障被询问人自行提供书面材料的权利。《治安管理处罚法》第 84 条第 2 款规定："被询问人要求就被询问事项自行提供书面材料的，应当准许；必要时，人民警察也可以要求被询问人自行书写。"人民警察收到违反治安管理行为人的书面陈述后，应当在该书面材料上注明收到的具体时间，并签名。

（3）询问不满 16 周岁的违反治安管理行为人应履行通知义务。《治安管理处罚法》第 84 条第 3 款明确规定："询问不满十六周岁的违反治安管理行为人，应当通知其父母或者其他监护人到场。"

（4）按照规定配备翻译人员。公安机关在对违反治安管理行为人进行询问时遇到特殊情况时应为被询问人配备翻译人员。《治安管理处罚法》第 86 条规定："询问聋哑的违反治安管理行为人、被侵害人或者其他证人，应当有通晓手语的人提供帮助，并在笔录上注明。询问不通晓当地通用的语言文字的违反治安管理行为人、被侵害人或者其他证人，应当配备翻译人员，并在笔录上注明。"

2. 询问证人、被侵害人

询问被侵害人或者其他证人，是指公安机关为了查明案件事实情况，收集、核实证据，而向被侵害人或者其他证人进行查询的一种调查活动。《治安管理处罚法》第 85 条第 1 款规定："人民警察询问被侵害人或者其他证人，可以到其所在单位或者住处进行；必要时，也可以通知其到公安机关提供证言。"根据该规定，公安机关的人民警察在询问被侵害人或者其他证人时，可以根据案件具体情况和被侵害人或者其他证人的实际情况确定询问地点。为了保护公民的合法权益，加强对人民警察的监督，《治安管理处罚法》第 85 条第 2 款规定："人民警察在公安机关以外询问被侵害人或者其他证人，应当出示工作证件。"询问被侵害人或者其他证人时应注意的问题和询问违反治安管理行为人时应注意的问题相同，在此不再赘述。

3. 勘验

勘验，是指为了查明案情，办理治安案件的人员对与案件有关的场所、物品进行实地勘测、检验的一种调查活动，是获得有关案件的线索和信息，了解案情的有效手段。根据《公安机关办理行政案件程序规定》，治安案件的办案人员对于违反治安管理行为的案发现场，必要时应当进行勘验，提取与案件有关的证据材料，判断案件性质，确定调查提供方向和范围。对案发现场进行勘验必须做到全面、及时、合法、客观、公正，不先入为主、主观臆断。

4. 检查

检查，是指公安机关为了查明案情，依法对与违反治安管理行为有关的场所、物品、人身进行实地查看、寻找、检验，以发现和收集有关证据的一种调查活动。针对办理治安案件的实际需要，《治安管理处罚法》第 87 条明确规定："公安机关对与违反治安管理行为有关的场所、物品、人身可以进行检查。检查时，人民警察不得少于二人，并应当出示工作证件和县级以上人民政府公安机关开具的检查证明文件。对确有必要立即进行检查的，人民警察经出示工作证件，可以当场检查，但检查公民住所应当出示县级以上人民政府公安机关开具的检查证明文件。检查妇女的身体，应当由女性工作人员进行。"

5. 鉴定

鉴定，是指公安机关为了查明案情，解决案件中有争议的专门性问题，而指派或者聘请具有专门知识的人员，对案件中有争议的专门性问题进行鉴别和判断的一种调查活动。《治安管理处罚法》第 90 条规定："为了查明案情，需要解决案件中有争议的专门性问题的，应当指派或者聘请具有专门知识的人员进行鉴定；鉴定人鉴定后，应当写出鉴定意见，并且签名。"在办理治安案件中，鉴定是一种重要的调查手段，它对及时收集证据，准确揭露违法行为，正确认定案件事实，有着重要作用。从办理治安案件的实践来看，需要通过鉴定解决的专门性问题主要包括：伤情鉴定、价格鉴定、淫秽物品鉴定、精神病鉴定、音像资料鉴定。

6. 检测

依据《公安机关办理行政案件程序规定》，公安机关对治安案件调查取证过程中，主要在以下两种情况下运用检测这种调查方法：一是对涉嫌吸毒的人员，应当进行吸毒检测，被检测人员应当配合；对拒绝接受检测的，经县级以上公安机关或者其派出机构负责人批准，可以强制检测。采集女性被检测人检测样本，应当由女性工作人员进行。对涉嫌服用国家管制的精神药品、麻醉药品驾驶机动车的人员，可以对其进行体内国家管制的精神药品、麻醉药品含量检验。二是正在执法的交通民警对有酒后驾驶机动车辆嫌疑的人，可以对其进行酒精度检测。对有酒后驾驶机动车嫌疑的人，应当对其进行呼气酒精测试，对具有当事人对呼气酒精测试结果有异议的、当事人拒绝配合呼气酒精测试的、涉嫌醉酒驾驶机动车的、涉嫌饮酒后驾驶机动车发生交通事故的等情形之一的，应当立即提取血样，检验血液酒精含量；当事人对呼气酒精测试结果无异议的，应当签字确认。事后提出异议的，不予采纳。一般认为，通过检测，车辆驾驶人员血液中的酒精含量大于或等于 20mg/100ml，小于 80mg/100ml 的驾驶行为为饮酒驾车；车辆驾驶人员血液中的酒精含量大于或者等于 80mg/100ml 的驾驶行为为醉酒驾驶。

7. 辨认

辨认，是指办案人员利用违法嫌疑人、被侵害人或者其他证人的直观感觉、印象识别与违法行为有关的物品、场所或者违法嫌疑人的一项调查措施。

辨认应当在2名以上办案人民警察的主持下进行。组织辨认前，应当向辨认人详细询问辨认对象的具体特征，但应当避免辨认人见到辨认对象。

多名辨认人对同一辨认对象进行辨认时，应当分别进行。

辨认时，应当将辨认对象混杂在特征相类似的其他对象中，不得给辨认人任何暗示。辨认违法嫌疑人时，被辨认的人数不得少于7人；对违法嫌疑人照片进行辨认的，不得少于10人的照片。辨认每一件物品时，混杂的同类物品不得少于5件。同一辨认人对与同一案件有关的辨认对象进行多组辨认的，不得重复使用陪衬照片或者陪衬人。

对违法嫌疑人的辨认，辨认人不愿意暴露身份的，可以在不暴露辨认人的情况下进行，办案人员应当为其保守秘密。

辨认经过和结果，应当制作辨认笔录，由办案人员和辨认人签名或者捺指印。

8. 抽样取证

抽样取证，是指治安案件的办案人员从数量很多的物品中随机抽取一部分物品作为样品进行检验，以此推断出物品整体是否可以作为证据使用的调查方法。根据《公安机关办理行政案件程序规定》第109条第2～4款的规定，抽样取证应当采取随机的方式，抽取样品的数量以能够认定本品的品质特征为限。抽样取证时，应当对抽样取证的现场、被抽样物品及被抽取的样品进行拍照或者对抽样过程进行录像。对抽取的样品应当及时进行检验。经检验，能够作为证据使用的，应当依法扣押、先行登记保存或者登记；不属于证据的，应当及时返还样品。样品有减损的，应当予以补偿。

9. 先行登记保存

公安机关人民警察在对治安案件进行调查时，在证据可能灭失或者事后难以取得的情况下，可以先对证据进行登记保存，留待以后在办案过程中加以运用。证据的先行登记保存通常在勘验、检查后进行。先行登记保存的证据通常是可以用以证明违反治安管理行为是否存在、是否严重以及确定行为性质的物证、书证及视听资料。

对相关证据的先行登记保存，必须经过办案部门负责人的批准，才可以实施。在具体采取这种措施时，应当会同证据的持有人或者见证人对证据的名称、数量、特征等进行登记，开具先行登记保存证据清单，由办案人员和证据持有人签名。证据持有人拒绝签名的，办案人员应当在先行登记保存证据清单上注明，并将先行登记保存证据清单交证据持有人。必要时，应当对登记保存的证据拍照。先行登记保存期间，证据持有人及其他人员不得损毁或者转移证据。对先行登记保存的证据，应当在7日内作出处理决定。逾期不作出处理决定的，视为自动解除。

10. 扣押

扣押，是指公安机关在办理治安案件过程中，对与案件有关的需要作为证据的物品，依法予以扣留的调查措施。

公安机关办理治安案件，对与案件有关的需要作为证据的物品，可以扣押。对被侵害人或者善意第三人合法占有的财产，不得扣押，应当予以登记。对与案件无关的物品，不得扣押。与案件有关，是指与公安机关正在办理的治安案件有关联。需要作为证据的物品，是指能够证明案件真实情况，需要作为定案根据的物证、书证和视听资料等。对扣押的物品，应当会同在场见证人和被扣押物品持有人查点清楚，当场开列清单，一式两份，由调查人员、见证人和持有人签名或者盖章，一份交给持有人，另一份附卷备查。

对可以作为证据使用的录音带、录像带，在扣押时应当予以检查，记明案由、内容以及录取和复制的时间、地点等，并妥为保管。对扣押的电子数据原始存储介质，应当封存，保证在不解除封存状态的情况下，无法增加、删除、修改电子数据，并在证据保全清单中记录封存状态。对扣押的物品，应当妥善保管，不得挪作他用；对不宜长期保存的物品，按照有关规定处理。经查明与案件无关的，应当及时退还；经核实属于他人合法财产的，应当登记后立即退还；满6个月无人对该财产主张权利或者无法查清权利人的，应当公开拍卖或者按照国家有关规定处理，所得款项上缴国库。

（四）告知

公安机关作出治安管理处罚决定前，应当告知违反治安管理行为人作出治安管理处罚的事实、理由及依据，并告知违反治安管理行为人依法享有的权利。

告知的内容包括两方面：一是告知当事人作出行政处罚决定的事实、理由及依据。应当注意的是，这里“作出行政处罚决定”应当是具体而明确的决定。二是告知当事人依法享有的权利，即当事人依法享有的陈述、申辩权。

当事人收到告知书后，可以书面或者口头形式对被告知处罚的事实、理由、依据进行陈述、申辩或者提出对自己有利的事实和证据。公安机关办案部门对违反治安管理行为人提出的事实、理由和依据，应当进行复核，能够成立的，公安机关应当采纳，不得因违反治安管理行为人的陈述、申辩而加重处罚。

（五）听证

在治安管理处罚中，听证是一种选择性的程序，只有符合法定条件，且被处罚人要求听证的，听证方才举行。

（六）审核、审批

1. 审核

经调查取证，违反治安管理行为事实清楚，证据充分，需要给予行为人治安管理处罚的，办案人员应填写治安管理处罚审批表，并由办案部门负责人签署意见，然后连同有关案件材料一并上报。审核的内容主要包括：违反治安管理行为人的基本情况是否清楚；证据是否确凿；定性和适用法律是否正确；量罚是否适当；程序是否合法；法律文书是否规范、完备。

2. 审批

审批，是指公安机关的负责人对经审核后的治安案件进行审查并签署处罚意见的过程。审批体现了治安管理处罚决定的权限。

（七）决定

公安机关作出治安管理处罚决定的，应当制作治安管理处罚决定书。决定书应当载明下列内容：被处罚人的姓名、性别、年龄、身份证件的名称和号码、住址；违法事实和证据；处罚的种类和依据；处罚的执行方式和期限；对处罚决定不服，申请行政复议、提起行政诉讼的途径和期限；作出处罚决定的公安机关的名称和作出决定的日期；作出处罚决定的公安机关的印章。

决定行政拘留处罚的，还应填写治安管理处罚执行行政拘留处罚通知书；需要采取强制戒毒等行政强制措施的，依照有关法律、法规规定，填制相应的法律文书。

（八）送达

公安机关应当向被处罚人宣告治安管理处罚决定书，并当场交付被处罚人；无法当场向被处罚人宣告的，应当在2日内送达被处罚人。决定给予行政拘留处罚的，应当及时通知被处罚人的家属。有被侵害人的，公安机关应当将决定书副本抄送被侵害人。

三、治安管理处罚的听证程序

（一）听证程序的概念

治安管理处罚的听证程序，是指公安机关在对法定处罚形式和内容作出决定前，听取违反治安管理行为人的陈述和申辩，并由听证程序的参加人就有关事实相互进行质问、辩论和反驳，从而查明事实，以保证处罚公正合理的法律过程。

（二）听证程序的适用范围

听证程序并非所有治安管理处罚决定的必经程序。在治安管理处罚中，听证是一种选择性的程序，只有符合法定条件的才能适用。根据《公安机关办理行政案件程序规定》第 123 条的规定，在作出下列行政处罚决定之前，应当告知违法嫌疑人有要求举行听证的权利：责令停产停业；吊销许可证或者执照；较大数额罚款；法律、法规和规章规定违法嫌疑人可以要求举行听证的其他情形。所称“较大数额罚款”，是指对个人处以 2000 元以上罚款，对单位处以 1 万元以上罚款，对违反边防出境入境管理法律、法规和规章的个人处以 6000 元以上罚款。对依据地方性法规或者地方政府规章作出的罚款处罚，适用听证的罚款数额按照地方规定执行。拟被处罚人要求听证的，听证方才举行。

（三）听证人员和听证参加人

听证由公安机关法制部门组织实施。依法具有独立执法主体资格的公安机关业务部门以及出入境边防检查站依法作出行政处罚决定的，由其非本案调查人员组织听证。

1. 听证人员

根据规定，听证设听证主持人 1 名，负责组织听证；记录员 1 名，负责制作听证笔录。必要时，可以设听证员 1～2 名，协助听证主持人进行听证。听证主持人由公安机关负责人指定，一般由法制部门负责人担任。本案调查人员不得担任听证主持人、听证员或者记录员。听证主持人决定或者开展下列事项：（1）举行听证的时间、地点；（2）听证是否公开举行；（3）要求听证参加人到场参加听证，提供或者补充证据；（4）听证的延期、中止或者终止；（5）主持听证，就案件的事实、理由、证据、程序、适用法律等组织质证和辩论；（6）维持听证秩序，对违反听证纪律的行为予以制止；（7）听证员、记录员的回避；（8）其他有关事项。

2. 听证参加人

听证参加人包括：当事人及其代理人；本案办案人民警察；证人、鉴定人、翻译人员；其他有关人员。与听证案件处理结果有直接利害关系的其他公民、法人或者其他组织，作为第三人申请参加听证的，应当允许。为查明案情，必要时，听证主持人也可以通知其参加听证。当事人在听证活动中享有下列权利：（1）申请回避；（2）委托 1～2 人代理参加听证；（3）进行陈述、申辩和质证；（4）核对、补正听证笔录；（5）依法享有的其他权利。

（四）听证的告知、申请和受理

对可以适用听证程序的行政案件，办案部门在提出处罚意见后，应当告知违法嫌疑人拟作出的行政处罚和有要求举行听证的权利。违法嫌疑人要求听证的，应当在公安机关告知后 3 日内提出申请。违法嫌疑人放弃听证或者撤回听证要求后处罚决定作出前，又提出听证要求的，只要在听证申请有效期限内，应当允许。

公安机关收到听证申请后，应当在2日内决定是否受理。认为听证申请人的要求不符合听证条件，决定不予受理的，应当制作不予受理听证通知书，告知听证申请人。逾期不通知听证申请人的，视为受理。

公安机关受理听证后，应当在举行听证的7日前将举行听证通知书送达听证申请人，并将举行听证的时间、地点通知其他听证参加人。听证应当在公安机关收到听证申请之日起10日内举行。

（五）听证的举行

1. 听证的步骤

（1）确定听证会主持人。听证会主持人，是指在公安机关举行的听证会上负责组织听证活动正常进行的人员，由公安机关指定的工作人员担任。听证会主持人应符合以下条件：应是公安机关中具有相对独立地位的专门人员或部门；未直接参与本案的调查取证；与本案无直接利害关系。

（2）确定听证会的当事人和其他参加人。听证会的当事人就是指具体案件中的承办单位或承办人以及被处罚的相对人。听证会的其他参与人，是指与案件的处理结果有直接利害关系的第三人，以及必要的证人、鉴定人、翻译人员等。听证程序的当事人及第三人可以亲自参加听证会，也可以委托他人作为代理人参加听证会。

（3）听证会的准备。当公安机关得知当事人已要求听证后，应及时指定听证主持人，由其为举行听证会作必要的准备。一般准备的事项包括：调阅案卷；确定并通知当事人和其他听证参加人；公告，即将举行听证会的时间、地点、案由及听证申请人的姓名或名称公布于众。

（4）听证会的举行。听证会除涉及国家秘密、商业秘密或个人隐私外，一律公开进行。其具体步骤一般是：第一，主持人宣布听证会开始；第二，由对案件调查取证的执法人员提出当事人违法的事实根据、法律凭证和治安管理处罚建议；第三，由当事人针对指控的事实及相关问题进行申辩、质证；第四，调查取证人员与当事人互相辩论；第五，当事人作最后陈述；第六，主持人宣布听证会结束。

（5）听证笔录。记录员应当将举行听证的情况记入听证笔录。听证笔录应当交听证申请人阅读或者向其宣读。听证笔录中的证人陈述部分，应当交证人阅读或者向其宣读。听证申请人或者证人认为听证笔录有误的，可以请求补充或者改正。听证申请人或者证人审核无误后签名或者捺指印。拒绝签名或者捺指印的，由记录员在听证笔录上记明情况。听证笔录经听证主持人审阅后，由听证主持人、听证员和记录员签名。

2. 中止听证与终止听证的法定情形

（1）中止听证。根据规定，听证过程中有下列情形之一，听证主持人可以中止听证：需要通知新的证人到会、调取新的证据或者需要重新鉴定、勘验的；因当事人提出回避申请，致使听证不能继续进行的；其他需要中止听证的。中止听证的情形消除后，听证主持人应当及时恢复听证。

（2）终止听证。根据规定，有下列情形之一的，应当终止听证：听证申请人撤回听证申请的；听证申请人及其代理人无正当理由拒不出席或者未经听证主持人许可中途退出听证的；听证申请人死亡或者作为听证申请人的法人或者其他组织被撤销、解散的；在听证过程中，听证申请人或者其代理人扰乱听证秩序，不听劝阻，致使听证不能正常进行的；其他需要终止听证的。

四、治安调解

（一）治安调解的概念

《治安管理处罚法》第9条规定，对于因民间纠纷引起的打架斗殴或者损毁他人财物等违反治安管理行为，情节较轻的，公安机关可以调解处理。根据这一规定，作为对违反治安管理行为的一种处理方法的治安调解，是指对于因民间纠纷引起的打架斗殴或者损毁他人财物等违反治安管理行为，不给予治安管理处罚，而采取在公安机关主持下，由双方当事人互相协商，自愿达成解决争议协议的处理方法。

（二）治安调解的适用条件

治安调解是对于因民间纠纷引起的打架斗殴或者损毁他人财物等情节轻微的违反治安管理行为，公安机关依法可以通过教育疏导调解解决。根据治安调解的含义，其适用条件主要是：

1. 引起违反治安管理行为的起因必须是民间纠纷

治安调解的适用条件，是因民间纠纷引起的违反治安管理行为，而不是因民事纠纷和行政纠纷引起的其他行为。《公安机关办理行政案件程序规定》第178条规定，民间纠纷主要是指亲友、邻里、同事、在校学生之间因琐事发生的纠纷，行为人的侵害行为系由被侵害人事前的过错行为引起的纠纷以及其他适用调解处理更易化解矛盾的纠纷。

2. 违反治安管理行为必须是属于殴打他人、故意伤害、侮辱、诽谤、诬告陷害、故意损毁财物、干扰他人正常生活、侵犯隐私、非法侵入住宅等违反治安管理行为的范围。

3. 当事人各方必须有愿意调解处理的意思表示

这是治安调解必须具备的前提条件，因为从法理上讲，治安调解不存在强制进行的问题。

4. 公安机关认为适宜调解处理

其意是说，对符合上述适用条件的违反治安管理行为，是否适用治安调解，公安机关具有最终的选择权。公安机关可以适用治安调解，也可以不适用治安调解而进行治安管理处罚。是否调解处理，应当从实际出发，以能够达到教育双方，消除矛盾，不再继续违反治安管理的目的。

以上治安调解的适用条件是缺一不可的，整体构成了治安调解的适用条件。

（三）治安调解的基本程序

治安调解的基本方法是说服教育，依法疏导，明确是非，促使双方当事人互谅互让，协商言和，使纠纷得以妥善解决。进行治安调解时，应遵循以下程序：

1. 依法受理

受理是治安调解的第一道程序，要做好受理工作，必须抓住两个环节：一是认真接待，稳定情绪；二是分清纠纷类型，作出正确处置。

2. 查明纠纷主要事实，分清是非责任

决定受理后，公安机关应当根据案件的性质开展调查工作，认真调查纠纷的具体情况、动向、产生的原因，了解案件的事实，掌握当事人双方的意见和请求，群众对此事的看法，全面掌握第一手材料。对治安纠纷的调查，应当像办理其他治安案件一样，询问违反治安管理行为人，询问当事人，询问证人，现场勘验，收集当事人提交的物证、书证等，对所获取的材料要进行分析，去粗取精，去伪存真，力求全面、准确、充分，只有在对纠纷的主要事实查明以后，才能分清双方当事人的是非责任，才便于正确进行治安调解；否则，可能会久调不解甚至使纠纷激化、转化。

3. 斡旋劝说，促进治安调解

斡旋劝说是纠纷调解的重要环节。治安调解人员在进行治安调解过程中，应遵循以下步骤：

（1）分别对纠纷当事人进行治安调解。双方当事人由于矛盾没有缓解，情绪没有稳定，还处于对立状态，在这种情况下，不宜让他们同时参加调解。治安调解人员应该分别与被调解者进行交谈，从而保证交流的质量。

（2）引导纠纷当事人进一步认清纠纷事实真相，逐步分清自己的责任。

（3）治安调解人员依据国家法律、党的政策、社会公德，对当事人进行说服疏导，以提高当事人的思想道德觉悟、法律意识。

（4）在了解全部事实真相基础上，把握时机，依法明断是非，分清责任，并提出公正合理的调解意见。

（5）调解工作做通后，纠纷当事人双方意见达成一致，表示愿意接受治安调解。

4. 依法办事，结束治安调解

结束治安调解有两种情况：一是经过自愿协商达成协议，治安调解成立而结束；二是经过协商不能达成协议，治安调解不成而结束或者治安调解达成协议后又反悔的。调解一般为一次，必要时可以增加一次。

《治安管理处罚法》第9条规定："……经公安机关调解，当事人达成协议的，不予处罚。经调解未达成协议或者达成协议后不履行的，公安机关应当依照本法的规定对违反治安管理行为人给予处罚，并告知当事人可以就民事争议依法向人民法院提起民事诉讼。"根据该规定，公安机关对治安调解不成或达成协议后反悔的，有权终止调解。经治安调解达成的协议，如果当事人一方或双方没有履行或者没有完全履行，在一方或双方当事人向公安机关提出并且经过核查属实后，公安机关有权撤销调解协议。调解协议未达成或达成协议不履行的，公安机关应当依法对违反治安管理行为人进行处罚，并告知当事人就民事损害赔偿纠纷可以民事诉讼方式通过人民法院解决。

第五节　治安管理处罚的救济

一、治安行政复议

（一）治安行政复议的含义

治安行政复议，是指公民、法人或者其他组织，认为公安机关的治安管理具体行政行为侵犯其合法权益，依法提请该公安机关的上一级公安机关或者同级人民政府对该具体行政行为进行审查并作出决定的法律救济制度。

（二）治安行政复议的范围

根据《行政复议法》《治安管理处罚法》和相关治安管理法律、法规的规定，治安行政复议的范围主要包括以下几个方面：

1. 对治安管理处罚决定不服的。

2. 对治安强制措施不服的。

3. 公民、法人和其他组织受到违反治安管理行为的不法侵害，要求公安机关履行保护其人身权、财产权等合法权利的法定职责，而公安机关没有依法履行的。

4. 认为公安机关在治安案件查处过程中侵犯其人身权和财产权的其他行为。

（三）治安行政复议机关

1. 对公安部作出的具体行政行为不服的，向公安部申请行政复议。

2. 对省（自治区、直辖市）、市（地、州）、县（市）公安机关作出的具体行政行为不服的，向作出该具体行政行为的公安机关的上一级公安机关或者该公安机关的本级人民政府申请行政复议。

3. 对城市公安分局作出的具体行政行为不服的，向该城市公安分局隶属的城市公安局申请行政复议。

4. 对省（自治区、直辖市）、市（地、州）公安厅、局直属的公安局、公安分局作出的具体行政行为不服的，向该直属公安局、公安分局隶属的公安机关申请行政复议。

5. 对公安派出所依法以自己的名义作出的具体行政行为不服的，向该公安派出所隶属的公安机关申请行政复议。

（四）治安行政复议的申请与受理

1. 治安行政复议的申请

治安行政复议的申请，是指公民、法人或其他组织认为公安机关作出的治安管理具体行政行为侵犯其合法权益，依法向有管辖权的行政复议机关提起对该具体行政行为进行审查的行为。公民、法人或者其他组织可以自知道该具体行政行为之日起60日内提出行政复议申请。

2. 治安行政复议的受理

治安行政复议的受理，是指复议机关接受申请人的复议申请，认为符合法定条件而依法予以受理。对复议申请，有下列情形之一的，可不予受理：（1）不是本案行政相对人提出的；（2）被申请人不明确的；（3）没有具体的复议请求和事实根据的；（4）不属本机关主管范围的；（5）超过法定期限的。

（五）治安行政复议的审理

复议机关受理治安行政复议案件后，应立即进入复核审查阶段，对案件进行全面复核。这是整个复议过程的主要阶段，它直接影响到复议决定的准确与否。治安行政复议审理的任务是调查、收集和审查证据，以便查清案件的事实，确定案件的性质，从而正确作出复议决定。

1. 治安行政复议的审理范围

复议机关对复议案件的审理，原则上采取书面审查的办法，但申请人提出要求或者行政复议机关负责法制工作的机构认为有必要时，可以向有关组织和人员调查情况，听取申请人、被申请人和第三人的意见。对治安行政复议的审查应以全面具体审查为原则。治安行政复议的审理范围有以下几个方面：

（1）对案卷的形式进行审查。这包括对案卷内各种法律文书、填写的时间是否符合法定程序、有无矛盾之处，卷内所需法律文书是否齐全、完备和规范等方面进行审查。

（2）对案卷的内容进行审查。其主要是对办理案件所需材料内容进行核实。

2. 治安行政复议的审理方式与复议期限

治安行政复议的审理方式主要有书面审理和公开审理。书面审理，是指复议机关通过对书面案卷材料的审查核实而审理复议案件的审理方式；公开审理，是指复议机关通知复议参加人到复议机关指定的地点进行陈述和辩驳的审理方式。

根据《行政复议法》的规定，受理治安行政复议申请的机关应按照法律规定，自受理申请之日起60日内作出治安行政复议决定。对情况复杂，不能在规定期限内作出复议决定的，经受理的复议机关负责人批准，可以适当延长，但是延长期限最多不超过30日，同时要告知申请人和被申请人。

（六）治安行政复议的决定

治安行政复议决定，是指复议机关通过审理，根据治安案件的事实和证据，依照有关法律、法规，经集体讨论通过并报复议机关的负责人审批后，对治安行政争议作出的决定。行政复议机关负责法制工作的机构应当对被申请人作出的具体行政行为进行审查，提出意见，经行政复议机关的负责人同意或者集体讨论通过后，按照下列规定作出行政复议决定：

1. 具体行政行为认定事实清楚，证据确凿，适用依据正确，程序合法，内容适当的，决定维持。

2. 被申请人不履行法定职责的，决定其在一定期限内履行。

3. 具体行政行为有下列情形之一的，决定撤销、变更或者确认该具体行政行为违法；决定撤销或者确认该具体行政行为违法的，可以责令被申请人在一定期限内重新作出具体行政行为：（1）主要事实不清、证据不足的；（2）适用依据错误的；（3）违反法定程序的；（4）超越或者滥用职权的；（5）具体行政行为明显不当的。

行政复议机关在申请人的行政复议请求范围内，不得作出对申请人更为不利的行政复议决定。

二、治安行政诉讼

（一）治安行政诉讼的含义

治安行政诉讼，是指公民、法人或其他组织认为公安机关作出的治安管理行政行为侵犯其合法权益而依法诉诸法院，人民法院在双方当事人和其他诉讼参加人的参加下，对治安案件进行审理和裁判的司法活动。它是相对于国家行政机关动用国家行政权对行政争议进行复议的另一类具有国家强制力的解决行政争议的法律制度。

（二）提起治安行政诉讼的条件

提起治安行政诉讼的条件，是法律所规定的当事人可以提起治安行政诉讼应当具备的一系列条件的总和。也就是说，起诉的条件不只是一个方面，而是几个方面因素的有机联系体，缺少其中任何一个方面的条件，法院将不予受理。根据《行政诉讼法》的规定，提起治安行政诉讼应具备以下六个方面的条件：

1. 原告具有诉讼资格

提起行政诉讼的原告，是认为公安机关或复议机关的行政行为侵犯其合法权益的公民、法人或者其他组织。

2. 有明确的被告

根据规定，作出治安管理处罚和采取强制措施决定的公安机关为被告；如果是经过复议的案件，复议机关维持原决定的，作出原决定的公安机关是被告；复议机关改变原决定的，复议机关是被告。

3. 有具体的诉讼请求和事实根据

具体诉讼请求是原告对被告提出的，希望得到司法保护的实体权利要求，它是原告提起行政诉讼的目的所在，也是人民法院审理的关键所在。依照法律规定，原告提出的治安行政诉讼请求有：撤销之诉、变更之诉、赔偿之诉。

4. 属于人民法院受案范围

《行政诉讼法》第 12 条规定，人民法院受理公民、法人或者其他组织提起的下列诉讼：（1）对行政拘留、暂扣或者吊销许可证和执照、责令停产停业、没收违法所得、没收非法财物、罚款、警告等行政处罚不服的；（2）对限制人身自由或者对财产的查封、扣押、冻结等行政强制措施和行政强制执行不服的；(3）申请行政许可，行政机关拒绝或者在法定期限内不予答复，或者对行政机关作出的有关行政许可的其他决定不服的；（4）对行政机关作出的关于确认土地、矿藏、水流、森林、山岭、草原、荒地、滩涂、海域等自然资源的所有权或者使用权的决定不服的；（5）对征收、征用决定及其补偿决定不服的；（6）申请行政机关履行保护人身权、财产权等合法权益的法定职责，行政机关拒绝履行或者不予答复的；（7）认为行政机关侵犯其经营自主权或者农村土地承包经营权、农村土地经营权的；（8）认为行政机关滥用行政权力排除或者限制竞争的；(9）认为行政机关违法集资、摊派费用或者违法要求履行其他义务的；（10）认为行政机关没有依法支付抚恤金、最低生活保障待遇或者社会保险待遇的；(11）认为行政机关不依法履行、未按照约定履行或者违法变更、解除政府特许经营协议、土地房屋征收补偿协议等协议的；（12）认为行政机关侵犯其他人身权、财产权等合法权益的。

5. 属于受诉人民法院管辖

根据《行政诉讼法》的规定，行政案件由最初作出行政行为的行政机关所在地人民法院管辖。经复议的案件，也可以由复议机关所在地人民法院管辖。对限制人身自由的行政强制措施不服提起的诉讼，由被告所在地或者原告所在地人民法院管辖。对国务院各部门或者省、自治区、直辖市人民政府所作的行政行为提起诉讼的案件，由中级人民法院管辖。

6. 必须在法律规定的期限内提起诉讼

根据《行政诉讼法》的规定，公民、法人或其他组织提起诉讼的，应当在知道或应当知道作出行政行为之日起6个月内提起诉讼；如果经过复议，对复议决定不服，可以在收到复议决定书之日起15日内起诉。公民、法人或者其他组织因不可抗力或者其他不属于其自身的原因耽误起诉期限的，被耽误的时间不计算在起诉期限内。公民、法人或者其他组织因前述规定以外的其他特殊情况耽误起诉期限的，在障碍消除后10日内，可以申请延长期限，是否准许由人民法院决定。

（三）治安行政诉讼的程序

1. 提起诉讼

根据《行政诉讼法》第50条的规定，当事人通过向人民法院递交书面形式的起诉状及起诉状副本来提起行政诉讼。采用书面形式起诉，有利于原告更全面、详尽地表达诉讼请求，说明起诉的事实、理由和根据，也有利于被告的答辩和人民法院弄清双方争执的焦点，还有利于减少起诉的随意性。但如果书写诉状确有困难的，可以口头起诉，由人民法院记入笔录，出具注明日期的书面凭证，并告知对方当事人。

2. 受理

人民法院在接到起诉状时对符合《行政诉讼法》规定的起诉条件的，应当登记立案。对当场不能判定是否符合《行政诉讼法》规定的起诉条件的，应当接收起诉状，出具注明收到日期的书面凭证，并在7日内决定是否立案。不符合起诉条件的，作出不予立案的裁定。裁定书应当载明不予立案的理由。原告对裁定不服的，可以提起上诉。起诉状内容欠缺或者有其他错误的，应当给予指导和释明，并一次性告知当事人需要补正的内容。不得未经指导和释明即以起诉不符合条件为由不接收起诉状。对于不接收起诉状、接收起诉状后不出具书面凭证，以及不一次性告知当事人需要补正的起诉状内容的，当事人可以向上级人民法院投诉，上级人民法院应当责令改正，并对直接负责的主管人员和其他直接责任人员依法给予处分。在立案之日起5日内，将起诉状副本发送被告。被告在收到起诉状副本之日起15日内向人民法院提交作出行政行为的证据和所依据的规范性文件，并提交答辩状。人民法院在收到答辩状之日起 5 日内，将答辩状副本发送原告。

3. 审理

人民法院在受理、立案后，应当依法组成合议庭，公开审理治安行政案件，但涉及国家秘密、个人隐私和法律另有规定的除外。审理案件过程中，应当以事实为根据，以法律为准绳，对公安机关的治安管理行政行为进行审查，即公安机关作出的治安管理处罚决定和其他强制措施是否有法律依据，事实是否清楚，证据是否充分，定性是否准确，是否违反法定程序，处罚是否公正适当等。

4. 判决

人民法院审理治安行政案件，不适用调解；但是，行政赔偿、补偿以及行政机关行使法律、法规规定的自由裁量权的案件可以调解，应当在 6 个月内作出一审判决。人民法院经过审理，根据不同情况，分别作出以下判决：

（1）行政行为证据确凿，适用法律、法规正确，符合法定程序的，或者原告申请被告履行法定职责或者给付义务理由不成立的，人民法院判决驳回原告的诉讼请求。

（2）行政行为有下列情形之一的，判决撤销或者部分撤销，并可以判决被告重新作出行政行为：主要证据不足的；适用法律、法规错误的；违反法定程序的；超越职权的；滥用职权的；明显不当的。

（3）被告不履行法定职责的，判决其在一定期限内履行。

（4）查明被告依法负有给付义务的，判决被告履行给付义务。

（5）行政行为有下列情形的，人民法院判决确认违法，但不撤销行政行为：行政行为依法应当撤销，但撤销会给国家利益、社会公共利益造成重大损害的；行政行为程序轻微违法，但对原告权利不产生实际影响的。

（6）行政行为有下列情形之一，不需要撤销或者判决履行的，人民法院判决确认违法：行政行为违法，但不具有可撤销内容的；被告改变原违法行政行为，原告仍要求确认原行政行为违法的；被告不履行或者拖延履行法定职责，判决履行没有意义的。

（7）行政行为有实施主体不具有行政主体资格或者没有依据等重大且明显违法情形，原告申请确认行政行为无效的，人民法院判决确认无效。

（8）行政处罚明显不当，或者其他行政行为涉及对款项的确定、认定确有错误的，人民法院可以判决变更。

人民法院的一审判决和裁定，如果原告和被告双方无异议，在法定上诉期满后应当自觉执行。当事人不服一审判决的，应当在收到判决书之日起 15 日内向上一级人民法院上诉；不服一审裁定的，有权在收到裁定书之日起 10 日内向上一级人民法院上诉。当事人一旦上诉，则启动二审程序。上级法院应当在收到上诉状之日起 3 个月内作出终审判决，人民法院根据不同情况可以维持原判，依法改判或者发回重审。

三、治安行政赔偿

（一）治安行政赔偿的含义

《治安管理处罚法》第 117 条规定，公安机关及其人民警察违法行使职权，侵犯公民、法人和其他组织合法权益的，应当赔礼道歉；造成损害的，应当依法承担赔偿责任。治安行政赔偿，是指公安机关及其人民警察在治安行政执法活动中，因违法行使职权侵犯了公民、法人和其他组织的合法权益，由公安机关依法承担赔偿责任的一种法律救济制度。

（二）治安行政赔偿的范围

根据《国家赔偿法》及有关法律、法规和司法解释的规定，治安行政赔偿的范围主要有以下几种：

1. 侵犯公民人身权的赔偿

根据《国家赔偿法》的相关规定，公安机关及其人民警察在治安案件查处中，有下列侵犯公民人身权利行为之一的，受害人有获得赔偿的权利：

（1）违法行政拘留；

（2）违法采取限制人身自由的治安强制措施；

（3）非法拘禁或者以其他方法非法剥夺公民的人身自由；

（4）违法使用武器、警械造成公民身体伤害或者死亡；

（5）以殴打等暴力行为或者唆使他人以殴打等暴力行为造成公民身体伤害或者死亡的；

（6）造成公民身体伤害或死亡的其他违法行为。

2. 侵犯公民、法人或其他组织的财产权利的赔偿

公安机关在治安案件查处活动中，有下列侵犯财产权利行为之一的，受害人有获得赔偿的权利：

（1）违法罚款；

（2）违法对财产采取收缴、扣押等行政强制措施；

（3）造成财产损害的其他违法行为。

（三）治安行政赔偿的方式与标准

1. 治安行政赔偿的方式

治安行政赔偿方式，是指公安机关承担治安行政赔偿责任的方法和形式。根据我国现行法律、法规的规定，治安行政赔偿的方式有以下几种：

（1）支付赔偿金。即以支付货币的形式给予受害人适当数额的赔偿。这是国家赔偿的主要方式。

（2）返还财产。即赔偿义务机关将违法行使治安行政强制措施和违法治安管理处罚（如违法罚款，非法收缴、追缴，非法扣押、划拨等）所侵占的公民的财产、钱物返还给受害人。如果财物灭失，则应当通过折算或估价支付赔偿金。

（3）恢复原状。即公安机关按照受害人的意愿和要求，将因违法行使治安强制权所冻结、查封和损害的财物予以解除或修复，恢复采取强制措施以前的状态。

2. 治安行政赔偿的标准

（1）对侵犯人身自由权的赔偿标准

公安机关因违法采用留置、非法拘禁、违法传唤和非法拘留等侵犯公民人身自由的，每日的赔偿金按照国家上年度职工日平均工资计算。

（2）侵犯健康权和生命权的赔偿标准

造成公民身体伤害的，应当支付医疗费和赔偿因误工减少的收入。因误工减少的收入的赔偿金按照国家上年度职工日平均工资计算，最高额为国家上年度职工年平均工资的5倍。

造成部分或者全部丧失劳动能力的，应当支付医疗费以及残疾赔偿金。残疾赔偿金根据丧失劳动能力的程度确定。部分丧失劳动能力的，最高额为国家上年度职工年平均工资的10倍；全部丧失劳动能力的，为国家上年度职工年平均工资的20倍。造成全部丧失劳动能力的，对其扶养和赡养的无劳动能力的人，还应当支付生活费，对未成年人给付到18周岁，对其他无劳动能力的给付到死亡为止。

造成死亡的，应当支付死亡赔偿金、丧葬费，总额为国家上年度职工年平均工资的20倍。对其生前扶养和赡养的无劳动能力的人，还应当支付生活费，对未成年人给付到18周岁，对其他无劳动能力的给付到死亡为止。

（3）侵犯财产权的赔偿标准

能够返还和恢复原状的财产，应当及时采取返还财产和恢复原状的赔偿方式。

财产发生灭失或者无法修复的，通过折算或估价支付一定的赔偿金，如果就赔偿金额发生争议的，通过物价部门估算。

已经被拍卖的财产，给付拍卖所得的价款。

给公民的财产权造成其他损害的，按照直接损失给予赔偿。

典型案例剖析

某日晚，某县某派出所的民警5人前往辖区内娱乐场所进行检查，根据群众提供的线索查获了某电子娱乐城聚众赌博案。民警当场扣押了电子娱乐城提供的赌博工具电路板10块及违法所得10,000元，并抓获参赌人员10人。查清事实后，派出所根据《治安管理处罚法》，决定分别对参赌人员每人处以500～3000元的罚款，以为赌博提供工具为由对该娱乐城处以20,000元的罚款，并决定吊销娱乐城营业执照。办案民警对以上被处罚单位和人员送达行政处罚决定书时，将公安机关处理本案的事实、证据、依据及当事人享有的申辩权、陈述权、复议权、诉讼权同时告知了被处罚人，并告知当事人将对扣押的赌博工具和违法所得予以没收。此后，办案民警让当事人通知家属速到办公室缴清罚款，并向当事人开具了如下凭证：没收财物清单（无处罚决定书）一份；填写胡某等10人名字的罚款收据一份；电子娱乐城的罚款收据一份。

本案中，办理案件的派出所在工作中存在的问题主要有以下几个方面：

（1）该派出所作出的治安处罚存在以下错误：①本案中派出所无权作出500元以上的罚款决定，根据《治安管理处罚法》的规定，派出所罚款处罚的权限为500元以下，超过500元的罚款应由县级公安机关作出决定。因此，该派出所对参赌人员以及娱乐城的罚款处罚决定不正确，正确的做法是：派出所上报其上级机关，由县级公安机关作出处罚决定。②派出所无权吊销娱乐城的营业执照。治安处罚中的吊销公安机关发放的许可证是指公安机关自己发放的许可证，而娱乐城的营业执照是由工商行政管理机关颁发的许可证，因此，派出所无权作出吊销的决定。

（2）本案在处理程序方面存在如下问题：①将处罚前的告知与处罚后的告知同时进行不合法。处罚决定作出之前公安机关应将处理本案的事实、依据及当事人享有的申辩权、陈述权等告知当事人并听取其申辩陈述，这个告知程序必须进行，而且是独立的、必经的程序。在行政处罚决定作出后将复议权、诉讼权等合法权益告知被处罚人，这两个告知程序应分别进行。②按罚缴分离原则，当事人应到指定银行缴纳罚款。③对10余人的罚款共开一份收据不合法，应分别开省级人民政府财政部门统一出具的收据。④对公民罚款超过2000元的应告知当事人享有听证的权利。⑤收缴违法所得或从事违法活动的工具应当经县级以上公安机关负责人批准，应制作处罚决定书，待处罚决定生效后，按照有关规定处理收缴财物。

第九章

出入境管理

第一节　出入境管理概述

一、出入境管理的概念和性质

（一）出入境管理的概念

1. 出入境的含义

出入境，是指一国公民从本国进入其他国家或地区，或者从其他国家或地区返回本国的活动。从人口学和地理学上说，出入境是一种跨越国界的人口流动。出入境活动包括本国公民出入境和外国公民入出境两个方面。一般表现为三种形态：一是一国公民离开本国前往其他国家或者从其他国家返回本国；二是一国的国外侨民从侨居国返回本国或回返侨居国；三是外国公民从其国籍国或其他国家进入另一国家或离开这一国家。前两者属于本国公民出入境，后者属于外国人入出境。出入境活动所涉及的国家主要有国籍国、前往国和途经国等。对于离开的国家来说，是出境。对于进入的国家来说，就是入境。对于途经的第三国来说，则是过境。

2. 出入境管理的概念

出入境管理，是指我国公安机关依据有关法律规定，对中国公民出入和外国人入出我国国境以及与之相关的活动所实施的行政管理活动。

出入境管理是国家涉外管理的重要组成部分，也是世界各国普遍实行的一种法律制度，是出入境主管机关在出入境领域代表国家行使主权的重要体现。

（二）出入境管理的性质

1. 出入境管理是国家的一项行政管理事务

出入境管理是国家行政管理的一个重要组成部分。出入境管理事务，无论是为外国人审发签证，还是为本国公民审发护照，以及出入境边防检查、国籍管理，均冠以国家名义，例如“中华人民共和国护照”“中国签证”“国家口岸”“中华人民共和国国籍”。这些冠以国家名义的事务，只能由中央政府主管部门办理，或者有明确的授权由地方政府主管部门代为办理。因此，出入境管理必须纳入国家的行政管理，由国家的主管机关统一管理。当今世界各国均把出入境管理机构归属中央政府直管，实行垂直领导。我国采取的是由公安部主管，地方有关部门授权代为办理有关业务手续的管理方式。授权代办业务，仍然以公安部出入境管理局的名义，不改变国家管理出入境事务的性质。

2. 出入境管理是公安工作的重要组成部分

出入境管理属于治安管理的一部分。维护正常的出入境管理秩序是出入境管理部门的基本职责。出入境管理秩序是治安秩序的重要组成部分。我国的出入境管理由三部分组成：持因公护照证件的人员由外交部领事司管理；持因私护照证件的人员由公安部出入境管理局管理；海员由交通部港务监督局管理。我国的海员及因公出国人员仅占一小部分，公安部出入境管理局负责的因私出国人员占绝大多数，因此我国的出入境管理任务主要在公安机关。各级出入境管理部门全部隶属于公安机关，是公安机关的一个业务部门。根据《人民警察法》的规定，出入境管理也是公安机关的职责之一。出入境管理机关依据法律、法规对中外籍出入境人员实施管理，并履行法律赋予公安机关的职责。因此，出入境管理是公安工作的重要组成部分。

3. 出入境管理是外事工作的一个重要方面

我国的出入境管理工作主要有两大部分：一部分是对中国公民因私事出入我国国（边）境负责审批发放出入境护照、证件；另一部分是对我国境内的外国人的居留、旅行等实施日常管理，处理涉外案（事）件，打击跨国境犯罪活动，还有国际警务合作的事务等。这些工作都与外国有关机构或外国人密切相关，既涉及国内法，也涉及国际法。当前，随着我国改革开放不断深化，对外交往日益频繁，来华外国人数逐年增多，对外国人在境内的管理工作任务也越来越重，这些工作如果处理不当，可能会使国家的声誉受损。由此可见，出入境管理工作具有涉外工作的性质，是我国外事工作的一个重要方面。

二、出入境管理的对象和任务

（一）出入境管理的对象

1. 中国公民

中国公民，是指具有中国国籍的自然人。《宪法》第33条第1款规定，凡具有中华人民共和国国籍的人都是中华人民共和国公民。作为出入境管理对象的中国公民是指所有因私事出入我国国（边）境的中国公民。无论是居住在大陆，还是居住在香港特别行政区、澳门特别行政区、台湾地区或者是居住在外国，只要具有中国国籍，都属于中国公民。按其居住地域的不同，分为国内公民、国外公民、境外居民三种。

（1）国内公民

国内公民，是指定居在国内具有常住户口的中国公民，对香港特别行政区、澳门特别行政区而言称为内地居民，对台湾地区而言称为大陆居民。

归侨，是指已回国定居的海外华侨；侨眷，是指华侨、归侨在国内的亲属。依据《归侨侨眷权益保护法》第2条的规定，侨眷包括：华侨、归侨的配偶，父母，子女及其配偶，兄弟姐妹，祖父母、外祖父母，孙子女、外孙子女以及同华侨、归侨有长期扶养关系的其他亲属。边民，是指居住在我国边境地区具有常住户口的中国公民。

（2）国外公民

国外公民，即华侨，是指定居在国外的中国公民，又称中国侨民。定居在国外是指在国外已经获得长期或者永久居留权并事实上已在国外定居。这种定居包括经外国政府批准的合法定居和被外国政府认可的事实上的定居。

（3）境外居民

境外居民，是指定居在香港特别行政区、澳门特别行政区和台湾地区具有中国国籍的公民。《香港特别行政区基本法》和《澳门特别行政区基本法》都规定了外国人在香港特别行政区、澳门特别行政区有永久居留权，也属于香港特别行政区、澳门特别行政区的永久居民，但这些人不属于中国公民的范围。境外居民仅指在香港特别行政区、澳门特别行政区和台湾地区享有永久居留权的中国公民。

2. 外国人

依据《出境入境管理法》第89条的规定，外国人是指不具有中国国籍的人。无国籍人不具有任何国家的国籍，不是严格意义上的外国人，但依据国际习惯，各国一般将无国籍人列为外国人，我国公安机关进行外国人管理的对象就是在我国境内不具有外交特权与豁免权的普通外国人（包括无国籍人）。按照入出境时间和居留形态的不同，区分为常住外国人和临时来华外国人。

（1）常住外国人

常住外国人，是指在我国居留时间为半年以上并持有外国人居留证的外国人。主要包括：外国侨民，指在我国定居的外国人；外国留学生、进修生和实习生；“三资”企业中的外国人；外国企业驻华机构中的外国籍常驻代表；外国经济、文教专家和工程技术人员；外国常驻新闻机构中的外国记者及其他从业人员；外国驻华使、领馆与联合国常驻机构中不享有外交特权与豁免权的外国人。

（2）临时来华外国人

临时来华外国人，是指在我国居留时间为半年以下的外国人。主要包括：旅游、探亲或其他私人事务来华的人员；从事经济、贸易及商务活动的人员；从事科技、文化、体育交流的人员；外国海员、机组人员、各种车辆的司机和乘务人员；途经中国的过境人员；其他临时来华的外国人。

（二）出入境管理的任务

1. 依法受理、审批出入境申请

中国公民出境、入境（包括往来香港、澳门特别行政区，台湾地区），外国人入境以及入境后在中国境内居留、旅行，都必须按照法定的程序和要求提出申请，公安机关出入境管理部门受理申请后，要对所提交的申请材料进行认真的审核和调查，再按照法律规定的条件和审批权限作出批准或不批准的决定。

2. 依法签发出境、入境证件

对申请出入我国国（边）境的中国公民和外国人，经过审查被批准的，发给许可证。发给许可证的形式和标志是依法给申请人签发与申请相应的证件。例如，给出国的国内公民签发普通护照，给提出入境申请的外国人按其来华事由签发签证。签发出境、入境证件，是出入境管理部门代表国家对申请人的许可，是行使国家管辖权的具体体现。

3. 实施出入境边防检查

出入境边防检查，即国家通过设在对外开放口岸的边防检查机关，依法对出入境人员、交通运输工具及其携带、载运的行李物品、货物等实施检查，是出入境管理的一个重要方面。出入境边防检查主要包括：护照证件检查，行李物品检查，交通运输工具的检查、监护，口岸查控，情报调研，会谈会晤等。

4. 国籍事务管理

国籍，是指国家通过法律确定的公民或国民资格，是个人与其所属国家固定的法律联系。我国于 1980 年颁布实施了《国籍法》，该法把中国国籍的管辖权赋予了公安机关，由此国籍管理成为公安出入境管理的任务之一。按照《国籍法》的规定，公安机关依法受理加入、退出、恢复中国国籍的申请，经审核批准的，由公安部颁发国籍证件。针对一些人出现的国籍冲突问题，出入境管理部门还要依法作出处理。

5. 发现、打击出入境违法活动

在出入境活动中，绝大多数中外人员都能遵守法律、法规，进行正常出入境活动。但是，也有极少数人进行违法出入境活动。如国内公民伪造、变造出入境申请材料，弄虚作假，骗取护照证件、签证；外国人未经批准在中国非法居留、非法就业、非法旅行等。这些违法活动，扰乱了正常的出入境秩序，严重危害了国家安全和利益。在出入境管理中，通过公开管理和秘密手段，发现、打击非法出入境活动，对违法行为人依法处罚是公安机关出入境管理部门的一项重要任务。

6. 正确、妥善处置涉外事件

属于公安机关处置的涉外事件，主要包括涉外刑事案件、违反出入境管理法规案件、涉外治安案件、涉外群体性突发事件、外国人伤亡事件以及其他涉外事件。正确、妥善处置涉外事件是公安机关出入境管理的任务之一，对维护国家主权、安全和利益，保障中外公民的合法权益，保持国家间的正常交往具有重要意义。

三、出入境管理的原则

（一）维护国家主权的原则

国家主权，是指一个国家独立自主处理本国内政和对外事务的最高权力。国家主权是国家最重要的属性，是国际法中一个最基本的准则，也是公安机关在出入境管理工作中必须遵循的一个基本原则。从维护我国主权原则出发，凡在我国境内参与出入境活动的，不论其行为人是中国公民还是外国人，都应当接受公安机关的管辖。中国公民因私事出入境，必须取得公安机关的批准，公安机关对中国公民出入境活动的管理审批，是国家主权在管辖权上的重要体现。一个国家有权决定是否允许外国人入境、在符合什么样的条件下同意外国人入境。我国法律规定，外国人入境必须经中国政府许可，必须从对外开放或者指定的口岸通行，接受检查机关的查验。公安机关对外国人入出境实行管理也是国家主权原则的具体体现。外国人如果实施了违反出入境管理法律法规的行为，公安机关完全有权依照法律、法规予以处置。任何国家和个人不得进行干涉，不允许任何人逃避中国法律的制裁，这正是国家司法主权的重要体现。

（二）维护国家安全和利益的原则

国家主权是国家生存发展的基础，国家安全和利益与国家主权密切相关，而维护国家的安全和利益，是公安机关的重要任务，是出入境管理工作的重要原则。维护国家安全是出入境管理工作的前提，而国家利益是出入境管理的出发点。在出入境管理活动中，对不具备出入境条件的中国公民不予审批，对非法出入境活动要依法严惩；对入境后可能危害国家安全和利益的外国人，拒发签证，如果签发了签证，口岸边防检查机关也不能准其入境；境内的外国人有侵害我国国家安全和利益的违法行为，要立即制止，并最大限度地减少其对国家安全和利益的侵害；对刑事、民事案件的被告人，司法机关认定的犯罪嫌疑人，正在服刑的人，以及国务院主管机关认为出境后对国家安全和利益有危害的人，无论是中国公民还是外国人，都不予批准其出境（有“驱逐出境”附加刑的除外）；对危害国家安全或者给国家利益造成损失的人，公安机关必须依法严厉打击，以维护国家的主权、安全和利益。

（三）保障中外公民的合法权益的原则

我国出入境管理法律明确体现了保障出入境人员的合法权益。《出境入境管理法》第3条规定，国家保护中国公民出境入境合法权益。在中国境内的外国人的合法权益受法律保护。在中国境内的外国人应当遵守中国法律，不得危害中国国家安全、损害社会公共利益、破坏社会公共秩序。

（四）方便往来的原则

方便往来就是在有效执行出入境管理法律、法规的前提下，对一切有利于国家经济建设和从事友好往来的人员给予尽可能的方便。方便往来的目的在于促进中外的友好交流，促进改革开放的深入发展，利于我国的经济建设。方便往来是维护中外公民出入境合法权益的体现。为了保障中外出入境人员合法权益，出入境管理机关既要注意总结适合我国国情的管理经验，也要注意借鉴国际上的先进经验，不断对管理进行改革，改进工作方法，简化烦琐手续，减少审批环节，缩短审批时限。中国公民出入境实行统一申请办法、统一审批条件、统一办事时限、统一收费标准的“四统一”，取消或者放宽了过去出入境管理中某些过于严格的程序，使管理不断适应对外开放发展的需要。方便往来绝不是放松管理，更不是放弃管理，它同加强管理完全一致，是一个问题的两个方面。方便往来就是要清除人为的障碍，使出入境人员往来更为方便有序，使管理更为科学合理，更好地维护国家利益和中外人员的合法权益。

四、出入境管理的法律依据

在强调依法治国、依法行政的今天，出入境管理工作更要依法进行。出入境管理具有涉外性。因此，出入境管理的一个显著特点就是同时以中国法律和国际法作为出入境管理的依据。出入境管理的法律依据，就其表现形式，可以分为以下几种类型。

（一）国内法规范

国内法规范是我国国内有关出入境管理法律、法规的总称。包括宪法、法律、行政法规、规章及其他规范性文件。

1. 宪法

宪法是国家的根本大法，是一切法律的基本法源。其序言和条文中就有对我国发展国家关系和对外国人实施管辖权的规定，是公安机关实施出入境管理的根本法律依据和指导原则。《宪法》第18条规定了在中国投资和进行经济合作的外国自然人和法人的权利义务，《宪法》第32条规定了外国人在中国的法律地位，《宪法》第50条对保护华侨、归侨、侨眷的合法权益作出了明确规定。

2. 法律

（1）专门法律

专门法律，是指经全国人民代表大会及其常务委员会批准的专门适用于出入境管理的法律，又称为全国性的法律规范。2012年6月30日，《出境入境管理法》经中华人民共和国第十一届全国人民代表大会常务委员会第二十七次会议通过，中华人民共和国主席令第57号公布。《出境入境管理法》分总则、中国公民出境入境、外国人入境出境、外国人停留居留、交通运输工具出境入境边防检查、调查和遣返、法律责任、附则共8章93条，自2013年7月1日起施行。《外国人入境出境管理法》和《公民出境入境管理法》同时废止。此外，《国籍法》《护照法》这几部法律都是公安机关出入境管理的基本法律。

（2）有关法律

有关法律，是指全国人民代表大会及其常务委员会制定的同出入境管理关系密切的法律。主要有：《刑法》《治安管理处罚法》《归侨侨眷权益保护法》《反间谍法》《外交特权与豁免条例》《领事特权与豁免条例》《枪支管理法》。此外，还有《文物保护法》《野生动物保护法》等有关法律。

3. 行政法规

行政法规是指国务院批准公布实施的有关出入境管理方面的规范性文件。主要有：《中国公民因私事往来香港地区或者澳门地区的暂行管理办法》《中国公民往来台湾地区管理办法》《出境入境边防检查条例》《国际航行船舶进出中华人民共和国口岸检查办法》。这些行政法规具体规定了出入境管理各个环节的操作要求、不同层次的管理方式以及管理的程序和手段等。

4. 规章及其他规范性文件

规章和其他规范性文件是指国务院各部委根据国家法律和国务院的行政法规，在职权范围内制定的规范性行政文件，公安部独自或者与其他部委联合发布的行政规定都包括在内。发布行政规定是国家行政机关进行日常行政管理的主要方式之一。由公安部独自或者公安部与其他部委联合发布的有关出入境管理的行政规定，是执行出入境管理法规的指导性文件。由于出入境管理具有中央事权这一特征，决定了负责全国出入境管理工作的公安部出入境管理局，就其主管的业务范围所下发的规范性文件，对下级公安机关的出入境管理工作具有很强的约束力，下级出入境管理部门必须认真贯彻执行。

（二）国际法规范

出入境管理中适用的国际法规范，是指我国参加、签订或者承认的与出入境管理有关的国际条约、公约、协定的总称。一个国家固然可以依照国家主权原则，在适用法律时只适用国内法规范，但它如果要与世界各国交往，要向世界开放，就不能不与其他国家和组织以及个人发生法律关系。所以在处理各种涉外事务时，在依照我国法律规范办理的同时，也应遵守我国参加和签订的各种有关的国际公约、条约。而且，随着我国对外开放的扩大与发展，这种法律规范也越来越多。

1. 国际公约

国际公约，是指由国际组织制定，参加国承认并适用于各参加国的国际性协议。作为出入境管理依据的国际公约必须具备下列条件：其一，我国是该公约的缔约国或者加入国；其二，公约中具有与出入境管理事务相关的内容；其三，我国声明保留的条款除外。

2. 双边条约

双边条约，是指我国政府和外国政府之间签订的确定相互权利和义务的一种书面协议、协定。目前，我国已与世界上许多国家签订了双边条约，其中与出入境管理有关的，主要有以下几个方面：

（1）中国与外国关于公民相互往来的协定。如《中华人民共和国政府和蒙古人民共和国政府关于双方公民相互往来的协定》《中华人民共和国政府和保加利亚人民共和国政府关于互免签证和方便两国人民往来的协定》等。

（2）中国与周边国家关于边民相互往来的协定。如《关于中国西藏自治区和尼泊尔之间的通商、交通和其他有关问题的协定》《中华人民共和国政府和老挝人民民主共和国政府关于处理两国边境事务的临时协定》《中华人民共和国政府和越南社会主义共和国政府关于处理两国边境事务的临时协定》。

（3）中国与外国签订的领事条约。如《中华人民共和国和美利坚合众国领事条约》《中华人民共和国和匈牙利人民共和国领事条约》等。这类条约是双边条约中最多的一种，至2018年已有近50个国家与我国签订了领事条约。

（4）中国与外国签订的互免签证或者互免签证费协定。目前，我国同罗马尼亚、朝鲜、芬兰、瑞典、挪威、巴基斯坦等多国签订了互免签证或者互免签证费的协议。各个协议中的互免内容、范围和项目不完全相同，有的是互相免除某几类人员（绝大多数是外交、公务护照持有者）的签证，有些是只免除某几类签证的费用。公安机关在签发签证时，应当按照各个协议的具体规定办理。

第二节　护照和签证管理

一、护照的概念和种类

（一）护照的概念

广义的护照，泛指一国际法主体颁发的国际旅行证件及其代用证件。它包括一国政府发给本国公民的国民护照及其代用证件和某些国家发给外国人的外籍护照，还包括国际机构颁发的旅行证件、身份证明等。

狭义的护照，仅指一主权国家发给本国公民出入国境和在国外旅行、居留时使用的合法身份证件和国籍证明。

护照是随着国际交往的发展而产生和变化的。从护照演变的历史来看，护照是由某些国家颁发的通行证件演变而来的，至19世纪以后，才逐步被各国所采用，并通称为护照。护照是一个主权国家的象征，通常被视为该国的财产，一般由主权国家政府的外交部门、移民部门或内务部门负责颁发和管理。因此，它的颁发对象、方法和要求完全由国家自己决定，是该国的内政。

（二）护照的种类

各国护照的种类及其名称不完全相同。在国际上常用的且具有代表性的护照主要有三种，即外交护照、公务护照和普通护照。其他各种名称的护照都可归于这三种之中。

1. 外交护照

外交护照的封面上一般标有“外交”字样，在各类护照中，受到尊敬和礼遇程度最高。主要是发给驻外国的外交代表、领事官员和出国进行国事活动的国家元首、政府首脑、国会议员、政府代表团成员等使用的护照。也可颁发给上述人员的配偶和未成年子女。《维也纳外交关系公约》规定，各签约国对持外交护照进入接受国的外国人，应通过法律形式保证他们在外交交往和领事关系中享受特权和豁免，以此确保外交代表和领事官员能代表本国有效地执行公务，促进国际间友好往来。在我国，外交护照由外交部及其授权的各省、自治区、直辖市人民政府外事部门签发。主要发给我国出国访问的国家主席、副主席；中共中央、全国人民代表大会常务委员会、国务院、中央军委、全国政协、最高司法机关领导人，还包括副省、部级以上干部；全国性社会团体（如共青团中央、全国总工会等）负责人；国家党、政、军派出的代表团团长、副团长；出席联合国大会的代表团团长、副团长、团员、顾问及联合国有关机构会议的代表团团长、副团长（代表、副代表）；我国驻外使领馆的外交、领事官员、外交代表以及上述人员的配偶及未成年子女等。

2. 公务护照

公务护照的封面上一般标有“公务”字样或在普通护照号码前增加字母或标以特别符号，以表明持照人当次入出境所具有的公务身份。公务护照也称官员护照或特别护照，主要发给出国从事各种国家事务的政府官员及其随行的配偶和未成年子女使用。此外，这种护照还发给驻外使领馆及其他外交代表机关中不具有外交身份的工作人员及其配偶和未成年子女使用。在我国，公务护照由外交部和外交部授权的地方外事部门负责签发。主要发给我国常驻国外各种机构的工作人员和其随行配偶、未成年子女，其他因公临时出国访问、考察的各级政府工作人员以及从事文化、体育、科技、经济交流活动的人员。

3. 普通护照

普通护照，也称国民护照，其封面一般不作标识。主要发给因私事出国或旅居外国的本国公民使用。在我国，普通护照由公安部或者公安部委托的地方公安机关，以及驻外使、领馆和驻香港、澳门特别行政区公署颁发给前往国外定居、探亲、学习、就业、旅行、从事商务活动等非公务原因出国的中国公民，又称因私普通护照。公安机关主要负责因私普通护照的管理。

除以上护照外，各国为方便本国公民和在本国境内的外国公民旅行，均颁发旅行证件。旅行证件，是指一国政府依法颁发，供持证人在国际旅行时使用，代替护照使用的各种旅行证、通行证、身份证的总称。这种证件的法律效力与护照基本相似，不影响持证人的国籍属性。

联合国通行证是联合国发给在联合国及其附属专门机构工作的官员执行公务时使用的证件。《联合国特权和豁免公约》规定，各专门机构享有颁发通行证的特权，各缔约国应当承认并接受联合国通行证为有效的旅行证件，并且对于持证人应给予使馆相当级别的官员所享有的同样旅行便利。联合国通行证分红色和蓝色两种，红色封面的为联合国官员通行证，蓝色封面的为联合国工作人员通行证。联合国通行证一般不注明持证人的国籍，确认持证人国籍，需通过其本国护照。

二、护照的管理

（一）护照的变更与加注

护照应当客观地反映持照人的基本情况。护照签发后，持照人因情况变化，引起护照上登记的项目变化，如职业、婚姻状况改变、增减偕行人数等，应当向护照签发机关提出变更申请，并提供相应的证明材料，由签发机关办理变更手续。护照的登记项目未经签发机关办理而擅自变更的，护照即失效。

护照的加注是指护照签发机关在证件有关栏目内，按规定格式办理有关内容的文字说明。护照加注项目包括：变更或增加持照人的外文姓名或其他读音、书写格式，护照的换发、补发的说明，更正持照人出生日期。持照人应当向护照签发机关申请办理变更或者加注手续，并提交变更、加注事项的证明或者说明材料。

（二）护照的换发与补发

护照的换发是指护照因故不能或不宜继续使用，需要更换新的护照。我国持照人可以申请换发的情况有以下几种：护照有效期即将届满的；护照签证页即将使用完毕的；护照损毁不能使用的；有正当理由需要换发护照的其他情形。护照的补发是指持照人不慎将护照遗失或者护照被盗，依法申请再次发给护照的过程。

我国持照人申请换发或者补发普通护照的，在国内，由本人向户籍所在地的县级以上公安机关出入境管理机构提出；在国外，由本人向中国驻外使领馆或者外交部委托的其他驻外机构提出。定居国外的中国公民回国后申请换发或者补发普通护照的，由本人向暂住地的县级以上公安机关出入境管理机构提出。

（三）护照的吊销

护照的吊销是原发证机关或者其上级机关依法直接使已签发的护照失去效力的强制性行政措施。主要有两种形式：一是收缴，就是将已发出的护照收回，不允许持照人继续使用，并向持照人宣布吊销证件的决定。同时在护照上作吊销的标识，如盖戳记、剪角、打孔等，表明该护照已作废。二是宣布作废，通常采取发布文告等形式，宣布已发出的护照作废。

在我国，护照应当予以吊销的情形有以下几种：一是持照人具有法定不准出境情形的；二是持照人从事危害国家安全、荣誉和利益活动的；三是非法进入前往国或者非法居留被送回国内的；四是护照被伪造、变造、冒用、转让、骗取或用以招摇撞骗的；五是护照签发机关工作人员违法失职签发的。只有公安机关和原发证机关才有权将签发的护照予以吊销，并且要报外交部、公安部备案。

三、签证的概念和种类

（一）签证的概念

签证，是主权国家准许外国人出入或经过本国国境的一种许可证明，是在申请人的护照或其他旅行证件上盖印签注的一种法律手续；同时，又是一国主管机关对入出境或居留的外国人，检验其身份和目的的法律依据。“签证”一词源于拉丁文，意思是“看过的东西”“查验过的东西”。早期的含义是“在文件上签字使之有效”，后来逐渐发展成为在护照上加注盖印，准许持证人入出国境的专用词汇。

签证和护照是两个不同的事物，既有区别又有联系。签证是以文字为形式体现；护照是有形的物质实体，是签证的载体。拥有护照即具有了前往国所承认的国籍和身份证明，只有凭合法有效护照才能申请签证；只有获得签证，护照才具有国际法效力，签证只有与护照同时使用才有法律效力。护照是国家对本国公民行使出入境管辖权的表现形式，签证则是一国政府对外国公民入出国境实施管辖权的表现形式。两者分别体现了属人管辖权和属地管辖权两个方面，也正是国家在出入境领域行使主权的重要体现。

（二）签证的种类

各国都根据申请者的不同身份和不同目的，分别发给相应的签证。按照申请人的身份划分，主要有外交签证、公务签证、普通签证和礼遇签证；根据申请人的目的划分，一般有出境签证、入境签证、出入境签证或入出境签证及过境签证；从签证的使用效力看，还可以分为一次有效签证、二次有效签证及多次有效签证；从居留的时间划分，有短期签证、长期签证及永久居留签证；从居留资格看，可以区分为移民签证、观光旅游签证、留学签证、就业签证、投资签证、商务签证及偕行配偶签证；从签发机构角度来看，还有领事签证和口岸签证两种。此外，还有团体签证、另纸签证、互免签证等。

我国的签证分类和国际上的通常做法一致。我国现行法律规定，根据外国人来中国的身份和所持护照的种类，分别发给外交签证、礼遇签证、公务签证、普通签证。

1. 外交签证

外交签证主要颁发给外国驻中国大使馆、领事馆的外交官和领事官，以及联合国各种专门机构驻中国代表机构持红色通行证的人员，包括他们的配偶和随行的未成年子女；持有外交护照、联合国红色通行证临时因公来中国的人员和他们的配偶及未成年子女；因公来中国访问的建交国家副部长以上的官员、国会议长、副议长及他们的配偶和未成年子女；联合国专门机构驻中国代表机构人员，虽然持有蓝色通行证，但同时又持有中国颁发的外交官证者，以及他们的配偶和未成年子女；外交部或外交部领事司通知发给外交签证的其他人员。

2. 礼遇签证

礼遇签证主要颁发给卸任的外国元首、政府首脑、国会议长、最高法院院长、外交部部长、前驻中国大使和其他高级官员、知名人士，以及他们的随行配偶和未成年子女；未持有外交护照的有影响的外国在野党领袖；签证机关认为应发给礼遇签证的其他人员。

3. 公务签证

公务签证主要颁发给外国驻中国大使馆、领事馆的工作人员，包括持用外交护照的非外交官或非领事官，联合国专门机构驻中国代表机构的持用联合国蓝色通行证的人员，以及随行配偶和未成年子女，不包括持有中国颁发的外交官证者；持用公务护照、官员护照和特别护照、联合国蓝色通行证，临时来中国访问或者过境的外国人员，以及他们的随行配偶和未成年子女；应邀来中国访问的外国党、政代表团中未持有外交护照的成员。

4. 普通签证

普通签证主要颁发给持用普通护照或护照代用证件来我国定居、任职、留学、旅游、访问、采访的外国人。而普通签证根据外国公民申请入境事由，以汉语拼音字母及数字标识，分为十二种：乘务签证（C）、定居签证（D）、访问签证（F）、过境签证（G）、记者签证（J）、旅游签证（L）、商贸签证（M）、探亲签证（Q）、人才签证（R）、私人事务签证（S）、学习签证（X）、职业签证（Z），其中Z字、X字、J字、Q字、S字签证加数字1和2分别表示长期和短期，具体如下：

（1）C字（乘务）：发给执行乘务、航空、航运任务的国际列车乘务员、国际航空器机组人员、国际航行船舶的海员及船员随行家属和从事国际道路运输的汽车驾驶员。

（2）D字（定居）：发给经批准来中国永久居留的人员。

（3）F字（访问）：发给入境进行一般性交流、访问、考察等活动的人员。

（4）G字（过境）：发给经中国过境前往第三国的人员。

（5）J1字（常驻记者）：发给经批准来中国常驻的记者；J2字（短期记者）：发给经批准来中国境内进行短期采访报道的记者。

（6）L字（旅游）：发给入境旅游的人员，以团体形式入境旅游的，可以签发团体L字签证。

（7）M字（商贸）：发给入境进行营利性商业贸易活动的人员。

（8）Q1字（家庭团聚）：发给因家庭团聚申请入境居留（超过180日）的

中国公民或具有永久居留资格的外国人的家庭成员，以及因寄养等原因需要在中国境内居留（超过180日）的人员；Q2字（短期探亲）：发给申请入境短期探亲居住在中国境内的中国公民或具有永久居留资格的外国人的亲属。

（9）R字（人才）：发给经批准引进的外国高层次人才和急需紧缺的专门人才。

（10）S1字（长期私人事务）：发给申请入境长期陪伴（超过180日）因工作、学习等事由在中国境内居留的外国人的配偶、父母、未满18周岁的子女、配偶父母，以及因其他私人事务需要在中国境内居留的人员；S2字（短期私人事务）：发给申请入境短期探望因工作、学习等事由在中国境内停留居留的外国人的家庭成员，以及因其他私人事务需要在中国境内停留的人员。

（11）X1字（长期学习）：发给申请在中国境内长期学习（超过180日）的人员；X2字（短期学习）：发给申请在中国境内短期学习的人员。

（12）Z字（工作）：发给经批准来中国境内工作的人员。

四、签证的管理

（一）签证的签发具有法定程序

一是申请。普通签证由个人直接向前往国签证机关申请。公务或外交签证则由外交部门以照会形式向签证机关提出申请人名单和护照号码，同时提供相应的材料。二是审查。由签证机关按照本国法律规定进行审查或者报回国内主管机关审批。三是通知。对批准的，通知领取签证；不批准的也注明拒发原因。

（二）签证延期

签证的有效期是指准许持证人进入前往国的期限，在规定的期限内必须入境或出境，没有按规定时限入境或出境，签证就会自动失效。此时签证就需要申请延期。签证的有效期限有两层意思：一是签证本身使用期限；二是许可持证人入境后停留的期限。外国人入境后，居留期限需要延长的，可以向主管机关提出延期申请。批准后主管机关用加注的形式在护照上表示允许延期居留。延期有次数和时间的限制。

（三）签证变更

外国人入境后，如果要从事原身份以外的活动，如临时居留的改为长期居留，必须向主管机关提出身份变更申请。取得批准后，由主管机关在其护照上加盖一个变更加签章或发给相应证件。

（四）签证分离

外国人随同旅游团体入境后，因故需要单独活动的，经申请一般发给分离签证，准许单独活动。

（五）签证吊销

在一般情况下，签证是持照人获准进入一国国境的许可证明，但最终能否入境，要取决于口岸检查机关的查检与认定。前往国口岸检查机关有权力拒绝已持签证的外国人入境。同时，对已发出的签证也有权力予以吊销、宣布作废，取消入境资格。

第三节　中国公民出入境管理

一、中国公民出入境管理的概念

从狭义上说，中国公民出入境就是我国公民出入国境，既包括国内公民出国留学、探亲、就业或移居，又包括国外华侨返回国内升学、探亲旅游、经商或定居。

从广义上说，中国公民出入境还包括中国公民往来港澳台地区。也就是说，中国公民出入境在我国有两层含义：一方面包括公民前往外国和从外国返回；另一方面包括公民前往港澳台地区。因为我国目前还存在香港特别行政区、澳门特别行政区及台湾地区，“一国两制”的实际情况，决定了“出入境”这一词在我国的双重含义。

在国际社会，出入境和出入国是同一个含义，不存在实质性的区别。在我国，出入境和出入国的含义既有着一致的一面，又有着差异的一面。也就是说，中国公民前往外国或从外国返回中国，可以称为出入国，又可以称为出入境。如果中国公民往来于港澳台地区，则只能称为出入境，而不能称之为出入国。依据《出境入境管理法》第89条的规定，出境，是指由中国内地前往其他国家或者地区，由中国内地前往香港特别行政区、澳门特别行政区、由中国大陆前往台湾地区。入境，是指由其他国家或者地区进入中国内地，由香港特别行政区、澳门特别行政区进入中国内地，由台湾地区进入中国大陆。

实践表明，公民出入境活动不仅涉及本国的法律规定，同时也涉及前往国的法律规范。所以，一国公民的出入境活动既是国内问题，又是国际性问题。完全自由不受任何限制的往来是不存在的。

中国公民出入境管理，是指我国公安机关依据有关法律规定，对中国公民因私出入本国国境的行为所实施的行政管理活动。公安机关对中国公民出入境活动实施管理，其目的是维护国家的安全和利益，保障公民出入境的正当权益，扩大国际交流。

二、中国公民出入国管理

（一）中国公民出国管理

1. 出国申请

申请是公民通过书面方式向出入境管理机关申明理由，提供证明，表明出国愿望的方式和行动。《护照法》第5条规定："公民因前往外国定居、探亲、学习、就业、旅行、从事商务活动等非公务原因出国的，由本人向户籍所在地的县级以上地方人民政府公安机关出入境管理机构申请普通护照。"普通护照由公安部出入境管理机构或者公安部委托的县级以上地方人民政府公安机关负责签发。护照持有人未满16周岁的有效期为5年，16周岁以上的有效期为10年。《护照法》取消了护照延期的规定。公民申请普通护照，应当提交本人的居民身份证、户口簿、近期免冠照片以及申请事由的相关材料。未满16周岁的公民，应当由其监护人陪同，并提交其监护人出具的同意出境的意见、监护人的居民身份证或者户口簿、护照及复印件。国家工作人员应当按照有关规定，提交本人所属工作单位或者上级主管单位按照人事管理权限审批后出具的同意出国的证明。公民因私出国向户籍所在地公安机关提出申请并履行以下手续：

（1）交验户口簿或其他户口证明

包括本人户口簿、居民身份证，或集体户口证明、乡（镇）政府开具的农村户口证明等。在居民身份证领取、换领、补领期间，可以提交临时居民身份证和户口簿及复印件。

（2）填写出国申请表

中国公民因私出国（境）申请表是公民出国旅游、探亲访友、考察访问、定居、留学、就业、继承财产等个人事务时所填写的表格。基本内容包括申请人基本情况、家庭成员、社会关系、申请理由、相关单位的意见、偕行人员及情况等。

（3）提交与出国事由相应的证明

出国定居者，须提交该国政府主管机关或其驻华使领馆的定居许可证明；出国探亲访友者，必须提交邀请人在前往国的居住证明，但归侨或侨眷免交；出国继承遗产者，须提交具有合法继承权的证明；自费出国留学者，须提交前往国接受学校所发的入学许可证明、亲友出具的经济担保证明，具有大专以上学历的人员还须提交省级教育主管部门出具的自费留学资格审核证明；出国就业务工者，须提交前往国聘请、雇佣单位或雇主出具的"劳工许可""工作许可证""雇佣证明"等。此类证明须经拟前往国公证机关公证或我驻外使领馆认证；出国观光旅游者，须交国外旅行期间所需的外汇费用证明和前往国亲友出具的经济担保证明。另因其他事由申请出国的，须提交相应的证明文件材料。

2. 申请的审查与批准

出国审查与批准，是指公安机关对提出出国申请者的申请是否符合法律条件进行审查，并作出是否批准其出国申请决定的执法过程。

（1）出国申请的审查

指在受理时初步审查的基础上，进一步审查申请人所提供的有关材料是否齐备、真实可靠，是否符合法定的要求、具有法律效力，是否存在弄虚作假、骗取出国证件的情形，是否属于法定不批准的情形。注意审查是否具备《出境入境管理法》第12条所规定的不准出境情形：一是未持有效出境入境证件或者拒绝、逃避接受边防检查的；二是被判处刑罚尚未执行完毕或者属于刑事案件被告人、犯罪嫌疑人的；三是有未了结的民事案件，人民法院决定不准出境的；四是因妨害国（边）境管理受到刑事处罚或者因非法出境、非法居留、非法就业被其他国家或者地区遣返，未满不准出境规定年限的；五是可能危害国家安全和利益，国务院有关主管部门决定不准出境的；六是法律、行政法规规定不准出境的其他情形。

如果申请人系上述情形之一的，公安机关将不予发给护照，即使领取了护照，边防检查机关也有权阻止其出国。同时依据《护照法》规定，申请人不具有中华人民共和国国籍的，无法证明身份的，在申请过程中弄虚作假的，不予签发护照。申请人因妨害国（边）境管理受到刑事处罚的，因非法出境、非法居留、非法就业被遣返回国的，护照签发机关自其刑罚执行完毕或者被遣返回国之日起6个月至3年以内不予签发护照。

（2）出国申请的批准

对中国公民出国申请的批准是出国管理的关键环节，是指在对申请人的出国申请材料进行调查审核后，依法作出批准与否的决定。对不符合规定不予签发的，应当书面说明理由。根据《护照法》第6条的规定，公安机关出入境管理机构应当自收到申请材料之日起15日内签发普通护照；在偏远地区或者交通不便地区或者因特殊情况，不能按期签发护照的，经护照签发机关负责人批准，签发时间可以延长至30日。公民因合理紧急事由请求加急办理的，公安机关出入境管理机构应当及时办理。合理紧急事由具体指：出国奔丧、探望危重病人的；出国留学的开学日期临近的；前往国入境许可或者签证有效期即将届满的；省级地方人民政府公安机关出入境管理机构认可的其他紧急事由。加急办理普通护照自收到申请材料之日起5个工作日内签发。

（二）中国公民回国管理

中国公民出国后，无论是定居国外，还是临时出国，都存在一个回国入境的问题。我国政府既维护公民出国的合法权益，也维护公民回国的合法权益。由于公民回国的事由不同，其具体管理方法也不同。

1. 国内公民回国管理

（1）正常回国

按照国际法和国际惯例，本国的公民都有返回本国的权利。国际上普遍的做法是：本国公民返回国内，不受出国时间和事由的限制，不需要办理任何申请手续，也无须办理签证，持本人有效护照或其他旅行证件即可随时返回国内，我国也是如此。出国的中国公民凭有效中国护照或其他出入境证件返回国内，无须办理签证。但在入境时，应当在开放或者指定的口岸通行，接受边防检查机关的查验。

（2）非正常回国

公民非正常回国指公民严重违反前往国的法律而被该国政府主管机关驱逐或者遣返的回国方式。主要包括以下三种情况：一是非法入境的；二是非法居留的；三是严重违反居留国法律的。对被外国政府遣返的我国公民，我国驻外使领馆需要了解其国内家庭住址、联系电话，通过国内有关部门确认其国籍身份后，办理相关回国手续。如所在国家不承担遣返费用，则由当事人或其亲友承担，其亲友先将款项以人民币汇至或以美元面交外交部财务司。驻外使领馆接到外交部的收款通知后，协助安排当事人回国。

《出境入境管理法》第75条规定："中国公民出境后非法前往其他国家或者地区被遣返的，出入境边防检查机关应当收缴其出境入境证件，出境入境证件签发机关自其被遣返之日起六个月至三年以内不予签发出境入境证件。"对被遣返回国的中国公民，户籍所在地或原发照公安机关在查清出境情况和被遣返原因的基础上，将情况输入电脑后登记在案，收缴其出境入境证件，在该公民被遣返回国之日起6个月至3年内不予签发出境入境证件。构成犯罪的移交司法机关依法追究刑事责任。

2. 华侨回国管理

（1）华侨申请回国定居管理

华侨指侨居国外具有中国国籍的人，或称定居在国外的中国公民。那些临时出国的中国公民或是已经取得外国国籍的外籍华人，都不能称为华侨。回国定居，是华侨的一项权利。我国政府一贯赞成和鼓励华侨自愿选择居住国，允许华侨自愿回国定居。《出境入境管理法》第13条规定："定居国外的中国公民要求回国定居的，应当在入境前向中华人民共和国驻外使馆、领馆或者外交部委托的其他驻外机构提出申请，也可以由本人或者经由国内亲属向拟定居地的县级以上地方人民政府侨务部门提出申请。"定居国外的中国公民在中国境内办理金融、教育、医疗、交通、电信、社会保险、财产登记等事务需要提供身份证明的，可以凭本人的护照证明其身份。

根据我国的有关规定，华侨申请回国定居的批准条件主要是：一是配偶中一方在国外，生活确有困难，国内的一方能够解决另一方回国定居后的工作或生活等问题的；二是在国外无依无靠的老人，国内有亲人能解决住房、赡养等生活问题，不增加国家负担的；三是在国外的老年华侨用外汇已在国内购买了住房，并有外汇积蓄或退休金、养老金可能在国内领取，其在国内的亲属又能协助料理其生活等问题的；四是在国外受到迫害，失去谋生条件，我国使领馆认为其必须回国并服从分配接受安置的；五是个别老人因水土不服、语言不通、生活不习惯等原因，坚决要求返回原居住地，国内亲属能解决住房、赡养等问题的。但临时回国探亲、治病、旅游的华侨要求留国内定居的一般不予受理。对个别情况特殊，有实际困难的，也可以同意其回国定居。

（2）华侨短期回国管理

华侨短期回国，是指华侨因回国探亲、访友、旅游观光、投资、贸易、升学等。回国居留的期限，一般在一年或半年以下。回国短期居留是华侨的一项合法权益。我国政府为了保障华侨来去自由，对华侨入出国实行无须签证制度。按照《出境入境管理法》的规定，华侨如果是短期回国，只要持有有效的中华人民共和国护照或者有效的中华人民共和国旅行证，就可以自由入出境。按照这一规定，需要短期回国的华侨，可以向侨居国的中国大使馆或者领事馆申领护照或旅行证。如果侨居国家没有我国的大使馆或领事馆，可以向第三国的中国大使馆或领事馆申请回国的身份证件。在护照或旅行证明的有效期内，可以不受时间、地点的限制，随时可以从各个国际口岸入境。离开祖国出境时，凭原护照或旅行证，从任何一个国际通航口岸都可以出境。短期回国居留的华侨，入境以后须办理暂住登记。在宾馆、饭店、旅店、招待所、学校等企业、事业单位或者机关、团体及其他机构内住宿的，应当填写临时住宿登记表；住在亲友家中的，应当由本人或者亲友在24小时内（农村地区在72小时内），到当地公安派出所或者户籍办公室办理暂住登记。

三、中国公民往来港澳地区管理

（一）内地居民往来港澳地区管理

1. 内地居民申请短期前往港澳地区

内地居民有下列情形之一的，可以申请短期前往港澳：在港澳有定居的近亲属，须前往探望的；直系亲属或近亲属是台湾同胞，必须由内地亲人去港澳会亲的；归国华侨的直系亲属、兄弟姐妹和侨眷的直系亲属不能回内地探亲，必须去港澳会面的；必须去港澳处理产业的；有其他特殊情况，必须短期去港澳的。

内地居民因私事申请短期前往港澳地区，须向户籍所在地的市、县公安机关出入境管理部门提出申请，回答有关的询问并履行下列手续：交验户口簿或者其他户籍证明；填写申请表；提交所在工作单位对申请人前往港澳的意见；提交与申请事由相应的证明。内地居民往来港澳的申请一般由地（市）级以上公安机关出入境管理部门或者公安部委托的县级公安机关出入境管理部门进行审批，由省级公安机关统一签发往来港澳通行证。

2. 内地居民申请赴港澳定居

符合下列情形之一的可申请前往港澳地区定居：夫妻一方定居香港、澳门特别行政区，分居多年的，申请人须同港澳居民有合法婚姻关系；定居香港、澳门特别行政区的父母年老体弱，必须由内地子女前往照料的，申请人须年满18周岁不满60周岁，父母均须年满60周岁，身边确无子女照料；内地无依无靠的老人和儿童须投靠在香港、澳门特别行政区的直系亲属和近亲属的（"老人"指60周岁以上，子女均不在内地定居，身边无人照料的内地居民；"儿童"指父母均不在内地定居或父母双亡的14周岁以下内地居民）；定居香港、澳门直系亲属的产业无人继承，必须由内地子女去定居才能继承的，对多人共同享有继承权的，只受理一人赴港澳定居继承遗产的申请；有其他特殊情况必须去定居的。

申请人向户口所在地市、县公安机关出入境管理部门提出申请时，需回答有关询问并履行下列手续：提交填写完整并贴有申请人近期正面免冠彩色照片（规格为32mm×40mm）的内地居民赴港澳地区申请审批表，一式两份和两张同申请表上相同的照片；交验居民身份证和户口簿或其他户籍证明；提交与赴港澳定居事由相应的证明；港澳亲属的邀请信；申请人所在单位或派出所对申请人赴港澳地区定居的意见；审批机关认为确有必要的其他证明。

市、县公安机关出入境管理部门受理申请后，对申请事由和相应材料进行认真地审核、调查，签署同意或不同意意见后报上级公安机关出入境管理部门复核审批，审批中应该按照有关规定并根据申请人的有关情况打分排队，公布结果，然后公布发证名单，签发出入境证件。审批机关作出决定后，应及时通知申请人和申请人所在单位、户口所在地派出所。经批准前往港澳定居的内地居民，由公安机关出入境管理部门签发前往港澳通行证。持证人在前往之前，到所在地派出所注销户口，凭注销户口证明和交还身份证回执，领取证件。

3. 不准出境对象

具有下列情形之一的，出入境管理机关不予批准：属于法律规定的六种不准出境情形的；不属于法律规定的短期前往或前往定居情形的，即不具备申请条件的；编造情况、提供假证明，欺骗公安机关出入境管理部门的。

（二）港澳居民来往内地管理

公安部委托港澳中国旅行社受理港澳居民回内地的申请，授权广东省公安厅审批签发证件。港澳居民来内地，须申请领取港澳同胞回乡证。申请港澳同胞回乡证须交验居住身份证明，填写申请表。不经常来内地的港澳居民，可申请领取入出境通行证。但是，对于有下列情形之一的不予批准：被认为有可能进行抢劫、盗窃、贩毒等犯罪活动的；编造情况，提交假证明的；精神病患者。

港澳居民要求回内地定居，需符合下列条件：拟定居地有直系亲属或近亲属，能自行解决住房，有可靠的生活来源，不会增加内地负担。港澳居民要求回内地必须履行必要的手续，应当首先向拟定居地市、县公安机关提出申请，经省级公安机关批准后，由当地公安机关出入境管理部门作准予定居的签注。被批准回内地定居的，持有效证件入境，前往定居地办理常住户口手续，并向当地公安机关缴销港澳同胞回乡证或港澳居民来往内地通行证。

（三）大陆居民往来台湾地区管理

大陆居民前往台湾地区定居、探亲、访友、旅游、接受和处理财产、处理婚丧事宜或者参加经济、科技、文化、教育、体育、学术交流活动的，须向户口所在地的市、县公安局提出申请。具备上述申请事由的大陆居民向公安机关提出申请时，还需履行必要的手续和提交相应的证明。

应当履行的手续主要是：交验本人的身份、户口证明；填写中国公民因私事出国（境）申请审批表或应邀赴台人员申请审批表；在职、在学人员还须提交所在单位对申请人前往台湾地区的意见；非在职、在学人员须提交户口所在地的公安机关对申请人前往台湾地区的意见。

应当提交相应的证明主要是：定居的，须提交台湾地区签发的入台许可证明或香港中国旅行社确认办妥有关入台手续的证明材料；探亲、访友的，须提交台湾地区亲友关系的证明；旅游的，须提交旅行所需费用的证明；接受、处理财产的，须提交经过公证的对该项财产有合法权利的有关证明；处理婚姻事务的，须提交经过公证的有关婚姻状况的证明；处理亲友丧事的，须提交有关的函件或者通知；参加经济、科技、文化、教育、体育、学术交流活动的，须提交台湾地区相应机构、团体、个人邀请或者同意参加该项活动的证明。

审批机关作出决定后，应及时通知申请人所在单位、户口所在地的派出所。经批准往来台湾地区的大陆地区居民，发给大陆地区居民往来台湾通行证，并签发在一定时间内一次往返有效的签注。短期往来台湾地区的大陆地区居民，应每往来一次申请一次有效签注。

（四）台湾地区居民来往大陆管理

从台湾地区直接来大陆的台湾居民，向公安部出入境管理局派出的或者委托的有关机构申请，例如，香港的中国旅行社和设在香港各地的旅行分社。有特殊事由的也可以向指定口岸的公安机关申请。从香港、澳门特别行政区来内地的，应当向公安部出入境管理局委托的主管机构申请。从外国来大陆的，可以向中国驻外国的大使馆或领事馆提出申请。台湾地区居民申请来大陆，必须履行下列手续：交验表明在台湾地区居住的有效身份证明和出入境证件；填写台湾居民来往大陆通行证申请表；经由其他地区、国家的，需提交途经国家的再入境许可证明，但过境不需要签注的地区和国家除外；定居、探亲、访友、旅游、接受和处理财产、处理婚丧事宜的，需提交与申请事由相应的证明；进行经济、科技、文化、教育、体育、学术等活动的，需提交大陆相应机构、团体、个人的邀请或者同意参加该项活动的证明。对批准来大陆的台湾地区居民，由国家主管机关签发台湾地区居民来往大陆通行证。

台湾地区居民要求来大陆定居的，应当在入境前向公安部出入境管理局委托的主管机构提出申请，或者经由大陆亲属向拟前往定居地的市、县公安机关出入境管理部门提出申请；批准定居的，发给定居证明。

申请时有下列情形之一的不予批准：被认为有犯罪行为的；被认为来大陆后可能进行危害国家安全、利益活动的；有编造情况、提供假证明等欺骗行为的；精神疾病或者严重传染病患者。

第四节　外国人入出境管理

一、外国人入出境管理的概念

外国人入境，是指非本国公民持有合法、有效的护照或其他有效证件、签证，从该国的对外开放或指定的口岸进入该国国境。而外国人出境，是指居留或停留在一国境内的非本国公民，依据所在国的法律规定，从该国口岸离境。从国际法上来说，一个合法入境的外国人，只要他不违反该国的出境规定，履行了法定的离境条件，就不能禁止他出境。

外国人入出境管理，是指我国公安机关依据国家有关法律规定，对外国人进入、通过、离开我国国境或在我国境内居留、旅行及其他有关事务所实施的行政管理活动。公安机关对外国人入出境活动实施管理，其目的是维护国家主权，保障外国人的合法权益，增进中国与世界各国人民的友好往来。

依照规定，外国人入境必须从对外国人开放或者指定的口岸通行，接受边防检查机关的检查。根据外国人来华的不同身份或事由，入境者须持有相应的入境签证（免办签证的除外），经过批准方能进入中国国境。

外国人的出境活动和入境一样，同样涉及一国的主权，涉及一国的安全和利益。根据国家主权原则，一国有权在任何时候禁止某些刑事案件的被告人或犯罪嫌疑人以及有违法行为的外国人在一定时限内离开国境。

二、外国人入境管理

（一）外国人入境申请方式

现今世界各国都建立了外国人入境许可制度。这种制度实施的前提条件是外国人入境首先提出申请（互免签证的除外），履行必要的法律手续。按照世界各国的通常做法，外国人提出申请的方式有两种：一是可以在入境国的域外，二是可以在入境国的域内。各国的受理机关都分为国外和国内两部分，即国外的外交机关、领事机关和国内的主管机关。根据我国法律的规定，外国人来华提出申请的方式主要有以下几种：

1. 一般方式

外国人入境，可直接向中国的外交代表机关、领事机关或者外交部授权的其他驻外机关申请办理签证，即申请领事签证，这是外国人入境申请的一般方式。目前，我国在建交国家一般都设有大使馆或领事馆，负责受理外国人的入境申请。当然，外国人不仅可以向所在国的中国大使馆、领事馆提出申请，而且还可以向设立在其他国家的中国大使馆、领事馆或者外交部授权的其他驻外机关提出入境申请。外交部授权的其他驻外机关，是指外交部驻香港和澳门特别行政区的签证办事处，这两个签证办事处受理来自世界各国的外国人的入境申请。

2. 特殊方式

在特定情况下，依照国务院规定，外国人也可以向中国政府主管机关指定口岸的签证机关申请办理签证，即申请口岸签证，这是外国人入境申请的特殊方式。这里所说的“特定情况”，主要是指出于人道原因需要紧急入境，应邀入境从事紧急商务、工程抢修或者具有其他紧急入境需要并持有有关主管部门同意在口岸申办签证的证明材料的外国人。除此之外的外国人仍必须按照常规向中国驻外国的大使馆或领事馆提出申请。

3. 协议方式

同中国政府签订有签证协议的国家的人员入境，按照协议执行。这里的“按照协议进行”，包括两层含义：一是中国同有关国家签订的互免签证协议和简化签证手续协议。例如，按照中国和保加利亚签订的互免签证协议规定，持有保加利亚外交、公务、因公普通护照的保加利亚人，进入中国国境时，应当免除签证手续，凭有效护照入境。又如，按照中国和法国签订的协议规定，法国驻中国大使馆、领事馆的常驻人员及其家属，持有1年内多次有效的入境签证进入中国。二是中国同毗邻国家签订的关于边境居民相互往来的协定。根据这些协议的规定，居住在两国边境地区的外国边境居民临时进入中国国境，可以按照两国政府规定，凭边境通行证进入中国一侧的边境地区。例如，尼泊尔、老挝、蒙古等国的边境居民进入中国边境地区，就是属于这种方式。

4. 优惠方式

对于一些具有特定身份的外国人，或者是在一定的限制条件下，对于一些具有特定事由的外国人，中国政府对其实行一种优惠方式，即免除入境申请，这些人员主要是：持联程客票并且已预订联程机票，搭乘国际航班从中国直接过境，在过境城市临时停留不超过24小时，不离开机场的；国际航行船舶在中国港口停泊期间，要求登陆，但不离开港口城市的外国船员及其随行家属；经中国政府同意来华的专机，包机机组人员和乘客，在华停留不超过24小时，不离开机场的。

（二）外国人入境申请条件

外国人如果按照上述一般方式和特殊方式申请入境，必须履行相关手续。根据《出境入境管理法》的规定，外国人申请办理领事签证，应当向驻外签证机关提交本人的护照或者其他国际旅行证件，以及申请事由的相关材料，按照驻外签证机关的要求办理相关手续、接受面谈。外国人申请办理签证需要提供中国境内的单位或者个人出具的邀请函件的，申请人应当按照驻外签证机关的要求提供。需要办理口岸签证的外国人，应当向公安部委托的口岸签证机关提交本人的护照或者其他国际旅行证件，以及申请事由的相关材料，按照口岸签证机关的要求办理相关手续，并从申请签证的口岸入境。

（三）外国人入境许可

外国人进入中国国境必须取得许可的规定，体现了我国对外国人入境活动实施管辖的基本原则。按照国际惯例和我国的法律规定，入境许可包括两层含义：一是签证机关发给的入境签证；二是口岸边防检查机关签发的入境查验证明。我国签证机关发给的入境签证是一种允许入境的最初许可，边防检查机关加盖的入境查验证明则是最终许可。签证本身并不等于准许入境；入境许可的颁发，需要在入境时审查后决定。对于一个外国人来说，获得入境签证并不表明最终能够获准进入中国国境。经中国边防检查机关查验，对其入境资格进行确认后，方能许可入境。特别是对一些免办签证的外国人来说，边防检查机关的查验证明才是他们获得进入中国国境的许可证明。

（四）拒绝入境的对象

从各国的法律实践看，尽管许多国家都已经放宽了对外国人入境的限制条件，但是出于维护本国安全的考虑，基本上都保留着拒绝某些外国人入境的权利。按照国际法规定，各国一般都禁止传染病患者、精神病患者、恐怖活动者、不具备经济能力者、刑事犯罪分子、从事不正当职业者及不具有合法有效证件者入境。《出境入境管理法》第 25 条第 1 款对不准入境的对象作出了具体规定：(1) 未持有效出境入境证件或者拒绝、逃避接受边防检查的；(2) 被处驱逐出境或者被决定遣送出境，未满不准入境规定年限的；(3) 患有严重精神障碍、传染性肺结核病或者有可能对公共卫生造成重大危害的其他传染病的；(4) 可能危害中国国家安全和利益、破坏社会公共秩序或者从事其他违法犯罪活动的；(5) 在申请签证过程中弄虚作假或者不能保障在中国境内期间所需费用的；(6) 入境后可能从事与签证种类不符的活动的；(7) 法律、行政法规规定不准入境的其他情形。例如，违反枪支、弹药管理规定，携带危险物品、爆炸物品、走私物品的，不许入境。

三、外国人过境管理

（一）过境的概念

过境，是指公民从一国或者地区合法通过一国国境前往其他国家或者地区的行为。外国人过境，是指非本国公民持合法有效证件、签证或者按照过境国的规定，通过一国国境前往其他国家或者地区。一般有两种情况：一种情况是从某一口岸入境，从另一口岸出境；另一种情况是直接过境，即乘国际航班从某一口岸入出境。外国人过境同样涉及一国的领土主权、安全和利益。与入境一样，除特殊规定的以外，过境的外国人也必须事先获得过境国的批准，需要办理过境签证。外国人过境必须经中国政府主管机关许可，并从对外开放或指定的口岸通行。

（二）过境的申请

过境不同于入境，外国人过境的目的不是在过境国从事何种活动，而仅是为了通过过境国前往入境国。一般世界各国对过境的审批比入境审批要宽松，只要理由正当，持有前往国的入境签证，一般都可以获得批准。对于那些在国际航班、国际列车上工作的机组人员、乘务人员，由于他们要经常通过过境国，大多都通过签订专门协定，给予过境方便。

申请过境签证的手续与申请入境签证的手续基本相同，但申请人申请过境签证必须持有前往国的入境签证。我国除按照与有些国家签订的协议，给予经常过境的外国机组人员、乘务人员、海员以过境方便外；对一般的过境申请，只要不是不准入境人员，一般都给予批准。

（三）特定条件下的过境

除办理过境签证和互免签证人员过境外，根据过境停留时间短、活动区域小的特点，世界上许多国家的通常做法是允许过境的外国人在一定条件下免办过境签证。通常规定过境的外国人只要持有国际联程机票、不出机场、停留不超过一定时间的可以免办签证。多数国家规定的时间为 24 小时，也有的国家规定为 48 小时或 72 小时，有些国家（或地区）为了吸引过境者在本地旅游，允许停留 7 天。我国则规定直接过境者可停留 24 小时。

四、外国人出境管理

（一）外国人出境的条件

外国人出境，是指居住或停留在一国境内的非本国公民，依据所在国的法律规定，从该国口岸离境，也就是入境的外国人离开中国。从原则上讲，外国人虽然不享有入境自由的权利，但却具有出境的自由。外国人出境自由的前提是符合法定的出境条件，根据《出境入境管理法》和其他法律的规定，在我国的外国人出境必须具备以下条件：

1. 外国人出境须持有本人有效护照或者其他有效证件。

2. 外国人应在当地签证准予停留的期限内或者在居留证件的有效期限内出境。持有访问签证、旅游签证、过境签证入境的外国人，必须在签证有效期内离境，出境时应向边防检查站交验有效证件。

3. 持有外国人居留证件的人，在其居留证件有效期内出境，并需返回中国的，应当在出境前向当地公安机关的出入境管理机构申请办理返回中国的再入境签证。

4. 持有居留证件的外国人出境后不再返回中国的，出境时应当向边防检查站缴销居留证件。

5. 在出境前 7 日内依法纳税。

6. 不涉及民事和刑事纠纷。

（二）外国人出境的方式

根据《出境入境管理法》的规定，外国人离开中国的方式可分为自由出境、强制出境两种。

1. 自由出境

自由出境，是指外国人履行法定手续后自愿离开中国。一般来说，自由出境包括两种含义：对于外国人来说，只要其履行了一定的法律义务，就可以随意出境，不受任何限制；对于入境国来说，只要外国人不违反法律规定，就不能限制其自由出境的权利。《出境入境管理法》第 27 条规定，外国人出境，应当向出入境边防检查机关交验本人的护照或者其他国际旅行证件等出境入境证件，履行规定的手续，经查验准许，方可出境。

2. 强制出境

强制出境，就是采取强制的手段迫使外国人离开我国国境。根据现行规定，我国主管机关强制外国人出境的方式有三种，即遣送出境、限期出境和驱逐出境。遣送出境，是指公安机关出入境管理部门将不符合在我国居留条件的外国人强制送出我国国境。限期出境，是指公安机关出入境管理部门对有违法行为的外国人，责令其在指定的时间内，通过我国对外开放的口岸或指定的口岸离开我国国境。驱逐出境，是指公安机关出入境管理部门的外事民警将不受欢迎的外国人用公开武装押送的方式强制送出我国国境。

遣送出境、限期出境和驱逐出境，虽然同属于强制出境，但其性质却有着明显的区别：限期出境是对外国人的一种行政处罚；驱逐出境是对外国人的一种行政处罚或刑事处罚；遣送出境则不属于对外国人的处罚，而只是强制外国人出境的一种行政措施。

【参考案例9－1】

某非洲留学生酒后驾摩托车撞伤七旬老人，既不报警也未抢救，反而逃离现场，伤者经抢救无效死亡。2009年7月，武汉市中级人民法院一审以交通肇事罪，依法对其判处驱逐出境并赔偿被害人子女经济损失人民币8万余元。

（三）禁止出境

禁止出境，是指对某些违反法律，而又尚未追究刑事责任的外国人，在一定时期内，不准许其出境或者阻止其出境。

《出境入境管理法》第28条规定，外国人有下列情形之一的，不准出境：

（1）被判处刑罚尚未执行完毕或者属于刑事案件被告人、犯罪嫌疑人的，但是按照中国与外国签订的有关协议，移管被判刑人的除外；

（2）有未了结的民事案件，人民法院决定不准出境的；

（3）拖欠劳动者的劳动报酬，经国务院有关部门或者省、自治区、直辖市人民政府决定不准出境的；

（4）法律、行政法规规定不准出境的其他情形。

对具有不准出境情形的外国人，在通知其不准出境的同时，将该人的护照或其他证件，暂时留存在主管机关，待不准出境的决定取消后再退回。扣留护照证件通常被认为是限制人身自由的一种形式，因此应慎重对待，必须有法定机关的决定，由法定的机关执行，其他部门或者个人无权扣留外国人护照等证件。

【参考案例9－2】

1995年3月，合肥市中级人民法院在执行华甲有限公司（香港）拖欠安徽省医药保健品进出口公司410万元货款案件中，由于华甲公司的法定代表人美国商人不履行已经生效的法院调解书所确认的义务，被依法限制其暂时不准出境，并且依法扣留其护照。

外国人在中国领域内，应当遵守中国的法律规定。对发生某些违法行为或未了结民事纠纷案件的外国人，司法机关有权限制其暂时不准出境，并且扣留护照，采取这种措施完全符合我国有关的法律规定。

根据国际法和我国刑法的领土管辖原则，主权国家有权对停留其境内的外国人行使刑事、民事和行政管辖权。为了维护本国的安全和利益，使违反本国法律的外国人受到追究，各国都规定了具有某种违法情形或者不履行法定责任的外国人暂时不准出境的强制措施。

五、外国人居留与旅行管理

（一）外国人居留管理

外国人居留，是指合法进入一国国境的外国人，根据该国的法律、法令在该国境内停留或居住。每一个主权国家都有权根据本国的需要和利益，决定是否允许外国人在本国境内居留以及居留的期限。

1. 外国人居留的类别

目前，在我国居留的外国人，大体上可以分为以下几种类型：

（1）短期停留

短期停留是指来我国旅游、探亲、访问、经商及进行科技文化交流，参加体育比赛、国际会议的外国人。他们在我国的居留期限一般不超过6个月。

（2）长期居留

长期居留是指来我国任职、就业、留学、进行技术合作的外国人，在我国居留6个月以上时间等，但他们有一定的居留期限。

（3）定居

一般指在我国定居的外国侨民。其中包括中华人民共和国成立前即已在我国居住的老侨民，这些人因工作生活的需要，有些将在我国终身居留。

（4）永久居留资格

《出境入境管理法》第47条第1款规定，对中国经济社会发展作出突出贡献或者符合其他在中国境内永久居留条件的外国人，经本人申请和公安部批准，取得永久居留资格。根据《外国人在华永久居留审批管理办法》的规定，对符合相应条件的外国人签发外国人永久居留证。给予的对象是：在对中国经济、科技发展和社会进步有重要推动作用的单位任职的外国籍高层次人才；在中国有较高数额直接投资的外国籍投资个人；对中国有重大突出贡献或国家特别需要的人员；夫妻团聚、未成年人投靠父母、老年人投靠亲属等家庭团聚人员。

2. 外国人停留及居留证件

《出境入境管理法》第38条规定，年满16周岁的外国人在中国境内停留居留，应当随身携带本人的护照或者其他国际旅行证件，或者外国人停留居留证件，接受公安机关的查验。在中国境内居留的外国人，应当在规定的时间内到居留地县级以上地方人民政府公安机关交验外国人居留证件。

（1）外国人停留证件

《出境入境管理法》第29条第1款规定，外国人所持签证注明的停留期限不超过180日的，持证人凭签证并按照签证注明的停留期限在中国境内停留。

《出境入境管理法》第34条规定，免办签证入境的外国人需要超过免签期限在中国境内停留的，外国船员及其随行家属在中国境内停留需要离开港口所在城市，或者具有需要办理外国人停留证件其他情形的，应当按照规定办理外国人停留证件。外国人停留证件的有效期最长为180日。持外国人停留证件的外国人应当在停留证件规定的停留期限届满前离境。

（2）外国人居留证件

办理外国人居留证件，外国人应在入境之日起30日内向拟居留地县级以上地方人民政府公安机关出入境管理机构提出申请，提交本人的护照或者其他国际旅行证件，以及申请事由的相关材料，如到中国境内工作的外国人应提交工作许可等文件，并留存指纹等人体生物识别信息。

（3）外国人居留证件申请的审查

公安机关出入境管理机构应当自收到申请材料之日起15日内进行审查并作出审查决定，根据居留事由签发相应类别和期限的外国人居留证件。公安机关出入境管理机构根据法律规定进行审查，并作出审查决定，既可能是决定签发外国人居留证件，也可能是决定不予签发外国人居留证件。

《出境入境管理法》第31条规定了不予签发外国人居留证件的情形，包括所持签证类别属于不应办理外国人居留证件的；在申请过程中弄虚作假的；不能按照规定提供相关证明材料的；违反中国有关法律、行政法规，不适合在中国境内居留的；以及签发机关认为不宜签发外国人居留证件的其他情形。申请居留证件的外国人如果有这些情形，公安机关出入境管理机构将不予签发居留证件。

（4）关于外国人居留证件的有效期

根据《出境入境管理法》第30条第3款的规定，外国人工作类居留证件的有效期最短为90日，最长为5年；非工作类居留证件的有效期最短为180日，最长为5年。

3. 外国人居留限制

依照法律规定，我国对外国人的居留限制主要有以下几种：

（1）期限限制

除给予永久居留资格的外国人外，凡在中国停留和居留的外国人，应当在其签证或停留居留证件上允许的时间内停留和居留，在规定的停留居留期限届满前离境。如不能在规定的时间内离境，则须申请延期，并按照要求提交申请事由的相关材料，获准后才能继续停留和居留。

（2）资格限制

外国人在中国停留居留，只能从事与其停留居留事由相符的活动，未经许可，不能从事与其居留身份不符的活动；外国人如需从事居留事由以外的活动，则必须申请改变居留身份，经批准后，才能从事新的活动。例如，来华学习的留学生，未改变身份前不能在中国就业。

（3）住所和办公处所限制

根据维护国家安全、公共安全的需要，公安机关、国家安全机关可以限制外国人、外国机构在某些地区设立居住或者办公住所；对已经设立的，可以限期迁离。

4. 外国人住宿登记管理

根据《公安派出所外国人住宿登记管理办法（试行）》的规定，公安派出所负责居住在辖区内的外国人住宿登记管理工作。公安派出所外国人住宿登记的对象，是指在中国境内购房、租房居住以及在有关机构或他人家中住宿等不在旅馆住宿的外国人。公安派出所户籍室负责办理外国人住宿登记。外国人居住相对集中的地区，可以在社区警务室办理。办理外国人住宿登记，公安派出所民警应当查验其护照或者其他身份证件。留宿外国人的个人或者机构代为申报住宿登记的，应当同时查验代办人的有效身份证件或者单位证明。申报人提供的证明材料真实、齐全的，应当由其当场填写外国人住宿登记表。申报人提供的材料不符合规定的，应当先予登记并当场告知其补充相关材料。外国人住宿登记事项包括：英文姓名、中文姓名（选填）、性别、出生日期、国籍、职业、身份证件种类及号码、停（居）留证件种类及号码、来华事由、工作机构、住址、入住时间、拟离开时间、本人联系方式、紧急情况下的联系人及联系方式、备注等。

《出境入境管理法》第39条规定，外国人在中国境内旅馆住宿的，旅馆应当按照旅馆业治安管理的有关规定为其办理住宿登记，并向所在地公安机关报送外国人住宿登记信息。外国人在旅馆以外的其他住所居住或者住宿的，应当在入住后24小时内由本人或者留宿人，向居住地的公安机关办理登记。不按法律规定办理住宿登记者，将会被处以警告或者罚款。

5. 外国人境内就业管理

依据《外国人在中国就业管理规定》，在中国就业的外国人应持职业签证入境（有互免签证协议的，按协议办理），入境后取得外国人就业证（以下简称就业证）和外国人居留证件，方可在中国境内就业。未取得居留证件的外国人（持F、L、C、G字签证者），在中国留学、实习的外国人及持职业签证外国人的随行家属，未经中国政府主管机关允许，不得在中国就业。特殊情况，应由用人单位按相关审批程序申领许可证书，被聘用的外国人凭许可证书到公安机关改变身份，办理就业证、居留证后方可就业。《出境入境管理法》第41条第1款规定，外国人在中国境内工作，应当按照规定取得工作许可和工作类居留证件。任何单位和个人不得聘用未取得工作许可和工作类居留证件的外国人。

外国人在中国就业，必须由聘用单位申请就业许可，经过批准并且取得外国人就业许可证书（以下简称许可证书）后，方可聘用。外国人在中国就业必须具备下列条件：（1）年满18周岁，身体健康；（2）具有从事其工作所必需的专业技能和相应的工作经历；（3）无犯罪记录；（4）有确定的聘用单位；（5）持有有效护照或能代替护照的国际旅行证件。凡是符合下列条件之一的外国人，可以免除办理就业许可和就业证：（1）由我国政府直接出资聘请的外籍专业技术和管理人员，或是由国家机关和事业单位出资聘请，具有本国或国际权威技术管理部门或行业协会确认的高级技术职称，以及持有特殊技能资格证书的外籍专业技术和管理人员，并且持有国家外国专家局签发的外国专家证的外国人；（2）持有外国人在中华人民共和国从事海上石油作业工作证从事海上石油作业，不需要登陆，有特殊技能的外籍劳务人员；（3）经文化和旅游部批准，持有临时营业演出许可证进行营业性文艺演出的外国人。

外国人在中国就业，由用人单位向与劳动行政主管部门同级的行业主管部门提出申请，并提供相关的证明文件。有效证明文件主要包括：（1）拟聘用的外国人的履历证明；（2）聘用意向书；（3）拟聘用外国人原因的报告；（4）拟聘用的外国人从事该项工作的资格证明；（5）拟聘用的外国人健康状况证明；（6）法律、法规规定的其他文件。经行业主管部门批准后，由用人单位持申请表到本单位所在地区的省级劳动行政部门或其授权的地、市级劳动行政部门办理审批手续，审批机关具体负责签发许可证书工作。用人单位应在被聘用的外国人入境后15日内，持许可证书、与被聘用的外国人签订的劳动合同及其有效护照或能代替护照的证件到原发证机关为外国人办理就业证，并填写外国人就业登记表，就业证只在发证机关规定的区域有效。已办理就业证的外国人，应在入境后30日内，持就业证到公安机关申请办理居留证。居留证的有效期限可根据就业证的有效期确定。

用人单位与被聘用的外国人应当依法订立劳动合同，最长期限不得超过5年。劳动合同期满时，其就业证即行失效。如需续订，用人单位应在合同期满前30日内，向劳动行政部门提出延长聘用时间的申请，经批准并办理就业证延期手续。被聘用的外国人与用人单位的劳动合同被解除后，用人单位应当及时报告劳动和公安部门，交还外国人的就业证和居留证件，并到公安机关办理出境手续。因违反中国法律被公安机关取消居留资格的外国人，用人单位应解除劳动合同，劳动部门应吊销其就业证。

外国人在发证机关规定的区域内变更用人单位但仍从事原职业的，须经原发证机关批准并办理就业证变更手续。外国人离开发证机关规定的区域就业或在原规定的区域内变更用人单位且从事不同职业的，必须重新办理就业许可手续。外国人被批准延长在中国就业期限或变更就业区域、单位的，应在10日内到当地公安机关办理居留证件延期或变更手续。对擅自变更用人单位、擅自更换职业、擅自延长就业期限的外国人，由劳动行政部门收回其就业证，并提请公安机关取消其居留资格。对须公安机关遣送出境的，遣送费用由用人单位或该外国人承担。

违反外国人就业管理规定，外国人非法就业或者非法聘用外国人的，应当承担相应的法律责任。非法就业是指以下三种情况：一是未按照规定取得工作许可和工作类居留证件在中国境内工作的；二是超出工作许可限定范围在中国境内工作的；三是外国留学生违反勤工助学管理规定，超出规定的岗位范围或者时限在中国境内工作的。

（二）外国人旅行管理

外国人旅行，是指外国人在我国境内停留或居留期间因某种事由从一个市、县到另一个市、县的旅行活动。对外国人旅行的管理，是出入境管理机关依据法律规定对外国人在我国旅行的时间、区域、路线、方式等实施的管理。外国人在我国境内的旅行，涉及我国主权、安全和利益。因此，国家对外国人的旅行采取规范化的管理措施。

1. 旅行区域的划定

（1）开放地区

开放地区是指我国政府公布的允许外国人自由旅行的地区，外国人前往这类地区旅行，无须办理任何手续。开放地区的确定，由国务院审核批准，公安部对外公开发布。

（2）非开放地区

非开放地区是指外国人不能自由旅行的地区。诸如有军事设施的属于保密地区。因此，国家将这些地区列为非开放地区。这些地区由于不具备或者暂时不具备对外国人开放的条件，不允许外国人自由前往。但是，并非一律不允许外国人前往，而是不允许外国人自由前往。外国人因某种原因确需前往，须事先经过批准。《出境入境管理法》第44条第2款规定："未经批准，外国人不得进入限制外国人进入的区域。"

2. 旅行许可

外国人在中国境内旅行，根据前往地区的不同，需要具备不同的许可证件。

（1）前往开放地区的许可证明。外国人在中国前往开放地区旅行，无须申请和得到批准，本人持有效护照和入境签证以及公安机关发给的居留证件就是旅行许可，随时可以自由前往开放地区旅行。

（2）前往非开放地区的许可证明。依据这一规定，外国人在中国旅行，如果需要前往非开放地区，必须事先取得旅行许可证明，即向所在地的市、县公安局出入境管理机关申请外国人旅行证，前往指定的地区旅行。外国人申请旅行许可时，应当提交本人的身份证明，如本人护照和签证或外国人居留证件，并且需要出示接待单位出具的公函，说明前往旅行的事由；如果是前往探亲，还须提供被探亲人的邀请信件。

3. 旅行证件的管理

（1）证件的签发、延期和变更

市、县公安机关出入境管理部门负责旅行证件的签发。外国人的旅行证有效期最长为1年，但是不能超过外国人所持护照、签证或者居留证件的有效期。外国人领取旅行证后，如要求延长旅行证的有效期、增加不对外国人开放的旅行地点、增加偕行人数的，必须提出申请，经所在地公安机关出入境管理部门批准并予以延期和变更。

（2）证件的补发和换发

外国人领取旅行证后，不慎损坏、遗失或被盗的，应当及时报告所在地公安机关出入境管理部门，并提供相关证明，经公安机关出入境管理部门审核无误，可以补发或者换发。

（3）证件的吊销或者作废

公安机关出入境管理部门在签发旅行证后，发现持证人有不宜前往非开放地区旅行的情况，或者允许外国人前往的非开放地区发生了特殊紧急情况，必须阻止外国人前往的，有权对已发出的外国人旅行证宣布吊销或作废。

4. 旅行限制

目前，我国政府对于外国人旅行的限制，主要有两点：一是旅行区域限制；二是交通工具限制。

外国人不经公安机关出入境管理部门批准，不得进入不对外国人开放的地区。如果未经允许私自前往非开放地区，公安机关要追究其法律责任。例如，某外国记者不经许可，擅自进入不准外国人进入的地区大量拍照、记录，被公安机关依法拘留，并被处以限期离境。

外国人在我国境内旅行可以乘坐我国交通运输部门提供的飞机、火车、船舶、汽车等。在开放地区可以使用自备交通工具，即属于个人或者个人借用他人的汽车、摩托车、自行车以及其他交通工具。在非开放地区使用自备交通工具，必须经过公安机关出入境管理部门的许可。

典型案例剖析

2009年3月25日，一对年轻人来到奎屯市公安局申请办理旅游护照，他们提供的申请材料显示是在奎屯市某单位工作，但在交流中工作人员发现他们是在乌市工作，加之申请材料中有疑点，随后，警方到开证明的单位核实，确认他们隐瞒了真实身份。这对年轻人想出国旅行结婚，但不清楚办护照须提供什么材料，就事先订好了机票和蜜月日期，找熟人让奎屯市一家公司提供单位证明。奎屯市公安局拒绝为他们签发护照。

依据《护照法》第13条的规定，申请人在申请过程中弄虚作假的，护照签发机关不予签发护照。本案例中，这对年轻人在乌市工作，却找熟人让奎屯市一家公司提供单位证明，已违反了我国法律规定，奎屯市公安局的做法是正确的。

第十章

户 政 管 理

第一节　户政管理概述

一、户政管理的概念和性质

（一）户口

1. 户的含义

户也可称为住户，其本意是指对开门中的半扇门。在现代户政管理中，户是指由若干有婚姻、血缘、收养或工作、学习等关系而共同居住、共同生活在一起的人组成的小型群体。户的人数可多可少，既可以是一人，也可以是多人。

2. 口的含义

口也可称为人口，其本意是指单个的人。我国现代户政管理中，口意指人口，指生活在一定地区、由一定社会关系联系起来、具有一定数量和质量的人所组成的社会群体。

3. 户口的含义

户口可理解为住户和人口的总称，现代户政管理所称的“户口”是指经国家行政机关依法确认并实际管辖的本国住户、居民及其相关社会人口信息的统称。

（二）户籍

户籍是指户口登记机关依照有关法律规定，专门记载本辖区内居民有关身份、居住地和亲属关系等人口基本信息的簿册。根据我国法律的规定，只有在户口登记机关记载的相关人口信息才具有法律效力。

（三）户政管理

户政管理也称户口行政管理，是指户口行政机关依照有关法律规定，收集、确认和提供公民身份、亲属关系、法定住址等人口基本信息的国家行政管理。我国现行的户政管理工作主要由公安机关负责，它是公安机关业务工作的一个重要组成部分。

（四）户政管理的性质

户政管理是公安机关在治安管理工作中的一项重要工作。我们现行的户政管理，由公安机关主管，是公安机关治安管理的重要组成部分。

新形势下，我国户政管理突显以下几个方面的特点：

1. 管理手段的行政性

我国的户政管理是国家行政管理的重要组成部分，是由国家专门立法，设置专门机构和专门人员，依照相关法律和政策规定，代表国家行使职权的行政管理活动。我国法律规定，户政管理活动的实施由公安机关具体组织执行，而公安机关是国家行政机关，按照国家行政机关职能要求，公安机关开展一系列活动即是国家行政行为的具体体现。户政管理部门是公安机关的一个重要职能部门，其运用国家赋予的职权，采取行政手段依法收集、确认和提供公民身份、亲属关系、法定住址等人口基本信息，体现了国家行政强制力在户政管理中的作用。

2. 管理程序的法定性

户政管理的职权是由国家法律赋予的，户政管理活动的实施实际上是国家法律和政策的实施，具有权威性、强制性。我国在户政管理过程中制定了一系列的户政管理法律法规及相关政策，因此，户政管理部门在制定发布户政管理政策、履行户口行政审批、开展户口调查统计、制作发放居民身份证等各项业务工作中必须遵循法定的程序，依法履行职责，严格按照政策办事，充分体现法律的严肃性、公正性、公平性。

3. 管理内容的广泛性

户政管理的内容涉及诸多方面，如在管理对象上，把本国的所有公民都列为管理对象，对公民的身份依法给予确认，并明确公民相应的权利和义务。在管理具体内容上，需要对公民的出生、死亡、姓名、性别、年龄、民族、宗教、婚姻、职业、住址、迁移、流动等多方面的信息依法进行登记、确认，熟悉掌握人口信息的来源及变动情况，及时进行更正、反馈，以确保户政管理内容的准确性和合法性，为国家经济建设和社会发展服务。

二、户政管理的职能和任务

(一) 户政管理的职能

我国户政管理具有行政管理职能和社会服务职能。

(二) 户政管理的任务

1958 年颁布的《户口登记条例》规定，户口管理的任务是：维持社会秩序，保护公民的权利和利益，服务于社会主义建设。具体包括以下几个内容：

1. 证明公民身份，保护公民的合法权益

户政登记能够确定公民的法律地位，并为公民行使权利和履行义务提供法律保障。户政管理中的户口簿册和居民身份证是公安机关依法制作的法定证件，其登记的事项标志着国家法律的确认，具有证明公民身份的法律效力，是公民从事社会活动的依据，能够保障公民在诸如选举、入学、择业、婚姻、继承等社会活动中享有应得的权利和利益，充分体现了户政管理对保障公民合法权益的重要作用。

2. 维护社会治安秩序

稳定、有序的社会秩序是改革开放、经济和社会发展的基本保障。维护社会治安秩序是公安机关的基本任务，也是户政管理的基本任务。公安机关通过户口登记、户口调查，了解常住人口和暂住人口的情况，掌握居民的身份情况、社会和经济关系，严密户政管理制度，有效地预防、揭露和制止各类违法犯罪活动。通过人口管理能够掌握重点人口的基本情况和动态，及时发现和预防各种违法犯罪分子的活动，提供侦查破案的线索，配合查处刑事案件和治安案件。同时，根据有关文件的规定，户政管理是社会治安综合治理的组成部分。它对推进社会治安综合治理，有效地保卫和促进社会主义物质文明和精神文明建设，保障人民群众安全和正常的社会生活有着重要的作用。

3. 服务于国家的经济建设和社会发展

随着党和国家的工作重点转移，户政管理工作的任务必须坚持以经济建设和社会发展为中心，服从、服务于改革开放和社会主义市场经济的发展。服务于经济建设和社会发展这项任务主要体现在以下两个方面：一是以户政管理为基础，准确统计人口数字，编制人口资料，及时准确地为国家建设和社会发展提供人口资料，为建立和发展社会主义市场经济服务；二是通过户口迁移管理，对人口迁移进行调控，有效地控制城市人口适度增长，促进小城镇生产和经济建设的发展，服务于国家经济建设和各项社会事业的发展。

第二节 户 口 管 理

一、户口管理概述

（一）户口管理的含义

户口管理，是指公安机关依据法律、法规规定，对中华人民共和国公民的身份、居住地及其有关事项进行登记、调查、统计、变动，并确认相应权利、义务的一种治安行政管理活动。户口管理主要指登记、变动、迁移等。

（二）户口管理的特点

我国户口管理具有鲜明的阶级性、行政性和社会性。

1. 阶级性

户口管理是国家行政管理中的一项重要工作和基本制度，它与其他行政管理一样属于上层建筑。户口管理产生于阶级社会，是为这一社会的统治阶级利益服务的一种工具。不同政权性质的国家，其户口管理的性质有着根本的区别。资本主义国家和旧中国的户口管理是剥削阶级压迫和剥削劳动人民的一种手段，是为剥削阶级利益服务的。我国是人民民主专政的社会主义国家，国家行政管理是为人民服务的。我国现行的户口管理，是为改革开放、经济与社会发展和人民群众安居乐业服务的，是人民用以治理国家的重要手段。因此，户口管理具有鲜明的阶级性。

2. 行政性

公安机关是人民民主专政政权中，具有武装特点的治安行政和刑事司法的专门机关。公安机关的行政属性表现为它是国务院和地方各级人民政府的一个职能部门，是国家行政机关的重要组成部分，担负着公安行政管理的任务。依照宪法、法律、法规规定，公安机关负责实施户口管理，对违反户口管理法规的行为实施治安行政管理处罚，以维护社会治安秩序，保障公共安全，保护国家、集体和公民的合法权益，为改革开放、经济建设和社会发展保驾护航。户口管理工作服从于国家和人民民主专政需要，同时又以国家政权的强制力作为后盾，保证户口管理制度的有效实施。所以，户口管理表现出了鲜明的行政性。

3. 社会性

我国现行的户口管理工作，不仅具有公安机关维护国家安全和社会治安秩序，预防、制止和惩治违法犯罪活动的专政职能，而且具有为国家、社会和人民服务的服务职能。户口管理涉及每个社会成员。同时，作为社会存在和发展基础的人口，是国家制订国民经济和社会发展计划，合理安排生产和分配、积累和消费，研究解决各种社会问题的重要基础，是国家进行经济建设和社会发展的重要依据。人口资料的来源主要依靠户口登记、户口调查以及户口统计工作。因此，户口管理对国家整个经济和社会发展具有重要的意义，表现出鲜明的社会性。

（三）户口管理组织

户口管理组织，是指为了实现我国户口管理的目标与要求、完成户口管理任务与职责，通过国家法律、法规、行政规章等形式，加以确定和建立的，自上而下的、有层次的户口管理机构体系。它由中央和地方各级户口管理机构组成，呈金字塔形有序排列。

公安部是全国户籍行政主管部门，是我国最高层级的户政管理工作领导机关。各级公安机关是所属各地方的户籍行政主管部门。公安部治安局下设的户政司，各级公安机关设立的户政处、科、股分别承担全国和地方各级户政管理业务，担负着户政管理计划、组织、指导、监督、控制、协调等职责。基层公安派出所及其指导下的群众性组织，则是实际承担户口登记、户口调查、人口管理等具体业务工作的第一线的户口管理组织。

公安部治安局户政司的主要职责是：研究制定常住人口登记管理、户口迁移政策及有关户籍管理法规，研究、指导户籍管理制度改革；制定居民身份证、公民出生证法规，指导证件制作和经常性管理工作；研究、指导暂住人口、重点人口等人口管理工作和有轻微违法犯罪行为青少年的帮教工作；指导全国人口统计工作，负责全国年度人口数据的汇总和分析，指导全国人口基本信息计算机管理系统的推广和应用。

省、自治区、直辖市公安厅、局，是地方户政管理的领导机关，下设的户政管理处是主管地方户政工作的业务指导机构。其主要职责是：对本省（区、市）的户籍管理工作进行统筹规划，研究、制定工作思路及方案；研究制定地方性户籍管理规章；指导常住人口、暂住人口、重点人口等人口管理工作及本省户口统计工作，负责本省（区、市）人口数据的汇总和分析，指导全省（区、市）人口基本信息计算机管理系统的推广和应用。

地（市）、县（市）公安局、设区的市公安分局，是各地户政管理的具体执行机关。其下设的户政科（处）、股具体承担户政管理业务，一些地区还设有暂住人口、流动人口管理办公室等专门性机构。其基本职责是：规划并组织实施所在地区的户政管理；对所属各公安派出所户口管理工作进行指导、监督、检查；审批城迁城、农迁城等需要控制的户口；居民身份证申、换、补领等管理工作；对人口基本信息资料进行统计、汇总，指导本地区人口信息计算机管理系统的建立和应用等。

基层公安派出所是户口管理的第一线组织，具体承担户口登记、核对、统计，建立、维护人口信息系统，办理和发放居民身份证，编制管理门楼巷牌，户口档案管理等。在“以户口管理为基础，以治安管理为中心”的方针指导下，户口管理始终是公安派出所最为基本的业务工作，是派出所各项工作的基础。

二、户口登记管理

户口登记，是指户口登记机关以户为单位，将公民的身份、居住地和亲属关系等事项及变动情况依法登记在统一的簿册上的活动。根据《户口登记条例》的规定，我国现行户口登记制度，实行常住人口登记（出生、死亡、迁入、迁出和变更更正登记）和暂住人口登记。

户口登记是户口管理的基础，是进行户口管理的结果，也是继续进行户口管理的依据。对我国公民户口事项的登记，标志着国家法律对公民身份的认定，具有证明公民身份的效力，便于公民行使权利和履行义务。依据户口登记资料，可以为国家及时准确地提供人口数据和其他有关人口资料，更好地服务于我国社会主义现代化建设。户口登记在我国民法上也具有很重要的意义，是确定公民民事法律地位的最基本的法律文件。

（一）户口登记的原则

我国户口登记坚持以下原则：一是以户为单位进行登记的原则；二是一个公民只能在一个地方登记为常住人口的原则；三是方便群众、为民服务的原则。

（二）户口登记的立户标准

户口登记是以户为单位进行的，分为家庭户和集体户。家庭户一般是以一个家庭为一户，立户一般有亲属关系、同居一处、共同生活三个条件；集体户一般按同一单位共居一处的立为一户，分居几处的分别立户，分散居住在外部几个集体宿舍的原则上就地就近立户，人员调动频繁的单位可酌情集中立户；居住在单位内部集体宿舍带有家属的职工，以及人数较少的单位，一般按家庭户立户。

（三）户口登记的范围

根据《户口登记条例》等有关法律、法规的规定，凡是居住在中华人民共和国境内的中国公民，都应当履行户口登记的义务；外国驻我国的外交人员，按照国际惯例不进行户口登记；居留在我国的外国侨民和无国籍人，按照外侨管理的有关规定接受居留、旅行管理；现役军人（包括人民武装警察）的户口，由军事（武警）机关按有关规定进行登记；根据公安部 30 条便民利民措施规定，

2003 年 9 月 1 日起被判处有期徒刑的人员的户口，由执行机关进行登记改为户口登记机关登记。

（四）户口登记的机关

我国《户口登记条例》明确规定了户口登记工作由各级公安机关主管，户口登记机关主要是公安派出所。其职责是受理公民的户口登记申报和居民身份证的申领等日常户政管理业务，进行人口调查、人口统计等经常性的重要基础工作。未设公安派出所的乡、镇，由乡、镇人民政府代行户口登记的职权，并设专人负责日常的管理工作。

（五）户口登记制度

《户口登记条例》规定，城镇实行常住、暂住、出生、死亡、迁入、迁出、变更更正七项登记；农村实行常住、出生、死亡、迁入、迁出五项登记。按照加强流动人口管理和农村人口城市化管理的要求，农村地区也实行七项登记制度。虽然《户口登记条例》规定了七项登记，但出生、死亡、迁入、迁出是常住登记的内容和体现，所以现行户口登记制度可以分为常住人口登记、暂住人口登记和变更更正登记三个方面。

1. 常住人口登记

（1）常住人口登记的含义

常住人口，是指公民在经常居住的地方，由户口登记机关依法注册登记为正式户口。一个公民只能在一个地方登记一个常住人口。一个公民在同一市镇辖区内有两个以上住所时，以经常居住地登记为常住人口。

常住人口登记，是指户口登记机关依法对具有常住户口的公民使用统一的常住人口登记表和居民户口簿填写每个公民的身份、住址和亲属关系等人口基本信息及其变动情况的活动。

公民到户口登记机关办理常住户口登记，是一种按照法定程序填写常住人口登记表的法律行为。常住人口登记表是公民取得常住户口的最具权威的法律凭证，是证明公民身份以及家庭成员之间相互关系的法律文书，是公安机关进行户籍登记管理的基础性资料。常住人口登记表中登记的事项，由申报人如实申报，经户口登记机关审核登记，承办人签章并加盖户口专用章，具有证明公民身份和家庭成员间相互关系的法律效力。常住人口登记表上登记的项目共计 34 项，根据这些登记内容，可以确认公民的身份、住址、亲属关系，确认公民权利能力和行为能力的开始和终止，确定法定继承人的范围和顺序，有效地保障公民行使权利和履行义务。根据我国法律的规定：公民的常住户口登记地就是公民的户籍所在地，也称为住所。公民参加选举、报名参军、婚姻登记、报考院校、司法机关处理刑事案件、调解民事案件等都需要在公民的户籍所在地及所属的行政辖区进行。由此可见，实行常住户口登记，可以确定公民享有权利、履行义务的基本空间范围。公民进行常住户口登记后，即成为户籍人口。

我国现行的常住人口登记簿册包括户口登记簿、居民户口簿、四项变动登记簿（出生登记、死亡登记、迁入登记、迁出登记）等。户口登记簿是户口登记机关使用的簿册，是将辖区内每个公民的常住人口登记表以户为单位排列，以单元楼或街道门牌顺序合订一本，是户口登记机关签发户口证明、查对户口和统计人口的依据。户口登记簿由公安派出所内勤民警负责保管，无关人员不得随意翻阅。居民户口簿是由居民自己保管的，用以证明本户居民身份的一种证件。其主要组成部分为首页和若干常住人口登记卡，户内成员一人对应一卡。它是公民依法履行常住人口登记义务的凭证，也是户口登记机关以户为单位管理常住人口和进行户籍核对、户口调查的主要依据。其登记内容与常住人口登记表的主要登记内容一致，同样具有证明公民身份以及家庭成员间相互关系的法律效力。

（2）常住人口登记的要求

依据我国《户口登记条例》的规定，凡中华人民共和国公民，都应当依法履行户口登记。公民在申报常住户口时，户口登记机关应为其建立常住人口登记表。对新生婴儿，在申报出生登记时，要建立常住人口登记表。城乡居民户口分为家庭户和集体户，以户为单位进行管理。凡以家庭关系为主的公民，户口登记机关应以家庭户为单位发给居民户口簿。居住在机关、团体、企业事业单位的集体宿舍，相互之间不存在家庭关系的公民，户口登记机关按集体户口进行登记管理，由所属单位设专人负责管理。

常住人口登记应遵从户口登记的原则，登记的范围、立户标准与户口登记的范围和立户标准一致，基本要求是：

①登记项目准确。就是按照户口簿册规定的项目，对辖区的常住人口，经常认真调查核实，逐户、逐人、逐项地进行填写登记，防止重、漏、差、错。

②及时进行变动登记。就是坚持执行和健全出生、死亡、迁入、迁出四项变动和户口项目变更更正登记，做到一有变动，就要登记，切实将人口增减变动情况掌握起来。

③底数清楚。就是将辖区常住人口的户数、人口数登记清楚，该增的及时登记，该减的及时注销，切实做到户口册上的人口与实际人口相符，保证户口登记资料的完整、准确。

2. 变更更正登记

公民户口登记的内容发生变化或需要更正时，由本人或者亲属持变更或者更正的证明，向常住地户口登记机关申报。户口登记机关审查属实后，应给予变更或更正登记。原来的登记内容没有错误，由于公民的社会变动引起了情况变化，为了使登记内容符合公民社会变动的实际情况，就必须办理变更登记。更正登记，是指原来登记的内容报错或填错所造成的差错，需要更正登记。这方面的差错，有无意造成的，也有故意报错的，往往是申报或填报人为了达到个人目的，故意隐瞒真实情况而假报的。无意弄错的，往往是申报人马虎大意，或户口登记人员粗心造成的。发现差错，要及时进行更正登记。

（1）常住人口登记项目的变更更正

①变更姓名。年满18周岁的人变更姓名，需从严掌握，一般不应轻易变更。有正当理由必须变更的，由本人提出申请证明，按有关规定报县（市）公安机关审批。

国家机关工作人员、职工需要变更姓名的，必须持有所在单位人事部门准予变更的证明，方可给予变更。

未满18周岁的人，将乳名改为学名（大名），由本人或家长提出申请，户口登记机关核实情况后给予变更。

依法被剥夺政治权利的人、正在受刑事处分的人，一般不准更改姓名。

②变更民族。公民变更民族，未满18周岁的由父母或收养人向户口登记机关申报。已满18周岁的由本人向户口登记机关申报。年满20周岁不再更改民族成分。凡申请变更民族成分的，须经本人所在单位人事部门或居住地区的街道办事处、乡镇人民政府调查核实，报经县级以上民族工作部门审批后，方可到户籍管理部门办理手续。具体要求恢复和改正民族成分的，由地区（自治州、地级市）的民族工作部门审批；较大范围地区的群众要求恢复或改正民族成分的，由省、市、自治区有关部门调查，经省、市、自治区人民政府审批后，报请国务院有关部门批准。户籍管理部门凭县以上民族工作部门出具的证明，给予办理变更手续。

③公民的职业、服务场所、文化程度等登记事项，由于情况发生变化需要变更时，根据本人或户主的申报，经核实后给予变更。实际上，群众对这类变更往往不进行申报，户口登记机关应主动了解，做到及时变更。

④公民因结婚、离婚、复婚而申请婚姻状况的变更时，户口登记机关审查属实后，应给予变更。

⑤公民因分户或并户变更，需经公安派出所所长或乡、镇人民政府批准。分户的，应在原户口簿、户口登记册上注明分户日期和原因，发给户口簿，另行立户。并户的，收缴被并户的户口簿，在并入的户口簿、户口登记册上登记并入的人口。

⑥户主与户主关系的变更。原户主迁出或死亡或被逮捕等其他原因更换户主

时，应重新打印户内成员与新户主的关系，插入户口簿并重新打印常住人口登记表。

（2）暂住人口登记项目的变更更正

暂住人口登记项目需要变更、更正的，应当到公安派出所办理变更、更正登记手续。暂住人口在设区的市所辖市区、县（市）范围内变动暂住地址的，应当到登记机关办理暂住登记变更手续。

3. 出生登记

出生登记，是指公民到户口登记机关申报新生婴儿户口的一项登记制度。

公民的权利始于出生，出生登记的作用主要有两个方面。首先，对公民个人而言，可以从法律上证明公民的出生地、民族、国籍，从而确认公民的身份；可以证明公民的年龄，在公民的入学、就业、结婚、选举、服兵役、退休等方面，起到保障公民行使权利和履行义务的作用；可以确定出生者与其父母及亲族之间的关系，保护公民的继承权利，保障父母对子女的抚养以及子女对父母的赡养扶助义务的履行；可以证明法律责任年龄是否达到。其次，对国家而言，出生人口数字是国家检验计划生育政策的执行情况、安排妇幼保健、预防接种、中小学生教育规模计划等方面工作的重要依据；通过出生登记，户口管理机关能及时准确地掌握辖区内户籍人口的自然增长数量，严密户政管理，提供出生人口的原始统计资料。

（1）出生登记的规定

①进行出生登记，必须同时具备两个要件：首先，必须是脱离母体后的活产婴儿（包括降生后立即死亡的，出生后，具有生命现象即可登记）。其次，婴儿的父亲或母亲在本户口辖区注册有常住户口。

②婴儿出生后1个月内，由婴儿的父母或其他监护人或邻居凭出生医学证明，向婴儿的父亲或母亲的常住户口所在地的户口登记机关申报出生登记。

③非婚生婴儿的出生登记，可根据有关规定由其母或收养人申报，办理出生登记。非婚生婴儿，同样受到国家法律的保护，户口登记机关应依据申报办理登记。

④被遗弃婴儿的出生登记，应依照有关规定，由收养人或育婴机关向当地户口登记机关申请办理出生登记手续。弃婴的姓名、民族及出生日期，依照具体情况而定，以收养人或者育婴机关所在地为弃婴的出生地。

被收养的未申报出生登记的婴儿，一般在收养关系确认后1个月内，由收养人持主管部门出具的收养公证书或收养证和本人的合法有效身份证件，依照有关规定，向其常住户口所在地户口登记机关申请办理出生登记手续。

⑤对违反计划生育政策出生的婴儿，户口登记机关也应及时给予办理出生

登记。

（2）出生登记的主要项目

①姓名。以正式学名申报户口，中国公民姓名中不允许使用外文和数字。婴儿的姓名由父母商定，若申报人用乳名或者冷僻字申报的，应该尽量动员申报人使用国务院通过的汉字简化字正式命名。

②性别与出生日期。应按医疗卫生部门或者家庭接生人员出具的出生医学证明或居（村）民委员会的证明登记为准。弃婴的性别和出生日期应根据收养人或育婴机构提供的具体情况予以认定。

③民族。新生婴儿的民族应根据父母的民族确定，如父母不是同一民族的，其民族成分由父母商定，选填其中一方的民族。弃婴的民族成分不能确认的，应按照收养人的民族成分填写或由收养机构确定一个民族。

（3）办理出生登记的步骤

①审核婴儿的出生证明材料。包括新生婴儿的出生医学证明，父母的户口本、身份证、结婚证以及准生证，材料证明要齐全有效。如果随父，要有母亲所在户口登记机关的证明，填新生婴儿随父登记户口审批表报县级公安机关审批，责任区户籍民警在20日内调查清楚（1998年7月22日以后出生的按此手续办理）。对于收养的，要有民政部门的收养证，上报县局或分局审批。对于材料齐全，符合要求的，应该立即办理。

②填写出生登记簿。

③进行常住人口登记，填写常住人口登记表和居民户口簿；对于在申报出生登记前已死亡的活产婴儿，只填写出生登记簿和死亡登记簿。

④将填好的居民户口簿交给申报人核对，发现差错及时纠正。

⑤将婴儿的出生证明材料或收养证明材料收存归档，以备查考。

⑥将婴儿常住人口登记表按规定保管。

4. 死亡登记

死亡登记，是指公民到户口登记机关申报注销死亡人户口的一项登记制度。

（1）死亡登记的规定

①进行死亡登记必须同时具备两个条件。第一，当事人必须是事实死亡或由法院宣告死亡。事实死亡是指当事人呼吸、心跳停止，反射消失，整个机体的重要生理功能停止而陷于不能恢复的状态，标志着生命结束。宣告死亡是指依《民法典》规定，当事人失踪一定时间后，经利害关系人声明，法院可推定当事人死亡，进行死亡宣告。第二，当事人在本户口登记机关注册有常住户口或已取得迁往本户口辖区定居的户籍证明。

②公民死亡的，城镇在葬前，农村在1个月内，由其亲属、扶养人、邻居或

所在单位凭死亡医学证明书向死亡公民常住户口所在地的户口登记机关申报死亡登记，注销户口。

③公民在暂住地死亡的，暂住地户口登记机关应根据死亡公民暂住地的有关单位和人员的申报，注销暂住登记。已申领暂住证的，收回暂住证，并及时通知死者的常住户口登记机关。常住户口登记机关根据此通知和死者家属的申报，办理死亡登记，注销户口。

④公民在迁移途中死亡的，如属单身迁移，由死者所在地户口登记机关在其迁移证上注明途中死亡情况，将其迁移证寄给迁入地户口登记机关，由迁入地户口登记机关办理迁入和死亡两项登记。全户迁移的，在迁移证上注明死者的死亡日期和原因，加盖户口专用章，由迁入地户口登记机关办理迁入和死亡登记。

⑤公民被宣告死亡的，由利害关系人持人民法院死亡判决书，向被宣告死亡公民常住户口所在地户口登记机关申报死亡，户口登记机关据此办理死亡登记。被宣告死亡的公民重新出现或确认其没有死亡，由本人或利害关系人持人民法院撤销死亡判决书，向被宣告死亡公民的常住户口登记机关申报恢复户口，户口登记机关据此恢复其常住户口。公民被宣告死亡或撤销死亡宣告，都应当在人民法院判决后的30日内向户口登记机关申报。

⑥因被杀、自杀、意外事故死亡或者死因不明的，户口登记机关应根据户主或者发现人的申报和有关证明，核实后出具死亡证明，注销户口。情节可疑，又无死因证明的，必须及时与有关部门联系处理。

⑦婴儿出生后立即死亡的（包括申报出生前死亡），户口登记机关应督促其家属申报，办理出生、死亡两项登记，但不在户口簿上记载，也不必填写常住人口登记表，只在出生和死亡登记表上进行登记。如果生下来是死婴（死产），就不进行出生、死亡登记。

（2）办理死亡登记的步骤

①审核。对照死亡证明材料，核实死者的常住人口登记表、户口簿、居民身份证是否同一，如无疑点，可立即给予办理；若有疑点，应及时与出证单位取得联系。

②填写死亡登记簿，注销常住户口。在死者常住人口登记表上“何时何因注销户口”一栏中填写死亡时间及原因，盖注销章。居民户口簿在登记事项变更和更正记载栏内办理此项手续，收回死亡医学证明第三联，并在居民死亡殡葬证上加盖户口专用章。公民迁移途中死亡的，无须办理注销手续，只填写迁入登记簿和死亡登记簿。

③对已领居民身份证的死者，应该收缴其居民身份证。

④将居民户口簿交申报人，请申报人核对，发现差错，及时纠正。

⑤填写死亡登记簿。主要登记项目包括：姓名、性别、出生日期、死亡原因、死亡时间等。

⑥收存死亡证明材料，存档备查。

⑦将注销后的常住人口登记表按规定保存备查。

三、户口迁移管理

户口迁移是依法为公民改变户籍所在地、国家采取行政调控手段的人口迁移，是户口制度的主要组成部分。

我国户口迁移制度整体上可概括为四个原则、四个层次、四种类型。

（一）户口迁移的原则

20世纪60年代以来，户口迁移的基本指导原则随着国家城市建设方针的变化而相应变动。而我国户口迁移调控，深层次的原则包括四个方面：第一，以经济建设为中心。即在考虑人口迁移问题时，生产需要重于生活需要。第二，全国“一盘棋”，局部服从整体。即不能只从各地区、各部门自己的需要出发考虑迁移调控问题。第三，国家、集体、个人利益三者兼顾。即不能把个人利益、集体利益与国家利益对立起来。第四，人口的均衡分布。主要是东西部、城乡两个方面的均衡分布。

（二）户口迁移的层次

依据迁移控制的力度，我国迁移调控可划分为以下四个层次：第一，从严控制。人口由农村迁往市镇（含矿区、林区等），由农业人口转为非农业人口，从一般城市迁往北京、天津、上海三市的，要严格控制，按指标逐一审批。第二，适当控制。人口从建制镇迁往市，从小市迁往大市，从一般农村迁往市郊、镇郊农村或国营农场、蔬菜队、经济作物区等地区的，要适当控制，一般也有指标控制。第三，不予控制。从市镇迁往农村，从市迁往镇，从大市迁往小市等人口扩散性迁移，以及同等市、镇、农村人口之间的平行迁移，不予控制，理由正当的都准予落户。第四，鼓励支持。国家以“保留迁返资格”等多种措施，鼓励和支持科技人员从城市到农村，从大城市到中小城市，从内地到边疆，从科技人员富裕、积压的地区、部门和单位到科技人员缺乏而又急需的地区、部门和单位。

（三）户口迁移的类型

依据迁移难易程度，符合国家规定的迁移分为四类：第一，无条件确保的“计划迁移”；第二，基本保障的“调动迁移”；第三，妥善办理的“安置迁移”；第四，逐一审批的“投亲迁移”。近年来，许多省市对不同类型的户口迁移进行了不同程度的改革，如在当地有常住户口的居民可以申请其配偶、子女、父母与其共同居住生活。

（四）迁出登记

迁出登记是户口登记机关依据公民的申请，在其由现户口管辖区迁往另一个户口管辖区以前为其办理户口迁出手续的登记制度。

1. 迁出登记的规定

（1）公民迁移，凡是迁出本户口管辖区的，由本人或亲属向户口登记机关申报迁出登记。

（2）公民申请迁出，户口登记机关应认真审查，如果符合迁出规定，应当办理迁出登记，注销户口。

2. 迁出登记的办理步骤

（1）认真审核有关凭证和材料。户口登记机关对公民申报迁出要认真审查，问明迁出人数、迁出原因、迁出时间和迁往地址等情况，对符合迁移规定和手续的，及时办理迁出手续，发给户口迁移证，并在常住人口登记表和居民户口簿上注销其常住户口。对于不符合迁移政策规定的，不予办理，并向公民解释清楚。对于材料凭证不全的，应让其补充材料或者补齐手续。

（2）签发户口迁移证，将迁移证交申报人核对，发现差错及时纠正。

（3）注销常住户口。在迁出者的《常住人口登记表》上“何时何因迁往何地”栏中注明迁往地的详细地址并加盖印章。在居民户口簿“登记事项变更和更正记载”栏内办理此项手续。全户迁出的户口登记机关要收回居民户口簿。

（4）填写《迁出登记表》，主要登记项目包括：姓名、性别、现住地址、迁往地址、迁移原因、迁移证字号等。

（5）收存有关凭证材料，存档备查。

（五）迁入登记

迁入登记是户口登记机关依据公民申报，凭公民所持的原常住地户口登记机关签发的户口迁移证或其他入户证件，为其办理的入户登记。

1. 迁入登记的规定

公民迁入，应在户口迁移证或其他入户证件的有效期限内迁入，由本人或户主向户口登记机关申报迁入登记。户口登记机关应给予登记，填写户口登记簿。

2. 迁入登记的办理步骤

（1）认真审核迁入凭证材料。户口登记机关应对迁入人的迁入凭证材料和身份证件进行认真审核，符合迁入规定的，办理迁入手续；符合申（换）领居民身份证条件的，同时给予办理居民身份证申（换）领手续。

（2）填写常住人口登记表和居民户口簿。

（3）填写迁入登记表。主要登记项目包括：姓名、性别、由何地迁入、落户地址、迁移证字号等。

(4) 将填好的居民户口簿交申报人核对，发现差错及时纠正。

(5) 将公民的户口迁移证、准予迁入证明等迁移证明收存归档，以备查考。

(6) 将迁入人的常住人口登记表按规定保管。

四、户口档案管理

(一) 户口档案的概念

户口档案，是户口管理中完成并退存备查的行政信息资料的总称。

户口档案不是正在使用的簿证表册，却有重要的工作参考和法律凭证作用，能给广大公民提供广泛的咨询、证明服务，还是众多人文科学研究的重要资料。户口档案管理是户口管理的重要业务，是人口基本信息管理的重要组成部分。

(二) 户口档案的分类

户口档案一般可分为四类：

(1) 户籍档案。户籍档案，是广义的"户籍"，除退存备查的户口底簿外，还包括户口证件及其存根（如户口迁移证及其存根等）和其他文书材料。

(2) 工作对象档案。即重点人口档案。

(3) 一般成年人档案。这是一般成年人与社会治安有关的材料。

(4) 其他备查档案。因死亡、失踪、出国、入伍、逮捕等原因目前不在本户口管辖区者与社会治安有关的材料。

(三) 户口档案的管理制度

1. 分工负责制度

户口档案以派出所为单位集中存放，在所长领导下进行统一管理，具体工作由内外勤民警分担。内勤民警协助所长，协调和指导外勤民警搞好户口档案管理，负责户口档案的登记、分类、编目、索引和保管、借阅、转递、查询工作；负责积累、整理全所户籍档案、备查档案。外勤民警负责调查了解情况、积累和整理材料，建立并补充、完善档案；研究档案资料，提供有用信息；负责本责任区内工作对象档案和一般成年人档案的管理。

2. 分卷建档制度

工作对象档案和一般成年人档案，应当逐人建档并分立正、副卷：查证属实、基本完整、可相对公开的材料立为正卷；尚未查证清楚、不便公开的材料立为副卷；户籍档案和备查档案，一般按住址分卷建档。

3. 档案借阅制度

户口档案以所内查阅为主，一般不借出；户籍档案，可提供单位查阅。一般成年人档案只供政法机关使用；档案正卷可提供给政法机关借阅或其他有关单位查阅，副卷只供公安机关内部查阅，不对外提供。公安机关内部确需借出户口档案，应经公安派出所所长同意，并严格手续，限期回收。

4. 档案处理制度

户籍档案长期保存，一般不销毁。工作对象档案，市内迁移可全部转递，迁往外市、县的只转递正卷。撤销管理后所余材料转为一般成年人档案，死亡后将档案中重要且真实的材料转为备查档案，其他材料销毁。

第三节　居民身份证管理

一、居民身份证概述

（一）居民身份证及居民身份证制度

1. 居民身份证

居民身份证和临时身份证是户口登记机关依法对居住在中华人民共和国境内的中国公民统一颁发的、用以证明公民身份的法定证件。

2. 居民身份证制度

居民身份证制度，是指国家以法律形式规定的，有关居民身份证印制、申领、换领、补领、使用、签发、管理、查验等内容的一系列规范。《居民身份证法》是我国现行居民身份证制度实施的主要法律依据。

（二）我国居民身份证制度的实施与发展

改革开放带来社会经济、文化的迅猛发展，人口大量流动，社会治安日趋复杂，社会生活日益丰富多样，人民群众办理的各种权益事务大量增多，以户为单位的静态的户政管理，急需以证明公民个人身份的动态的证件管理加以弥补，亟须建立现代经济社会人口动态管理模式以适应新的形势。1984 年 5 月国务院批准颁布了《居民身份证试行条例》，在北京进行了颁发身份证试点工作。1985 年 9 月全国人民代表大会常务委员会通过并公布施行了《居民身份证条例》，确立了我国居民身份证制度。1986 年 11 月 28 日，经国务院批准，由公安部公布施行了《居民身份证条例实施细则》，于 1991 年和 1999 年进行了两次修订，由此我国逐步建立了一整套居民身份证使用、管理制度。

1989 年 9 月 15 日，根据公安部《关于在全国实施居民身份证使用和查验制度的通告》《关于公安机关开展查验和核查居民身份证工作的通知》，在全国范围内实施使用、查验和核查居民身份证制度。同日，公安部颁发了《临时身份证管理暂行规定》；1995 年 7 月启用具有防伪功能的居民身份证；1999 年 7 月对居民身份证的编号使用公民身份号码，编号由 15 位增加到 18 位，1999 年 10 月 1 日建立和实施公民身份号码制度；2009 年人力资源社会保障部将之作为公民全国通用、终身不变的社会保障号码；2003 年 6 月 28 日，第十届全国人民代表大会常务委员会通过《居民身份证法》；2011 年 10 月 29 日第十一届全国人民代表大会常务委员会第二十三次会议通过了《关于修改〈中华人民共和国居民身份证法〉的决定》，自 2012 年 1 月 1 日起施行；2005 年 4 月 21 日公安部部长办公会议通过《临时居民身份证管理办法》，自 2005 年 10 月 1 日起施行，自此，我国进入居民身份证制度发展新的历史时期。2016 年 7 月 15 日公安部、中央综治办、国家发展改革委、工业和信息化部、人力资源社会保障部、住房城乡建设部、交通运输部、中国人民银行联合发布实施了《关于规范居民身份证使用管理的公告》，就规范居民身份证使用、核查等有关事项进行了规定，该规定对于更好地维护公民合法权益、保护公民个人信息安全、提高公共服务水平、加快推进社会信用体系建设具有重要作用。

二、居民身份证的名称、式样和项目

（一）居民身份证的名称

证件的名称为“中华人民共和国居民身份证”“临时身份证”。

（二）居民身份证的式样

1. 中华人民共和国居民身份证的式样

（1）一般地区的居民身份证。第二代居民身份证采用非接触式 IC 卡技术制作，具有视读和机读两种功能，是由多层聚酯材料复合而成的单页卡式证件。证件正面印有国徽、证件名称、长城图案、证件的签发机关和有效期限及彩色花纹。证件国徽图案位于左上角（红色实底国徽图案），使整个证件庄严、沉稳，配以“中华人民共和国居民身份证”的字样，很好地表达了主题。背景图案的主要标志物为灰色写意万里长城，代表中华人民共和国长治久安，配以远山的背景，加深了长城图案的纵深感。底纹为彩虹扭索花纹，颜色从左至右为浅蓝色至浅粉色再至浅蓝色，清新、淡雅的色调使证件显得简朴、大方。证件背面印有持证人照片、登记项目、彩色花纹。图案底纹同正面。其中登记项目包括姓名、性别、民族、出生日期、常住户口所在地住址、公民身份号码、本人相片、证件的有效期和签发机关。

（2）经济特区的居民身份证。经济特区的居民身份证正面颜色为海蓝色，背面颜色为浅蓝色。证件背面右上角贴有规格为 12mm × 9mm 全息胶片制作的矩形防伪标记。海南经济特区为五指山和太阳图案，深圳、珠海、汕头、厦门经济特区为“T”字的盾型图案。

（3）民族自治地区的居民身份证。民族自治地区的居民身份证的颜色与一般地区的居民身份证相同，只是证件背面登记项目使用汉字的同时，注明相应的少数民族的文字。

2. 临时身份证的式样

临时居民身份证为聚酯薄膜密封的单页卡式证件。证件正面印有彩虹扭索花纹、写意万里长城图案、“中华人民共和国临时居民身份证”证件名称字样。证件名称分两行排列于版面中间偏上的位置。写意万里长城图案位于证件名称下方，颜色为褐色。彩虹扭索花纹过渡颜色为浅绿色至浅黄色再至浅绿色。证件背面印有彩虹横向波浪扭索花纹并登记持证人姓名、性别、民族、出生日期、住址、公民身份号码、本人相片、证件的有效期限和签发机关九个项目内容。

（三）居民身份证的项目

根据《居民身份证法》第3条的规定，居民身份证登记的项目包括：姓名、性别、民族、出生日期、常住户口所在地住址、公民身份号码、本人相片、指纹信息证件的有效期和签发机关。

三、居民身份证的颁发

（一）居民身份证的发放范围

依据《居民身份证法》的规定，公民应当自年满16周岁之日起3个月内，向常住户口所在地的公安机关申请领取居民身份证。居民身份证由公民常住户口所在地县级人民政府公安机关签发。未满16周岁的公民，由监护人代为申请，领取居民身份证。这主要考虑到随着社会的发展，未成年人上学、旅游在证件方面的需求越来越多，扩大了申领年龄段。港、澳、台同胞迁入内地定居的、华侨回国定居的以及外国人、无国籍人在中国境内定居并被批准加入或者恢复中国国籍的，在办理常住户口登记时，应当依照《居民身份证法》规定申请领取居民身份证。公民在申、换、补领居民身份证期间，急需使用居民身份证的，可以申请领取临时居民身份证。

在换发第二代居民身份证时，公安部从实践出发，对领发范围进行了扩大，把发证的对象扩大到军人和武警、服刑人员和被羁押的人。

（二）居民身份证的有效期限

居民身份证的有效期限分为10年、20年、长期有效三种。16~25周岁的公民，发给有效期10年的居民身份证；26~45周岁的公民，发给有效期20年的居民身份证；46周岁以上的公民，发给长期有效的居民身份证。临时身份证的有效期限为3个月，有效期限自签发之日起计算。未满16周岁的公民，自愿申请领取居民身份证的，发给有效期 5 年的居民身份证。

（三）居民身份证的编号

居民身份证编号是全国统一的赋予每个持证公民唯一的、终身不变（百岁以上老人除外）的编号。居民身份证编号采用行政区划代码、出生日期码、分配顺序码和机读校验码相结合的方法，由 18 位阿拉伯数码组成。其中第 1 ~6 位数码为行政区划代码，第 7 ~14 位数码为出生日期码，第 15 ~17 位数码为分配顺序码，第 18 位数码为机读校验码。

常住户口待定人员因迁移变动、变更（不含更正出生日期）、损坏丢失等原因换、补领临时身份证的，仍使用原证编号。

四、居民身份证的管理

根据《居民身份证法》和《临时居民身份证管理办法》，居民身份证和临时居民身份证，由公安机关统一印制、颁发和管理。

（一）居民身份证和临时居民身份证的申领、换领及补领

1. 居民身份证和临时居民身份证的申领

（1）居民身份证的申领

依据《居民身份证法》的有关规定，公民应当自年满 16 周岁之日起 3 个月内，向常住户口所在地的公安机关申请领取居民身份证。未满 16 周岁的公民，由监护人代为申请领取居民身份证。港、澳、台同胞迁入内地定居的，华侨回国定居的，以及外国人、无国籍人在中华人民共和国境内定居并被批准加入或者恢复中华人民共和国国籍的，在办理常住户口登记时，应当依照《居民身份证法》规定申请领取居民身份证。

（2）临时居民身份证的申领

居住在中华人民共和国境内的中国公民，在申请领取、换领、补领居民身份证期间，急需使用居民身份证的，可以向常住户口所在地的公安派出所申请领取临时居民身份证。未满 16 周岁的公民，由监护人代为申领临时居民身份证。公民申领临时居民身份证，应当交验居民户口簿、本人近期一寸免冠黑白相片，并在其居民身份证申领登记表中加以注明。

2. 居民身份证和临时居民身份证的换领

（1）居民身份证的换领

居民身份证有效期满、公民姓名变更或者证件严重损坏不能辨认的，应当申请换领新证；居民身份证登记项目出现错误的，公安机关应当及时更正，换发新证；领取新证时，必须交回原证。

凡需要换领居民身份证的公民，应重新填写常住人口登记表，交近期标准相

片两张，并按规定交纳工本费。公民应当在居民身份证有效期满之日的 3 个月前申报换领新证，户口登记机关应当在旧证有效期满前将新证发给本人。户口登记机关在发给新证时，收回旧证。

（2）临时居民身份证的换领

临时身份证有效期满和登记内容有变更、更正或证件严重损坏、不能辨认的，应当申报换领新临时身份证。凡换领临时居民身份证的，应在临时身份证申领登记表中记载或者重新填写临时身份证申领登记表，交回旧证，并交纳工本费。

3. 居民身份证和临时居民身份证的补领

（1）居民身份证的补领

补领是指公民因居民身份证遗失，经报告公安机关，自报告之日起 3 个月内仍未找到的，向常住户口所在地公安机关申请办理居民身份证手续的过程。

凡需要补领居民身份证的公民，需在常住人口登记表记事栏内注明，交近期标准大头相片两张及两倍的证件工本费。申报补领新证的，原证作废。补领新证后找回原证的，应当将原证交给户口登记机关。

（2）临时居民身份证的补领

临时居民身份证丢失的，应当申请补领临时居民身份证，并在临时居民身份证申领登记表中记载或重新填写临时居民身份证申领登记表，交纳证件工本费。

（二）居民身份证和临时居民身份证的收缴和收回

1. 居民身份证和临时居民身份证的收缴

下列情况下应当收缴居民正在使用的居民身份证（临时居民身份证）：

（1）赴港澳台或国外定居，出入境管理部门要求注销户口的；

（2）死亡注销户口的；

（3）因违反户口管理规定注销户口的；

（4）伪造、变造的居民身份证和骗领的居民身份证，由公安机关予以收缴。

收缴居民身份证（临时居民身份证）的一般程序：公民交回证件时要在收缴居民身份证登记表上登记、签名，经办民警必须核对、盖章，第一代居民身份证（临时居民身份证）应当场剪角，第二代居民身份证应当场在公民身份号码上打孔作废。收缴的一代证可自行或交户政科销毁；收缴的二代证应定期上交户政科统一处理。收缴居民身份证登记表应归档保管。

2. 居民身份证和临时居民身份证的收回

下列情况应当收回居民旧的居民身份证（临时居民身份证）：

（1）换领居民身份证的居民在领取新的居民身份证时，包括市外迁入、有效期满、项目变更、证件损坏换领和一代证换领二代证以及二代证住址无法追加换领；

（2）遗失居民身份证的居民补领了新的居民身份证后，又找回原来居民身份证（临时居民身份证）的。

居民因遗失无法交回居民身份证（临时居民身份证）的，应到户口所在地派出所补办该证件的挂失手续。

（三）居民身份证和临时居民身份证的使用

1. 总体范围

公民在办理涉及政治、经济、社会生活等权益事务时，主动或应要求出示居民身份证或临时居民身份证，证明其身份。

2. 具体范围

公民办理下列事务，需要证明身份时，可以出示居民身份证或临时居民身份证：

（1）选民登记；

（2）户口登记；

（3）兵役登记；

（4）婚姻登记；

（5）入学、就业；

（6）办理公证事务；

（7）前往边境管理区；

（8）办理申请出境手续；

（9）参与诉讼活动；

（10）办理机动车、船驾驶证和行驶证、非机动车执照；

（11）办理个体营业执照；

（12）办理个人信贷事务；

（13）参加社会保险，领取社会救济；

（14）办理搭乘民航飞机手续；

（15）投宿旅店办理登记手续；

（16）提取汇款、邮件；

（17）寄卖物品；

（18）办理其他事务。主要包括：报考各类高等学校或者中等职业、专业学校；提前支取定期储蓄存款，储蓄存款单据挂失；支取银行汇票、本票、现金、支票、旅行支票、信用卡和汇兑款项；办理家庭财产保险和人身保险业务；办理计划生育手续；申报个人取得的各项纳税收入，办理税务登记和纳税事项；办理聘用、雇用和离、退休手续；申领前往边防禁区、经济特区、戒严通行证件；申领出海渔民、船民证件和船舶证簿；办理海关手续；报名参加文艺、体育竞赛或者比赛；私人房屋产权登记；使用银行支票购买商品；办理拍卖、典当、租赁手续和出售生产性废旧金属；办理印刷业务；刻制印章；认领走失儿童和认领遗失物品；借阅属于开放范围的档案资料；进入党政军机关等部门；申请举行集会、游行、示威；各部门认为需要出示居民身份证证明身份的其他事项。

居民在办理涉及公民权益的有关事务时，有关单位可以要求其出示居民身份证或临时居民身份证，但不得扣留或要求抵押。

（四）居民身份证和临时居民身份证的核查与查验

1. 居民身份证和临时居民身份证的核查

核查，是指国家各级行政管理机关、企事业单位、人民团体和社会各有关部门，在办理涉及公民政治、经济、社会生活等权益事务时，对公民出示的居民身份证或临时居民身份证的持证人的相片、登记内容和证件的有效性进行核对检查。

有关部门在办理涉及公民权利、义务的事项时，必须认真核查公民的居民身份证。公民在办理涉及权益的事务时，不出示居民身份证或临时居民身份证接受核查时，有关部门可以拒绝管理或暂缓管理公民办理的权益事务。

2. 居民身份证和临时居民身份证的查验

查验，是指法律授权公安机关在执行公务时，为查明公民身份，依法命令或强制公民出示居民身份证或临时居民身份证，重点审查、检验证件的真实性、时效性、持证人相片及其登记内容的行政行为。

人民警察依法执行职务，遇有下列情形之一的，经出示执法证件，可以查验居民身份证或临时居民身份证：

（1）对有违法犯罪嫌疑的人员，需要查明身份的；

（2）依法实施现场管制时，需要查明有关人员身份的；

（3）发生严重危害社会治安突发事件时，需要查明现场有关人员身份的；

（4）在火车站、长途汽车站、港口、码头、机场或者在重大活动期间设区的市级人民政府规定的场所，需要查明有关人员身份的；

（5）法律规定需要查明身份的其他情形。

执行任务的人民警察在查验公民的居民身份证或临时居民身份证时，应当首先出示自己的警官证，注意尊重和保护公民的合法权益。

除按照《刑事诉讼法》被执行强制措施的人以外，公安机关不得扣留公民的居民身份证和临时居民身份证。

3. 居民身份证和临时居民身份证查验核查的基本方法

（1）直观检查

①检查证件相片与本人（持证人）面貌特征是否相符。居民身份证、临时居民身份证上持证人相片规格为 32mm × 26mm。核查、查验时应认真审核居民身份证和临时居民身份证相片与持证人本人的面貌特征是否一致。

②检查证件外观、式样、规格和印刷颜色是否符合规定。关于居民身份证、临时居民身份证的外观、式样等前面已讲过，这里不再复述。

（2）逻辑检查

①证件有效期限与持证人年龄、签发日期之间的关系。依据人的生理面貌特征变化情况，居民身份证的有效期限为 10 年、20 年和长期三个档次。16 ~ 25 周岁申领人的居民身份证有效期为 10 年；26 ~ 45 周岁有效期限为 20 年；46 周岁以上有效期为长期。证件的有效期限从签发之日起开始计算。

②居民身份证编号与出生日期、性别之间的关系。居民身份证查验或核查时，应注意核对持证人证件编号对应关系，以及性别是否符合男女性顺序码分别为奇偶数的规则。

③居民身份证住址栏与签发机关印章之间的关系。居民身份证的签发机关是县公安局、不设区的市公安局和设区的公安分局，以及经国家和省级批准有户口管理权限的各类开发区公安局。居民身份证的住址与签发机关管辖范围必须一致。

（3）通过全国公民身份信息系统进行查验

将查验的居民身份证通过电信运营商的网络通道传送至公安部全国公民身份信息数据库进行比对，得到“一致”或“不一致”的比对结果；如果“一致”还可以进一步比对照片，以确认照片与身份证提交者本人是否一致，识别真伪。

（五）违反居民身份证制度的处罚

居民身份证制度是法律确立的，违反居民身份证管理制度，既破坏了行政管理秩序，又侵犯了公民的合法权益，给国家和人民利益带来了危害，因此，我国法律对违反居民身份证管理的行为设置了相应的法律责任。

1. 应当承担法律责任的违法行为

根据我国《居民身份证法》和其他有关法律的规定，应当承担法律责任的违反居民身份证管理的行为主要有以下几种：

（1）使用虚假证明材料骗领居民身份证。这种违法行为在主观方面，行为人必须是故意，目的是申请领取一个或多个与本人真实身份不符的居民身份证。如果不是故意，而是粗心或失误造成证明材料虚假的，则不构成这一违法行为；在客观方面，行为人必须实施了使用虚假证明材料骗领居民身份证的行为。至于是否骗领成功，不影响该违法行为的构成。

（2）出租、出借、转让居民身份证。无论是出租、出借或是转让居民身份证，都可能给一些心存不良的人造成可乘之机，给社会和他人带来损失。出租，是指以牟利为目的，将居民身份证有偿交予他人在一定时间内使用；出借，是指将居民身份证无偿交予他人在一定时间内使用；转让，是指将居民身份证的使用权永久性交予他人使用。这里所指的“居民身份证”，应当是依照法律规定合法取得的真实的居民身份证，主要是行为人本人的居民身份证，也可包括他人的居民身份证；如果行为人出售的是伪造、变造的居民身份证，则构成另一种违法行为，即出售伪造、变造的居民身份证。

（3）非法扣押他人居民身份证。这种违法行为，在主观方面也必须是故意的，即目的是限制该身份证持有人的行为，如果不是出于这种目的，如仅仅是替他人保管身份证，以防丢失，或应他人委托持他人身份证代办有关事务等，则不构成这种违法行为。在客观方面，必须有实际非法扣押行为，即没有法定扣押权的单位和个人或未经法律授权，将他人的居民身份证予以扣留的行为。

（4）冒用他人居民身份证或者使用骗领的居民身份证。这种违法行为本质上是冒用他人的身份或使用虚假的身份来掩盖自己的真实身份，具体又包括两种违法行为：一种是冒用他人居民身份证，即使用他人居民身份证来证明自己身份；另一种是使用骗领的居民身份证，即使用通过虚假证明材料骗领的居民身份证来证明自己的身份。这类违法行为，主观上只要明知所使用的身份证不能真实反映本人身份，而以该身份证来证明本人身份的，即可以构成。至于实施该行为的最终目的是否合法以及是否达到，不影响本违法行为的构成。

（5）购买、出售、使用伪造、变造的居民身份证。买卖任何居民身份证均为法律所禁止，但由于买卖伪造、变造的居民身份证，性质更为恶劣，因此法律将这种违法行为单列出来，以便设定更为严厉的制裁措施。使用伪造、变造的居民身份证，本质上也是使用不符合自己真实身份的身份证的行为，但这种行为情节更为严重，对社会危害更大，因此，在刑法上被单列为犯罪行为。实践中有些购买、出售伪造、变造的居民身份证的行为人与伪造、变造居民身份证的犯罪分子相勾结，还可以根据具体情节认定为伪造、变造居民身份证罪的共同犯罪。

（6）伪造、变造居民身份证。所谓“伪造”，是指无权制作居民身份证的单位或个人，冒用有权制作居民身份证的机关的名义，非法制作居民身份证；变造，是指用涂改、擦消、覆盖等方法，对真实的居民身份证内容，包括视读和机读的内容，进行更改的行为。

（7）有上述六种行为之一，又从事犯罪活动的。如冒用他人居民身份证或者使用骗领的居民身份证，进行诈骗、招摇撞骗等犯罪活动。

2. 法律责任

针对上述各种违反居民身份证管理的行为，《居民身份证法》等有关法律设定了相应的法律责任。例如：

（1）对于使用虚假证明材料骗领居民身份证，出租、出借、转让居民身份证，非法扣押他人居民身份证的违法行为，由公安机关给予警告，并处200元以下罚款，有违法所得的，没收违法所得。

（2）对于冒用他人居民身份证或者使用骗领的居民身份证，或购买、出售、使用伪造、变造的居民身份证的违法行为，由公安机关处200元以上1000元以下罚款，或者处10日以下拘留，有违法所得的，没收违法所得。

（3）对于伪造、变造居民身份证的，依法追究刑事责任。我国《刑法》第280条第3款规定，伪造、变造居民身份证的，处3年以下有期徒刑、拘役、管制或者剥夺政治权利；情节严重的，处3年以上7年以下有期徒刑。

（4）对于实施《居民身份证法》规定的违法行为的同时，又从事犯罪活动的，依法追究刑事责任。根据《居民身份证法》的规定，如果行为人有该法第17条、第18条所指的违法行为之一的，又实施了犯罪行为，应依照《刑法》等有关法律追究其刑事责任。如行为人冒用他人居民身份证或者使用骗领的居民身份证，进行诈骗、招摇撞骗等犯罪活动，应当依照《刑法》关于诈骗罪、招摇撞骗罪等的规定追究刑事责任；如行为人明知他人将要或正在实施犯罪活动，而将居民身份证出租、出借、转让给他人供其实施犯罪活动之用，可以认定其构成共犯，应当依照《刑法》的有关规定追究刑事责任。

延伸阅读

中新网7月30日电 公安部副部长黄明今日在谈及户籍制度改革时指出，这次户籍制度改革一大目标，就是要努力实现1亿左右农业转移人口及其他常住人口在城镇落户。这次制度改革决心之大、力度之大、涉及面之广、措施之实是以往所没有的。

国务院今日正式印发《关于进一步推进户籍制度改革的意见》，国新办30日举行新闻发布会，请公安部副部长黄明等部委负责同志介绍《关于进一步推进户籍制度改革的意见》有关情况，并答记者问。

黄明指出，户籍制度改革有三个比较鲜明的特点：一是这次户籍政策是一次总体调整，与以往相比，过去的历次改革一般都是局部的、部分的、条文的调整，某一个方面的调整。这次是在中央对新型城镇化建设作出全面的规划后，决定在全国实施差别化的落户政策，这对合理布局大中小城市和小城镇，合理引导人口的分布将起着十分重要的作用。二是按照中央全面深化改革的统一部署进行的一次综合配套的改革，就是户籍制度的改革不仅是户籍制度本身单项的改革，是各有关部门配套进行的改革。三是对新型户籍制度的一次整体构建。

黄明说，这次户籍制度改革一个大目标，就是要努力实现1亿左右农业转移人口及其他常住人口在城镇落户，让在城镇就业居住的农业转移人口和其他常住人口暂时没有落户的，能够逐步享受当地的基本公共服务，这是一个重要的目标。同时，户籍制度改革还有一个目标，就是要基本建立与全面建成小康社会相适应、有效支撑社会管理和公共服务、依法保障公民权益、以人为本、科学高效、规范有序的新型户籍制度，包括以下几个方面：要通过推进户籍制度改革，统一城乡的户口登记制度，全面实施居住证制度，基本建立以合法稳定住所和合法稳定就业为基本条件，以经常居住地登记为基本形式的户口迁移登记制度，建成国家人口基础信息库，实现跨部门、跨地区的信息整合和共享。

黄明强调，这次户籍制度的改革不仅是落户政策的调整，还包括要建立城乡统一的户口登记制度，全面实施居住证制度，健全人口信息管理制度等多个方面。可以说，这次户籍制度改革决心之大、力度之大、涉及面之广、措施之实是以往所没有的。

（来源：中国新闻网，2014年7月30日）

第十一章

公安人口管理

第一节　公安人口管理概述

一、公安人口管理的概念和范围

（一）公安人口管理的概念

公安人口管理，是指公安机关从维护社会治安秩序、保障公民人身权益、维护社会稳定的角度出发，根据公安机关的职权，依法对具有社会危险性或者违法犯罪可能的人员实施的特定治安管理。

公安人口管理作为一种针对特定人口的治安管理，不同于一般的治安行政管理，其管理的对象从表面上看是特定的人员，但从内在本质上看主要还是进行特定人员所具有的社会治安信息收集、分析、提供和管理等工作，而不是对特定人员的人身自由加以限制。

（二）公安人口管理的范围

公安人口管理的范围一般包括常住人口和流动人口中的重点人口、社会监管对象、潜在被害人，以及青少年帮教对象和社会弱势群体的安全性保护对象。

二、公安人口管理的作用、基本原则和意义

（一）公安人口管理的作用

1. 收集社会治安信息，掌握社会治安动态

社会治安情报信息散布于社会公众之中，公安机关通过人口管理，使公安机关与社会公众之间搭建了情报信息的沟通桥梁，建立了与辖区人口的密切联系，

发现辖区居住生活和活动的现有人口中，存在的影响社会公共安全的重点人口、潜在被害人口以及违法青少年等，使公安机关能够掌握和控制影响社会治安的与人相关联的违法犯罪信息，及时发现违法犯罪信息和线索；公安机关通过辖区人口管理，及时知晓辖区公众对社会治安的反应，及时明确辖区社会治安的热点和焦点问题，及时掌握社会公众对国家出台的方针政策和重大政治、经济事件的意见、情绪，以及对国际政治事件的反应，使公安机关及时掌握社会治安动态；公安机关通过辖区人口管理，能够及时获取社会公众对公安工作的意见和看法，也能够及时明确公安工作的社会影响和效果，掌握社会治安工作的公众反馈信息，保证公安工作决策的准确性。

2. 积极预防违法犯罪

公安机关通过人口管理，掌握社会治安情报信息，使公安机关能够及时、主动地开展有针对性的犯罪预防，提高犯罪预防的目的性、犯罪预防的效率和效果。

公安机关通过公安人口管理，与社区人口密切接触、了解和进行家访，及时发现社区居民中存在安全隐患的家庭以及容易受到犯罪侵害的潜在被害人员，及时进行安全防范教育，采取措施降低潜在被害人的受害概率，实现主动性犯罪预防。

重点人口在公安人口中具有较大的现实危险性，公安机关通过人口管理，掌握重点人口的心理活动规律、家庭和个人状况，通过向社会各界和公众开展有针对性的教育、挽救工作，减少重点人口违法犯罪的概率，实现通过人口管理减少犯罪发生的效果。

随着我国改革开放的深入，经济的快速发展和社会的变革，社会中存在大量的各种矛盾，社会矛盾造成社会治安的混乱和不稳定。公安机关通过公安人口管理，能够及时掌握隐藏在社会人口之中的社会矛盾，及时发现可能引发社会治安问题的源头，通过人口管理，开展群众工作，及时化解社会矛盾，减少诱发犯罪的因素。

3. 直接服务于公安工作的现实斗争

公安机关通过公安人口管理能够及时获取相关人员的各类社会信息，能够及时发现隐藏在社会之中的各类犯罪线索，满足公安机关开展公安工作的信息要求，使公安机关掌握公安工作的主动性。

通过人口管理，落实“由人及案”的侦破思路，打击潜藏的违法犯罪人。目前，许多严重违法犯罪是由职业犯罪分子或有犯罪前科人员实施的，他们大多都以各种方式隐藏于社会之中，逃避公安机关的打击处理。

4. 提供公共安全，保护公民人身、财产安全

公安机关通过公安人口管理，实现对人的有效控制，减少违法犯罪的产生，

降低违法犯罪对社会公共安全的破坏，增强公安机关对社会公共安全的有效管理和控制，有利于保护公民的人身、财产安全。

公安机关通过公安人口管理，积极主动地与社会公众接触、联系，使意欲违法犯罪的人员始终感觉到其处于公安机关的密切监控和注视之下，同时公安机关通过公安人口管理及时预防和打击违法犯罪，也有效地提高了违法犯罪人员的违法犯罪成本。实践证明，有效的人口管理对违法犯罪人员具有强大的震慑作用。

公安机关通过对公安人口的管理，对可能破坏社会秩序的人员进行教育、管理、限制、处罚，实现对社会秩序的管理和控制，有效地保障社会公共安全。

公众的安全感是公众对社会治安状况的复杂心理感受，取决于公众的个体经验、媒体宣传以及个体心理感受等。公众的社会安全感对社会治安状况也具有积极的影响作用。公安机关通过公安人口管理，密切与社会公众接触、交流，使社会公众也能够参与到社会治安的管理工作之中，使社会公众切身体验到公安机关维护社会治安的行动和成效，感觉到公安机关就在社会公众身边，能够有力地保护社会公众的人身、财产安全，有利于提高公众的社会安全感。

（二）公安人口管理的基本原则

1. 讲求证据，依法管理

公安人口管理涉及被管理对象的人身权益，同时还涉及社会公共安全。因此，在公安人口管理工作中必须讲求证据，必须通过证据使人口管理工作言之有据，防止管理者主观推测和臆想造成公安人口管理的随意性。公安人口管理必须严格依法进行，实现公安人口管理的法治化，防止管理者滥用权力。

讲求证据，要求公安机关在确定被管理对象时要有依据，对于群众举报的，要有公安机关的初步调查。公安人口管理是一项公安机关的治安行政管理工作，这种治安行政性需要公安人口管理严格遵守相关法律、法规，保证公安机关管理的严谨性和严肃性，防止法外管理，以保护公民的人身合法权益。

2. 讲求程序，管理有方

公安人口管理涉及社会公共安全和公民的合法权益，为保证公安人口管理工作的严密性，必须要求在公安人口管理工作中严格按照法定工作程序进行操作，减少公安人口管理的人为性和随意性，以此提高公安人口管理的行政管理效能。

讲求程序，要求公安机关在公安人口管理过程中，从信息收集、调查、确定管理对象到实施治安管理，必须根据法律规定的相关程序开展工作。管理有方，要求公安机关在确定管理对象后，应根据被管理对象的个体特点和问题，有针对性地开展治安管理，做到管理方法因人而异。

3. 多方协作，动态控制

不仅公安人口管理涉及社会面较宽，而且公安人口管理的信息也是各相关部门在业务工作中必不可少的。为提高公安人口管理的社会效能，管理主体必须进行多方协作，实现动态管理。

多方协作，要求公安机关在公安人口管理过程中充分依靠社会各界，广泛获取公安人口相关信息；同时，公安机关内部各单位之间也要相互进行信息交流，实现公安人口信息资源的全方位共享，保障公安人口信息的及时性和全面性。动态控制，要求公安机关在公安人口管理过程中能够形成网络化的人口管理模式，保证被管理对象无论在任何时间、任何地点始终能处于公安机关的控制之下，防止出现人口管理的漏管、失控问题。

4. 保护公民隐私

公安人口管理主要是收集、整理、管理特定人员与社会公共安全相关的各类信息，这些信息与公民的个人隐私具有必然的联系。由于这些被管理对象往往是未判决的犯罪嫌疑人，公安机关在管理这些人的个人信息过程中需要对相关信息进行保密，防止泄密，避免造成公安机关在管理中的被动局面。

此外，公安机关在人口管理过程中也会收集到某些非管理对象的个人信息或个人隐私。公安机关从保护公民个人合法权益的角度出发，也需要对搜集到的个人隐私进行保密，防止泄露造成对公民合法权益的损害。

（三）公安人口管理的意义

1. 有利于实现国家对本国境内居民的安全保护

公安人口管理是公安机关的具体业务工作，体现了我国政府重视对本国境内居民的安全保护，努力为本国境内居民提供良好的社会生活环境。

通过公安人口管理，为特定人员提供安全保障。公安机关通过公安人口管理，确定辖区内人口中存在的特定易受违法犯罪侵害的人员范围；通过日常治安管理，改善这类特定人群的安全防范状况，减少他们受到违法犯罪侵害的概率，提高他们的安全保障能力，减少社会因违法犯罪侵害而产生的震荡。

公安人口管理实现了对违法犯罪的主动性预防，使可能违法犯罪人员的违法行为在初期受到干预，实现了政府、社会对违法犯罪的社会治理，有助于减少违法犯罪人员的演化和蜕变，防止违法犯罪人员的产生和出现，从而为社会提供安全保障。

公安机关通过公安人口管理掌握违法犯罪信息，提高打击违法犯罪的准确率和效率，减少违法犯罪案发后对社会的影响强度，有助于形成对违法犯罪人员的威慑，增强社会公众的安全感。

2. 体现了国家权力对社会生活的干预

公安人口管理，是警察代表国家、社会对可能影响社会整体利益、危害社会治安的人员的一种监控，体现了国家权力对社会生活的干预。

公安人口管理，体现了国家权力对公民行为、活动监控的特性。公安机关通过人口管理，实现了国家权力对社会公众的行为、活动的监控，使国家能够及时掌握和了解社会动态，及时制定相关政策，保障社会秩序的稳定。

公安人口管理作为政府部门的重要职能，其意义在于对市民社会生活的某些重要方面进行干预，保障市场经济发展所需的良性社会环境。随着当今社会恐怖分子活动的日益猖獗，世界各国对特定人员的监管和对市民行为干预的领域越来越广。公安人口管理，一方面能够体现国家对社会生活的干预，另一方面也进一步强化了政府职能。

3. 有助于密切警民之间的关系，有助于警务决策的民主化

公安人口管理强化了警察与公民之间的交往和沟通，有助于密切警民关系，有助于形成良性的警民关系。在社会公众及时提供社会治安信息的过程中，社会公众就会将他们的意见、建议、想法投入警务决策的各个环节之中，通过信息交流参与警务决策，实现警务决策的民主化。

三、公安人口管理的基本手段

公安人口管理手段，是指公安机关依法实施公安人口管理过程中，发现、分析、甄别公安人口，并实施预防、控制、保护、帮教公安人口的多种工作方法的统称。公安人口管理手段是公安机关治安管理部门的一项特定职权，是治安管理手段的重要组成部分。公安人口管理手段的实施，本质上是公安机关运用公安人口管理职权而实施的一种行政管理活动。公安人口管理职权是公安机关行政职权的重要组成部分。实施公安人口管理手段的目的，是完成公安人口管理的任务，促进与维护社会治安秩序的稳定。

公安人口管理手段是公安人口管理主体与公安人口管理客体间相互联系的中介和桥梁，是国家依法赋予公安机关进行人口管理的职权和职责的具体体现，公安人口管理手段既是由国家有关法律规范规定的，也是由国家公安人口管理对象的性质和公安人口管理活动的客观规律所决定的。公安人口管理手段作为治安管理手段制度体系中一个相对独立的组成部分，与公共场所管理、特种行业管理、危险物品管理等方面的管理手段相比，无论是在内容和形式上，还是在侧重点和基本要求上都不尽相同。公安人口管理的基本手段主要由司法手段、行政手段和社会手段三部分组成。

（一）司法手段

1. 社区矫正

社区矫正是一种与监禁矫正相对应的行刑方式，是一种司法性的人口管理手段，是指将符合社区矫正条件的罪犯置于社区内，由专门的国家机关在相关社会团体和民间组织以及社会志愿者的协助下，在判决、裁定或决定确定的期限内，矫正其犯罪心理和行为恶习，促使其顺利回归社会的非监禁性刑罚执行活动。社区矫正是完善刑罚执行、推进国家治理体系和治理能力现代化的一项重要制度。由第十一届全国人民代表大会常务委员会第十九次会议于2011年2月25日通过的《中华人民共和国刑法修正案（八）》将社区矫正写入我国刑法，明确了社区矫正的法律地位。2019年12月28日，第十三届全国人民代表大会常务委员会第十五次会议通过了《中华人民共和国社区矫正法》（以下简称《社区矫正法》），该法自2020年7月1日起施行。

根据《社区矫正法》的规定，社区矫正的适用范围为四种罪犯，即被判处管制、宣告缓刑、假释和暂予监外执行的罪犯。社区矫正工作坚持监督管理与教育帮扶相结合，专门机关与社会力量相结合，采取分类管理、个别化矫正，有针对性地消除社区矫正对象可能重新犯罪的因素，帮助其成为守法公民。社区矫正对象应当依法接受社区矫正，服从监督管理。

国务院司法行政部门主管全国的社区矫正工作。县级以上地方人民政府司法行政部门主管本行政区域内的社区矫正工作。人民法院、人民检察院、公安机关和其他有关部门依照各自职责，依法做好社区矫正工作。人民检察院依法对社区矫正工作实行法律监督。地方人民政府根据需要设立社区矫正委员会，负责统筹协调和指导本行政区域内的社区矫正工作。县级以上地方人民政府根据需要设置社区矫正机构，负责社区矫正工作的具体实施。社区矫正机构的设置和撤销，由县级以上地方人民政府司法行政部门提出意见，按照规定的权限和程序审批。司法所根据社区矫正机构的委托，承担社区矫正相关工作。

依法判处管制、宣告缓刑、裁定假释、决定暂予监外执行的人民法院和依法批准暂予监外执行的监狱管理机关、公安机关是社区矫正决定机关。社区矫正决定机关应当自判决、裁定或者决定生效之日起5日内通知执行地社区矫正机构，并在10日内送达有关法律文书，同时抄送人民检察院和执行地公安机关。社区矫正决定地与执行地不在同一地方的，由执行地社区矫正机构将法律文书转送所在地的人民检察院、公安机关。

社区矫正对象在社区矫正期间应当遵守法律、行政法规，履行判决、裁定、暂予监外执行决定等法律文书确定的义务，遵守国务院司法行政部门关于报告、会客、外出、迁居、保外就医等监督管理规定，服从社区矫正机构的管理。社区矫正机构根据社区矫正对象的表现，依照有关规定对其实施考核奖惩。社区矫正对象认罪悔罪、遵守法律法规、服从监督管理、接受教育表现突出的，应当给予表扬。社区矫正对象违反法律法规或者监督管理规定的，应当视情节依法给予训诫、警告、提请公安机关予以治安管理处罚，或者依法提请撤销缓刑、撤销假释、对暂予监外执行的收监执行。社区矫正对象失去联系的，社区矫正机构应当立即组织查找，公安机关等有关单位和人员应当予以配合协助。查找到社区矫正对象后，应当区别情形依法作出处理。社区矫正机构发现社区矫正对象正在实施违反监督管理规定的行为或者违反人民法院禁止令等违法行为的，应当立即制止；制止无效的，应当立即通知公安机关到场处置。社区矫正对象殴打、威胁、侮辱、骚扰、报复社区矫正机构工作人员和其他依法参与社区矫正工作的人员及其近亲属，构成犯罪的，依法追究刑事责任；尚不构成犯罪的，由公安机关依法给予治安管理处罚。

被提请撤销缓刑、假释的社区矫正对象可能逃跑或者可能发生社会危险的，社区矫正机构可以在提出撤销缓刑、假释建议的同时，提请人民法院决定对其予以逮捕。人民法院应当在 48 小时内作出是否逮捕的决定。决定逮捕的，由公安机关执行。人民法院裁定撤销缓刑、假释的，公安机关应当及时将社区矫正对象送交监狱或者看守所执行。人民法院、公安机关对暂予监外执行的社区矫正对象决定收监执行的，由公安机关立即将社区矫正对象送交监狱或者看守所收监执行。

2. 刑嫌控制

刑嫌人员是刑事犯罪嫌疑人员的简称，是指有犯罪迹象或犯罪嫌疑，但尚未确定证据的人员。刑嫌控制是一种司法性的人口管理手段，是公安机关基层部门基础工作的重要内容，是侦查破案、打击违法犯罪和维护社会治安的有效手段。刑嫌控制的任务，主要是及时发现刑嫌人员，为侦查破案提供线索，预防、制止犯罪的发生。根据有关规定，刑嫌人员主要包括：解除少年管教、刑满释放人员中有重新犯罪嫌疑的；正处于缓刑、假释、监（所）外执行、保外就医和取保候审、监视居住，有继续犯罪嫌疑的；身份不明，形迹可疑，有流窜犯罪嫌疑和有前科劣迹行为的；有黑社会性质组织犯罪或者集团犯罪嫌疑的；经济暴富，行为反常，持有或者出售可疑物品，有盗窃、抢劫或者经济犯罪嫌疑的；有杀人、强奸、绑架等犯罪嫌疑的；有盗窃、抢劫、私藏、制造、贩卖枪支和爆炸物品犯罪嫌疑的；聚赌、吸毒，赌资、毒资来源不清有犯罪嫌疑和作案可能的；有其他犯罪嫌疑的。同时，不满 16 周岁的人，一般不列为刑嫌人员，其中有可能实施故意杀人、故意伤害、强奸、抢劫、贩卖毒品、放火、爆炸、投放危险物质犯罪活动的嫌疑人员，可以列为刑嫌人员。

刑嫌控制工作由刑侦部门配合，由监管、派出所等部门具体实施。刑嫌控制方法主要有：组织居住地的街道、村干部，治安积极分子，出租屋房主等人员协助调控；组织有关行业人员、企事业单位的保卫人员以及其他有条件的人员进行调控；布置刑事秘密力量、治安秘密力量贴靠调控；民警直接进行调控。基层所（队）要严格对待刑嫌人员的调查、建档和控制工作，并熟悉辖区刑嫌人员的基本情况，严密掌握刑嫌人员的活动，做好各项控制、复查记录，不断充实和完善刑嫌人员档案。

（二）行政手段

公安机关通过各种行政管理的具体方式实现对公安人口的有效管理和控制，以达到维护社会治安的根本目的。在公安人口管理中，无论是对常住人口和流动人口中的重点人口的管理，还是对社会监管对象等其他公安人口的管理，都包含着登记、统计、档案管理等日常的行政管理工作，更突出地体现了公安人口管理手段的行政性质。

1. 人口的户政管理。户政管理是依法收集、确认、提供本国住户居民身份、住址、亲属关系等人口基本信息的国家行政管理。人口的户政管理不仅是一种具有一定强制性的国家行政管理，还是一项国家的基础行政，是其他行政管理、社会管理的基础。中国的户政管理目前由公安机关主管，是一项重要的治安业务和公安基层基础工作。

户政管理的业务主要包括：（1）划分管辖区域，编定住户门牌。主要是划分户口管辖区、警务责任区与住户门牌管理。划定户口管辖区并细分为民警责任区，是户政管理各项业务开展的基础。地名与住户门牌，是表示人类生存状态的基本人文区位坐标。中国的地名管理由民政部门主管，但住户门牌由公安机关户政部门主管。（2）经常性人口登记和定期统计。这是人口基本信息的主要收集方式，是确认和保障公民合法权益、实施社会管理的基础。定期统计就是用数理方法汇总人口登记数据以全面反映人口的基本情况，既为社会提供广泛的数据服务，又可检验人口登记工作的实效。（3）身份证管理。身份证是由国家行政管理部门依法颁发的，用以证明公民身份的统一、规范的法定证件。身份证管理是户政管理制度的一部分，是户政管理方式由静态为主向动静结合、以动为主转变的结果。（4）户口调查。户口调查由公安人员负责，既具有核对人口基本信息的作用，还具有了解各种公安工作对象，收集、掌握社会治安动态信息的重要作用。（5）住户人口档案资料管理。住户人口档案资料可以为国家行政、社会管理和法律事务提供详细的基础资料，因而，对这些资料的有效管理是社会管理和国家行政的重要工作。（6）户口迁移调控。所谓户口迁移调控，是指对常住户口迁出、迁入的申请与审批，即以户口迁移为手段调控人口迁移。（7）暂住人口管理。由于人口基数大、城乡差别大等基本国情，在户口迁移调控改革还难以完全到位的情况下，对流入城镇而未迁入户口的人员，还需要实施暂住管理。（8）工作对象的管理。工作对象的管理包括：重点人口管理；监外执行罪犯的监管改造；对取保候审、监视居住人员的管理；对有违法和轻微犯罪行为的青少年的帮助和教育等。

2. 重点人口管理。重点人口，是指有危害国家安全或危害社会治安嫌疑，需要由公安机关纳入工作范围实施重点管理的人员。重点人口管理，是公安机关对有危害国家安全和社会治安嫌疑的人口群体实施的特定治安行政管理。它是治安基层基础工作的重要部分，是公安派出所等基层公安机关的一项本职任务。

重点人口管理，既是社会治安的有效控制手段，又是违法犯罪的必要预防措施，也是公共安全的重要信息来源，因而在维持秩序、维护稳定、遏制犯罪等各个方面，都具有重要的意义。

（三）社会手段

我国的公安人口管理依靠人民群众施行，实行专门机关工作与群众路线相结合，这既是社会主义民主政治的具体体现，也是我国公安机关的优良传统和公安工作的基本原则。因此，动员、组织群众参与公安人口管理活动是我国公安工作的优势，是我国公安人口管理工作的一个重要基本特征。

1. 社会帮教

群众参与社会帮教，是现代社会行刑社会化的发展需要，是教育、改造违法犯罪分子的客观需要。在我国，充分调动广大群众，尤其是家长、学校或单位和社会组织，参与社会帮教的主动性和积极性，发挥他们对青少年的关心爱护和维护社会正常的生产、生活、学习秩序的无穷力量，是在社会帮教中运用群众路线的充分体现，也是我国社会帮教的优良传统，更是建设社会主义精神文明的重要内容，体现了社会的文明和进步。所以，社会帮教是公安人口管理工作的一种重要社会手段。

2. 社区弱势群体的救助

社会弱势群体的救助也是公安人口管理工作中社会手段的一种。社会弱势群体，是指由于经济贫困、文化匮乏或身体特征而存在安全隐患，一旦受到违法犯罪侵害，便缺乏自我救助能力的特定社会群体。中国当前出现的规模庞大的弱势群体，不仅引起全社会的普遍关注，也成为引发社会矛盾和社会问题的关键性因素。为此，弱势群体问题已开始成为中国公平、公正的焦点性问题，是事关改革发展和社会稳定大局的大事。社会弱势群体的救助要通过全社会的共同努力来完成。也就是国家要建立相应的制度和机制，投入专项基金，调动企业、事业单位和社会团体、社区民众来共同参与，尤其是要充分发挥社区在社会弱势群体救助方面的积极作用，建立弱势群体社区管理目标责任制，制订具体的实施计划，并落到实处，促使大部分弱势群体能通过社区实现救济、帮扶和就业。这样可以凝聚社区民众团结的精神和力量，为和谐社区的创建奠定基础。公安机关也要重视弱势群体救助，加强对弱势群体的入户调查，关心帮助他们，减少和化解社会矛盾。

第二节　流动人口管理

一、流动人口的含义与分类

（一）流动人口的含义

流动人口是相对于常住人口而言的，一般是指离开常住地跨越一定的行政辖区范围，在某一地区滞留从事各种社会活动的人口。目前，学术界对流动人口概念有不同的认识，有学者认为，流动人口特指那些临时性的人口移动，而通常使用的流动人口概念，包括了所有没有办理户口迁移手续的人口移动，无论这种移动是短暂的，还是长期的。以常住地是否改变为唯一标志，将流动人口定义为暂时离开户籍所在地而非迁居的各种移动人口。根据户籍管理法规，公安机关对跨越一定的行政区划，在流入地暂住 3 日以上的流动人口，必须依法进行登记管理。对这部分已纳入公安机关户口登记管理范围的流动人口，我们称为暂住人口。例如，《石家庄市流动人口管理办法》第 3 条规定，本办法所称流动人口，是指离开常住户口所在地来本市暂住 3 日以上的人员。这里的“流动人口”和“暂住人口”的含义是一致的。

（二）流动人口的分类

流动人口是一种特定的社会经济现象。根据不同的标准，可以对流动人口进行不同的分类：

1. 根据流动人口在流入地滞留的时间不同，可把流动人口分为过往型流动人口和居留型流动人口。过往型流动人口即过往、中转的在途流动人口。居留型流动人口主要包括投靠在亲友家中，滞留旅馆，暂住在出租房屋、工棚、企业、工厂、单位内部等地的流动人口。

2. 根据流动人口的不同空间特征，可把流动人口分为跨省流动人口、跨市流动人口、跨县流动人口和跨乡镇流动人口。目前还出现了跨国流动人口的现象。

3. 根据流动人口的不同结构，可把流动人口分为流出人口和流入人口。从流出地来说，流动人口主要是指离开本县、市户籍所在地临时外出的人口，以及长期在外、尚未回归的人口。从流入地来说，主要包括在旅馆、饭店、招待所登记住宿的人口，在居民家中申报登记的暂住人口，进入城镇务工、经商和从事劳动服务的寄住人口等。从管理实践中看，实际部门大多将流入人口视为流动人口，而对流出人口没有进行管理。

4. 根据人口活动类型可以将流动人口分为劳务型、经营型、公务型、社会型、盲目型。

（1）劳务型流动人口，是指在流入地区务工、务农的人口。这类流动人口主要是从经济相对不发达地区流入经济较发达地区，由农村流入城镇，由山区流入平原地区。流入、流出的人口具有季节性、短期性等特征。

（2）经营型流动人口，是指在流入地区从事开店、修理、贩运、服务等第三产业活动的人口。这类流动人口以集资经营为主，个体独资为辅，并有举家经营的趋势，弥补了城乡之间生活日用供给渠道不足和产业结构不合理的缺陷，促进了城乡物资的交流和市场的繁荣。

（3）公务型流动人口，是指在流入地区从事洽谈、采购、订货、推销等活动的人口。这类流动人口主要集中于大中城市和历史名胜、风景旅游区，多住在各级宾馆、招待所或驻地办事机构中。其流入、流出随着经济、城市功能的发展而逐年增多。

（4）社会型流动人口，是指非经济型以外的，在流入地区从事其他社会活动的人口。这类流动人口多以探亲、访友、求学、治病、旅游为内容，多暂住在单位内部、中小旅馆、亲友家中，其流入、流出具有流量大、频率快等特点。

（5）盲目型流动人口，是指盲目流入城市和经济发达地区，无职业，以流浪乞讨为生的人口。这类流动人口是一种超社会经济发展需要的人口流，给社会带来许多不安全因素。其流入、流出具有周期性和反复性等特点。

二、流动人口管理的必要性

（一）有利于预防和打击违法犯罪分子，维护正常的社会治安秩序

在流动人口大量增加的同时，不可避免地有少数犯罪分子混杂其间，乘机进行违法犯罪活动，扰乱社会治安，危害国家和人民。加强流动人口管理，就可以及时发现和打击混杂其间的各种违法犯罪分子，堵塞管理上的漏洞，维护正常的社会秩序，保障社会主义建设的顺利进行。

（二）有利于保障流动人口的合法权益，充分发挥其在城镇社会经济发展等多方面的积极作用

流动人口正式向户口登记机关申报登记，申领居住证，就为自己在暂住期间

从事各种正常活动，取得了法律的保障，其合法权益也就可以得到有关方面的保护。根据《居住证暂行条例》的规定，公民离开常住户口所在地，到其他城市居住半年以上，符合有合法稳定就业、合法稳定住所、连续就读条件之一的，可以依照条例的规定申领居住证。

（三）有利于城市管理和建设

流动人口剧增，给城市的交通、住宿、饮食服务、商品供应、环境卫生等公共事业及水电、能源供应等，都带来很大的压力和问题。为使城市管理和建设尽可能适应流动人口不断增多的需要，必须弄清流动人口的数字和基本情况，推动城市的管理和建设。

三、流动人口管理制度

流动人口管理，是指公安户籍管理部门对离开户口常住地所在的市区或者乡镇，暂时到其他地区居住的人员进行的治安管理。

（一）组织制度

公安机关是流动人口管理的主管部门，公安派出所负责辖区内流动人口的登记、发证等管理工作。劳动和社会保障、工商行政管理、卫生、教育、税务、房产、计划生育、民政等部门按照本部门职责做好流动人口的各项管理工作。社区民警根据暂住人员户口管理规定，以派出所为单位组建三级管理网络，在派出所设立由有关单位参加的领导小组办公室，居（村）民委员会和招用集体暂住人口单位设立暂住人口管理站，积极地组织和建立社区内的暂住人口管理站和登记点。并按要求配齐配好专职或兼职协管员，组织他们认真学习有关暂住人口管理的法律、法规，提高认识，明确任务，掌握管理方法，协助搞好社区的暂住人口管理。

（二）登记、办证制度

根据流动人员户口管理规定和国务院《居住证暂行条例》的规定，对流动人口实行暂住人员登记和居住证制度。居住证是持证人在居住地居住、作为常住人口享受基本公共服务和便利、申请登记常住户口的证明。通过对暂住人员的登记管理，可以了解暂住人员的数量、暂住原因、分布、构成及其身份来历、经济状况、交往人员等情况，切实掌握其动态和活动规律，不断完善各项管理措施。

1. 公民离开常住户口所在地，到其他城市居住半年以上，符合有合法稳定就业、合法稳定住所、连续就读条件之一的，可以依照《居住证暂行条例》的规定申领居住证。暂住人员居住宾馆、旅店、招待所的，要按照国家规定办理旅客登记，社区民警应经常进行检查。

2. 公安机关负责居住证的申领受理、制作、发放、签注等证件管理工作。居民委员会、村民委员会、用人单位、就读学校以及房屋出租人应当协助做好居住证的申领受理、发放等工作。

3. 申领居住证，应当向居住地公安派出所或者受公安机关委托的社区服务机构提交本人居民身份证、本人相片以及居住地住址、就业、就读等证明材料。

居住地住址证明包括房屋租赁合同、房屋产权证明文件、购房合同或者房屋出租人、用人单位、就读学校出具的住宿证明等；就业证明包括工商营业执照、劳动合同、用人单位出具的劳动关系证明或者其他能够证明有合法稳定就业的材料等；就读证明包括学生证、就读学校出具的其他能够证明连续就读的材料等。未满 16 周岁的未成年人和行动不便的老年人、残疾人等，可以由其监护人、近亲属代为申领居住证。监护人、近亲属代为办理的，应当提供委托人、代办人的合法有效身份证件。申请人及相关证明材料出具人应当对前述规定的证明材料的真实性、合法性负责。

对申请材料不全的，公安派出所或者受公安机关委托的社区服务机构应当一次性告知申领人需要补充的材料。对符合居住证办理条件的，公安机关应当自受理之日起 15 日内制作发放居住证；在偏远地区、交通不便的地区或者因特殊情况，不能按期制作发放居住证的，设区的市级以上地方人民政府在实施办法中可以对制作发放时限作出延长规定，但延长后最长不得超过 30 日。

4. 居住证由县级人民政府公安机关签发，每年签注 1 次。居住证持有人在居住地连续居住的，应当在居住每满 1 年之日前 1 个月内，到居住地公安派出所或者受公安机关委托的社区服务机构办理签注手续。逾期未办理签注手续的，居住证使用功能中止；补办签注手续的，居住证的使用功能恢复，居住证持有人在居住地的居住年限自补办签注手续之日起连续计算。

（三）治安防范、阵地控制制度

在暂住人口居住和活动比较集中的地方，尤其要落实各项教育、管理措施，各有关部门应当严格进行指导、检查和监督。在对暂住人口加强管理的同时，要紧紧依靠雇佣单位职工、房主、治保干部和治安积极分子以及基层户籍专、兼职协管员，落实治安管理制度和登记验证、值班巡逻、财物保管、情况报告等项安全防范措施，严密各项管理制度。

暂住人口在进入、流出或居留等环节中，无论是何种类型的暂住人口，必然会涉及吃、住、行等问题，公安机关应在公共复杂场所、特种行业、违禁物品的管理活动中，加强治安管理法规和安全常识的宣传教育，建立健全多项管理制度，强化值班、巡逻、设卡等治安防范措施，形成多层次的、立体的治安防范体系。特别要对已形成规模的暂住人口聚居地区加强管理，对其中的治安、卫生、非法经营等问题进行集中治理，严防出现带有黑社会性质的违法犯罪组织。

（四）房屋租赁制度

租赁房屋，是指旅馆业以外以营利为目的，公民私有和单位所有出租用于他人居住的房屋。租赁房屋治安管理是暂住人口管理的重要内容，社区民警必须加强责任区内租赁房屋的管理，切实贯彻落实公安部《租赁房屋治安管理规定》和公安机关实施租赁房屋治安管理规定，主要有以下几个方面：

1. 认真检查，严格履行审批手续

出租的房屋，经社区民警检查符合安全管理标准的，还必须履行下列手续：公民出租房屋的，须出示房屋所有权证或其他合法证明、户口簿或房主的居民身份证。房主是暂住人员的，应出示居住证；提交与承租人签订的租赁合同；填写租赁房屋申请表。单位所有房屋出租的，必须出示房屋所有权证明、单位介绍信、单位负责人的身份证件；提交与承租人签订的租赁合同；填写租赁房屋申请表。承租人转租、转借房屋的，须出示本人现住地的户口证件、租赁房屋治安许可证、治安责任保证书、与原出租人签订的租赁合同及同意转租、转借证明；提交与再承租人签订的租赁合同；填写租赁房屋申请表。公民承租房屋的，应出示本人和同居一室的他人的居民身份证或其他有效证件，夫妻承租的还应出示婚姻关系证明；单位承租房屋的，应出示单位介绍信、单位负责人的身份证件及拟居住人员简要状况和有关证件。

2. 经常监督检查并确保房屋出租人严格遵守有关规定

认真履行治安责任保证书责任，自觉接受社区民警和公安派出所的管理；对房屋经常进行安全检查，及时发现和排除安全隐患，保障承租人的居住安全；发现承租人进行违法犯罪活动或有违法犯罪嫌疑的，要及时报告社区民警；承租人是暂住人口的，要积极协助社区民警对暂住人口进行管理；出租合同期满或房屋因故暂时停止出租的，要到公安派出所办理注销手续；承租人发生变动，要及时办理变更手续。

3. 经常对房屋承租人进行检查教育，要求其必须遵守有关规定

认真履行治安责任保证书责任，积极做好防盗、防火和预防其他治安灾害事故工作，发现安全隐患及时告知出租人或报告社区民警；自觉接受社区民警检查，检查时应主动出示有关证件；是暂住人员的，必须遵守暂住人员管理规定；承租的房屋只能用于居住，不准挪为他用；不准将房屋转租或转借他人；集体承租的，须成立治安保卫组织；单位承租的，须指定专人配合社区民警对房屋安全及人员进行管理，并建立安全管理制度。

4. 实行年审制度

民警要按照规定对责任区内租赁的房屋实行年审。

（五）人口调查制度

调查是了解掌握暂住人口情况的重要方法，也是实施有效管理的必要手段。调查的重点主要是：落脚在有刑事犯罪活动可疑人员家中的；住在国家重点建设单位、重要机关和外宾、首长周围的；有涂改、冒充或伪造证件进行犯罪活动可疑的；以及来历不明、身份不清、形迹可疑、经济收支反常的暂住人口和无合法有效证件、无固定住所、无正当经济来源的"三无"人员。上述人员都应纳入监控视线，对其落实管理和监控措施。调查的方法，主要有以下两种：

1. 正面调查

即直接向暂住人口询问了解有关情况。社区民警可通过暂住人口登记、办证时当面调查，也可采用"一见、二查、三了解、四对照"的方法入户调查。"一见"，即与暂住人口、房屋出租人入户相见；"二查"，即查验身份证和有关证件，查看有无可疑物品；"三了解"，即了解经济收支情况、活动情况、交往情况；"四对照"，即将居住证、租赁房屋治安许可证、租赁房屋登记簿、通缉令与暂住人口对照，从而确切了解暂住人口情况。

2. 侧面调查

即不直接同被调查的暂住人口正面接触，而是向第三者进行的一种调查。社区民警可通过调查被调查暂住人口周围的群众、邻居、积极分子，也可通过调查他的同学、同事、亲友，还可通过查阅有关资料档案进行调查，再就是发函或外出调查。发函调查，必要时可附上暂住人口的照片向其常住户口所在地调查，对责任区内16～45岁无合法有效证件的及有可疑问题的暂住人口，发函率要达到百分之百。

暂住人口情况复杂，流动频繁，不断变化。社区民警在坚持经常调查的同时，还应有计划定期或不定期地对责任区的暂住人口进行清理整顿，及时掌握不同时期暂住人口的全貌，发现线索，找出工作中的漏洞，采取有效措施，加强管理。对暂住人口中的"三无"人员，由派出所会同民政部门做好相关工作，其中有违法犯罪嫌疑的及时纳入监控视线。

（六）处罚制度

对违反暂住人员户口管理规定和租赁房屋治安管理规定的人员，依法给予必要的处罚，既能使本人认识到法律的严肃性、不可侵犯性，使其有所自责，增强守法意识，不再重犯；也能使广大群众受到教育，增强遵守暂住人口法规的自觉性，促进暂住人口规范管理。

第三节　重点人口管理

一、重点人口的概念

重点人口，是指有危害国家安全或社会治安的可能以及可疑情况，由公安机关纳入工作视线，需要进行调查控制，或者需要依法进行监督改造的重点管理的人员。重点人口管理是公安机关依据重点人口管理的有关规定进行的一项秘密性的公安基础业务工作。

二、重点人口管理范围

一般凡年满 14 周岁，有危害国家安全或社会治安嫌疑的人，均应列为重点人口管理。根据公安部《重点人口管理工作规定》和《关于将吸毒人员列为重点人口管理的通知》，重点人口范围可概括为以下 5 类 20 种：

1. 有危害国家安全活动嫌疑的。

（1）有从事颠覆国家政权、分裂国家、投敌叛变、叛逃等活动嫌疑的；

（2）有参与动乱、骚乱、暴乱或者其他破坏活动，危害国家安全和社会稳定嫌疑的；

（3）有组织、参加敌对组织嫌疑，或者有组织参加其他危害国家安全和稳定的组织活动嫌疑，或者与这些组织有联系嫌疑的；

（4）有参加邪教、会道门活动或者利用宗教进行非法活动嫌疑的；

（5）有故意破坏民族团结，抗拒国家法律实施等宣传煽动活动嫌疑的；

（6）有从事间谍或者窃取、刺探、收买、非法提供国家秘密或者情报嫌疑的；

（7）有其他危害国家安全活动嫌疑的。

2. 有严重刑事犯罪活动嫌疑的。

（1）有杀人、强奸、伤害、拐卖妇女和儿童等侵害公民人身权利嫌疑的；

（2）有抢劫、盗窃、诈骗等侵犯公私财物嫌疑的；

（3）有放火、爆炸、投毒，非法制造、买卖、运输、储存或者盗窃、抢夺枪支、弹药、爆炸物品等危害公共安全活动嫌疑的；

（4）有走私、贩卖、运输、制造毒品嫌疑的；

（5）有参与境外黑社会组织的渗透活动或者参加境内黑社会性质的组织及

犯罪团伙嫌疑的；

（6）有伪造、变造货币、国库券及有价证券或者出售、购买伪造、变造的货币等破坏金融管理秩序活动嫌疑的；

（7）有使用诈骗方法非法集资、贷款或者进行金融票据、信用证、信用卡、保险诈骗等金融诈骗活动嫌疑的；

（8）有经常聚众赌博或者聚赌抽头嫌疑的；

（9）有组织、强迫、引诱、容留、介绍卖淫活动嫌疑的；

（10）有其他严重刑事犯罪活动嫌疑的。

3. 因矛盾纠纷激化，有闹事行凶报复苗头、可能铤而走险的。

4. 因故意违法犯罪被刑满释放不满 5 年的。

5. 吸食毒品的。

三、重点人口管理要求

重点人口管理的基本要求是：底数清，情况明，不漏管，不失控，帮教改造工作好。社区民警工作满 3 个月的，对每个重点人口要达到“七熟悉”，即熟悉身份情况、列入重点管辖（以下简称列管）依据（主要问题）、体貌特征（包括别名、绰号）、经济状况、交往人员、活动场所和现实表现。考核重点人口管理工作的好坏，一般以列管率和漏管率、控制率和失控率、改好率和犯罪率为标准。

（一）列管率和漏管率

以社区年内被打击处理的人数为基数，计算已列管和未列管各占的比例。列管率大，说明工作有成效；漏管率大，说明工作没有做好。

（二）控制率和失控率

以社区年内被打击处理的人数为基数，看其中能掌握情况主动提出侦查破案线索的比例。控制率大，说明工作有成效；失控率大，说明工作没有做好。

（三）改好率和犯罪率

即针对社区列管的重点人口，统计其中停止犯罪活动的比例。改好率高，重点人口停止犯罪的就多；反之，继续犯罪的就多。

重点人口管理工作是公安工作中预防、发现和打击违法犯罪的一项重要业务。社区民警要严格管理，不断提高重点人口的改好率。

四、重点人口管理制度

（一）审批制度

重点人口的列管与撤管，要严格履行审批手续。列管或撤管重点人口，由社区民警根据调查掌握的材料，逐人整理出列管或撤管的依据，填写列管重点人口呈报表或撤管重点人口呈报表，经公安派出所领导集体审批，每个月末报县（市、区）公安机关备案。备案的主要内容包括姓名、列（撤）管时间、列（撤）管依据、类别、管理措施等。其中列管措施报经派出所所长审批后，由社区民警落实管理措施。对有危害国家安全活动嫌疑的重点人口的列管与撤管，要填写列（撤）管重点人口呈批表，表格一式两份，经公安派出所领导集体审核把关，3 日内上报县（市、区）公安局审批，县（市、区）公安局要在 5 日内批复，月末报地、市、州公安局（处）备案。

（二）通报协查制度

根据公安部《关于流动人口通报协查工作的规定》，暂（寄）住人口中的重点人口和常住人口中的重点人口、负案在逃人员的协查，分别由流入地和流出地公安派出所发函或用电话、电报、传真的形式调查。收到要求协查函件的公安派出所应当做好函件登记，并及时开展调查工作。对一般协查对象，应当在收到函件后 7 日内复函；对在押现行犯、犯罪嫌疑人等重要协查对象，应当在 2 日内以电话、电报或传真形式答复。发函公安派出所发函后 30 日未收到复函的，可以直接向收函公安派出所的上级公安机关发函查询，上级公安机关在收到查询函件后，应当责成收函单位立即复函，并说明原因。发函、复函均要使用公安部规定的统一格式的流动人口通报协查联系单。流出地公安派出所应当了解掌握外出的重点人口和犯罪嫌疑人的去向，并向流入地公安派出所通报。流入地公安派出所接到通报后，应当及时落实查证控制措施，并将有关情况通报流出地公安派出所。公安派出所应当建立通报协查工作的登记、发函、复函、建档等管理制度，并纳入岗位目标责任制。上级公安机关要定期进行检查，对在通报协查工作中做出显著成绩的单位和个人，应当给予表彰和奖励；对收到通报协查后不答复或无故拖延答复的单位和个人，应当给予通报批评；对贻误战机，造成严重后果的，依法追究直接责任人的法律责任。

（三）委托管理制度

对在暂住地有固定住所，居住 1 个月以上的暂住人口中的重点人口，按人户分离重点人口，采取流入地（现住地）派出所与流出地（户口所在地）派出所沟通情况，办理委托手续，以流入地管理为主，流出地管理为辅的原则进行管理。

（四）材料转递制度

政保、治安、刑侦、经侦、缉毒、巡警、边防、出入境管理等业务部门以及公安派出所在查处各类案件时，应当将涉及重点人口的信息材料及时转递给现住地或户口所在地公安派出所和社区民警。社区民警应当将重点人口管理过程中发现的线索和情况，及时转递给有关公安业务部门。对外地公安机关要求查证的情况，社区民警应负责及时查复。公安机关要与国家安全机关和司法行政机关的监狱、社区矫正机构等单位加强联系，互通情况，以便全面掌握重点人口的活动情况。

（五）定期清理考察制度

社区民警应对重点人口情况定期进行清理检查，准确掌握动态变化情况。一般每季度或半年对列管的重点人口在经常了解考察的基础上，进行一次全面的清理检查，根据不同情况，分别予以处理。

1. 发现新的违法犯罪证据，需要对其作出逮捕或治安管理处罚的，按法定程序和有关规定办理。

2. 发现新的嫌疑情况，尚不够处理的，可进一步深入调查。但新的嫌疑情况与原有的嫌疑情况类别不同，或因其他情况需作变类处理的，及时办理变类手续。需要变更管理措施的，要办理变更管理措施审批手续。

3. 发现已不再符合列管条件的重点人口，如可疑情况经核实后予以否定的，导致矛盾激化的诱发因素已经消失或缓解的，或者丧失违法犯罪活动能力的，已经死亡的等，及时办理撤管手续。

（六）档案管理制度

1. 建档制度

重点人口必须逐人建立档案，将确定列管的依据、审批材料、管理过程中的调查、考核情况材料和撤管的材料等，全部归档。重点人口的档案材料要分别立为正卷和副卷。

（1）正卷。正卷是已经查实的有法律效力的材料，由派出所内勤统一保管。正卷材料的排列顺序如下：

①调查处理的意见、考察和结论材料。

②法律文书。包括判决书、裁决书、鉴定书、保证书、具结悔过书、出监鉴定、执行通知书等。

③社会关系及经常交往人员材料。

④询问笔录、证人证言、物证、视听材料（物证实物部分应分开存放）。

⑤已查实的检举、调查等证据材料。

（2）副卷。副卷是指内部审批和未经查实的材料，由社区民警保存。副卷材料的排列顺序如下：

①确定列管重点人口的报告、呈报表及审批等材料。

②撤管、变更审批表。

③内部填制的各种登记表、照片、指纹、笔迹、血型（毛发）、绰号。

④未经查实的重大嫌疑线索和检举材料。

⑤积累的历次表现或撤管材料。

⑥耳目提供未证实的材料。

⑦重点人口定期考察的材料。

⑧其他有参考价值，但不宜对外公开的材料。

2. 材料查对、积累制度

经群众检举揭发、本人坦白交代的问题和外单位转来的有关重点人口的材料，都要严肃对待，认真查对核实，及时处理。平时，社区民警要结合日常工作和人口调查，注意收集有实际内容的重点人口材料。

对重点人口调查、考核获得的情况，无论是证实还是否定，表现好坏，都必须做文字记载，写成书面材料。材料的记载和整理，要实事求是、具体清楚。要写明时间、地点、内容、材料的来源和可靠程度，随时归档，以备查验。重点人口的指纹、笔迹，要注意随时搜集归档，以备查验。

3. 档案材料处理制度

重点人口迁出本社区时，应将其档案材料在1个月内转到迁入地公安机关；市区内迁移的，将其档案材料全部转入迁入地公安机关；迁往外市、县、区的，只将正卷材料转入迁入地公安机关。撤销管理的和已经死亡的重点人口档案材料应当长期保管。

4. 档案材料借阅制度

重点人口档案，属于公安机关的内部机密，不得对外提供。公安机关内部因工作需要借阅时，经所长同意，履行借阅手续，可以借阅；其他单位必须借阅时，经所长同意，只限借阅正卷，副卷一律不得对外提供。

（七）分工负责制度

公安派出所负责重点人口的具体管理工作。其职责分工是：派出所所长负责重点人口管理工作的安排部署，定期组织学习、交流经验，提高社区民警管理重点人口工作的能力和水平，做好检查和考核工作；分管副所长负责重点人口管理工作的组织实施，了解社区民警工作情况，指导、督促落实管理措施；社区民警负责重点人口的发现、列管、建档、材料积累、考核记录和管理措施落实等工作；内勤民警负责协助所领导和社区民警掌握重点人口管理工作情况，管理重点人口档案。建立重点人口台账，包括重点人口索引卡、转递线索材料登记簿和借阅卷登记簿等，严密管理制度，做好线索材料登记转递和重点人口的统计报告工作。

（八）考核评比制度

重点人口管理工作是考核公安派出所和单位保卫组织业务工作成绩的重要内容之一，也是考核社区民警和保卫干部工作成绩的一项重要内容。每年由县（市）公安局、市辖区公安分局组织实施一次对此项工作的全面考核。凡是成绩突出的应当予以表彰奖励。通过考核评比，总结经验教训，表扬先进，督促后进，使重点人口管理工作更加制度化、规范化。

重点人口管理是公安派出所及社区民警的重要工作内容，要定期进行考核评比，并作为考核公安派出所及社区民警工作的重要指标之一。公安派出所至少每月要对社区民警重点人口管理工作进行一次考核评比，县（市）公安局、城市公安分局每季度对公安派出所重点人口管理工作进行考核评比，地、市、州公安局每半年对县（市、区）公安局进行考核评比，省公安厅对各地区进行不定期抽检，并实行检查通报制度。考核的主要内容是重点人口管理工作在发现、预防、打击刑事犯罪活动中发挥的作用和效果；对涉案成员案前管控情况进行检查，看是否漏管失控；对发生刑事案件后能否主动提供案件线索进行检查，看发现、打击犯罪的作用；对重点人口中的帮教对象转变情况进行检查，看帮教工作的效果。考核的具体标准：

1. 列管率

即以社区内人口中被逮捕判刑、少年管教（包括外地）等打击处理的人数为基数，扣除不属于列管范围的对象，看重点人口列管的比例。

2. 控制率

即以社区内被打击处理的重点人口为基数，看其中能够掌握情况，主动提供侦查破案线索，即自己打击处理的重点人口比例。

3. 熟悉率

即以社区列管的重点人口总数为基数，按熟悉身份情况、主要问题（列管依据）、体貌特征（包括别名、绰号）、经济情况、交往人员、活动场所和现实表现的要求，看熟悉掌握情况的重点人口比例。

4. 改好率

即以辖区列管的重点人口中，年龄 25 周岁以下有轻微违法犯罪行为的青少年和因故意违法犯罪刑释解教的帮教对象为基数，看停止违法犯罪活动 1 年以上的人员比例。

5. 档案建设

主要看重点人口档案是否按规定的标准建立，考察情况材料的积累是否经常、具体，档案内容的增删是否及时。

6. 材料转递

看有关材料是否按规定的时限及时转递，对社区以外公安机关的查询是否按规定的时限及时查复。

通过考核评比，对在重点人口管理工作中主动、及时提供案件线索，重点人口管理工作做得好的公安派出所及民警，要给予表彰奖励；成绩特别突出的，应当给予嘉奖、记功；对因疏于管理而不能提供案件线索的，要给予通报批评；对属于工作失职造成严重后果的，应当给予行政纪律处分。

（九）保密制度

重点人口管理是公安机关内部的基础工作，不是公开的行政管理措施，严禁对外泄露。“重点人口”是公安机关内部用语，不得对外使用。有关重点人口管理工作的一切文字材料，均应按保密文件的有关规定妥善保管好。

（十）定期研究制度

社区民警应对重点人口管理建立定期的研究制度。对列管的重点人口在经常考察了解的基础上，进行全面的分析研究，根据不同情况，分别予以处理。对发现危害严重和预谋作案的可疑线索，及时通报侦查部门。发现新的违法犯罪证据，需要对其作出刑事、行政处罚，要按法定程序和有关规定办理。发现有新的可疑情况，尚不够处理的，应做进一步的调查与控制工作，防止其造成社会危害。

五、重点人口管理方法

社区民警管理重点人口，要贯彻专门机关管理与依靠群众相结合的原则，要紧密依靠群众，严格掌握政策，深入调查研究，根据不同对象的不同情况，采取相应的工作方法。

（一）调查了解

公安派出所社区民警应当深入责任区开展调查，摸清并掌握重点人口底数，熟悉每个重点人口的身份情况、别名、绰号和体貌特征以及主要问题、经济状况、交往人员、活动场所等基本情况，掌握重点人口的现实表现。

（二）查证核实

社区民警对社区内列管的，有现实违法犯罪活动嫌疑的重点人口，要一一列出嫌疑问题，然后制订计划，及时进行查证核实。经过深入细致地调查了解，查明情况，需要打击处理的，按有关规定办理法律手续，及时予以打击处理；需要侦查的重要线索，按有关规定及时移交侦查部门立案侦查；不够打击处理的，做好材料积累；嫌疑情况被排除的，或查无实据又无其他嫌疑问题的，予以撤管。

（三）重点控制

对有重大现实危害的重点人口，社区民警应当采取公开与秘密相结合的方法，落实管控措施，及时掌握动态，严密控制。主要包括：入户观察控制；依靠群众观察控制；随时随地观察控制；利用耳目贴靠控制；谈话告诫。

（四）积极疏导

对因矛盾纠纷激化可能铤而走险或有闹事行凶苗头的，要积极做好疏通引导工作。当前矛盾纠纷激化的因素主要有：恋爱关系突然破裂，引起情绪剧烈波动的；因第三者插足，造成夫妻关系紧张的；因赡养、抚养、继承财产、包办婚姻以及家庭不和等纠纷，有愤怒、仇恨、嫉妒等情绪的；因邻里纠纷，日积月累，趋向恶化的；因调级、评奖、升级、分房、承包等矛盾突出，多次上告，而问题难以解决的；因土地、山林、水利、债务、房基地、经济合同等纠纷长期得不到缓解的。社区民警要依靠基层党政组织、治保组织、调解组织及其亲属和有关人员，区分不同情况，采取相应措施，共同做好教育疏导，力争使纠纷及时得到解决或缓解。对确有犯罪迹象的，要安排可靠力量严密控制；对经教育疏导，仍积极准备实施行凶、爆炸等危及他人人身和公共安全的极端行为者，要依法采取强制措施，以避免危害行为的发生。

（五）帮助教育

对25周岁以下有轻微违法犯罪行为的青少年和刑满释放不满5年的人员，要贯彻“教育、感化、挽救”的方针，搞好帮教，促使他们向好的方面转化，减少重新违法犯罪的概率。

1. 对有轻微违法犯罪行为的青少年的帮教

（1）帮教的形式一般有三种：①内定帮教。主要是由社区民警在被帮教对象周围，组织街道（乡村）治保人员、治安积极分子，或者由其家属、知情人组成帮教小组进行帮教。这种形式的好处是：家属无抵触情绪，易于接受，积极配合；对于被帮教对象无压力，有利于他们升学、就业、参军和婚姻。不利之处是帮教对象不易被控制，易被忽视或放松管理。因此，采取这种形式，一定要加强管理。②公开帮教。主要是由家长、街道（乡村）治保人员和责任区民警等组成公开的帮教小组进行帮教。这种形式可以使家长了解自己子女的问题和应尽的责任；被帮教对象知道哪些人对他进行帮教；帮教小组深知被帮教对象的问题，有利于采取相应的帮教措施。这种形式比内定帮教易于管理，有利于考察和掌握控制，是当前普遍采用的一种帮教形式。问题是有的家长认为公开帮教会影响子女的名声和前途；有的帮教对象思想有压力，怕影响个人的学习、工作和婚姻问题。所以，采取这种形式一定做好家属和帮教对象本人的思想工作。③集中帮教。主要是由派出所或社区民警将需要进行帮教的对象组织起来，采取集中学习、集中教育的形式进行的帮教。

（2）帮教的方法。对有轻微违法犯罪行为的青少年的帮教，应当坚持因人施教，讲究实效，区别不同对象，采取不同方法，对症下药。帮教的方法主要有：①建立帮教小组，落实帮教措施。即建立由社区民警和有关单位、居（村）民委员会、治保组织，以及帮教对象家属参加的帮教小组。帮教小组根据帮教对象的不同情况，有针对性地制订帮教计划，建立帮教制度，落实帮教措施，经常对帮教对象进行思想、道德和法制教育，并关心帮教对象的生活，协助他们解决一些实际困难，以促使其思想观念不断向积极方面转化。②抓住转化关键时机加强帮教。抓住时机加强帮教，更易取得良好效果。一般来说，初次违法犯罪被发现时、安排就业之初、恋爱结婚成家后等都是帮教的最佳时机。初次违法犯罪，恶习不深，容易教育；上班工作或有了学习条件，生活、学习有了着落，环境变了，转变好的机会也就多了；结婚成家立业后，主观上希望过上安定的生活，客观上配偶、子女对他们也有所约束，精神上有了依托，为他们提供了改过自新、去恶从善的条件。

2. 对刑满释放人员的帮教

刑满释放人员一旦重新违法犯罪，对社会危害很大。重新违法犯罪的人员已丧失了起码的道德观念，不再考虑名誉、前途问题，经过多次违法犯罪，积累了违法犯罪的知识和经验，作案手段更加老练，更会伪装。由于作案技能的提高以及同伙的影响，个体犯罪往往从单一方向发展为多种方向，由以前的一般性的流氓、盗窃，转向严重伤害、凶杀、拦路抢劫及暴力强奸。对刑满释放人员的帮教，主要是：（1）做好家属工作，稳定刑满释放人员情绪。刑满释放人员回到社会后，首先接触到的是家庭，如果在家里受到歧视和冷落，甚至讽刺挖苦，没有家庭特有的情感和温暖，往往使他们产生失望的情绪，精神上痛苦和空虚，失去了重新做人的信心，自暴自弃，易导致重新违法犯罪。因此，社区民警在了解到家属按规定提前接到刑满释放通知后，及时做好家属工作，按时将刑满释放人员接回，使其在家里不受冷落和歧视，并得到家庭成员的理解和关心，使其感受到家庭特有的温馨，从而稳定情绪，增强悔过自新、重新做人的信心，为接受帮教创造有利的家庭环境。（2）及时建立帮教小组，做好接茬教育。刑满释放人员回来后，是监狱集中强制教育的结束、社会教育的开始。派出所在按规定提前接到改造机关的刑满释放人员通知后，社区民警就要事先组织好由社区民警和有关单位、居（村）民委员会、治保组织，以及刑满释放人员家属参加的帮教小组，刑满释放人员一回来即按事先制订的计划开展帮教工作，做好接茬教育，主要是深入进行法制、思想和道德教育，使其思想观念不断向积极方面转化。（3）积极帮助解决一些实际问题，促进其向好的方面转化。刑满释放人员回到社会上以后，会遇到许多实际问题和困难，如婚姻挫折，家庭纠纷，求学不成，就业无份，生活无着落等。若这些问题不能及时解决，非但不利于他们接受帮教、改造，甚至会导致其重新违法犯罪。因此，社区民警要关心他们的生活，想方设法、力所能及地帮助他们解决一些实际问题和困难，特别是就业安置问题，使他们深切感受到政府的温暖和关心，从而促使其更好地接受帮教和改造，不断向好的方面转化。

第四节 监外罪犯监管

一、监外罪犯的种类

监外罪犯是指经人民法院依法判决后在社会上服刑的五类罪犯。

（一）被判处管制的罪犯

管制是由人民法院判决，对犯罪分子不予关押，不剥夺其人身自由，但限制其一定自由，交由公安机关管束和依靠人民群众监督改造的刑罚方法。管制是我国五种主刑中最轻的一种刑罚，是我国独创的刑罚方法。被管制的罪犯仍留在原工作单位工作或者仍在原居住地从事原有的经济生产活动，但其工作、劳动和其他活动必须接受公安机关和人民群众的监督。

（二）被判处剥夺政治权利的罪犯

剥夺政治权利是指剥夺犯罪分子参加国家管理和政治活动的权利。根据《刑法》第 54 条的规定，剥夺政治权利是剥夺犯罪分子的选举权和被选举权，言论、出版、集会、结社、游行、示威自由的权利，担任国家机关职务的权利，担任国有公司、企业、事业单位和人民团体领导职务的权利。

（三）被判处缓刑的罪犯

缓刑是对原判刑罚附条件的不执行的一种刑罚制度。它不是一个刑种。缓刑只对主刑实行，不涉及附加刑。我国《刑法》第 72 条第 3 款规定："被宣告缓刑的犯罪分子，如果被判处附加刑，附加刑仍须执行。"被判处缓刑的，是判处刑罚的同时宣告暂缓执行即不予收监关押，但又在一定时期内保持执行所判刑罚的可能性。它是惩办与宽大相结合、惩罚与教育改造相结合的政策的重要体现，也是依靠专门机关与广大人民群众相结合同犯罪作斗争的方针在刑罚具体运用中的体现。

（四）被裁定假释的罪犯

假释是指对符合法定条件的罪犯附条件提前释放的制度。也就是罪犯服刑期尚未届满，暂予释放，经过一段时期考验，如无犯罪行为发生，即以刑罚执行完毕论的一种制度。

（五）被裁定暂予监外执行的罪犯

暂予监外执行，是指被判处有期徒刑或者拘役的罪犯，如果具有法定情形，可允许暂时不在监狱执行，而交付一定机关监管的刑罚执行方法。这是根据罪犯的特殊情况而采取的一种变通执行刑罚的措施，体现了国家改造罪犯的革命人道主义。

对被判处管制、宣告缓刑、假释或者暂予监外执行的罪犯，依法实行社区矫正，由社区矫正机构负责执行。对被判处剥夺政治权利的罪犯，由公安机关执行。司法行政机关配合公安机关，监督其遵守《刑法》第54条的规定，并及时掌握有关信息。被剥夺政治权利的罪犯可以自愿参加司法行政机关组织的心理辅导、职业培训和就业指导活动。执行期满，应当由执行机关书面通知本人及其所在单位、居住地基层组织。国家支持社区矫正机构提高信息化水平，运用现代信息技术开展监督管理和教育帮扶。社区矫正工作相关部门之间依法进行信息共享。

社区矫正是在开放的社会环境中执行刑罚，主要通过对社区服刑对象落实监督管理、教育帮扶的任务，将其教育改造成守法公民。

二、监外罪犯应遵守的规定

依据《社区矫正法》的规定，社区矫正机构应当根据裁判内容和社区矫正对象的性别、年龄、心理特点、健康状况、犯罪原因、犯罪类型、犯罪情节、悔罪表现等情况，制定有针对性的矫正方案，实现分类管理、个别化矫正。矫正方案应当根据社区矫正对象的表现等情况相应调整。社区矫正机构应当根据社区矫正对象的情况，为其确定矫正小组，负责落实相应的矫正方案。根据需要，矫正小组可以由司法所、居民委员会、村民委员会的人员，社区矫正对象的监护人、家庭成员，所在单位或者就读学校的人员以及社会工作者、志愿者等组成。社区矫正对象为女性的，矫正小组中应有女性成员。社区矫正机构应当根据未成年社区矫正对象的年龄、心理特点、发育需要、成长经历、犯罪原因、家庭监护教育条件等情况，采取针对性的矫正措施。社区矫正机构为未成年社区矫正对象确定矫正小组，应当吸收熟悉未成年人身心特点的人员参加。对未成年人的社区矫正，应当与成年人分别进行。社区矫正机构应当了解掌握社区矫正对象的活动情况和行为表现。社区矫正机构可以通过通信联络、信息化核查、实地查访等方式核实有关情况，有关单位和个人应当予以配合社区矫正机构开展实地查访等工作时，应当保护社区矫正对象的身份信息和个人隐私。

（一）定期报告情况

社区矫正对象应当定期向司法所报告遵纪守法、接受监督管理、参加教育学习和公益活动的情况。发生居所变化、工作变动、家庭重大变故以及接触对其矫正产生不利影响人员的，社区矫正对象应当及时报告。保外就医的社区矫正人员还应当每个月向司法所报告本人身体情况，每3个月向司法所提交病情复查情况。

司法所应当根据社区矫正对象个人生活、工作及所处社区的实际情况，有针对性地采取实地检查、通信联络、信息化核查等措施，及时掌握社区矫正对象的活动情况。重点时段、重大活动期间或者遇有特殊情况，司法所应当及时了解掌握社区矫正对象的有关情况，可以根据需要要求社区矫正对象到办公场所报告、说明情况。司法所应当定期到社区矫正对象的家庭、所在单位、就读学校和居住的社区了解、核实社区矫正对象的思想动态和现实表现等情况。对保外就医的社区矫正对象，司法所应当定期与其治疗医院沟通联系，及时掌握其身体状况及疾病治疗、复查结果等情况，并根据需要向批准、决定机关或者有关监狱、看守所反馈情况。

（二）遵守禁止令

对于人民法院禁止令确定需经批准才能进入的特定区域或者场所，社区矫正对象确需进入的，应当由社区矫正机构批准，并告知人民检察院。发现社区矫正对象有违反监督管理规定或者人民法院禁止令情形的，社区矫正机构批准应当立即制止；制止无效的，应当立即通知公安机关到现场处置。

（三）未经批准不得离开、变更居住地

根据《社区矫正法》的规定，社区矫正对象离开所居住的市、县或者迁居，应当报经社区矫正机构批准。社区矫正机构对于有正当理由的，应当批准；对于因正常工作和生活需要经常性跨市、县活动的，可以根据情况，简化批准程序和方式。因社区矫正对象迁居等原因需要变更执行地的，社区矫正机构应当按照有关规定作出变更决定。社区矫正机构作出变更决定后，应当通知社区矫正决定机关和变更后的社区矫正机构，并将有关法律文书抄送变更后的社区矫正机构。变更后的社区矫正机构应当将法律文书转送所在地的人民检察院、公安机关。社区矫正对象失去联系的，社区矫正机构应当立即组织查找，公安机关等有关单位和人员应当予以配合协助。查找到社区矫正对象后，应当区别情形依法作出处理。

（四）定期参加教育学习活动

社区矫正对象应当参加社区矫正机构组织的法治、道德等教育，增强法治观念，提高道德素质和悔罪意识。社区矫正机构对社区矫正对象的教育应当根据其个体特征、日常表现等实际情况，充分考虑其工作和生活情况，因人施教。社区矫正机构可以协调有关部门和单位，依法对就业困难的社区矫正对象开展职业技能培训、就业指导，帮助社区矫正对象中的在校学生完成学业。居民委员会、村民委员会可以引导志愿者和社区群众，利用社区资源，采取多种形式，对有特殊困难的社区矫正对象进行必要的教育帮扶。社区矫正对象的监护人、家庭成员，所在单位或者就读学校应当协助社区矫正机构做好对社区矫正对象的教育。社区矫正机构可以通过公开择优购买社区矫正社会工作服务或者其他社会服务，为社区矫正对象在教育、心理辅导、职业技能培训、社会关系改善等方面提供必要的帮扶。社区矫正机构也可以通过项目委托社会组织等方式开展上述帮扶活动。国家鼓励有经验和资源的社会组织跨地区开展帮扶交流和示范活动。国家鼓励企业事业单位、社会组织为社区矫正对象提供就业岗位和职业技能培训。招用符合条件的社区矫正对象的企业，按照规定享受国家优惠政策。

对未完成义务教育的未成年社区矫正对象，社区矫正机构应当通知并配合教育部门为其完成义务教育提供条件。未成年社区矫正对象的监护人应当依法保证其按时入学接受并完成义务教育。年满 16 周岁的社区矫正对象有就业意愿的，社区矫正机构可以协调有关部门和单位为其提供职业技能培训，给予就业指导和帮助。未成年社区矫正对象在复学、升学、就业等方面依法享有与其他未成年人同等的权利，任何单位和个人不得歧视。有歧视行为的，应当由教育、人力资源和社会保障等部门依法作出处理。

（五）参加公益活动

社区矫正机构可以根据社区矫正对象的个人特长，组织其参加公益活动，修复其社会关系，培养其社会责任感。社区矫正对象可以按照国家有关规定申请社会救助、参加社会保险、获得法律援助，社区矫正机构应当给予必要的协助。

社区矫正机构根据社区矫正对象的表现，依照有关规定对其实施考核奖惩。对社区矫正对象的考核结果，可以作为认定其是否确有悔改表现或者是否严重违反监督管理规定的依据。社区矫正对象有下列情形之一的，经县级司法行政部门负责人批准，可以使用电子定位装置，加强监督管理：（1）违反人民法院禁止令的；（2）无正当理由，未经批准离开所居住的市、县的；（3）拒不按照规定报告自己的活动情况，被给予警告的；（4）违反监督管理规定，被给予治安管理处罚的；（5）拟提请撤销缓刑、假释或者暂予监外执行收监执行的。使用电子定位装置的期限不得超过 3 个月。对于不需要继续使用的，应当及时解除；对于期限届满后，经评估仍有必要继续使用的，经过批准，期限可以延长，每次不得超过 3 个月。社区矫正机构对通过电子定位装置获得的信息应当严格保密，有关信息只能用于社区矫正工作，不得用于其他用途。社区矫正对象在社区矫正期间有违反监督管理规定行为的，由公安机关依照《治安管理处罚法》的规定给予处罚；具有撤销缓刑、假释或者暂予监外执行收监情形的，应当依法作出处理。

社区矫正对象矫正期满或者被赦免的，社区矫正机构应当向社区矫正对象发放解除社区矫正证明书，并通知社区矫正决定机关、所在地的人民检察院、公安机关。社区矫正对象被裁定撤销缓刑、假释，被决定收监执行，或者社区矫正对象死亡的，社区矫正终止。

社区矫正工作应当依法进行，尊重和保障人权。社区矫正对象依法享有的人身权利、财产权利和其他权利不受侵犯，在就业、就学和享受社会保障等方面不受歧视。开展社区矫正工作，应当保障社区矫正对象的合法权益。社区矫正的措施和方法应当避免对社区矫正对象的正常工作和生活造成不必要的影响。非依法律规定，不得限制或者变相限制社区矫正对象的人身自由。社区矫正对象认为其合法权益受到侵害的，有权向人民检察院或者有关机关申诉、控告和检举。受理机关应当及时办理，并将办理结果告知申诉人、控告人和检举人。各级人民政府应当将社区矫正经费列入本级政府预算，居民委员会、村民委员会和其他社会组织依法协助社区矫正机构开展工作所需的经费应当按照规定列入社区矫正机构本级政府预算，保障社区矫正工作的顺利开展。

典型案例剖析

2014 年 3 月 26 日，广西河池警方通报摧毁一贵州籍抢劫团伙，该团伙夜间专挑在公路服务区单独行走或上厕所的乘客，以调包的方式威吓要钱，如遭反抗即实施抢劫。据河池警方介绍，该团伙凌晨时分在公路上物色好客车后，分乘几辆小汽车尾随客车到广西河池境内的服务区，一旦发现有乘客单独行走休息或上厕所，便三三两两靠近受害者，以调包分钱的骗术威胁受害人拿出钱财。例如，遇不从者或反抗者，他们便掏出匕首进行抢劫。该团伙作案时间非常短，一旦得手便开车逃离。警方经走访发现，该系列抢劫案为同一伙人所为，从 2013 年 1 月 ~2014 年 2 月，相关派出所接到类似的报警电话达 20 多个，涉财物多达数十万元。由于受害人多是过路的旅客或打工者，他们报案后便离开事发地，这也加大了案件的侦破难度。为此，警方一边在重点案发服务区伏击守候，一边寻找报案人，最终锁定贵州省黔南州的彭某、谭某、王某等人有重大作案嫌疑。3 月 12 日，警方实施了收网行动，抓获犯罪嫌疑人 15 名。

本案的成功告破，反映出警方工作细致、方法得当。同时，应当注意的是，对于流动人口和重点人口的监管不应流于形式，而是要深入了解情况，及时掌握第一手资料，这样才能防患于未然，及时解决应对各种情况。

（来源：中国新闻网，2014 年 3 月 26 日）

参考文献

1. 万川：《治安行政管理学》，中国人民公安大学出版社 2001 年版。

2. 谢川豫：《治安行政措施通论》，中国人民公安大学出版社 2001 年版。

3. 丁建荣：《治安管理教程》，浙江大学出版社 2007 年版。

4. 熊一新、李健和主编：《治安管理学概论》（修订本），中国人民公安大学出版社 2007 年版。

5. 熊一新、王彩元、石向群主编：《治安管理学基础理论教程》，中国人民公安大学出版社 2005 年版。

6. 陈合权、杨瑞清、程志凯主编：《治安管理学》，中国人民公安大学出版社 2007 年版。

7. 李健和主编：《新编治安行政管理学总论》，中国人民公安大学出版社 1998 年版。

8. 祝春林：《治安管理学教程》，群众出版社 1997 年版。

9. 岳光辉、杜红兵主编：《公共治安秩序管理教程》，中国人民公安大学出版社 2007 年版。

10. 张先福主编：《治安管理实用教程》，中国人民公安大学出版社 2007 年版。

11. 程链明：《治安秩序管理教程》，群众出版社 2000 年版。

12. 公安部人事训练局编：《治安程序管理教程》，中国人民公安大学出版社 2003 年版。

13. 终建鸣、詹伟：《制度创新与社会治安稳定》，群众出版社 2005 年版。

14. 柯良栋、吴明山主编：《娱乐场所管理条例释义与实务指南》，法律出版社 2006 年版。

15. 林维业、胡关禄主编：《新时期群体性事件研究》，中国人民公安大学出版社 2006 年版。

16. 靳江好、高小平、沈荣华主编：《中国群体性突发事件成因及对策》，国家行政学院出版社 2009 年版。

17. 伍志安：《公安行政措施研究》，中国人民公安大学出版社 2001 年版。

18. 戚丹：《治安秩序管理专论》，中国人民公安大学出版社 2008 年版。

19. 李颖、师维主编：《治安管理教程》，高等教育出版社 2007 年版。

20. 《治安管理处罚法新解读》，中国法制出版社 2008 年版。

21. 王彩元、马敏艾、李颖主编：《群体性治安事件紧急处置要领》，中国人民公安大学出版社 2003 年版。

22. 王宏君主编：《新编治安案件查处教程》，中国人民公安大学出版社 2006 年版。

23. 熊一新主编：《治安学论丛》（第 1 卷），中国人民公安大学出版社 2003 年版。

24. 郭太生主编：《治安学论丛》（第 2 卷），中国人民公安大学出版社 2004 年版。

25. 郭太生主编：《治安学论丛》（第 3 卷），中国人民公安大学出版社 2006 年版。

26. 韩小国主编：《新编特种行业治安管理》，警官教育出版社 1997 年版。

27. 李庆祥、刘金龙、赵树棠主编：《治安管理学教程》，警官教育出版社 1998 年版。

28. 熊一新、李健和主编：《治安秩序管理》，中国人民公安大学出版社 2000 年版。

29. 谭永红主编：《治安管理基础理论教程》，群众出版社 2000 年版。

30. 宋践主编：《治安案件查处教程》，群众出版社 2000 年版。

31. 朱家华主编：《治安管理学》，群众出版社 2001 年版。

32. 彭志源主编：《特种行业管理与执法实务全书》，安徽文化音像出版社 2003 年版。

33. 胡冠武主编：《紧急治安事件与对策》，中国人民公安大学出版社 1998 年版。

34. 张豫生主编：《公共安全管理教程》，群众出版社 2000 年版。

35. 郭太生主编：《治安灾害事故社会防范研究》，中国人民公安大学出版社 2001 年版。

36. 莫德升、朱敦军、张翘楚主编：《公共安全危机管理》，中国人民公安大学出版社 2007 年版。

37. 郭太生主编：《公共安全危机管理》，中国人民公安大学出版社 2009 年版。

38. 信息产业部：《中国信息安全产业研究报告》，2001 年。

39. 王宁：《信息监察的理解和实践》，第 18 次全国计算机安全学术交流论文集，2003 年版。

40. 戴宗坤、唐三平编著：《VPN 与网络安全》，电子工业出版社 2002 年版。

41. 戴宗坤、罗万伯等编著：《信息系统安全》，电子工业出版社 2002 年版。

42. 关义章、戴宗坤主编，罗万伯等编著：《信息系统安全工程学》，电子工业出版社 2002 年版。

43. 公安部办公厅、外事局编译：《美国紧急事件预防和处置资料汇编》，2002 年。

44. ［美］J. 维卡：《Intranet 的安全性》，史宗海等译，电子工业出版社 2000 年版。

45. ［美］Kaustubh M. phaltanbar：《内联网与外联网安全指南》，杨义先、夏总升、李忠献译，人民邮电出版社 2001 年版。

46. 雷家骕主编：《国家经济安全理论与方法》，经济科学出版社 2000 年版。

47. 沈昌祥：《对当前信息安全系统的反思》，载《信息保密专业委员会学术年会论文集》，2003 年版。

48. 赵林、李菁菁：《我国信息网络安全的立法现状与完善》，载《信息网络安全》2003 年第 10 期。

49. ［美］Scott Barman：《编写信息安全策略》，段海新、刘彤译，人民邮电出版社 2002 年版。

50. 胡昌振：《网络入侵检测技术及其发展趋势》，载《信息安全与通信保密》2002 年。

51. 商小平主编：《治安案件查处》，中国人民公安大学出版社 2006 年版。

52. 陈家逊、张先福、刘建昌主编：《治安案件调查与处理教程》（修订本），中国人民公安大学出版社 2007 年版。

53. 杨玉海、熊桂桃、龙艳主编：《治安案件查处》，中国人民公安大学出版社 2007 年版。

54. 刘士文主编：《治安管理处罚理论与实践》，群众出版社 2006 年版。

55. 乔建主编：《治安案件查处概论》，浙江大学出版社 2007 年版。

56. 熊一新主编：《治安案件查处教程》，中国人民公安大学出版社 2007 年版。

57. 向党主编：《涉外警务》，中国人民公安大学出版社 2004 年版。

58. 王国良主编:《出入境管理学》,中国人民公安大学出版社 2002 年版。
59. 许甘露主编:《边防与出入境管理》,群众出版社 1999 年版。
60. 向党主编:《涉外警务概论》,中国人民公安大学出版社 2005 年版。
61. 周寅主编:《户口管理教程》,警官教育出版社 1999 年版。
62. 覃泽敏、马红玲主编:《户政与人口管理》,群众出版社 2009 年版。
63. 公安部档案局编:《公安派出所档案管理教程》,中国人民公安大学出版社 1998 年版。
64. 何冰、岑生挺编著:《居民身份证工作手册》,警官教育出版社 1991 年版。
65. 刘光人主编:《户口管理学》,中国检察出版社 1992 年版。
66. 公安部政治部编:《户政管理教程》,中国人民公安大学出版社 1996 年版。
67. 武冬立主编:《户政管理教程》,中国人民公安大学出版社 1996 年版。
68. 刘宏斌、王太元主编:《公安人口管理》,中国人民公安大学出版社 2008 年版。
69. 蔡少铿、杨征、蔡艳主编:《公安派出所业务教程》,中国人民公安大学出版社 2003 年版。
70. 彭志源主编:《最新中国大百科全书》,中国知识出版社 2008 年版。
71. 李永清主编:《警察法学》,中国民主法制出版社 2008 年版。
72. 陈晋胜:《警察法学概论》,高等教育出版社 2002 年版。
73. 施秀艳主编:《刑事法律基础与实务》,法律出版社 2013 年版。
74. 公安部教育局编:《治安管理学》,群众出版社 2001 年版。
75. 公安部教育局编:《治安管理学教程》,群众出版社 2001 年版。
76. 刘国福、刘宗坤主编:《出入境管理法与国际移民》,法律出版社 2013 年版。
77. 孙智慧:《出入境管理法律与实践》,中国政法大学出版社 2013 年版。
78. 柯良栋、吴明山主编:《治安管理处罚法释义与实务指南》,中国人民公安大学出版社 2005 年版。
79.《中华人民共和国治安管理处罚法配套解读与案例注释》,中国法制出版社 2013 年版。
80. 曾郁、周静茹主编:《治安管理实务》,暨南大学出版社 2013 年版。